História do Controle
da Constitucionalidade
das Leis no Brasil

História do Controle da Constitucionalidade das Leis no Brasil

PERCURSOS DO PENSAMENTO CONSTITUCIONAL
NO SÉCULO XIX (1824-1891)

2015

Marcelo Casseb Continentino

HISTÓRIA DO CONTROLE DA CONSTITUCIONALIDADE DAS LEIS NO BRASIL
PERCURSOS DO PENSAMENTO CONSTITUCIONAL NO SÉCULO XIX (1824-1891)
© Almedina, 2015

AUTOR: Marcelo Casseb Continentino
DIAGRAMAÇÃO: Almedina
DESIGN DE CAPA: FBA
ISBN: 978-858-49-3060-9

Dados Internacionais de Catalogação na Publicação (CIP)
(Câmara Brasileira do Livro, SP, Brasil)

Continentino, Marcelo Casseb
História do controle da constitucionalidade das
leis no Brasil: percursos do pensamento
constitucional no Século XIX (1824-1891)/
Marcelo Casseb Continentino. – São Paulo:
Almedina, 2015.
Bibliografia.
ISBN 978-85-8493-060-9
1. Brasil – Controle de constitucionalidade
das leis – História 2. Brasil – Direito constitucional
3. Direito – História I. Título.

15-06421   CDU-342(81)

Índices para catálogo sistemático:
1. Brasil: Controle da constitucionalidade
das leis: História: Direito constitucional
342(81)

Este livro segue as regras do novo Acordo Ortográfico da Língua Portuguesa (1990).

Todos os direitos reservados. Nenhuma parte deste livro, protegido por copyright, pode ser reproduzida, armazenada ou transmitida de alguma forma ou por algum meio, seja eletrônico ou mecânico, inclusive fotocópia, gravação ou qualquer sistema de armazenagem de informações, sem a permissão expressa e por escrito da editora.

Agosto, 2015

EDITORA: Almedina Brasil
Rua José Maria Lisboa, 860, Conj.131 e 132, Jardim Paulista | 01423-001 São Paulo | Brasil
editora@almedina.com.br
www.almedina.com.br

Para CLARICE, JOÃO VÍTOR e LAÍS,
com todo o meu Amor.

AGRADECIMENTOS

A presente obra foi fruto da pesquisa de Doutorado, realizada junto ao Programa de Pós-Graduação em Direito da Universidade de Brasília (UnB) durante os anos de 2010 e 2014. Ao longo desse período, tive o privilégio de aprender e de beneficiar-me com a contribuição de muitas pessoas com que convivi, sem as quais certamente outro seria o trabalho agora apresentando a público.

Por essa razão, tenho por dever moral expressar minha enorme gratidão aos professores e servidores da Pós-Graduação em Direito da UnB. Dentre os professores do Programa, destaco aqueles com quem tive a oportunidade de dialogar e de aprender, seja ao cursar suas respectivas disciplinas, seja pelas conversações extraclasse: Cláudia Roesler, George Galindo, Menelick Carvalho, Gilmar Mendes, Luís R. Barroso, Argemiro Martins, Marcelo Neves, Cristiano Paixão, Loussia Félix, Alexandre B. Costa, Juliano Benvindo, entre outros. Com eles, em maior ou menor intensidade, mas sempre com inegável enriquecimento intelectual e pessoal, tive qualificados interlocutores que me ajudaram a confrontar minhas dúvidas, incertezas e questões jurídicas. Aos servidores da Faculdade e da Biblioteca Central, especialmente Helena e Lionete, vão meus cumprimentos pela gentileza e pela presteza com que costumeiramente cuidaram das questões burocráticas e administrativas.

Com a Procuradoria Geral do Estado de Pernambuco, tenho o mais sincero sentimento de consideração não só por possibilitar-me, num primeiro momento, conciliar os deveres funcionais em Pernambuco com as obrigações acadêmicas em Brasília, mas sobretudo por legalmente autorizar meu afastamento, possibilitando-me dedicar em regime integral aos estudos, à pesquisa e à escrita da tese. Segue meu agradecimento a todos os Procuradores, na pessoa de Socorro Brito, e muito particularmente a Tadeu Alencar e a Thiago Norões.

Quero registrar minha impagável dívida às seguintes instituições: Biblioteca do Supremo Tribunal Federal, na pessoa de Maria Tereza; Bibliotecas da Câmara dos Deputados e do Senado Federal; Biblioteca da Faculdade de Direito do Recife, nas pessoas de Josias e de Aldemir; Arquivo Histórico do Museu Imperial; Biblioteca Nacional; Biblioteca da Faculdade de Direito de São Paulo; Biblioteca da Fundação Joaquim Nabuco.

Não poderia deixar de pontuar meu agradecimento a um amigo distante, Anderson Vichinkeski Teixeira, que, dono de rara cordialidade e contundente gentileza, intermediou meu contato com o professor Maurizio Fioravanti da Università degli Studi di Firenze, que aceitou orientar-me nos quatro profícuos meses de pesquisa em 2011. Na Universidade de Florença, mantive valioso e construtivo diálogo com diversos professores e pesquisadores da história do direito, dentre os quais destaco Irene Stolzi, Domenico Siciliano, Bernardo Sordì, Federigo Bambi, Massimiliano Gregorio e Vincenzo Durante, além de Massimo Meccarelli da Università di Macerata. Agradeço ao meu coorientador, Maurizio Fioravanti, e ao professor Pietro Costa o privilégio de receberem-me semanalmente para discutir temas relacionados ao constitucionalismo, à história do direito constitucional, à metodologia da história do direito e a questões diversas da pesquisa que se desenvolvia.

Ressalto meus agradecimentos ao Max-Planck-Institut für Europäische Rechtsgeschitchte em Frankfurt, especialmente aos professores Thomas Duve e Lena Foljanty. Em 2013, o Max-Planck-Institut promoveu o "Summer Academy for European Legal History", que, sem dúvida, representou uma das mais ricas experiências acadêmicas durante o curso de Doutorado. Além das aulas e das discussões com seus professores e pesquisadores, nesse Programa apresentei e discuti parte de minha pesquisa doutoral, o que contribuiu para o aprimoramento e o refino da tese, que resultou no presente livro.

Muitos amigos e colegas contribuíram significativamente na sua elaboração, desde a fase inicial com a preparação do projeto até os momentos finais que antecederam sua entrega e sua posterior defesa. A eles todos, agradeço nas pessoas de Ricardo Sontag, com quem muito aprendi sobre direito, história e Florença no meu *soggiorno fiorentino*, de André Melo, quem me abriu os olhos para importantes debates jurídicos do século XIX, de André Rufino, amigo de todas as horas, por sua leitura atenta e crítica valorosa desta obra, e, sobretudo, de Marcelo do Val, amigo-irmão e debatedor das primeiras e das últimas horas, não só por haver sido um exímio crítico da tese mas também por haver sido imprescindível em todas as etapas com suas provocações e opiniões. Belize Câmara, Danielle Souza e Larissa Medeiros encarregaram-se da inestimável e preciosíssima revisão gramatical, que certamente aliviou o texto de muitas incorreções. A todos e a todas, *grazie mille*.

Ressalto, por fim, minha inestimável consideração à Comissão Examinadora da Tese de Doutorado, composta pelos professores Ricardo Marcelo Fonseca (UFPR), Gustavo Ferreira Santos (UFPE), Argemiro Cardoso Moreira Martins (UnB), Cristiano Araújo Paixão Pinto (UnB) e George Rodrigo Bandeira Galindo (UnB), que, com sua crítica sincera e construtiva, soube diagnosticar os aspectos negativos e valorizar os pontos positivos contribuindo sensivelmente ao aperfeiçoamento da pesquisa doutoral.

A meus familiares, segue o meu mais profundo sentimento de gratidão. Todos, todos sem exceção tiveram sua parcela de contribuição com suas palavras, com seus sorrisos de empatia e com suas mãos amigas. Agradeço a cada um de vocês, avôs, pai, irmão e tios, na pessoa da minha tia, Lúcia, quem me abriu as portas para esse vasto mundo do direito, e da minha saudosa mãe, sempre presente em meus pensamentos e em meu coração.

Por fim, dois agradecimentos especialíssimos.

A George Galindo, quem materializou a imagem do orientador ideal, que eu alimentava desde os tempos da graduação. Foi brilhante, admirável, sereno e contagiante: disponível, amigo fiel e dotado de sensibilidade extraordinária e de vasto conhecimento jurídico e histórico. Estimulou-me à reflexão e ao estudo sempre. Sobretudo, ele acreditou em mim mais do que eu próprio seria merecedor de sua confiança. Espero, pois, haver minimamente retribuído tamanha dedicação de sua parte, porque esta seria a única forma de agradecer-lhe.

Para Clarice, minha namorada nos tempos do Mestrado, esposa e mãe nos tempos do Doutorado e seguintes, faltam-me as palavras, sobra a emoção e pulula o coração. A ela, devo o apoio incondicional desde a hora primeira, a motivação, a crença de que deveria sempre buscar realizar meus objetivos e sonhos. O sacrifício foi grande e pisou forte. Nós sabemos! Longas ausências, inclusive durante boa parte da gravidez, curtas ausências semanais, que a vida acadêmica em Brasília exigia, e insistente ausência de corpo presente, severamente cobrada pelo difícil e quase intransponível objetivo de concluir a tese. Não tenho como agradecer-lhe, pois o amor não se agradece, dá-se e vivencia-se na medida de sua grandeza. Sua compreensão e sensibilidade revelaram-se ainda maiores depois da chegada de João Vítor, nosso filho tão amado, que mesmo na inocência de seus primeiros meses e anos de vida, soube – juntamente com ela – sabiamente fazer-me chegar a um sábio e delicado equilíbrio entre a vida familiar e a vida acadêmica. A Clarice, por fim, o amor de minha vida e o sentido primeiro dela, dedico-lhe dois versos, que nas altas horas da madrugada me acompanhavam, enquanto ela dormia, mas eu trabalhava: "You are the reason I sing, you are the reason why the Opera is in me".

No final de tudo, tenho a certeza de que tudo isso não foi um mero arranjo casual, mas um concerto muito bem orquestrado por Deus, a quem humildemente me curvo, reconheço e tento agradecer. Obrigado!

PREFÁCIO

Debates jurídicos – assim como tantos outros debates – são impregnados pelo que se poderia denominar não propriamente vício de origem, mas vício *em* origem. Enquanto cientistas e teólogos debatem enfurecidamente sobre como os seres humanos surgiram, nós, juristas, nos empenhamos em traçar longos escorços históricos para provar quem teve a primazia de certa ideia ou conceito. Talvez esse vício em encontrar a origem de algo tenha uma explicação na teologia política, em que todos os conceitos jurídicos teriam uma matriz teológica, e um criador precisaria ser identificado. Ou talvez, simplesmente, nossa curiosidade esteja intensamente ligada à identificação de uma causa a um efeito determinado. Seja como for, no campo das ideias, encontrar pais (quase sempre pais, quase nunca mães) é o vício que nos ajuda a definir identidades.

Entretanto, ideias e conceitos nunca possuem uma paternidade identificável, talvez mesmo não possuam qualquer pai. Ainda que essa crítica pareça um lugar comum, o discurso jurídico prevalecente insiste em negá-la. Estar acordado e manter vigília parece ser a única saída contra tal vício *em* origem. Porque, como Jorge de Lima tão magnificamente expressou em a Invenção de Orfeu, por meio de um Eu já em estado de sonambulismo: "Que doces olhos têm as coisas simples e unas/onde a loucura dorme inteira e sem lacunas!". O aviso, porém, que inicia o canto, adensa o estado de alerta em que devemos nos manter: "O céu jamais me dê a tentação funesta/de adormecer ao léu, na lomba da floresta".[1]

---

[1] LIMA, Jorge de. Invenção de Orfeu (Canto XXII). In: BUENO, Alexei (org.). *Jorge de Lima: Poesia Completa*. Rio de Janeiro: Nova Aguilar, 1997, p. 525.

Em uma palavra, a grande intenção do livro de Marcelo Casseb Continentino, que agora é dado ao leitor, é orfanar o controle de constitucionalidade no Brasil. Rui Barbosa certamente tem um espaço privilegiado no contexto de longos anos em que foi se afirmando o controle de constitucionalidade no nosso país. Ele, no entanto, não o criou e dificilmente teria forças para impedir que a ascensão do controle (de tipo judicial) de constitucionalidade aqui se tornasse uma realidade.

O livro é fruto de uma tese de doutorado, apresentada perante banca examinadora, no âmbito do Programa de Pós-Graduação em Direito, Estado e Constituição da Universidade de Brasília. Os membros da banca não somente atestaram a qualidade do trabalho como o recomendaram para publicação – que ora ocorre.

Na qualidade de orientador de Marcelo, pude perceber como essa intenção de orfanar o controle de constitucionalidade surgiu sem atropelos, como a decorrência lógica de um trabalho árduo de pesquisa.

Desde o início de seus estudos de doutorado, Marcelo sentia algo de estranho no modo como os constitucionalistas encaravam e encaram a própria história do direito constitucional. Era como se certas partes da história não tivessem sido contadas ou tivessem sido esquecidas a fim de abrir espaço a projetos mais ambiciosos. Esse desconforto, com o tempo, foi sendo canalizado para a questão do controle de constitucionalidade que, nos dias de hoje, é peça-chave para definir o que é o direito constitucional e quem é o(a) constitucionalista. Foi o presente, portanto, e não o passado, que o fez perceber, mesmo sem qualquer recurso à física teórica, que os seres humanos fazem do tempo uma dimensão inescapavelmente relativa. Ao transformar esse desconforto em ideias, Marcelo dava realidade às palavras de Keith Jenkins, importante historiador contemporâneo que, com base no pensamento de Edward Said caracteriza o historiador (e também o intelectual, de modo abrangente) como "uma pessoa que *gosta* de estar não completamente ajustado, de existir, com felicidade, para além da coloquial e inconsequente 'realidade' habitada pelos nativos, de permanecer imune ao comodismo: uma pessoa não cooptável, *desobediente*".[2]

---

[2] JENKINS, Keith. Ethical Responsibility and the Historian: On the Possible End of a History 'of a Certain Kind'. *History and Theory*. Vol. 43. Nº 4, 2004, p. 57.

PREFÁCIO

A transformação desse desconforto em ideias precisa, no entanto, encontrar um caminho a fim de que o processo não se transforme em um emaranhado de pensamentos soltos. Daí a importância do método. Por isso o livro de Marcelo dá importância a um tema que, infelizmente, pouco tem preocupado os constitucionalistas brasileiros: os métodos da historiografia do direito constitucional. Por exemplo, como o autor bem percebe, há muito de filosofia progressista e de linearidade histórica na maneira como os constitucionalistas veem o percurso histórico de ideias jurídicas de maneira geral e da maneira como o controle de constitucionalidade teria surgido no Brasil, em específico. Isso impacta significativamente na maneira como o passado (e também o presente) do direito constitucional é encarado. A ênfase que se dá ao papel do Judiciário no controle de constitucionalidade das leis pode certamente levar a crer que esse é o molde institucional perfeito e mais bem acabado em uma democracia, quando ele pode ser uma parte significativa do problema do funcionamento da nossa própria democracia. Ter a consciência de que o método da historiografia constitucional pode ultrapassar a filosofia progressista é, pois, essencial para se fazer qualquer pesquisa no campo.

Uma outra grande qualidade do livro diz respeito ao uso das fontes primárias. O trabalho de pesquisa empreendido por Marcelo é informado por uma paciência e precisão certamente poucas vezes vista em nossa literatura sobre a historiografia do direito constitucional. E esse não é um elogio pequeno ou fácil. Um dos mais importantes esforços do historiador intelectual – e o livro ora prefaciado parece ser uma clara tentativa nesse sentido – é compreender padrões intelectuais no tempo. Perceber se eles se concatenavam ou não é um esforço às vezes difícil, porém recompensador para o pesquisador. Isso somente é possível na medida em que se dá ouvidos aos textos. E a riqueza de fontes trazida por Marcelo dá uma perfeita dimensão de como ele buscou, com muito esforço, deixar que essas tantas vozes falassem e fossem ouvidas.

É o vício *em* origem que nos faz pensar que somos muito mais movidos por descontinuidades que por continuidades; que há grandes eventos ou pessoas que são capazes de, miraculosamente, mudar o curso da história em certa direção. Isso, porém, gera paradoxos. Como formas de periodização, origens "registram uma distância entre a história como experiência vivida e a história como registro escrito".[3] Quando se encurta essa distância, se percebe que, entre descontinuidades, se apresentam vários processos que possuem, diversas vezes, uma longa continuidade. Assim, se, de fato, o controle de constitucionalidade não foi introduzido no Brasil com a Constituição de 1891, porque ele já existia sob a égide da Constituição Imperial, até mesmo o controle judicial dificilmente teve seu início com a primeira constituição republicana. Isso porque o movimento de dar credibilidade ao papel do Judiciário – elemento imprescindível para a afirmação de um poder de anular leis – já havia se iniciado no século XIX, como mostra o livro de Marcelo. A Constituição de 1891 foi um passo essencial para a institucionalização do controle judicial de constitucionalidade no Brasil. Ele, no entanto, não seria possível sem o referido movimento de dar credibilidade ao Judiciário. Trata-se de uma descontinuidade que irrompeu de uma continuidade e permaneceu se nutrindo dela.

* * *

Em resumo, pode-se dizer, sem sombra de dúvidas, que o livro de Marcelo Casseb Continentino é um ponto de partida não somente para a historiografia como para a teoria e a dogmática do direito constitucional brasileiro. E é assim tanto porque a percepção de tempo presente é invariavelmente influenciada pela percepção de passado como porque é pela história que se pode construir horizontes de futuro fundamentalmente ligados à nossa própria noção de humanidade.

Por ter sido mesmo seu orientador de doutorado, coloco-me como o primeiro dos aprendizes do autor. Sua sagacidade, seu caráter meticuloso, seu equilíbrio e serenidade sem sustentações, tudo isso aliado a uma fina inteligência e sensibilidade para achar o que é novo no velho e velho no novo falam neste livro de maneira eloquente. Certo que a amizade e a admiração que a ele me ligam obscurecem meus julgamentos. Mas isso há de ser mais uma qualidade que uma limitação pois mostra que a obje-

---

[3] JAY, Martin. 1990: Straddling a Watershed? In: JAY, Martin. *Essays >From the Edge: Parerga and Paralipomena*. Charlottesville: University of Virginia Press, 2011, p. 177.

tividade somente existe nos limites da subjetividade. De qualquer modo, o leitor será o tribunal que julgará as minhas palavras!

Que este livro possa ser um clamor por liberdade. A liberdade que nos diz que a história pode ser, antes que mestre da vida, a mestre que nos convida à vida.

GEORGE RODRIGO BANDEIRA GALINDO
Diretor da Faculdade de Direito da Universidade de Brasília

SUMÁRIO

INTRODUÇÃO.. 21

CAPÍTULO 1. O DISCURSO CONSTITUCIONAL
BRASILEIRO SOBRE AS ORIGENS DO CONTROLE
DA CONSTITUCIONALIDADE................................... 27
1.1. Sobre a "origem" do controle da constitucionalidade das leis no direito
constitucional brasileiro 29
1.2. Nossa proposta de compreensão da formação histórica do controle
da constitucionalidade.. 48

CAPÍTULO 2. HISTÓRIA, DIREITO E PENSAMENTO
CONSTITUCIONAL BRASILEIRO: APONTAMENTOS
METODOLÓGICOS.. 55
2.1. Sobre a definição de pensamento jurídico ou pensamento constitucional   58
2.2. É possível trabalhar com a categoria pensamento constitucional brasileiro?   62
2.3. Pensamento constitucional brasileiro, metodologia e fontes de pesquisa   64

CAPÍTULO 3. PENSAMENTO CONSTITUCIONAL
NA CONSTITUINTE DE 1823...................................... 69
3.1. A convocação da Constituinte de 1823 71
3.2. A Assembleia Constituinte de 1823: tensão, paradoxo e limites 78
3.2.1. Legitimidade e supremacia do imperador 80
3.2.2. A ideia de separação de poderes e de controle
da constitucionalidade.. 88

3.2.3. Imagem dos juízes e o Poder Judiciário no Projeto da Assembleia de 1823. 92

3.3. Influências intelectuais no Projeto de Constituição de 1823 101

3.3.1. Ideias e pensadores. 101

3.3.2. Modelos constitucionais 112

3.3.2.1. Pensamentos na experiência constitucional francesa. 114

3.3.2.2. Pensamentos na experiência constitucional espanhola 125

3.3.2.3. Pensamentos na experiência constitucional portuguesa. 129

CAPÍTULO 4. PENSAMENTO CONSTITUCIONAL NA CONSTITUIÇÃO DE 1824 137

4.1. O contexto de dissolução da Constituinte e de outorga da Constituição de 1824 138

4.2. Influências intelectuais na Constituição de 1824: o legado de Benjamin Constant. 147

4.3. A Constituição de 1824 e a recepção da teoria do Poder Neutral 157

4.4. O Projeto de Constituição de 1823 e a Constituição de 1824: o problema de sua natureza "liberal". 165

4.5. A estruturação do Poder Judiciário no Projeto de 1823, na Constituição de 1824 e noutros textos constitucionais. 177

CAPÍTULO 5. PENSAMENTO CONSTITUCIONAL À LUZ DA CONSTITUIÇÃO DE 1824 187

5.1. Fase preliminar: crítica à Carta por Frei Caneca e defesa da Constituição por Cairu. 188

5.2. Primeira fase do pensamento constitucional brasileiro (1827-1850): apologia à Constituição. 196

5.3. Segunda fase do pensamento constitucional (1850-1870): experiência institucional à luz da Constituição 210

5.3.1. A doutrina do direito administrativo e o pensamento constitucional 227

5.3.2. Debate sobre o Poder Moderador: a crítica no pensamento constitucional (1860-1870) 246

5.4. Terceira fase do pensamento constitucional (1870-1889): crítica à Constituição 263

5.4.1. A luta pela Constituição do Império e seu sistema de governo 264

5.4.2. Crítica e crise: pensando e propondo novas bases para o direito
constitucional 278

CAPÍTULO 6. O CONTROLE DA CONSTITUCIONALIDADE DAS LEIS NO IMPÉRIO.. 289

6.1. O controle da constitucionalidade 289

 6.1.1. Controle da constitucionalidade pelo presidente de província 300

 6.1.2. Controle da constitucionalidade pela Assembleia Geral......... 303

 6.1.3. Controle da constitucionalidade pelo governo imperial 306

6.2. O controle judicial no Império 313

 6.2.1. Controle judicial da constitucionalidade das leis 314

 6.2.2. Controle judicial da legalidade das normas infralegais 326

6.3. Discurso de afirmação do Poder Judiciário 331

 6.3.1. Independência judicial 332

 6.3.2. Interpretação judicial....................................... 350

 6.3.3. Semântica da separação dos poderes à luz do contexto
jurídico-político... 381

CONCLUSÃO: O PENSAMENTO CONSTITUCIONAL DO IMPÉRIO NO CONSTITUCIONALISMO BRASILEIRO 399

REFERÊNCIAS... 421

Introdução

"Tive muitas vezes occasião de deplorar o desamor com que tratamos o que he nosso, deixando de estuda-lo, para sómente ler superficialmente e citar cousas alheias, desprezando a experiencia que transluz em opiniões e apreciações de Estadistas nossos."

(PAULINO JOSÉ SOARES DE SOUSA, visconde do Uruguay)

O controle da constitucionalidade das leis é um dos temas mais fascinantes do direito constitucional, possivelmente por sempre retomar a questão sobre o "ponto de equilíbrio" entre as tradições do constitucionalismo e da democracia, entre o espaço dos direitos e o espaço da legislação[1]. Essa prática institucional por meio da qual os atos normativos são lidos e certificados à luz da Constituição praticamente se apresenta nas mais relevantes questões jurídicas e políticas do país.

O assunto ganhou maior ênfase com a restauração da democracia brasileira e com a promulgação da Constituição Federal de 1988, que instituiu complexo mecanismo de fiscalização da constitucionalidade no qual combinou tradições jurídicas distintas. A inovação constitucional foi acompanhada pela atividade intelectual dos juristas e especialistas das mais diversas áreas. Não obstante a imensa produção acadêmica realizada

---

[1] Cf. FIORAVANTI, Maurizio. *Le dottrine dello stato e delle costituzione.* In: *Storia dello Stato Italiano dall'Unita a oggi* (A cura di Raffaele Romanelli). Roma: Donzelli, 1995, p. 407-457.

a partir das múltiplas abordagens, há uma perspectiva que vem sendo largamente ignorada no discurso constitucional brasileiro. Referimo-nos à história do controle da constitucionalidade das leis, mais precisamente à sua formação histórica no sistema constitucional brasileiro.

Impressiona-nos como a doutrina do direito constitucional é rica na apresentação das "raízes" do controle da constitucionalidade à luz do constitucionalismo inglês, francês e norte-americano, mas não se volta ao estudo do constitucionalismo brasileiro. Citam-se Edward Coke, Hamilton, Marbury, Madison, John Marshall, Kelsen dentre outros tantos, mas nenhuma palavra sobre pensadores brasileiros que, de algum modo, contribuíram para pensar o Estado e erguer suas instituições.

Vemos que se naturalizou o discurso segundo o qual o controle teria sido inexistente durante a Constituição do Império, que vigorou de 1824 a 1889, e somente teria sido introduzido na Constituição de 1891 ou, mais precisamente, na "Constituição Provisória" instituída pelo Decreto nº 510, de 22 de junho de 1890. No entanto, os estudos de direito constitucional não vão a fundo na análise do pensamento constitucional imperial, período com significativas discussões e debates em torno da configuração do Estado, da estruturação dos poderes e, até mesmo, da configuração de um sistema de controle de constitucionalidade, o qual, ainda que não tenha sido necessariamente um controle judicial, desenvolveu-se com muita riqueza e complexidade.

Alguns arriscam identificar, à moda norte-americana, qual teria sido a primeira decisão brasileira em que uma lei brasileira foi declarada inconstitucional. Seria a tradução literal de *Marbury v. Madison*. Outros preferem a tradução do *chief justice* John Marshall, que, no Brasil, tomou o nome de Rui Barbosa, o "Marshall Brasileiro"[2]. Num e noutro casos, o resultado é o mesmo: o desperdício da experiência constitucional e institucional anterior à Constituição de 1891, que se mostra paradoxal e incrivelmente presente nas estruturas semânticas da Constituição Federal de 1988 e do pensamento constitucional brasileiro[3].

---

[2] Cf. PIRES, Homero. *Prefacio.* In: BARBOSA, Rui. *Commentarios á Constituição Federal brasileira.* Vol. I. São Paulo: Saraiva, 1932, p. I-XL.

[3] Cf. CONTINENTINO, Marcelo Casseb. *200 anos de constitucionalismo: resquícios para uma história constitucional do Brasil. Interesse Público – IP.* Belo Horizonte: ano 16, n. 83, jan./fev 2014, p. 61-85.

INTRODUÇÃO

Nosso interesse pela história constitucional brasileira manifestou-se quando desenvolvíamos a pesquisa de mestrado, na qual, dentre outros tópicos, analisávamos a tendência à objetivação e à concentração do controle no Supremo Tribunal Federal, a consolidação do conceito de supremacia judicial em detrimento do conceito de supremacia constitucional bem como a autocompreensão do Supremo como intérprete último e/ou exclusivo da Constituição[4]. Ao formularmos a crítica às transformações estruturais no processo de controle da constitucionalidade das leis, que se acentuaram após a Constituição de 1988, recordamos a posição do professor Menelick de Carvalho Netto[5], combativo defensor do controle difuso da constitucionalidade das leis, tendo em vista sua aptidão para reafirmar a dimensão pública e privada da cidadania, portanto se revestindo de caráter mais democrático. Ele criticou ainda as atuais tendências por irem de encontro à tradição do controle difuso brasileiro: "o constitucionalismo se faz em concreto e depende da vida social, da cultura, da tradição". Na crítica da tendência à germanização do controle (concentração e objetivação), enfatizou que o Brasil teria mais de cem anos de prática do controle difuso da constitucionalidade. *Eccolo!*

A tradição constitucional brasileira, eis o ponto que nos instigou. Qual era? A secular tradição do controle difuso. Contudo – e isso é o que ninguém respondeu até hoje – qual seria a tradição constitucional anterior à do controle difuso? Como se formou essa tradição? Não há respostas.

A historiografia constitucional brasileira parou nos primórdios da República. No entanto, temos o dever histórico de indagar se, antes da Constituição de 1891, não se teria realizado a prática do controle da constitucionalidade das leis. Em caso negativo, subsiste a necessidade de compreender quais teriam sido os pressupostos que viabilizaram a sua configuração e a sua institucionalização na ordem constitucional brasileira.

Propondo-nos a desenvolver essa questão, dividimos a presente obra em seis capítulos.

---

[4] Cf. CONTINENTINO, Marcelo Casseb. *Revisitando os fundamentos do controle de constitucionalidade: uma crítica à prática judicial brasileira*. Porto Alegre: Sérgio Fabris, 2008.

[5] Cf. CARVALHO NETTO, Menelick de. *Controle de constitucionalidade e democracia*. In: *Constituição e Democracia* (Org. Antonio G. Moreira Maués). São Paulo: Max Limonad, 2001, p. 215-232.

No Capítulo 1, fizemos breve retrospectiva do discurso histórico-constitucional brasileiro sobre as "origens" e a evolução histórico do controle da constitucionalidade do Brasil, apontando suas fragilidades e alguns mitos sobre os quais se sedimentou. De igual modo, fixamos as três chaves de leitura que orientaram toda a análise realizada e possibilitam pensar uma outra narrativa histórica do controle da constitucionalidade das leis no Brasil.

No Capítulo 2, expusemos a metodologia histórica utilizada, que se apropriou do contextualismo histórico de Skinner e Pocock, e as fontes históricas prioritariamente analisadas, delimitando o campo de pesquisa, focado no pensamento constitucional brasileiro.

No Capítulo 3, nosso objetivo foi examinar o contexto histórico da Assembleia Constituinte de 1823 e sobretudo o pensamento constitucional hegemônico que se traduziu no texto constitucional por ela produzido. O Capítulo 4, de certo modo, dá continuidade ao anterior, perquirindo sobre as influências intelectuais da Constituição de 1824. Particularmente nos detivemos sobre a teoria do Poder Moderador formulada por Benjamin Constant e sobre sua apropriação pelos autores da Constituição outorgada.

No Capítulo 5, discutimos os percursos do pensamento constitucional brasileiro e a função por ele exercida quanto à Constituição de 1824. Desse modo, identificamos pressupostos que marcaram o pensamento brasileiro bem como os principais debates e, assim, continuamos a análise em relação à forma como ele contribuiu para a configuração da prática do controle da constitucionalidade das leis.

No Capítulo 6, a partir do conjunto de fontes consultadas, verificamos que o controle da constitucionalidade das leis existiu na Constituição do Império com expressa previsão constitucional. Ao mesmo tempo, analisamos conforme as chaves de leitura expostas no Capítulo 1 quais teriam sido as transformações constitucionais e discursivas que favoreceram a recepção e a introdução do controle judicial da constitucionalidade das leis no Brasil, iniciando-se, assim, uma nova tradição constitucional em nossa cultura jurídica.

Ao fim, apresentamos as conclusões, mostrando alguns dos benefícios e dos prejuízos que a tradicional narrativa histórico-constitucional do controle da constitucionalidade das leis no Brasil apresenta para o debate político e constitucional contemporâneo.

INTRODUÇÃO

As páginas que seguem, portanto, convidam o leitor a participar da viagem no tempo à história constitucional do Brasil em seus percursos e pensamentos e, se de algum mérito se revestirem, certamente, será o de estimular o estudo de nossa tão excluída quanto esquecida história do direito.

Capítulo 1

O Controle da Constitucionalidade das Leis Segundo o Discurso Constitucional Brasileiro

Nosso objetivo, neste capítulo preambular, foi recuperar a história do controle da constitucionalidade das leis, tal qual os doutrinadores brasileiros do direito constitucional a têm elaborado. Só que não abrangemos todo o período da evolução histórica do controle brasileiro, desde a Constituição do Império de 1824 até a atual. Antes, ativemo-nos a lastro temporal mais restrito, delimitado entre as décadas de 1820 e 1890, a fim de compreender a "origem" do controle da constitucionalidade das leis no direito brasileiro.

Pretendemos, com essa perspectiva, identificar pontos consensuais no tema do controle da constitucionalidade, seja quanto às modalidades de exercício, seja quanto aos requisitos para sua configuração e exercício, seja quanto à eficácia das decisões, seja quanto ao seu nascedouro, tradicionalmente associado à primeira Constituição da República, de 1891. Precisamente, esse consenso em torno da origem do controle da constitucionalidade das leis, em nossa visão, merece ser problematizado, já que, entre nós, naturalizou-se uma narrativa quase mitológica de que o controle da constitucionalidade das leis foi introduzido graças à aproximação do modelo constitucional brasileiro ao norte-americano em decorrência da proclamação da República e, em particular, do gênio de Rui Barbosa que, ao revisar o Projeto de Constituição da "Comissão dos Cinco", teria introduzido a cláusula constitucional que o consagraria em nossa ordem jurídico-constitucional[6].

Seguindo essa proposta, no Item 1.1, analisamos as obras centrais sobre a evolução histórica do controle da constitucionalidade, isto é, aqueles textos referidos pelos autores brasileiros do direito constitucional, como fundamento de autoridade para justificativa de sua reconstrução histórica no Brasil.

Tal síntese nos permitiu configurar um esquema teórico de explicação, que se naturalizou na narrativa constitucional brasileira. Com maior ou menor variação, formaram-se alguns lugares-comuns ou, até mesmo, "mitos", que dificultam a reflexão de maior amplitude sobre o tema nos dias de hoje. A mitificação do nosso discurso constitucional tornou praticamente indiscutível que o controle da constitucionalidade seria sinônimo de controle judicial da constitucionalidade e implantara-se em nosso sistema constitucional nos idos de 1889 a 1891 devido à influência do direito estadunidense e de Rui Barbosa.

Não que essa visão histórica esteja errada. Contudo, pensamos oferecer uma contribuição mínima ao enfrentar o desafio de investigar historicamente as razões justificadoras da introdução do controle judicial em nosso sistema constitucional. Importante destacarmos não ser tamanho esforço inútil nem destituído de razão. Ao contrário, quando confrontamos a doutrina estrangeira sobre o gênero, de logo ficamos surpreendidos com a vasta literatura histórico-constitucional[7] voltada à reescrita do

---

[6] Cf. LYNCH, Christian Edward Cyril. O *momento oligárquico: a construção institucional da república brasileira* (1870-1891). *Historia Constitucional*: n. 12, 2011, p. 297-325.

[7] A título meramente ilustrativo, vide: STOLLEIS, Michael. *Judicial review, administrative review, and constitutional review in the Weimar Republic. Ratio Juris*: Vol. 16, n. 2, June, 2003, p. 266-80; STOLLEIS, Micheal. *Judicial interpretation in transition from the Ancien Régime to constitutionalism.* In: *Interpretation of Law in the Age of Enlightenment* (Yasutomo Morigiwa, Michael Stolleis and Jean-Louis Halperin Ed.). Heidelberg: Springer, 2011, p. 3-17; SARIÑENA, Marta Lorente. *Las infracciones a la Constitución de 1812.* Madrid: Centro de Estudios Constitucionales, 1988; BERNAL, Andrés Botero. *Matizando o discurso eurocêntrico sobre a interpretação constitucional na América Latina. Revista Seqüência*, n. 59, dez. 2009, p. 271-298. No sistema constitucional norte-americano, o tema rende debates e pesquisas infindáveis, podendo-se, entre outros, conferir: NELSON, William E. *Marbury v. Madison: the origins and legacy of judicial review.* Lawrence: University Press of Kansas, 2000; PAULSEN, Michael Stokes. *The irrepressible myth of Marbury. Michigan Law Review*: Vol. 101, Iss. 8, August, 2003, p. 2706-

próprio processo de formação do controle da constitucionalidade. Esses estudos se singularizam na medida em que focam sua análise no parâmetro interno, isto é, detêm-se sobre o exame do surgimento e da evolução do controle como produto de uma tensão e de uma evolução inerentes ao sistema jurídico e político, e não simplesmente como fruto da mera implantação ou cópia de modelo estrangeiro.

A fim de empreender a releitura histórica do processo de formação do controle da constitucionalidade das leis no Brasil, propusemos, no Item 1.2, três chaves de leitura, que, em verdade, constituem requisitos complementares entre si e imprescindíveis à configuração da prática do controle judicial: (a) independência judicial; (b) interpretação judicial das leis; (c) princípio da separação de poderes à luz do contexto histórico-político.

1.1. Sobre a "origem" do controle da constitucionalidade das leis no direito constitucional brasileiro

O tema do controle da constitucionalidade no Brasil atrela-se a, pelo menos, três crenças mitológicas. Falar de mito não significa caracterizar certas versões, narrativas ou explicações como destituídas de qualquer fundamento de verdade ou meras invenções. O sentido aqui admitido é aquele definido por Paulo Grossi[8], no qual o mito se compraz com uma explicação superficial da realidade que, embora detenha alguma plausibilidade de verdade, desonera o jurista ou o *expert* de indagar mais a fundo as razões ou as causas a ela subjacentes.

Por causa da crença mitológica, temas, conceitos e ideias simplesmente não são analisadas, discutidas ou estudadas. Os mitos esgotam epistemologicamente a própria versão mitificada, a qual atinge o *status* de uma verdade forjada pela ciência natural e, portanto, torna-se inquestionável. Em consequência, a complexidade histórica é desconsiderada, perdem-se as

---

2743; Wood, Gordon S. *The origins of judicial review revisited, or how the Marshall court made more out of less. Washington and Lee Law Review*: Vol. 56, n. 3, Summer, 1999, p. 787-809; Rakove, Jack. *The origins of judicial review: a plea for new contexts. Stanford Law Review*: Vol. 49, Iss. 5, May, 1997, p. 1031-1064; Bilder, Mary Sarah. *Idea or practice: a brief historiography of judicial review. The Journal of Policy History*: Vol. 20, n. 1, 2008, p. 6-25.

[8] Cf. Grossi, Paolo. *Mitologie giuridiche della modernità*. Milano: Giuffrè, 2007, p. 167-168.

causas mais remotas dos fenômenos em observação e desprezam-se as estruturas mais profundas que influenciaram os acontecimentos e poderiam fazer-nos compreender melhor a realidade e o presente.

Ao não examinarmos a fundo as raízes históricas do controle da constitucionalidade, a partir de uma perspectiva histórica temporalmente mais dilatada, impomo-nos um esquecimento forçado de quase setenta anos de história constitucional brasileira. A mitificação constitucional é responsável pelo encobrimento de uma rica e complexa reflexão constitucional desenvolvida no Império, a qual, sem a menor dúvida, tem relevância e impacto no debate político atual, não para apontar resultados certos e determinados, mas para indicar possibilidades e perspectivas distintas de reflexão.

A desconsideração da história constitucional acarreta a parcial compreensão da nossa realidade presente. Isso pode, talvez, ser um mero acaso ou infortúnio inconsciente da ignorância histórica. Entretanto, pode ser fruto de uma consciente manobra historiográfica que, mediante atos de esquecimento e memória, pretende fazer prevalecer determinada narrativa, definindo-se seletivamente os fatos e as características do passado a serem lembrados.

O primeiro mito, que não será objeto desta análise, relaciona-se à própria origem do *judicial review*, historicamente definida pela decisão do *chief justice* John Marshall no caso *Marbury v. Madison*, julgado em 1803[9]. Não poucos juristas e estudiosos brasileiros adotaram esse julgamento por ponto de partida para reconstruir a história do controle da constitucionalidade americano e, por consequência, brasileiro.

Comumente se faz a seguinte associação na história constitucional brasileira: o controle da constitucionalidade não existia na ordem constitucional imperial; ele foi criado pelo gênio do *chief justice* Marshall, em 1803; profundo conhecedor do direito americano, Rui Barbosa introduziu-o no Brasil. Há, inclusive, quem veja em Rui Barbosa uma espécie de "Marshall brasileiro"[10].

---

[9] Cf. Cappelletti, Mauro. *O controle judicial de constitucionalidade das leis no direito comparado*. Trad. Aroldo Plínio Gonçalves. 2. ed. Porto Alegre: Fabris, 1999, p. 45-63.

[10] Cf. Pires, Homero. *Prefacio*. In: Barbosa, Rui. *Commentarios à Constituição Federal brasileira*. Vol. I. São Paulo: Saraiva, 1932, p. XXXV. A ressonância do Marshall brasileiro ecoa

A segunda crença mitológica em que se ampara a evolução histórica do controle da constitucionalidade brasileiro relaciona-se com a sua origem no Brasil. Em geral, os autores esclarecem que o controle foi introduzido em nossa ordem constitucional graças ao gênio de Rui Barbosa, ao revisar o Projeto de Constituição da "Comissão dos Cinco", encaminhado ao Congresso Constituinte e convertido na Constituição da República de 1891. Esse seria o mito fundacional do controle. Alguns cuidam de explicá-lo um pouco melhor, destacando que, antes da Constituição de 1891, o Decreto n.º 510, de 22 de junho de 1890, que estabeleceu a "Constituição Provisória" da República, já continha a previsão normativa instituidora do controle judicial, a qual teria sido reforçada pelo Decreto n.º 848, de 11 de outubro de 1890, que organizou a justiça federal. Em todo caso, a história do controle é explicada como simples adorno republicano, que se incorporou ao nosso sistema pelas mãos habilidosas de Rui Barbosa.

A terceira crença, que talvez não se distinga da segunda, apoia-se na tese de que, na Constituição do Império, não houve o controle da constitucionalidade das leis, porque, além da existência do Poder Moderador, a quem tocava manter o equilíbrio e a harmonia entre os poderes políticos, a prerrogativa de interpretar as leis foi atribuída ao Poder Legislativo, a cujo encargo também se confiou a atribuição de velar na guarda da Constituição.

A Constituição do Império, no entanto, vigeu por quase 70 anos. Foi comentada por diversos juristas, políticos, professores, acadêmicos e advogados. Sofreu críticas. Foi defendida e enaltecida em incontáveis situações. Foi reformada. Será que – perguntamos – antes do declínio e queda de nossa monarquia constitucional, não houve, entre nós, uma única voz a defender o controle da constitucionalidade das leis? Teria sido esse tema absolutamente estranho à cultura jurídica brasileira até 1890?

Qual era o papel institucional do Poder Judiciário sob a vigência da Constituição de 1824? Como se posicionaram os juristas que refletiram sobre a Constituição do Império? Embora a prerrogativa constitucional

---

há décadas, conforme vemos em: CORRÊA, Oscar Dias. *O Supremo Tribunal Federal, corte constitucional do Brasil*. Rio de Janeiro: Forense, 1987, p. 20.

de interpretar as leis fosse expressamente prevista pela Constituição do Império para o Legislativo, isso significou, na prática, que o juiz não interpretava as leis e os atos normativos? Há toda uma história a ser examinada que, por certo, jogará luzes e novos olhares à nossa compreensão e à forma como lidamos com os atuais problemas institucionais no Brasil.

Apresentadas essas três crenças mitológicas, passemos à análise das obras centrais sobre a evolução história do controle de constitucionalidade no Brasil, lembrando, contudo, que o termo "obras centrais" é aqui utilizado em sentido coloquial para expressar aquelas, de maneira geral, referidas pelos constitucionalistas quando expõem o tema. Se essa escolha, por um lado, pode se tornar imprecisa e dispersa, por outro lado, revela uma peculiaridade da nossa doutrina que, ao fim, conflui para os mesmos autores (ou "fundadores"), os quais, por sua vez, não empreenderam uma investigação histórico-constitucional de maior envergadura sobre o tema. Desse modo, o círculo vicioso sobre a história do controle se retroalimenta e se reproduz sem que consigamos expandir os horizontes.

A primeira monografia conhecida sobre o tema do controle de constitucionalidade foi escrita por Lúcio Bittencourt, com o título *"O Controle Jurisdicional da Constitucionalidade das Leis"*, e publicada em 1949. Já no prefácio da edição, há um dado que chama a atenção[11]: são apresentadas suas principais fontes (constitucionalistas norte-americanos) e o *background* cultural (formação jurídica nos Estados Unidos); além de o autor lembrar que o tema foi tratado "proficientemente pelos doutores", em particular "pelo gênio de Rui Barbosa".

As informações do prefácio refletiram-se na própria estrutura do livro que se transformou em importante obra de referência do direito constitucional brasileiro. Sua análise histórica do controle da constitucionalidade, cuja metodologia é seguida por diversos autores, iniciou-se

---

[11] Cf. BITTENCOURT, C. A. Lúcio. *O controle jurisdicional da constitucionalidade das leis*. Rio de Janeiro: Revista Forense, 1949, p. 7-8. Naturalmente, Lúcio Bittencourt não foi o primeiro autor brasileiro a escrever sobre o controle da constitucionalidade das leis no Brasil. Antes dele, outros se detiveram sobre o tema, dentre os quais destacamos: o próprio Rui Barbosa, José Barbalho Uchôa Cavalcanti, Amaro Cavalcanti, Carlos Maximiliano, Pedro Lessa e Castro Nunes. Sua particularidade reside, apenas, no fato de haver sido o autor do primeiro livro exclusivamente dedicado ao tema do controle da constitucionalidade, realizando uma reflexão de maior fôlego sobre o tema.

com o direito anglo-americano, destacando aspectos históricos relativos à Constituição dos Estados Unidos, de 1787, e os *Federalist Papers*. Maior relevância, contudo, ele atribuiu ao caso *Marbury v. Madison*, no qual pontuou o papel desempenhado pelo *chief justice* John Marshall, "verdadeiro arquiteto do direito constitucional americano", que teria enunciado, em caráter definitivo, a doutrina do controle judicial da constitucionalidade das leis.

Lúcio Bittencourt teve o reconhecido mérito de sistematizar, em volume específico, a reflexão sobre o controle da constitucionalidade das leis. Porém, no que tange ao sistema constitucional brasileiro, a reconstrução histórica do surgimento do controle judicial não obteve o mesmo êxito. Depois de dedicar o primeiro capítulo ao *judicial review* nos Estados Unidos, no minúsculo capítulo segundo, que contou com quatro vagas páginas, ele empreendeu a seguinte narrativa histórica do controle no Brasil.

A Constituição de 1824 não atribuiu ao Judiciário a prerrogativa de não aplicar leis consideradas inconstitucionais. O Supremo Tribunal de Justiça não se assemelharia à Suprema Corte dos Estados Unidos, (a) seja porque a Carta "não dava qualquer margem a tentativas de expansionismo", (b) seja porque a defesa dos princípios constitucionais fora confiada ao Legislativo, a quem caberia fazer e interpretar as leis, além de velar na guarda da Constituição, (c) seja porque a dependência e a harmonia dos poderes políticos seriam mantidas pelo Poder Moderador, que constituiria a "suprema inspeção" sobre os demais Poderes[12]. Com a Constituição de 1891, a doutrina norte-americana do controle judicial incorporara-se ao sistema constitucional brasileiro e, para explicá-lo, o autor chamado é Rui Barbosa. Em seu brevíssimo capítulo à história brasileira do controle, Lúcio Bittencourt concluiu que o controle da constitucionalidade no Brasil teria iniciado com o regime constitucional republicano.

Eis, portanto, o esquema teórico de análise que tem sido recorrentemente utilizado para explicar o processo de formação histórica do controle de constitucionalidade brasileiro: raízes remotas se ligariam ao direito anglo-americano (*common law* na Inglaterra, independência dos

---

[12] *Idem*, p. 27-28.

Estados Unidos, Convenção de 1786-1787, caso *Marbury v. Madison* de 1803), importação desse modelo americano pelo Brasil com o advento da República; e inexistência do controle no período imperial. Esse esquema, veremos, tem reverberado em nossa doutrina e cultura constitucional acriticamente.

Alfredo Buzaid é outro autor destacado quando o assunto é controle da constitucionalidade. Seu relato histórico não se afasta desse modelo geral que passa pela história política e judicial dos Estados Unidos chegando ao Brasil pelas mãos de Rui Barbosa. Buzaid[13] esclareceu que o controle da constitucionalidade teria sido "criação original" do direito norte-americano, influenciado pelo direito inglês e pela própria experiência judicial colonial, cabendo a John Marshall, no caso *Marbury*, demonstrar que o ato incompatível com a Constituição seria nulo e inválido e, por conseguinte, o Judiciário deveria negar-lhe aplicação no caso concreto.

Quanto ao Brasil, Alfredo Buzaid opinou que o controle jurisdicional da constitucionalidade não foi uma criação jurisprudencial; foi consagrado na Constituição de 1891, cujos fundadores beberam em fontes americanas, e melhor delineado pela Lei nº 221, de 20 de novembro de 1894, o que teria marcado "o passo definitivo na evolução do direito brasileiro"[14].

Há, portanto, o seguimento da mesma linha de continuidade presente na evolução histórica de Lúcio Bittencourt, que inclusive foi citado por Buzaid. Através do fio condutor do controle, que conecta o direito norte-americano, Rui Barbosa e a Constituição de 1891, consolidam-se as três crenças mitológicas e se impõe uma forçosa simplificação à complexa história constitucional brasileira.

Odilon Araujo Grellet[15] publicou seu *"Ensaio sobre a Evolução do Direito Constitucional Brasileiro"*, em 1950. Embora não tenha tratado detidamente do tema, ele também ajudou a difundir tais crenças mitológicas. Rui Barbosa exerceu papel central em sua reconstrução histórica, pois teria sido por meio de sua militância advocatícia que demonstrara esta-

---

[13] Cf. BUZAID, Alfredo. *Da ação direta de declaração de inconstitucionalidade no direito brasileiro.* São Paulo: Saraiva, 1959, p. 17-33.

[14] *Idem*, p. 31.

[15] Cf. GRELLET, Odilon Araujo. *Ensaio sobre a evolução do direito constitucional brasileiro.* São Paulo: Revista dos Tribunais, 1950, p. 67-85.

rem todos os poderes subordinados à Constituição. Quaisquer atos a ela contrários seriam inexistentes, e o Judiciário lhes negaria eficácia na qualidade de "supremo intérprete da lei".

Odilon registrou que fora John Marshall o expositor dessa doutrina nos Estados Unidos, de onde Rui teria extraído as lições e aplicado com maior louvor, porquanto o desafio do jurista brasileiro fora bem maior do que o de Marshall. Odilon Grellet[16] destacou, ainda, que a afirmação da Constituição como lei fundamental a que todos os poderes deveriam curvar-se seria uma inovação tão grande na ordem constitucional, que o próprio Supremo Tribunal Federal titubeara em aceitar sua nova missão de guarda constitucional.

Themistocles Brandão Cavalcanti[17] figura entre os autores mais citados sobre o controle da constitucionalidade das leis. No capítulo 5 de seu livro em que discorre sobre a *"Evolução Histórica do Contrôle de Constitucionalidade"*, relacionou o mecanismo do controle ao progresso das instituições. O autor vislumbrou que suas origens remontariam ao direito inglês e português (aqui, sua referência é a Buzaid) e se assentariam em um princípio geral segundo o qual as leis fundamentais e princípios subordinariam as normas menores ou inferiores.

Na análise da supremacia normativa, Themistocles Brandão não descurou das referências ao direito inglês, em particular a Edward Coke, nem de precedentes judiciais norte-americanos para chegar a *Marbury v. Madison*, caso no qual o princípio da subordinação das leis à Constituição se firmou. O Capítulo VI é aberto com a seguinte afirmação: "O sistema constitucional republicano no Brasil conduziria necessariamente a adotar-se a técnica de exame da constitucionalidade dos atos legislativos e executivos, consagrada no direito americano"[18].

Embora seja difícil extrair o que o autor pretendeu significar com tal constatação, tendo em vista tal ideia haver sido atravessada por outra observação ("Coube a primazia da sua provocação a Rui Barbosa"), ele abriu uma interessante perspectiva a ser explorada. Imaginemos que Rui Barbosa tivesse morrido antes da proclamação da República. Será que o

---

[16] *Idem*, p. 82.
[17] Cf. CAVALCANTI, Themistocles Brandão. *Do contrôle da constitucionalidade*. Rio de Janeiro: Forense, 1966, p. 48-63.
[18] *Idem*, p. 57.

controle da constitucionalidade das leis teria sido introduzido na Constituição da República de 1891[19]? Esta é uma questão intrigante e instigante que extraímos das entrelinhas da referida citação e que ainda não mereceu a devida atenção dos nossos constitucionalistas e dos nossos historiadores do direito. E não mereceu porque a mitificação tem exercido um papel perverso sobre nossa história jurídica, impondo uma seletividade forçada cuja consequência mais imediata é fazer-nos ignorar a complexidade histórico-constitucional do passado imperial.

Parece-nos, contudo, de bom tom ressaltar que tal provocação não procura excluir a participação de Rui Barbosa do processo histórico de formação do controle da constitucionalidade, mas parte do pressuposto de que Rui foi um dos atores desse processo construtivo, cujas causas e fatores são bem mais profundos e longínquos. Fiquemos com ela em mente.

Themistocles, dizíamos, não desenvolveu suas ideias sobre esse prisma alternativo, mas se ateve àquele esquema teórico da explicação histórica e terminou sua recapitulação histórica com a convicção de que a revisão judicial foi consagrada pela Constituição de 1891 e confirmada pela Lei nº 221, de 1894. O controle foi o sinal da evolução positiva e do progresso do direito constitucional brasileiro. Entretanto, uma única palavra sequer foi proferida sobre a Constituição do Império nem sobre eventual discussão acerca do controle da constitucionalidade durante a vigência do sistema político imperial.

Pedro Calmon escreveu que, com a Constituição de 1891, o Brasil abrira mão do parâmetro doutrinário da revolução francesa para imitar o modelo de organização norte-americana, cujo traço distintivo seria o federalismo. A soberania também se manifestaria pelo Poder Judiciário, havendo o Supremo Tribunal Federal adquirido algumas das competên-

---

[19] Similar questão formulou Jack Rakove em estudo sobre a história do *judicial review* nos Estados Unidos. Rakove perguntou-se qual seria o destino do direito constitucional americano caso William Marbury tivesse se afogado no Rio Potomac e sumido do cenário político nacional. Nessa hipótese, o historiador sugere que nada de substancialmente diverso ocorreria no direito constitucional americano, que hoje contaria com a (mesma) prática do *judicial review*. Cf. RAKOVE, Jack. *The origins of judicial review...*, p. 1031-1064.

cias do Poder Moderador das quais a principal seria a apreciação da constitucionalidade das leis[20].

É interessante notar essa ligeira e despretensiosa referência do professor Pedro Calmon em que o Supremo Tribunal Federal apareceu como eventual sucessor do Poder Moderador, porque ela nos induz a perquirir sobre a história constitucional do Império e as competências e atribuições das instituições políticas previstas na Constituição de 1824 (*v.g.*: Supremo Tribunal de Justiça, Conselho de Estado, Poder Moderador) bem como sobre elementos de continuidade e de ruptura no processo de transição do Império para a República sob um olhar totalmente distinto daquele tradicionalmente feito pela doutrina constitucional.

Apesar do fugaz aceno a uma nova perspectiva na história constitucional imperial, Pedro Calmon seguiu a tradicional narrativa sobre a história do Supremo Tribunal Federal[21]. A citação inicial de Rui Barbosa, aclamando o Supremo como "grande tribunal da federação", é-nos significativa. Calmon explicou que, no sistema do federalismo, o Supremo fora investido em "delicadas funções político-judiciais", a fim de manter o equilíbrio entre os poderes constitucionais e entre a União e os Estados bem como assegurar a execução das garantias e direitos individuais e políticos. Quanto à prerrogativa de declarar as leis inconstitucionais, esta função teria advindo da boa tradição norte-americana inaugurada por John Marshall[22].

Com alguma alusão à história do controle da constitucionalidade, Pinto Ferreira[23] ensinou que a Suprema Corte dos Estados Unidos tivera a função de unificar o direito nacional e de solucionar os problemas federativos. Essa ideia teria sido adotada no Brasil somente em 1891 já que o Supremo Tribunal de Justiça do Império não guardara qualquer relação com tais funções de natureza preponderantemente políticas. Destacou Pinto Ferreira[24] que Rui Barbosa, o "grande chefe espiritual do movi-

---

[20] Cf. CALMON, Pedro. *Curso de direito constitucional brasileiro*. 4. ed. Rio de Janeiro: Freitas Bastos, 1956, p. 10.

[21] *Idem*, p. 183 e ss.

[22] *Idem*, p. 188.

[23] Cf. FERREIRA, Pinto. *Curso de direito constitucional*. Rio de Janeiro: Freitas Bastos, 1964, p. 226 e ss.

[24] *Idem*, p. 234-235.

mento republicano"[25], introduzira o controle da constitucionalidade na Constituição de 1891, na linha da doutrina da revisão judicial traçada por Marshall no caso *Marbury*.

Não obstante, Pinto Ferreira fez singular menção ao Projeto de Constituição, relatado por Antônio Carlos Ribeiro de Andrada perante a Constituinte de 1823, segundo o qual, no art. 266[26], haveria margem para admitir-se o controle judicial. O autor acrescentou que o Projeto não foi levado adiante em face da dissolução da Constituinte, nem tal norma foi mantida pelo Conselho encarregado de elaborar o novo projeto, que se converteu na Constituição de 1824. Destarte, inviabilizara-se a existência do controle da constitucionalidade das leis. Percebamos mais uma vez a perpetuação da mitificação constitucional. A despeito da sorte do Projeto de Constituição de 1823 e à semelhança de Pedro Calmon, Pinto Ferreira instiga-nos a curiosidade sobre o seguinte aspecto de nossa história constitucional: caso o Projeto da Constituinte de 1823 se tornasse a Constituição do Império, será que a prática do controle judicial da constitucionalidade se desenvolveria? O que diriam ou disseram os juristas a propósito do art. 266 do Projeto?

Aliomar Baleeiro é outro jurista recordado sobre a evolução do controle da constitucionalidade. Ao contar do seu primeiro contato com a Corte quando tinha apenas 13 anos, coincidentemente ou não, em sua memória, estava presente a figura de Rui Barbosa, então candidato à presidente da República, que, por força de um *habeas corpus* concedido pelo Supremo, foi à Bahia realizar comício presidencial. O Supremo estava na boca do povo, disse Baleeiro, revelando suas lembranças de criança no distante ano de 1919. Não obstante, queixou-se Baleeiro, no ano de 1968, era evidente a escassez de literatura sobre o Supremo, sua história, seus membros e seus julgados em espantoso contraste com a extensa bibliografia existente sobre a Suprema Corte dos Estados Unidos, razão que o motivou a escrever um livro sobre tal instituição com o sugestivo título *"Supremo Tribunal Federal, êsse outro desconhecido"*.

O Supremo Tribunal Federal teria nascido com a República, e sua fundação representaria uma "inovação no quadro histórico da instituição

---

[25] *Idem*, p. 31.

[26] O art. 266 do Projeto de 1823 previa: "Todas as Leis existentes contrarias á letra e ao espirito da Constituição, são de nenhum vigor".

do passado colonial e monárquico"[27], que se beneficiara das inspirações recebidas do direito norte-americano. Para Baleeiro, não seria possível traçar muitos pontos de continuidade entre o Supremo republicano e o Supremo Tribunal de Justiça do Império[28].

A maior influência, prosseguiu o autor, talvez tivesse consistido no fato de que, no primeiro momento do Supremo Tribunal Federal, antigos juízes da alta Corte do Império foram aproveitados. Porém, esse relativo continuísmo teria acarretado prejuízo à nova instituição republicana, que passaria a exigir dos juízes o desempenho de missões políticas complexas, a exemplo da declaração de inconstitucionalidade das leis, o que certamente seria incompatível com a mentalidade dos juízes imperiais que, não obstante haverem aderido à causa republicana, guardavam interiormente lealdade às instituições monárquicas.

Da narrativa histórica de Baleeiro[29], extraímos, de um lado, o vínculo entre Supremo Tribunal Federal, republicanismo/federalismo, Rui Barbosa e controle da constitucionalidade e, de outro, Supremo Tribunal de Justiça, mentalidade jurídica dos juízes imperiais e inadequação para o exercício de funções políticas. Isso tudo sem qualquer análise de fundo sobre o pensamento constitucional imperial, suas instituições ou atividade política da época.

---

[27] Cf. BALEEIRO, Aliomar. *O Supremo Tribunal Federal, esse outro desconhecido.* Rio de Janeiro: Forense, 1968, p. 9-16.

[28] Aliomar Baleeiro adotou inequívoca solução de continuidade entre o Supremo imperial e o republicano: "Ao nosso estudo não interessa a obra que teria desempenhado o Supremo Tribunal de Justiça do Império, que, embora, unificasse, até certo ponto, a interpretação do direito aplicado pelas várias Relações provinciais, não se revestia das atribuições políticas do Supremo Tribunal Federal, até porque a monarquia unitária não as ensejava, a despeito dos primeiros passos para a federalização desde o Ato Adicional de 1834". *Idem*, p. 19.

[29] Afirmou, com efeito, Aliomar Baleeiro: "A república inevitàvelmente teria de ser presidencialista do tipo norte-americano, porque a fraca resistência esboçada na Constituinte, para reestruturação de govêrno do gabinete, não poderia vencer a ação conjunta de Rui Barbosa, por suas convicções federalistas e até pelas esperanças que nutria acêrca do papel corretivo e modelador da Côrte SUprema dos E.U.A., nem a as pressões dos militares inspirados pelos positivistas, com Benjamin Constant à frente". *Idem*, p. 19-21.

Oscar Dias Corrêa[30], em argumentação insuficiente, vislumbrou certo continuísmo entre os dois órgãos de cúpula do Poder Judiciário, manifestando opinião parcialmente distinta da de Baleeiro. O Supremo Tribunal Federal sucedeu ao Supremo Tribunal de Justiça, posicionou-se superficialmente o autor sem ofertar razões para sua conclusão. Com o advento da república, o Supremo fora investido em suas principais atribuições constitucionais, destacando-se o controle da constitucionalidade das leis. Desse modo, ele terminou por endossar a narrativa histórica do controle da constitucionalidade, em especial ao apontar Rui Barbosa como seu artífice exclusivo, "o Marshall brasileiro", dotado de "cultura incomparavelmente maior".

Mais um constitucionalista brasileiro enquadrável nessa mesma tradição evolucionista é José Afonso da Silva[31]. Em poucas linhas, ele resumiu que o controle da constitucionalidade no Brasil fora instituído pela Constituição de 1891 por influência do constitucionalismo norte-americano.

Manoel Gonçalves Ferreira Filho[32] não se apartou muito da narrativa em análise. Reduziu a história do surgimento do controle da constitucionalidade à célebre decisão de John Marshall, destacando que os dois maiores exemplos da doutrina são Marshall (estrangeira) e Rui (nacional).

Mesmo Paulo Bonavides, provavelmente o constitucionalista que mais avançou nos estudos sobre a história constitucional brasileira[33], não sentiu necessidade de refletir sobre o processo de formação do controle no Brasil. Em seu *Curso de Direito Constitucional*[34], mencionou que o controle difuso seria um sistema já tradicional no Brasil, introduzido na Constituição de 1891 e consolidado pela Lei nº 221, de 1894. Com a Constituição da República, o Brasil avizinhara-se do modelo norte-americano

---

[30] Cf. Corrêa, Oscar Dias. *O Supremo Tribunal Federal, corte constitucional do Brasil*. Rio de Janeiro: Forense, 1987, p. 1-18.

[31] Cf. Silva, José Afonso da. *Curso de direito constitucional positivo*. 11. ed. São Paulo: Malheiros, 1996, p. 52-55.

[32] Cf. Ferreira Filho, Manoel Gonçalves. *Curso de direito constitucional*. 32. ed. São Paulo: Saraiva, 2006, p. 34-35.

[33] Referimo-nos à sua monumental história constitucional brasileira, a que muitas vezes recorremos: Bonavides, Paulo & Andrade, Paes de. *História constitucional do Brasil*. 8. ed. Brasília: OAB, 2006.

[34] Cf. Bonavides, Paulo. *Curso de direito constitucional*. 28. ed. São Paulo: Malheiros, 2013, p. 336-339.

deixando de lado o francês e adotara o controle político da constitucionalidade das leis, cujo fundamento residiria no princípio da soberania legislativa. Bonavides[35] registrou a relevância de Rui Barbosa, como grande farol, principal artífice, cabeça da república e arquiteto das novas instituições de onde nasceu o Brasil republicano.

A Constituição de 1824 não teria favorecido tampouco previsto o controle da constitucionalidade[36]. Mesmo considerando o teor do art. 173[37], que previa uma pálida inspeção da constitucionalidade com notória feição política, sua flexibilidade e sua essência programática teriam escusado a adoção do controle, comentou Paulo Bonavides. Ainda que se pretendesse sugerir a existência de um controle político da constitucionalidade com base na prerrogativa constitucional do Poder Legislativo de interpretar as leis e de velar na guarda da Constituição, em sua concepção, não se trataria de um sistema de jurisdição constitucional[38].

Bonavides sintetizou a história do controle da constitucionalidade no Brasil com ênfase para a falta de previsão normativa e para a inocorrência de uma efetiva prática institucional sob a vigência da Constituição de 1824 bem como para sua introdução tardia apenas com o advento do regime constitucional republicano. Assim, reiteraram-se e consolidam-se as crenças mitológicas no discurso constitucional brasileiro.

Gilmar Ferreira Mendes[39], nome de destaque no tema do controle da constitucionalidade, optou por não aprofundar o estudo de natureza histórica sobre o processo de formação histórica do controle da constitucionalidade. Afirmou que a Constituição de 1824 "não contemplava

---

[35] BONAVIDES, Paulo. *História constitucional do Brasil*. In: *Teoria Constitucional da Democracia Participativa*. 2. ed. São Paulo: Malheiros, 2003, p. 190-205.

[36] Paulo Bonavides afirmou expressamente: "Durante a fase constitucional do Império inexistiu o controle de constitucionalidade". *Idem*, 195.

[37] O art. 173 da Constituição de 1824 previa: "A Assembléa Geral no principio das suas Sessões examinará, se a Constituição Politica do Estado tem sido exactamente observada, para prover, como fôr justo".

[38] Cf. BONAVIDES, Paulo. *Jurisdição constitucional e legitimidade*. In: *Teoria Constitucional da Democracia Participativa*. 2. ed. São Paulo: Malheiros, 2003, p. 315-342. Por jurisdição constitucional, Paulo Bonavides presume "uma instância neutra, mediadora e imparcial na solução de conflitos constitucionais". *Idem*, p. 319.

[39] Cf. MENDES, Gilmar Ferreira. *Controle de constitucionalidade (aspectos jurídicos e políticos)*. São Paulo: Saraiva, 1990, p. 169-171.

qualquer sistema assemelhado aos modelos hodiernos do controle de constitucionalidade". Respaldado em Pimenta Bueno, "o jurista do Império", Gilmar Mendes destacou a influência francesa sobre o constitucionalismo brasileiro, que incorporou a noção da soberania do parlamento, cuja consequência teria sido atribuir-se ao Poder Legislativo a prerrogativa de fazer e de interpretar as leis bem assim de velar na guarda da Constituição. Anotou, em complementação, que o papel exercido pelo Poder Moderador retirara qualquer chance de desenvolvimento do modelo de controle judicial.

Com a proclamação da República, ponderada a influência norte-americana e a atuação de personalidades marcantes, a exemplo de Rui Barbosa, foi introduzida uma nova concepção. O controle judicial da constitucionalidade das leis foi previsto na denominada "Constituição Provisória", estabelecida pelo Decreto nº 510, de 22 de junho de 1890, e ratificado na Constituição de 1891.

Muitos outros constitucionalistas mereceriam uma análise mais detalhada tal qual vínhamos delineando acima; porém, o que importa enfatizar é que, em maior ou menor medida, eles têm compartilhado o esquema teórico de análise ora descrito, no qual a influência do modelo constitucional norte-americano, que possibilitou a introdução do controle da constitucionalidade no sistema brasileiro, somente ocorreu após a proclamação da República com especial destaque para o papel de Rui Barbosa[40].

---

[40] Com alguma variação, seguem essa narrativa evolutiva inúmeros autores, cujo rol é meramente enumerativo: CLÈVE, Clèmerson Merlin. *A fiscalização abstrata da constitucionalidade no direito brasileiro*. 2. ed. São Paulo: RT, 2000, p. 80-84; POLETTI, Ronaldo. *Controle da constitucionalidade das leis*. 2. ed. Rio de Janeiro: Forense, 2000, p. 71-96; BARROSO, Luís Roberto. *O controle de constitucionalidade no direito brasileiro*. São Paulo: Saraiva, 2004, p. 57-62; TAVARES, André Ramos. *Curso de direito constitucional*. 5.ed. São Paulo: Saraiva, 2007, p. 265-275; COELHO, Luiz Fernando. *Direito constitucional e filosofia da constituição*. Curitiba: Juruá, 2007, p. 236 e ss; PUCCINELLI JÚNIOR, André. *Curso de direito constitucional*. 2. ed. São Paulo: Saraiva, 2013, p. 142-144; CUNHA JÚNIOR, Dirley da. *Controle de constitucionalidade (teoria e prática)*. 6. ed. Salvador: Juspodium, 2012, p. 100 e ss; FERNANDES, Bernardo Gonçalves. *Curso de direito constitucional*. 5. ed. Salvador: Juspodium, 2013, p. 1086 e ss; MORAES, Alexandre de. *Curso de direito constitucional*. 5. ed. São Paulo: Atlas, 1999, p. 524 e ss; LENZA, Pedro. *Direito constitucional esquematizado*. 12. ed. São Paulo: Saraiva, 2008, p. 117 e ss; FERRARI, Regina Maria Macedo Nery. *Controle de constitucionalidade das leis municipais*. 3. ed.

Com isso, o discurso constitucional brasileiro se constrói e se consolida sobre pilares míticos que empobrecem nossa reflexão constitucional, porquanto nos faz acreditar que uma das práticas institucionais mais relevantes do nosso sistema jurídico é produto de um mero transplante do modelo norte-americano, algo imposto de fora para dentro, independentemente das condições internas. Deixamos, em consequência, de interessar-nos pelo pensamento constitucional brasileiro desenvolvido ao longo do século XIX bem como pelas práticas institucionais e pelo contexto histórico-político, que, certamente, tiveram impacto no pro-

São Paulo: RT, 2003, p. 28 e ss; STRECK, Lenio Luiz. *Jurisdição constitucional e hermenêutica.* Porto Alegre: Livraria do Advogado, 2002, p. 331-359; VIEIRA, Oscar Vilhena. *Supremo Tribunal Federal.* 2. ed. São Paulo: Malheiros, 2002, p. 116-126; NOBRE JÚNIOR, Edilson Pereira. *Controle judicial de constitucionalidade: o contributo da constituição de 1891. Historia Constitucional,* n. 11, 2010, p. 297-320. Disponível em: http://www.historiaconstitucional. com [12 de outubro de 2013]; SILVA NETO, Manoel Jorge. *Curso de direito constitucional.* 2. ed. Rio de Janeiro: Lumen Juris, 2006, p. 164-167; SAMPAIO, José Adércio Leite. *A constituição reinventada pela jurisdição constitucional.* Belo Horizonte: Del Rey, 2002, p. 24-43; BULOS, Uadi Lammêgo. *Curso de direito constitucional.* 3. ed. São Paulo: Saraiva, 2009, p. 120-124; ALVES, José Carlos Moreira. *A evolução do controle da constitucionalidade no Brasil.* In: *I Conferência da Justiça Constitucional da Ibero-América, Portugal e Espanha.* Lisboa: Tribunal Constitucional, 1997, p. 139-154; BARBI, Celso Agrícola. *Evolução do controle da constitucionalidade das leis no Brasil.* In: *O Poder Judiciário e a Constituição.* Porto Alegre: Ajuris, 1977, p. 127-149. Uma breve reflexão histórica, quanto às condicionantes mais longínquas da adoção do controle judicial da constitucionalidade, o qual é concebido como instrumento de salvaguarda da República, é apresentada por Álvaro Ricardo: CRUZ, Álvaro Ricardo de Souza. *Jurisdição constitucional democrática.* Belo Horizonte: Del Rey, 2004, p. 268-279. Nagib Slaibi Filho, embora reconheça que o controle da constitucionalidade das leis tenha existido antes da Constituição de 1891, sendo exercido pelo Poder Legislativo, não chegou a aprofundar ou explicar, a partir de fontes históricas, as razões que embasaram sua opinião. Cf. SLAIBI FILHO, Nagib. *Breve História do Controle de Constitucionalidade.* Disponível em: http://www.tjrj.jus.br/institucional/dir_gerais/dgcon/pdf/artigos/direi_const/ breve_ historia_controle_constitu.pdf [29 de setembro de 2013]. Nessa mesma linha, Ingo W. Sarlet reconhece a existência do controle da constitucionalidade de natureza preponderantemente política, cuja competência pertencia ao Poder Legislativo juntamente com a prerrogativa de interpretar as leis. Quanto ao Judiciário, anotou que sua arquitetura político-institucional seria bem distinta daquela do modelo constitucional norte-americano, a qual foi gradualmente superada após a proclamação da República. Cf. SARLET, Ingo Wolfgang *et ali. Curso de direito constitucional.* 2. ed. São Paulo: Revista dos Tribunais, 2013, p. 235-238.

cesso de introdução e de assimilação do controle judicial de constitucionalidade no Brasil. Dizemos mais: essa história, esse passado que se vai perdendo e essa experiência que se desperdiça, tudo isso tem o condão de jogar novas luzes nas questões hoje debatidas no âmbito da jurisdição constitucional, sua legitimidade e seus limites.

À margem desse esquema teórico de análise, há um constitucionalista que foi além nos aspectos históricos ligados à formação do controle da constitucionalidade. Foi Orlando Bitar quem fez análise mais cuidadosa sobre as condições internas do Império, quando escreveu sua tese para o concurso de direito constitucional da Faculdade de Direito do Pará. Nela, o autor trouxe perspectiva diferente da tradicional narrativa sobre a evolução do controle, buscando compreender suas origens ou formação a partir da configuração dos três principais modelos constitucionais da era moderna (Inglaterra, França e Estados Unidos).

Embora o seu foco não tenha sido o estudo sistemático do controle da constitucionalidade no Brasil, Orlando Bitar enveredou por certos percursos da experiência brasileira e discutiu mais a fundo algumas das razões pelas quais não poderia ter havido o controle judicial das leis na ordem constitucional imperial.

Bitar[41] observou que a herança portuguesa somada à influência do constitucionalismo francês foram responsáveis por suprimir à autoridade judicante quaisquer meios de aplicação do direito semelhantes àqueles disponíveis para os juízes da tradição anglo-americana. A mentalidade dos juristas do Império se caracterizaria por seu acentuado legalismo, seja pela herança jurídico-cultural lusitana, seja pela absorção do sentido rígido, formal e positivo da lei do direito francês.

Diferentes parâmetros, por seu turno, seriam verificáveis na efetivação do direito por um juiz norte-americano. Com apoio na doutrina de Story, juiz associado da Suprema Corte e defensor da doutrina do *judicial review*[42], Bitar recordou que a tradição estadunidense estabelecera um sistema no qual o juiz teria ampla margem de interpretação, o que estaria em contraste com a doutrina predominante no direito europeu em que a interpretação fora confiada ao Poder Legislativo.

---

[41] Cf. BITAR, Orlando. *A lei e a constituição (alguns aspectos do contrôle jurisdicional de constitucionalidade)*. Belém: s/ed., 1956, p. 74-75 e p. 254-255.

[42] *Idem*, p. 133-137.

A não atribuição aos tribunais da competência institucional de interpretar as leis viria da preocupação das autoridades políticas de abrirem mão de parcela do seu poder. O ponto parece-nos essencial. O legislador (e o monarca) seria "cioso da mínima parcela de poder político ou normativo que pudessem arrogar os tribunais"[43]. Em Portugal, o receio de o monarca perder a mínima fração do próprio poder, segundo Bitar, revelara-se na regulamentação dos assentos proferidos pela Casa de Suplicação, que dependeriam do seu consentimento para revestirem-se de força de lei. A confirmação real das decisões da Casa de Suplicação evidenciaria um aspecto característico do direito português transmitido ao brasileiro: a dependência e a inferioridade do Judiciário em face de outros poderes políticos no contexto da tradição da legalidade formal; ou simplesmente a "supremacia real em matéria judiciária"[44].

A influência do constitucionalismo francês também teria sido decisiva, inclusive na configuração do Poder Judiciário na qualidade de poder dependente, inferior e nulo politicamente; o Legislativo e Moderador/Executivo deteriam maior importância constitucional[45]. E sua subserviente expressão institucional respaldara-se em teóricos do Império e comentadores da Constituição, a exemplo de Pimenta Bueno e do visconde do Uruguay.

Não obstante alguns juristas do Império combatessem a configuração institucionalmente enfraquecida do Poder Judiciário, dentre eles Tavares Bastos, a imagem prevalecente na ordem constitucional do Império seria a da "supremacia regaliana"[46] e de um Poder Judiciário sem autonomia e dependente do Legislativo e, em especial, do Executivo.

Sem dúvida, é expressiva a contribuição de Orlando Bitar ao lançar um olhar diferente sobre o tema sob a perspectiva interna. Ainda que minimamente, ele resgatou a história da formação do controle sem ignorar o pensamento constitucional imperial que, como já nos é possível intuir, foi profícuo no assunto em questão. Pimenta Bueno, Tavares Bastos e

---

[43] *Idem*, p. 137. Orlando Bitar constatou, ainda, que as Ordenações não "franqueavam à Jurisprudência qualquer participação no processo legislativo e não animaram qualquer veleidade da independência do Judiciário", consolidando uma enraizada tradição, que dominaria o cenário brasileiro até o alvorecer da República. *Idem*, p. 259.

[44] *Idem*, p. 255 e ss.

[45] *Idem*, p. 262.

[46] *Idem*, p. 264.

Paulino José Soares de Souza (visconde do Uruguay) foram alguns dos muitos juristas que, direta ou indiretamente, pensaram o direito constitucional brasileiro e a forma de estruturação e funcionamento de suas instituições, inclusive o Judiciário.

A interpretação, um dos pressupostos do controle da constitucionalidade, sempre foi objeto de disputa política, dado que historicamente representava uma das modalidades da soberania – *condere legis*[47]. Essa disputa política, que esteve latente no contexto histórico-político imperial, é que precisa vir à tona. Não por outra razão, Bitar[48] foi extremamente feliz em sua análise histórica, ao atestar algo essencial à reflexão sobre a origem do controle da constitucionalidade no Brasil: precisamos deter-nos sobre nossas próprias raízes.

Essa afirmação mostra-nos que, nos estudos do controle, precisamos avançar para além da narrativa tradicional e compreendê-lo a partir das estruturas do próprio constitucionalismo brasileiro. Necessitamos problematizar se, de fato, o controle da constitucionalidade foi ou não adotado antes da Constituição de 1891 e, em caso negativo, compreender o porquê de não haver sido introduzido na ordem constitucional imperial: desconhecimento do mecanismo institucional, opção política, condicionantes jurídico-histórico-políticas?

---

[47] Michael Stolleis ensina que a história institucional e do poder desde a Idade Média seria caracterizada por uma disputa em torno do exercício da função da *interpretatio*. A interpretação seria de suma importância no processo legislativo, já que ela pode pôr abaixo todo o esforço concentrado na edição da lei. Por meio de uma simples interpretação, pode-se deixar de lado as leis criadas e, por consequência, a autoridade do legislador ou do monarca. Cf. STOLLEIS, Michael. *"Condere leges et interpretari". Potere legislativo e formazione dello stato agli albori dell'età moderna*. In: *Stato e ragioni di stato nella prima età moderna*. Trad. Serenella Iovino e Christiane Schultz. Bologna: Il Mulino, 1998, p. 134-164.

[48] A necessidade experimentada por Orlando Bitar de voltar ao passado imperial, para explicar o controle da constitucionalidade, é digna de nota: "Foi a experiência penosa, não a lógica, que fez do Judiciário, na América do Norte, um poder supremo. Como foi a experiência metropolitana, associada à de três séculos de Colônia e um de Império unitário que fez do Executivo, entre nós, o herdeiro das prerrogativas regalianas de ultramar e do poder pessoal na monarquia. Contra o determinismo de tal quadro tem lutado o Judiciário, que, despoliticizado integralmente sob o Império, conquista lògicamente uma função política em 91". Cf. BITAR, Orlando. *A lei e a constituição...*, p. 281.

Por essa razão, pensamos ser importante reconhecer que, do ponto de vista da narrativa histórica, é muito frágil sustentar que um único indivíduo teria sido o responsável pela invenção, criação, adaptação, implantação ou desenvolvimento de um complexo sistema institucional de garantia da Constituição, sem que tenhamos em conta o contexto no qual as ideias foram discutidas e circularam entre juristas e políticos do Império, se havia ou não decisões ou precedentes na matéria, se o ambiente político e institucional era ou não favorável à sua adoção e manutenção, e assim por diante.

Em vez de seguirmos a narrativa tradicional da evolução história do controle da constitucionalidade das leis no Brasil, examinamos o mesmo objeto de estudo sob outro prisma, em que privilegiamos o pensamento constitucional brasileiro desenvolvido na vigência da ordem imperial e no início da era republicana. A compreensão dos problemas e das soluções discutidas durante a vigência da ordem imperial constitucional, que conduziram a significativas mudanças na concepção do Poder Judiciário, fornecerá um outro panorama da formação histórica do controle.

Teremos maior sensibilidade para entender a prática do controle da constitucionalidade como resultado de um processo histórico cuja natureza, estrutura e limites foram moldados a partir das necessidades materiais, tradições, costumes, cultura jurídica e política de cada comunidade. Destarte, estaremos mais aptos a indagar, inclusive, sobre a apropriação dessa narrativa tradicional por alguma teoria ou ideologia do poder, de modo que a seletividade imposta, com o esquecimento compulsório do constitucionalismo imperial, teria por fim legitimar a atual configuração do sistema de controle da constitucionalidade no Brasil.

O discurso constitucional brasileiro, com base na mitificação constitucional, tende a transformar o controle judicial em uma premissa abstrata, em um postulado inquestionável e em uma decorrência lógica e necessária da Constituição no âmbito da ciência do direito constitucional e da prática do direito constitucional. Contudo, isso nos parece ser um verdadeiro desperdício da experiência, porque as linhas divisórias das atribuições dos Poderes Judiciário, Legislativo e Executivo não são, a rigor, uma questão abstrata resolvível por fórmulas teóricas aplicáveis a todas as nações, mas, antes, uma questão concreta e mutável.

1.2. Nossa proposta de compreensão da formação histórica do controle da constitucionalidade

A evolução histórica do controle da constitucionalidade no Brasil pode ser lida através de outro ângulo de observação conforme esclarecido anteriormente, privilegiando-se a perspectiva interna do constitucionalismo brasileiro. Ao empreendê-la, deixamos de lado o esquema teórico da mera implantação ou importação do modelo constitucional norte-americano no período inicial da construção da ordem republicana (1889 a 1891), para identificarmos fatores e razões que possibilitaram o surgimento do controle judicial da constitucionalidade no Brasil desde a origem do sistema constitucional imperial.

Antes de iniciarmos, façamos uma pequena delimitação conceitual. No item anterior, analisamos os elementos da narrativa tradicional da origem histórica do controle da constitucionalidade. Porém, na análise dos diversos autores, há um aspecto conceitual ora explicitado, ora subentendido, ora confundido, que diz respeito à expressão *controle da constitucionalidade*.

Em algumas oportunidades, o termo controle da constitucionalidade foi utilizado como sinônimo de controle *judicial* da constitucionalidade ou simplesmente controle judicial (*judicial review*). Noutras, o sentido de controle da constitucionalidade foi identificado ao de *jurisdição constitucional*. Houve, ainda, autores que equipararam os conceitos de jurisdição constitucional e de controle judicial.

Não utilizamos indistintamente tais conceitos. Mesmo cientes do caráter arbitrário e impreciso que as classificações ostentam em geral, por um cuidado didático, adotamos um critério que nos permite minimamente apartar as noções de controle judicial, de controle da constitucionalidade e de jurisdição constitucional.

A jurisdição constitucional incorpora um procedimento de garantia destinado à conservação da essência da Constituição, que tanto pode ser desempenhado por instâncias neutras e imparciais, quanto por órgãos politicamente vinculados. Em sua acepção mais antiga, jurisdição constitucional revela uma noção mais abrangente: significa o ato de expor, de dizer o direito que está na Constituição e, portanto, engloba a noção de controle da constitucionalidade. Além de assumir a expressão institucional do controle das leis e atos normativos, o termo jurisdição constitucional liga-se semanticamente a outras modalidades de solução de conflitos, a exemplo dos processos de resolução de litígios entre órgãos do Estado e de apuração da responsabilidade constitucional[49]. Contemporaneamente a ideia de jurisdição constitucional corresponde a um tipo particular de defesa da Constituição realizada por órgãos judiciais ou órgãos específicos (*v.g.*: tribunais constitucionais) para resolução dos conflitos sociais e políticos à luz de normas constitucionais[50].

Já a definição de controle da constitucionalidade refere-se à prática institucional de salvaguarda da Constituição, por meio da qual um órgão judicial ou político (não judicial) tem a prerrogativa de examinar a validade da lei ou do ato normativo e de, em censura à sua incompatibilidade com a Constituição, aplicar-lhe as sanções estipuladas pelo respectivo sistema jurídico. É, pois, uma modalidade de jurisdição constitucional unicamente concernida ao exame dos requisitos constitucionais de validade formal e material das leis e dos atos normativos.

O controle da constitucionalidade das leis, por sua vez, não se confunde com o *judicial review (of legislation)*, controle judicial (da constitucionalidade das leis) ou revisão judicial. O controle judicial das leis é uma espécie do gênero controle da constitucionalidade na qual o órgão investido da competência de fiscalizar a validade dos atos normativos possui natureza judicial[51].

Essas três definições, praticamente, resumem as terminologias presentes e manuseadas pelos autores examinados. Alguns deles mantiveram uma utilização uniforme, a exemplo de Lúcio Bittencourt[52], que sempre se referiu ao controle judicial (ou jurisdicional) da constitucionalidade. Outros empregaram indistintamente as expressões controle judicial e controle da constitucionalidade sem maior rigor terminológico. De todo modo, num e noutro casos, não se problematizou o sentido específico do termo, que, antes, serviu como um elemento dado, um ponto de chegada da evolução histórica do controle da constitucionalidade, reiterando o esquema teórico explicativo e as crenças mitológicas antes analisadas.

---

[49] Cf. CANOTILHO, J. J. Gomes. *Direito constitucional e teoria da constituição*. 3. ed. Coimbra: Almedina, 1999, p. 823-839.

[50] Cf. ZAGREBELSKY, Gustavo. *La legge e la sua giustizia*. Bologna: Il Mulino, 2008, p. 311-322.

[51] Cf. CAPPELLETTI, Mauro. *O controle judicial de constitucionalidade...*, p. 23-44.

[52] Cf. BITTENCOURT, C. A. Lúcio. *O controle jurisdicional da constitucionalidade...*, p. 27-31.

É essencial retermos essa diferenciação, especialmente entre controle da constitucionalidade e controle *judicial* da constitucionalidade, cuja principal característica reside na natureza jurídica da instância que o realiza: órgão judicial ou órgão político (não judicial).

Feita essa distinção conceitual, seguimos adiante e expomos as três chaves de leitura, intrinsecamente relacionadas entre si, por meio das quais propomos uma perspectiva distinta ao estudo da história do controle da constitucionalidade: a) independência dos juízes; b) interpretação judicial; c) ressignificação do princípio da separação dos poderes à luz do contexto histórico-político.

O primeiro dos elementos de observação para formação do controle judicial é a independência judicial. Para exercer o controle judicial das leis, o juiz precisa ser independente à luz dos fatos e como pessoa. É necessário haver a efetiva separação entre o Poder Judiciário e os Poderes Executivo e Legislativo, já que, na tradição jurídico-política das monarquias constitucionais, segundo nos ensina Michael Stolleis[53], os juízes seriam reconhecidos como servos do monarca. Não obstante o texto das Constituições monárquicas, que previa expressamente sua independência, o Poder Judiciário, na prática, não foi alçado à condição de terceiro poder, independente e autônomo, mas permaneceu na qualidade de ramo especial do Executivo.

Porque o controle judicial da constitucionalidade expressa um ato de soberania, que envolve o controle de atos praticados pelo Executivo e Legislativo, podendo acarretar a invalidação de leis e de atos em geral emanados desses poderes, é indispensável que os juízes estejam fora do círculo de pressão deles. Do contrário, sem a independência assegurada, os juízes subservientemente afiançariam os atos legislativos e executivos impugnados, a fim de não contrariarem interesses do governo nem se sujeitarem a retaliações diretas ou indiretas.

No Brasil, embora esse não seja um tópico de discussão nessa temática do controle, a independência do Poder Judiciário foi um dos elementos exaltados pelos doutrinadores. Apoiado em juristas estadunidenses, Pedro Lessa[54] enfatizou que o Judiciário deveria ser algo fora do Estado,

---

[53] Cf. STOLLEIS, Michael. *Judicial review...*, p. 266–80.

[54] Cf. LESSA, Pedro. *Do poder judiciário*. Rio de Janeiro: Typ. da Livraria Francisco Alves, 1915, p. 29-31.

O CONTROLE DA CONSTITUCIONALIDADE DAS LEIS SEGUNDO O DISCURSO...

para não sofrer suas pressões nem ser influenciado ou ter suas prerrogativas usurpadas pelos demais poderes; somente assim a magistratura constituiria um freio contra os demais poderes políticos e não seria deles dependente. Antes dele, também Rui Barbosa[55] ressaltou a essencialidade da independência da magistratura, princípio imprescindível a habilitar a excelsa função do controle judicial da constitucionalidade. E, conforme analisamos nesta obra, em especial no Capítulo 6, apesar de a Constituição, no art. 151, proclamar a independência do Poder Judicial, na prática, ele não era independente sujeitando-se a todo tipo de interferência, sobretudo por parte do Poder Executivo.

Para exercer o controle judicial das leis, o juiz deve necessariamente ser investido numa posição de significativo poder, o que pressupõe a existência de efetiva independência judicial e da prerrogativa de interpretar as normas. Conforme adverte Stolleis, na tradição do Antigo Regime, cujos efeitos impactaram nos Estados liberais por muito tempo, o juiz seria um simples servidor do rei, quem deteria a prerrogativa de exercer a justiça. Se o juiz tivesse dúvida sobre a intepretação das leis, deveria informar ao governo e aguardar pela interpretação autêntica, já que a legitimidade do soberano compreendia não só fazer, modificar ou revogar as leis mas também interpretá-las. A interpretação judicial exprimiria, portanto, um ato de soberania que poderia ou não ser delegado pelo soberano a certos atores sociais.

Podemos, destarte, perceber a forma como a independência judicial e a prerrogativa de interpretação judicial das leis se pressupõem mutuamente, no que tange ao controle judicial da constitucionalidade. Desde Hobbes, existia a consciência de que toda lei necessitaria de interpretação[56]. Seria imprescindível definir qual autoridade poria fim à batalha pela interpretação das leis e, por conseguinte, fixaria o significado do direito em última instância.

O ato de verificação de compatibilidade entre um ato normativo de hierarquia superior e outro de hierarquia inferior compreende, obrigatoriamente, um exercício da interpretação de leis. Em consequência, a interpretação jurídica constitui um pressuposto elementar do controle

---

[55] Cf. BARBOSA, Rui. *Atos inconstitucionais*. 2. ed. Campinas: Russel, 2004, p. 195-196.
[56] Cf. STOLLEIS, Michael. *Judicial interpretation in transition...*, p. 3-17.

da constitucionalidade, o que o próprio Rui Barbosa não deixou de destacar[57].

E qual seria o problema, então? Precisamente, o de ter de delegar a competência da interpretação para autoridade diversa e a ela dever sujeitar-se. A autoridade competente e delegante, fosse o monarca, fosse o legislador, seria obrigada a ceder parcela de seu poder político em favor dos juízes, para que eles pudessem interpretar as leis.

Poderíamos supor que a previsão desse elemento configurador do controle judicial está implicitamente elencado na narrativa histórico--evolutiva brasileira, dado que se costuma negar a existência do controle das leis ao argumento de que a Constituição do Império atribuiria ao Poder Legislativo a prerrogativa de fazer, suspender, revogar e, em particular, interpretar as leis (art. 15, VIII), além da função de "velar na guarda da Constituição" (art. 15, IX)[58].

Entretanto, tais dispositivos formais não teriam o condão de explicar, em toda sua plenitude, como as relações entre os poderes se desenvolveram, de que forma se configuraram as tensões inerentes aos poderes quanto ao problema de definir-se a quem deveria caber a autoridade de dizer, por último, o que o direito efetivamente significava bem como não atingiriam a dimensão do pensamento constitucional que se desenvolveu sobre esses mesmos dispositivos da Carta de 1824.

A terceira chave de leitura atrela-se à noção do princípio da separação dos poderes, conforme assimilada e adotada pela Constituição de 1824. Se, em sua origem, o texto se aproximava e muito da concepção de Montesquieu e de Benjamin Constant, na qual o Judiciário ainda era um ramo vinculado e dependente do Executivo, ao final do Império, ocorreu significativa modificação do imaginário dos juristas e dos políticos da época, quanto ao papel institucional a ser desempenhado pelo Poder Judiciário

---

[57] Eis as palavras de Rui: "Story demonstra lucidamente que 'o poder de interpretar as leis envolve necessariamente a função de verificar se elas se conforma à Constituição, declarando-as vãs e insubsistentes, se a ofendem' (...)". Cf. BARBOSA, Rui. *Atos inconstitucionais...*, p. 55.

[58] Dentre outros, Ingo Sarlet afirmou que a interpretação das leis pertencia à Assembleia Geral, e não aos juízes; logo, "se o juiz não podia interpretar a lei, certamente não tinha como controlar a sua legitimidade". Cf. SARLET, Ingo Wolfgang *et ali. Curso de direito constitucional.* 2. ed. São Paulo: Revista dos Tribunais, 2013, p. 825.

com destaque para o Supremo Tribunal de Justiça do Império. Essa nova compreensão da magistratura, em formação e em contraste com a anterior, criou um ambiente mais favorável à recepção do modelo constitucional norte-americano, introduzido pelo regime republicano.

Ainda sob esse viés, o contexto político da época exerceu forte influência na ressignificação do princípio da separação dos poderes, já que, a partir das décadas de 1860-1870, o Império começou a dar sinais de decadência, de modo que o discurso em torno da ilegitimidade da Constituição, do Poder Moderador, das arbitrariedades e do despotismo imperial veio à tona. Novas ideias invadiram o cenário político e constitucional, o que abriu espaço para pensarem-se novos modelos e alternativas, inclusive quanto aos arranjos institucionais.

Pensar-se, pois, na história do controle da constitucionalidade brasileiro como produto da tensão pela definição da autoridade para dizer o direito faz todo o sentido, consideradas as peculiaridades do constitucionalismo brasileiro. Conforme apuramos em nossa pesquisa, o controle da constitucionalidade foi uma prática sistematizada e existente durante a vigência da Constituição do Império. Não podemos afirmar o mesmo para o controle judicial da constitucionalidade. Desse modo, nossa proposta de análise permitiu-nos, ainda, perceber as tensões inerentes ao deslocamento do eixo institucional do controle da constitucionalidade para o controle judicial da constitucionalidade[59].

Portanto, alçamos esses três fatores (independência, interpretação e semântica do princípio da separação dos poderes à luz do contexto histórico-político) como instrumentos de investigação histórica, a fim de orientar o estudo sobre a evolução do controle da constitucionalidade

---

[59] Por essa razão, não tratamos da questão da supremacia normativa da Constituição, a qual está pressuposta no discurso constitucional da época. Que a Constituição do Império se revestia de superioridade formal em detrimento das leis ordinárias e dos demais atos normativos, não desconheceram os parlamentares da Constituinte de 1823 nem os autores da Constituição de 1824. Essa mesma premissa, sustentaram os juristas e os comentadores do texto constitucional. Tanto que diversos procedimentos de salvaguarda constitucional foram introduzidos na Constituição do Império, a começar pelo procedimento legislativo especial para sua própria reforma (art. 174 e ss). A questão, conforme entendemos, dizia respeito à qual autoridade se atribuiria o poder de legitimamente anular, revogar, deixar de aplicar ou ignorar lei ou ato normativo em face de sua incompatibilidade com a Constituição.

das leis no Brasil, tentando, desse modo, oferecer uma contribuição original mínima a tema tão naturalizado em nossa historiografia do direito constitucional.

Capítulo 2

História, Direito e Pensamento Constitucional Brasileiro: Apontamentos Metodológicos

Na realização da nossa pesquisa, fizemos escolhas, definimos métodos e selecionamos fontes, atitudes imanentes à investigação histórica. Nesses atos preparatórios, tivemos em mente duas orientações similares, sugeridas por diferentes historiadores. A primeira delas vem de Marc Bloch[60], quem aconselhava aos pretendentes a pesquisar o passado elaborar um capítulo no qual respondessem à seguinte pergunta: "como posso saber o que lhes vou dizer?".

Trata-se de um postulado que, de certo modo, associa-se ao de Mauro Barberis[61], que, diante da relativa indefinição dos métodos e do objeto da história intelectual, recomendou aos pesquisadores adotarem o denominado "princípio da transparência", segundo o qual à liberdade de escolha do método histórico contrapõe-se o dever de explicitá-lo e justificar a própria escolha. Um e outro autores, tão distantes entre si no tempo e na própria formação, não por coincidência, têm uma preocupação em comum, compartilhada por muitos outros historiadores: já que o estudo

---

[60] Cf. BLOCH, Marc. *Apologia da história ou o ofício do historiador.* Trad. André Telles. Rio de Janeiro: Zahar, 2001, p. 83.

[61] Cf. BARBERIS, Mauro. *La storia delle dottrine politiche: un discorso sul metodo.* In: *Sette Studi sul Liberalismo Rivoluzionario.* Torino: Giappichelli, 1989, p. 13-42.

e o resgate do passado resultam de uma entre tantas possibilidades de fazer-se história, torna-se imprescindível empreender um exercício de explicitação das premissas metodológicas, a fim de esclarecer ao leitor sobre os passos trilhados bem como dar-lhe condições mínimas para a crítica. Algo, portanto, não tão surpreendente ao jurista que sempre se viu premido entre diversas teorias interpretativas e compelido à definição motivada de uma delas no exercício de sua profissão[62].

A problemática dos métodos aplicados à história do direito mereceu cuidadosa atenção de William Fisher III[63]. O autor verificou existirem duas premissas inevitáveis em qualquer prática histórica. Primeira delas, todo estudo de história adota uma perspectiva determinada, isto é, o fato pode ser examinado à luz de mais de um ângulo histórico, o qual, em última análise, é definido pelo interesse do historiador e pelas perguntas ao passado, que ele intenciona responder. Segunda premissa, o modo como o historiador aborda e interpreta o passado é influenciado por suas próprias preocupações além daquelas da comunidade. A pesquisa histórica, conclui Fisher, realiza-se por diferentes objetivos; cada historiador tem sua própria agenda, a qual é, consciente ou inconscientemente, calcada no presente.

O desdobramento dessas premissas remete-nos à seguinte interrogação: qual o método correto a ser adotado na pesquisa? Esse, contudo, parece ser um falso problema. A metodologia mais apropriada a ser utilizada pelo historiador depende dos objetivos de sua pesquisa. O aspecto central da questão, para Fisher, reside em que o valor do método histó-

---

[62] Não é de hoje que estudiosos, sejam do direito, sejam da história, identificam pontos de conexão entre a atividade do historiador e a do juiz. À semelhança da ciência do direito, no qual diversos princípios e teorias atuam na sistematização e legitimação da prática judicial, também na história muitas são as teorias e os métodos em debate na historiografia, com o objetivo de traçar critérios mais ou menos objetivos no estudo do passado. No direito, a definição de um princípio de interpretação ou de uma teoria jurídica tem significativo impacto na solução jurídica, conduzindo, não raro, a resultados diversos e contraditórios entre si. Também no campo da historiografia, a determinação da abordagem metodológica influencia no modo de realização da pesquisa e nos seus resultados. Sobre o tema, ver: CALAMANDREI, Piero. *Il giudice e lo storico*. Milano: Giuffrè, 1939; GINZBURG, Carlo. *Il giudice e lo storico*. Milano: Feltrinelli, 2006, p. 16 e ss.

[63] Cf. FISHER III, Wilhelm. *Texts and contexts: the application to American legal history of the methodologies of intellectual history*. *Stanford Law Review*: Vol. 49, n. 5, 1997, p. 1065-1110.

rico não pode ser determinado em abstrato; seu valor está por ser determinado pela extensão com que ele poderá contribuir com um projeto acadêmico ou projeto social particular.

No presente livro, nosso objetivo principal consistiu em analisar a formação histórica do controle da constitucionalidade das leis no Brasil de modo a fornecer um quadro compreensivo mais amplo de nossa história constitucional que, como visto, tem se confinado a uma narrativa simplista, linear[64] e ancorada na ideia de progresso[65], desconsiderando a experiência constitucional brasileira anterior à Constituição de 1891.

Algumas dúvidas surgiram diante do nosso esforço por definir o método histórico adequado, principalmente ao lembrarmos que, no discurso constitucional brasileiro, o controle (judicial) da constitucionalidade está intimamente associado à era pós-monárquica. No entanto, em face da existência do controle da constitucionalidade sob a vigência da ordem constitucional do Império, devemos elaborar novas perguntas e seguir por percursos diversos dos que até então estão sendo trilhados.

Desse modo, temos de questionar: qual teria sido o equivalente funcional do controle judicial da constitucionalidade, configurado na prática institucional do Império? Qual teria sido o órgão, instituição ou poder incumbido de exercer essa espécie de controle de constitucionalidade? De que forma os políticos, os juristas e os comentadores da Constituição pensaram sobre o mecanismo institucional de controle da constitucionalidade? Será que cogitaram confiar ao Poder Judiciário tamanho encargo? Teriam eles perquirido sobre o *judicial review* dos norte-americanos? Sim ou não, por quê? Quais os riscos e as possibilidades antevistos por meio de sua suposta adoção no sistema jurídico?

O desenvolvimento das questões ora suscitadas conduziu-nos ao estudo crítico da formação do controle da constitucionalidade através das veredas do pensamento constitucional imperial. Essa, contudo, é uma afirmação cujo detalhamento supõe uma prévia explicação sobre a

---

[64] Para uma crítica às narrativas históricas simplistas e legitimadoras do presente, vide: FONSECA, Ricardo Marcelo. *Introdução teórica à história do direito.* Curitiba: Juruá, 2010, p. 61-66.

[65] Sobre a relação entre a noção de progresso, o direito constitucional e o internacional, vide: GALINDO, George Rodrigo Bandeira. *Constitutionalism forever. Finnish Yearbook of International Law*: Vol. 21, 2012, p. 137-170.

definição de pensamento constitucional, o que realizamos no Item 2.1. Tecemos, no item posterior, algumas considerações sobre a possibilidade de trabalharmos com a noção de pensamento constitucional brasileiro e de sua história. Na última parte deste capítulo, esclarecemos quais fontes históricas foram pesquisadas, completando, segundo esperamos, o ônus de explicitar nossas premissas metodológicas bem como as fontes históricas manejadas.

2.1. Sobre a definição de pensamento jurídico ou pensamento constitucional

Nossa reconstituição histórica foi prioritariamente conduzida a partir da reflexão sobre a ciência do direito constitucional brasileiro, tendo em vista que a desenvolvemos a partir da literatura destinada à compreensão científica, dogmática e sistematizadora do direito constitucional brasileiro, o que Michael Stolleis denomina de "história do pensamento científico"[66]. Tais escritos e reflexões sobre o direito constitucional, de acordo com Stolleis, representam um precioso material histórico cujo significado aprofunda-se e completa-se ainda mais, quando se associam os eventos histórico-políticos concretos e as condições científicas de elaboração do ordenamento jurídico.

Stolleis acertadamente explica que há um liame entre o desenvolvimento do pensamento jurídico-constitucional científico e os eventos históricos, de modo que o resgate desse pensamento representaria uma válida opção para fazer-se a pesquisa histórica. Ademais, a produção científica do direito constitucional, mais do que explicar ou descrever o direito que estava posto na Constituição, teria outra ordem de interesses, seja para justificá-lo e legitimá-lo, seja para condená-lo e rejeitá-lo, o que evidenciaria que tais textos se enquadrariam dentro de um discurso público muito mais amplo.

Definir por objeto de pesquisa o pensamento jurídico constitucional brasileiro não significa apenas realizar a história da literatura jurídica

---

[66] De acordo com Stolleis, a história da ciência do direito seria um sub-ramo da história do direito, que se ocuparia com a literatura destinada à compreensão científica, dogmática e sistematizadora do direito, no presente caso do direito constitucional brasileiro. Cf. STOLLEIS, Michael. *Storia del diritto pubblico in Germania*. Tomo I. Trad. Cristina Ricca. Milano: Giuffrè, 2008, p. 1-22.

ou da doutrina constitucional como se fosse um mero discurso teórico e abstrato independentemente de sua relação com o contexto social e político[67]. Claro, analisar a produção literária jurídico-constitucional brasileira do século XIX constituiu nosso ponto de partida. Porém, a história do pensamento jurídico supõe a existência de um quadro histórico próprio, que molda e é moldado pela forma de se pensar e de vivenciar as instituições.

O pensamento jurídico, no dizer de António Barbas Homem[68], está no meio do caminho entre "a reflexão global e a ciência aplicada" e não se revela apenas uma reflexão teórica da realidade jurídica e social, mas principalmente representa o "verdadeiro motor da atividade do jurista". A depender desse mesmo contexto, no bojo do qual os mais diversos eventos e situações se configuram, é que se renova o ímpeto dos *scholars* de refletirem sobre cada um dos princípios básicos do sistema jurídico anterior, propondo alternativas e soluções para os problemas do momento.

A perspectiva da história do pensamento científico do direito constitucional apoia-se na premissa de que a produção científica não se produz independentemente dos eventos histórico-políticos. O próprio texto é parte integrante desses eventos políticos[69]. Destarte, enfatizamos ainda que, no estudo realizado da literatura constitucional, objetivamos indagar sobre a eventual "intenção do texto", na esteira proposta por Quentin Skinner.

Cada autor, jurista ou político que tenha escrito ou refletido sobre o direito constitucional, na realidade, esteve ocupado em oferecer respostas a problemas concretos, por eles vivenciados. Para lograrmos enten-

---

[67] Cf. HOMEM, António Pedro Barbas. *História do pensamento jurídico: considerações metodológicas*. In: *História do Direito e do Pensamento Jurídico em perspectiva (Coord. Cláudio Brandão et ali.)*. São Paulo: Atlas, 2012, p. 23-35.

[68] *Idem*, p. 42.

[69] À vista da dimensão pragmática dos textos, John Pocock reconheceu que a história dos textos configura, em parte, uma história das ações e dos eventos. Textos são performances verbais que, revelando uma modalidade de ação humana, tornam-se idôneos a produzir eventos ou resultados. A melhor compreensão desses atos e eventos depende da reconstrução das condições e das circunstâncias em que ocorreram; daí a necessidade de se recorrer ao contexto, inclusive para tentar ver quais as intenções que o texto traz consigo. Cf. POCOCK, John. *Texts as events: reflections on the history of political thought*. In: *Political Thought and History*. Cambridge: Cambridge University Press, 2009, p. 106-119.

der o que eles efetivamente disseram, cumpre-nos ir além da dimensão (proposicional ou locucionária) da linguagem relativa aos sentidos das palavras e sentenças. É imprescindível perscrutar sobre uma segunda dimensão (ilocucionária) da linguagem, isto é, sobre a particular força com que cada declaração foi proferida em certa ocasião[70].

Para Skinner[71], o texto emana um ato de fala (speech act) que, além do sentido gramatical que dele se extrai pela utilização de seus termos e referências, tem por atributo a intencionalidade, ou seja, o fato de ele integrar um processo de comunicação e manifestar uma tomada de posição quanto a algum argumento ou conversação preexistente, de modo que é possível identificar se a intenção do autor foi atacar, defender, justificar ou rever uma posição qualquer manifestada anteriormente no debate público. A melhor compreensão do texto, portanto, pressupõe entender não só o que foi dito pelo autor mas também o que o autor estava fazendo ao dizer o que disse.

A discussão historiográfica em torno da forma mais adequada de interpretar os textos políticos refletiu-se no modo como realizamos o estudo de cada um dos textos jurídicos analisados. Duas foram, então, as perspectivas mantidas em nosso horizonte. A primeira delas centrou-se na ideia de que o texto, tendo sua própria historicidade, deve ser compreendido a partir de sua linguagem, das representações que dele se extraem e das imagens eventualmente presentes em termos do funcionamento dos poderes estatais e da própria Constituição.

Também oriunda da reflexão de Skinner e mais elaborada no campo jurídico por Pietro Costa[72], a segunda dimensão do texto revela a intenção

---

[70] Entender o sentido histórico de um texto não se limita a compreender sua dimensão locucionária (i.e. o sentido dos termos e das referências nele incluídos). Não só o que foi escrito, mas a razão por que foi escrito o texto, que constitui e descreve a performance de um ato linguístico. Destarte, precisamos situar o texto em um contexto linguístico ou ideológico mais amplo, cuja reconstrução exige coletar os textos escritos ou utilizados no mesmo período destinados a questões similares. Cf. TULLY, James. *The pen is a mighty sword*. In: *Meaning and Context (Ed. James Tully)*. Princeton: Princeton University Press, 1988, p. 7-25.

[71] Cf. SKINNER, Quentin. *Interpretation and the understanding of speech acts*. In: *Visions of Politics (Regarding Method)*. Vol. I. Cambridge: Cambridge University Press, 2010, p. 103-127.

[72] Cf. COSTA, Pietro. *In search of legal texts: which texts for which historian?* In: *Reading Past Legal Texts (Dag Michalsen ed.)*. Oslo: Unipax, 2006, p. 158-182.

nele incorporada, a qual é revestida de uma perspectiva semântica e retórica que ganha sentido, a partir do momento no qual se tem consciência de que o texto (e seu autor) integra um discurso público, com objetivos pragmáticos bem como esse mesmo texto é parte de um contexto histórico mais amplo ao qual somente podemos ter acesso parcialmente.

A literatura constitucional brasileira produzida no século XIX, portanto, tinha uma funcionalidade política evidente, precisamente a de legitimar a atuação e as escolhas políticas realizadas. Os prefácios, as excessivas adjetivações ou as firmes e retumbantes condenações de autores, institutos ou governos permitem-nos concluir pelo papel ativo que autores, atores e ideias desempenharam na formação do pensamento constitucional brasileiro.

Textos, pronunciamentos, teses e quaisquer produções literárias não se limitaram à simples discussão científica de ideias abstratas no campo do direito constitucional ou à mera defesa de teses jurídicas desvinculadas da realidade circundante, mas, antes, seus autores – juristas, professores, acadêmicos, juízes, advogados, políticos ou quaisquer outras pessoas – exprimiram, por suas palavras, atos concretos e plenos de significação política, que visavam a interferir no curso dos acontecimentos e, ao mesmo tempo, eram condicionados pelas circunstâncias da época.

Por meio dessa análise discursiva, podemos perceber alguns elementos relativos à concepção do princípio da separação dos poderes, de sua positivação na Constituição e, em particular, do papel institucional que foi ou deveria ter sido atribuído ao Poder Judiciário. Por conseguinte, o pensamento constitucional, que se extrai por meio da linguagem, contribui para lançar luzes não só sobre a ideia de Constituição, que estava latente nas enunciações diversas ou nos discursos em circulação, mas também de como se buscava moldar as instituições governamentais bem como o próprio mecanismo do controle da constitucionalidade.

O estudo do pensamento constitucional, pois, fornece-nos instrumental próprio para compreendermos que a discussão em torno da introdução ou não do controle judicial foi muito mais uma opção politicamente controlada até certo ponto do que um mero desconhecimento de uma realidade alienígena.

2.2. É possível trabalhar com a categoria *pensamento constitucional brasileiro*?

No âmbito das considerações preliminares e metodológicas, julgamos importante cogitar da possibilidade de um "pensamento constitucional brasileiro"[73]. Essa noção rende homenagem à reflexão de Raymundo Faoro[74], *"Existe um pensamento político brasileiro?"*, na qual o autor esmiuçou a especificidade do pensamento brasileiro no que tange à tensão entre ideologia e filosofia política, entre teoria e práxis.

De um lado, a filosofia política se apresentaria em termos de pensamento puro com a pretensão de conhecer a verdade, de fixar enunciados científicos e universais que descreveriam com perfeição a realidade. De outro, a ideologia atuaria priorizando um resultado para atingir certa eficácia social; ela seria ambientada no mundo da práxis, a fim de dirigir a conduta social em certo sentido ou direção e de justificar o poder. O pensamento político se realizaria, segundo Faoro, "numa *práxis* que se desenvolve no *logos*"[75].

Raymundo Faoro tem o mérito de enfatizar a indissociabilidade entre o pensamento e a experiência, tentando esclarecer que as ideias, a ciência e a filosofia, enfim, a teoria seria selecionada e utilizada em ações políticas e incorporada em corpos teóricos, leis e instituições[76]. Existiria uma tensão dialética produtiva entre teoria e práxis, as ideias não constituiriam simples premissas de que partem os atores políticos com vistas a modi-

---

[73] Ao tratar da existência de uma cultura jurídica nacional no século XIX, Ricardo Marcelo Fonseca adverte que o historiador deve evitar a busca em torno de uma cultura jurídica "melhor" ou "pior", de doutrinas ou autores "canônicos" ou, ainda, de pedras fundamentais que balizariam a produção jurídica em nossa história. A missão do historiador do direito, em vez desse inexitoso esforço pelos fundamentos últimos do direito brasileiro, deve encaminhar-se por meio da compreensão e análise de *standards* doutrinários, de padrões de interpretação, de marcos de autoridade doutrinária nacional e estrangeira, que tiveram influência no Brasil, além de usos particulares de concepções jurídicas e filosóficas, que circulavam, discutiam-se e apropriavam-se no Brasil. Cf. FONSECA, Ricardo Marcelo. *Os juristas e a cultura jurídica brasileira na segunda metade do século XIX*. *Quaderni Fiorentini*: n. 35, Tomo I, 2006, p. 339-371.

[74] Cf. FAORO, Raymundo. *Existe um pensamento político brasileiro? Estudos Avançados*: Vol. 1, n. 1, out./dez., 1987, p. 9-58.

[75] *Idem*, p. 12.

[76] *Idem*, p. 13-14.

ficar a realidade; elas se revestiriam de alguma funcionalidade demarcando um espaço próprio, que distinguiria o pensamento político de uma atividade volitiva e livre.

As ideias políticas e jurídicas são apropriadas; seriam seletivamente escolhidas tendo em vista certos horizontes delineados pelos atores políticos, o que nos permitiria desvelar limites da própria sociedade. Por essa razão, para Faoro, na transição do Brasil-Colônia para o Império, não teríamos vivenciado um autêntico liberalismo, mas um absolutismo mascarado de liberalismo e com vestimenta constitucional.

Chegamos, com isso, a uma importante conclusão preliminar, presente ao longo de toda a discussão desenvolvida. É possível, sim, falarmos de pensamento constitucional brasileiro, na medida em que teorias e pensadores estrangeiros são seletivamente escolhidos, apropriados, filtrados e reformulados no todo ou em parte, tendo em vista as condições e as circunstâncias de cada comunidade bem como a configuração de interesses dos mais diversos grupos, em especial daqueles associados à elite política[77].

De acordo com Nelson Saldanha[78], modelos jurídicos e constitucionais, teorias e teóricos estrangeiros não foram simplesmente copiados e aplicados no Brasil. Ao contrário, serviam para configurar ideias e dinamizar crenças, de modo que foram cuidadosamente apropriados para melhor satisfazer os interesses e as necessidades da elite política, que conduzia o processo de construção da ordem imperial bem como de outros grupos de interesse, seja para contestar, seja para justificar esse mesmo processo político e jurídico[79].

---

[77] O conceito de "elite política" é extremamente problemático nas teorias sociais. Aqui, adotamos o sentido, com suas limitações próprias, atribuído ao termo por José Murilo de Carvalho, em sua história do Império do Brasil. Apesar de não concordar com a ideia de que as elites teriam o papel decisivo nos acontecimentos políticos de uma sociedade, o historiador não poderia deixar de reconhecer a vinculação existente entre essa mesma elite e a dinâmica social. Cf. CARVALHO, José Murilo de. *A construção da ordem: a elite imperial. Teatro das sombras: a política imperial*. 5. ed. Rio de Janeiro: Civilização Brasileira, 2010, p. 25-44.

[78] Cf. SALDANHA, Nelson Nogueira. *História das idéias políticas do Brasil*. Brasília: Senado Federal, 2001, p. 90-91.

[79] Para uma análise historiográfica sobre a dimensão temporal e política dos transplantes, vide: GALINDO, George Rodrigo Bandeira. *Legal transplants between time and space*. In: *Entanglements in Legal History: Conceptual Approaches (Thomas Duve ed.)*. Global Perspectives

É verdade que houve diferenças. E a particularidade brasileira foi muito bem observada pelo professor Gláucio Veiga. No primeiro volume da obra *História das Idéias da Faculdade de Direito do Recife*, Gláucio Veiga, na esteira de Reinhart Koselleck, observou que as distinções entre o tempo universal (europeu) e o tempo particular (brasileiro) causariam refrações e distorções entre as histórias das ideias brasileira e europeia, de modo que, diante dessa defasagem temporal, a ordem jurídica e política brasileira foi construída com a mira apontada ao parâmetro europeu, atirando pontas de lança, que permitiriam colher alguns dos pescados de além-mar[80]. A imagem do pescador significaria, em realidade, que a elite política brasileira não se limitara a copiar estruturas e códigos estrangeiros, mas a adaptá-los na medida do possível às necessidades e aos objetivos de certos grupos de interesse.

A circulação de ideias e de modelos fez com que, no Brasil, fossem desenvolvidos pensamentos próprios, sempre com o objetivo de oferecer respostas e soluções às demandas e às questões confrontadas pelos atores políticos do momento. A particularidade brasileira, portanto, autoriza-nos reconhecer a configuração de um pensamento constitucional brasileiro, que, mesmo não sendo genuinamente brasileiro nem absolutamente independente daqueles produzidos além-mar, foi ampliado e aprofundado a partir das condições históricas e políticas locais e concretas.

2.3. Pensamento constitucional brasileiro, metodologia e fontes de pesquisa

Passamos à terceira ordem de indagações preliminares, concernente às fontes de pesquisa. Quais fontes devem ser consultadas? Com o auxílio de Pietro Costa[81], respondemos que os tipos de fontes históricas e jurí-

---

on Legal History. Vol. 1. Frankfurt: Max Planck Institute for European Legal History, 2014, p. 129-148.

[80] VEIGA, Gláucio. *História das ideias da Faculdade de Direito do Recife*. Vol. I. Recife: Universitária, 1980, p. 35. Eis as palavras do professor Gláucio Veiga: "Na 'Histórias das Idéias' a inteligência 'atira pontas de lança' à Europa e recolhe o resultado da pescaria. A rede arrasta muita pérola misturada a seixos rolados. Essa inteligência que faz punções na cultura europeia são picos, rochedos aflorantes num mar profundo de conservadorismo, de imobilismo".

[81] Cf. COSTA, Pietro. *In search of legal texts...*, p. 158-182.

dicas a serem analisadas dependem das perguntas que o historiador formula, o que nos remete ao princípio da transparência de Mauro Barberis e da especificidade inerente de cada pesquisa histórica[82]. Não existe, portanto, uma teoria geral historiográfica a indicar o caminho certo e determinado na realização da pesquisa histórica. A definição do problema de pesquisa orienta o método de pesquisa e as fontes a serem manuseadas.

Se nos propusemos a compreender por que a Constituição de 1824 não previu o controle judicial de constitucionalidade, nem essa prática se configurou sob seu império, conforme já o sabemos, o exame dos Anais da Assembleia Geral Constituinte e Legislativa de 1823 foi uma peça chave na execução da pesquisa, pois, a partir deles, extraímos concepções políticas e constitucionais presentes, dificuldades existentes na construção da ordem imperial, pensamentos em circulação que influenciaram os autores dos textos constitucionais que terminaram confluindo na Constituição de 1824. De igual modo, analisamos os anais parlamentares referentes à elaboração da lei criadora do Supremo Tribunal de Justiça, com os olhos atentos aos caminhos perfilhados pelo pensamento constitucional brasileiro, e os anais do Congresso Constituinte da República de 1890-1891, focando nos elementos de ruptura e de continuidade presentes na fase de transição para a república e de sua consolidação[83].

---

[82] É tamanha a complexidade da questão relativa aos métodos da história intelectual. No entanto, não foi nosso objetivo aprofundar discussões propedêuticas em torno de seu estatuto epistemológico bem como a reformulação sofrida pela história intelectual a partir da virada linguística. Há uma obra de referência, que marca esse momento de introspecção da história intelectual, trazendo amplo leque de questões relativas à autonomia científica da história, sua metodologia de pesquisa, o problema da interdisciplinaridade bem como os problemas e os limites próprios da linguagem, sem que, ainda hoje, tenha-se chegado ao consenso sobre a forma ideal da disciplina. Trata-se da obra, organizada por Dominick LaCapra e Steven Karplan, *Modern European Intellectual History*, com o objetivo de discutir os novos rumos a serem tomados pelos historiadores. Cf. LACAPRA, Dominick & KARPLAN, Steven (ed.). *Modern European Intellectual History*. Ithaca: Cornell University Press, 1985. Sobre o tema, ver ainda: SKINNER, Quentin. *Meaning and understanding in the history of ideas.* In: *Visions of Politics (Regarding Method). Vol. I.* Cambridge: Cambridge University Press, 2010, p. 57-89; TOEWS, John E. *Intellectual history after linguistic turn. The American Historical Review:* Vol. 92, n. 4, October, 1984, p. 879-907.

[83] Pareceram-nos inteiramente acertadas as seguintes observações de metodologia da história constitucional, no profícuo ensaio de Suanzes-Carpegna: "Estudando uma Constituição, ou qualquer outra norma materialmente constitucional, o historiador do cons-

A Constituição, desse modo, constitui o ato de positivação de um determinado modelo constitucional, que se reveste de "uma aspiração de perdurabilidade eterna"[84]. Essa estrutura temporal diferenciada revela a função da Constituição de estabelecer parâmetros que amarrem, ao máximo, o futuro dentro de seus limites, fundindo numa categoria simétrica ou de relação simétrica os conceitos de experiência e expectativa[85].

Esse parâmetro normativo e o próprio modelo constitucional, que ele expressa, conformaram a produção do direito constitucional brasileiro, porquanto a reflexão jurídica e política em torno da Constituição, ora cumpriu o papel de reforçar ou legitimar o modelo constitucional vigente, ora se ateve a criticá-lo e a sugerir mudanças, ajustes ou, até mesmo, a supressão e a substituição por outro modelo constitucional que melhor refletisse as necessidades e as expectativas da comunidade. A recuperação dos percursos do pensamento constitucional, segundo acreditamos, é uma das chaves para compreender as mudanças constitucionais ocorridas no longo período, marcado pela Constituição do Império, de 1824, e pela Constituição da República, de 1891.

Para executar esse objetivo, procuramos levantar e analisar a produção literária constitucional do século XIX. Mais, precisamente nos concentramos nos textos de direito constitucional, dentre os quais os relativos ao tema da organização dos poderes e, em particular, do Poder Judiciário, os quais nos despertaram maior interesse. Em outras palavras, a produção científica do direito constitucional brasileiro no século XIX, mais especificamente entre as Constituições de 1824 e de 1891, representou nossas fontes primárias de pesquisa. Naturalmente, essa definição metodológica não excluiu a utilização, em caráter subsidiário, de fontes secundárias a

---

titucionalismo deve tomar em consideração o fato de que o seu objeto de estudo é um direito não vigente. Inclusive quando analisa uma Constituição histórica ainda vigente, a exemplo da britânica ou da norte-americana, deve interessar-lhe a sua gênese e seu desenvolvimento e não o resultado final a que chegou". Cf. SUANZES-CARPEGNA, Joaquín Varela. *Alcune riflessioni metodologiche sulla storia costituzionale. Giornale di Storia Costituzionale*: n. 12, 2006, p. 18.

[84] Cf. KOSELLECK, Reinhart. *Historia, derecho y justicia*. In: *Modernidad, Culto a la Muerte y Memoria Nacional*. Trad. Miguel Salmerón Infante. Madrid: CEPC, 2011, p. 19-38.

[85] Cf. KOSELLECK, Reinhart. *"Space of experience" and "horizon of expectation": two historical categories*. In: *Future Past (on the semantics of historical times)*. Transl. Keith Tribe. New York: Columbia University, 2004, p. 255-275.

que o estudo das fontes primárias recomendasse a consulta bem como de outras fontes produzidas fora do período delimitado (1824-1891).

Com essa estratégia de pesquisa, cremos haver encaminhado a resposta às nossas perguntas. Destarte, esperamos haver compreendido por que, no Império, configurou-se a prática do controle da constitucionalidade, mas não a do controle judicial, e, principalmente, haver compreendido os caminhos seguidos pelo pensamento constitucional brasileiro que evoluiu ao ponto de conceber como modo mais apropriado de defesa da Constituição a adoção do mecanismo institucional do controle judicial da constitucionalidade.

Foi justamente a falta de reflexão sobre essa mudança, que nos conduziu à necessidade de tentar entender por que, até hoje, o discurso constitucional brasileiro se contenta com uma narrativa tradicional e reducionista segundo a qual a história do controle de constitucionalidade (e não somente do controle judicial) teria se iniciado pelas mãos milagrosas e pela mente genial de Rui Barbosa no processo de elaboração da Constituição de 1891. Por meio dessa narrativa seletiva e mitológica, podemos identificar argumentos e noções sobre a teoria constitucional, a separação dos poderes e as atribuições do Poder Judiciário, que nos são apresentados acriticamente ou que nós compartilhamos como fundamentos inquestionáveis da nossa ordem constitucional.

O fato é que a história constitucional da evolução do controle judicial das leis no Brasil não tem sido suficientemente crítica em relação aos próprios fundamentos e origens. Mais parece uma narrativa linear, progressiva e legitimadora, conforme mencionamos anteriormente, a culminar no estágio atual em que se acha a prática do controle da constitucionalidade entre nós. Essa narrativa tradicionalista, por sua vez, assentada nos mitos constitucionais antes analisados, termina por banalizar a discussão no presente ao considerar no debate político e constitucional contemporâneo vedados ou acoimados de ilegítimos, inconstitucionais, antirrepublicanos ou antidemocráticos argumentos, ideias ou propostas que visem a rediscutir alguns dos postulados desse sistema de controle da constitucionalidade.

Capítulo 3

Pensamento Constitucional na Constituinte de 1823

O desenvolvimento do tema sobre as origens históricas do controle da constitucionalidade no Brasil, de certo modo, tem sido ignorado por nossa doutrina constitucional. Ainda nos ressentimos de uma investigação sobre os fatores que conduziram à sua introdução em nosso sistema jurídico. O discurso predominante no seio da nossa doutrina constitucional, conforme discutido no Capítulo 1, obscurece nosso rico processo histórico-constitucional, de onde brotam as raízes que sustentam parte do arcabouço constitucional brasileiro.

A pesquisa sobre o surgimento do controle judicial na Constituição de 1891 reveste-se de maior propósito, ao verificarmos o próprio "êxito" obtido por esse mecanismo institucional no sistema constitucional brasileiro. Êxito, no sentido de que se trata de um instrumento de garantia constitucional que, não obstante as diversas modificações expansivas e limitativas operadas pelas sucessivas Constituições e regimes políticos, tem se mantido vigente e efetivo. Caso o controle judicial da constitucionalidade fosse instituído, independentemente de um pensamento jurídico que lhe desse esteio e de um ambiente institucional favorável, que oferecesse campo fértil à sua utilização e à sua consolidação, teria sido difícil sobreviver às diversas intempéries constitucionais, tampouco ter-se enraizado na cultura constitucional e política brasileiras.

Por outro lado, não nos parece suficiente a explicação tão difundida em nossa historiografia constitucional de que a principal razão a explicar a falta de previsão do controle judicial das leis na Constituição de 1824 residiria na previsão do Poder Moderador. A inexistência do controle judicial não se deveu à instituição do Moderador, que foi forjado num contexto histórico-político mais amplo para atender interesses da classe política dirigente e para instaurar uma ordem constitucional que não trouxesse rupturas ou quebra com a ordem jurídica então vigente.

Ademais, a bandeira da monarquia constitucional, que animava o imperador e sua corte, tinha por referência o constitucionalismo francês, em que o poder político era dividido em duas funções principais: a executiva e a legislativa; a função judicial, ainda atrelada ao Poder Executivo, não teria como ser contemplada com maior expressão institucional em relação àquela com que foi concebida pela Constituição de 1824.

Por isso, mesmo sem o Poder Moderador, não haveria espaço, como de fato não houve, ao controle judicial. Basta lembrar que, no quesito Poder Judiciário, o Projeto de Constituição de 1823, que não fazia qualquer alusão ao Moderador e a Constituição de 1824, que o instituiu, são documentos equivalentes.

Tendo em mente esses elementos iniciais, passamos à fixação dos pontos a serem analisados neste Capítulo. No primeiro item, abordamos o contexto histórico-político da convocação, discussão e dissolução da Assembleia Constituinte com o objetivo de compreender as expectativas que nasciam em torno da criação da Constituição e de um governo por ela fundado; principalmente, se ela representava a instauração de uma nova ordem política ou, ao invés, a continuidade do sistema anterior que apenas se valia de nova roupagem constitucional. Continuidade da ordem jurídico-política significaria a manutenção de uma estrutura de poder na qual a fonte de autoridade última e incontrastável estaria centralizada na pessoa do monarca. Ruptura, a sua vez, importaria o abandono das velhas práticas e acolhimento de um novo modelo de política no qual o soberano seria efetivamente limitado no exercício de seus poderes.

Na sequência, no Item 3.3, sob o ponto de vista da história intelectual, analisamos modelos e ideias constitucionais e políticas que mais influenciaram a elaboração do Projeto de Constituição da Assembleia de 1823, permitindo compreender o pensamento constitucional latente à ideia de Constituição.

3.1. A convocação da Constituinte de 1823

A ideia de Constituição, já em circulação e discussão no Brasil desde antes da convocação da Constituinte de 1823 e da própria Independência, em 1822, seja por força do contexto internacional (revoluções americana, francesa, espanhola ou portuguesa), seja por força do contexto nacional (Revolução de 1817), revelava certo estágio de consciência social e política[86]. Não era possível identificar um sentido único e definido para o novo léxico, que, recém-chegado ao território brasileiro, tornara-se o *locus* de um verdadeiro campo de luta e abrigou as mais diversas pretensões dos atores políticos, desde as denominadas "radicais ou democráticas" até as "conservadoras", incluindo-se também aquelas "restauradoras"[87].

Entretanto, todos queriam a Constituição porque nela viam o caminho para a salvação nacional. Nesse sentido, são lapidares as palavras de Frei Caneca[88], expressas no seu periódico *"Typhis Pernambucano"*, de 13 de maio de 1824: "o princípio deste século tem sido empregado em política: constituições e seus projetos ocupam todos os espíritos". O tempo da Constituição se estabelecera[89].

A ideia de Constituição, aos poucos, infiltrava-se na cultura política brasileira influindo no próprio modo de fazer as leis, mesmo diante da

---

[86] Cf. MELLO, Evaldo Cabral de. *A outra independência (o federalismo pernambucano de 1817 a 1824)*. São Paulo: Editora 34, 2004, p. 35 e ss; NEVES, Lúcia M. Bastos Pereira das & NEVES, Guilherme Pereira das. *Constituição*. In: *Léxico da História dos Conceitos Políticos do Brasil (Org. João Feres Júnior)*. Belo Horizonte: UFMG, 2009, p. 69-71.

[87] Foi José Bonifácio que desenhou o mapeamento político-partidário no Brasil quando discursava a respeito do projeto de lei marcial na Constituinte de 1823: (a) "não-separatistas", ou "pés de chumbo", não queriam a independência de Portugal e (b) "separatistas", defensores da independência. Os separatistas, por sua vez, subdividem-se em quatro grupos: (b.1) "corcundas", que querem a separação, mas não a liberdade (manutenção do antigo regime); (b.2) "republicanos" ou "pronósticos"; (b.3) "monarchico-constitucionaes", que não querem nem democracia, nem despotismo, mas liberdade com estabilidade; e, enfim, (b.4) "federalistas", "incompreensiveis" ou ainda "bispos sem papa". Cf. BRASIL. *Diário da Assembléia Geral, Constituinte e Legislativa do Império do Brasil (1823)*. Tomo II. Brasília: Senado Federal, 2003, p. 406.

[88] Cf. CANECA, Frei. *Typhis Pernambucano XVIII*. In: *Frei Joaquim do Amor Divino Caneca (Org. Evaldo Cabral de Mello)*. São Paulo: Editora 34, 2001, p. 439.

[89] O próprio José Bonifácio Andrada e Silva chegou a afirmar que a única solução adequada ao futuro e à felicidade da nação brasileira seria estabelecer uma Constituição monárquica. Cf. BRASIL. *Diário da Assembléia...* Tomo I, p. 30.

ausência de uma Constituição no Brasil. Algumas antecipações constitucionais ocorreram com a edição de certos atos normativos que traziam os ares do constitucionalismo circulante na América e na Europa. O Decreto de 23 de maio de 1821, que "dá providencias para garantia da liberdade individual"[90], o Decreto, de 18 de junho de 1822, que "crêa juizes de facto para julgamento dos crimes de abusos de liberdade de imprensa"[91], a Decisão governamental nº 102, de 28 de agosto de 1822[92], determinando fossem observadas na condução dos processos criminais as bases juradas da Constituição, isto é, da monarquia constitucional portuguesa bem como a edição do Decreto de 20 de outubro de 1823 pela própria Constituinte de 1823, que convalidou as ordenações e a legislação anterior, o que demonstra o longo caminho de transição rumo à constitucionalização percorrido pelo Estado brasileiro.

Existiram, contudo, alguns fatores que aceleraram o tempo em prol da Constituição e da convocação da Constituinte. Aprofundar tais circunstâncias foge ao objeto desta obra, razão por que não faremos aqui um exame de todos os fatores que conduziram à emancipação política do Brasil e à reunião da Constituinte[93]. Deixando de lado fatores exter-

---

[90] Vale destacar o seguinte excerto do Decreto, do príncipe regente: "E sendo do Meu primeiro dever, e desempenho de Minha palavra o promover o mais austero respeito à Lei, e antecipar quanto se possa os beneficios de uma Constituição liberal", para exigir que as prisões fossem somente efetivadas mediante mandado judicial ou culpa formada, além de regras do devido processo legal e de preservação da integridade física e moral dos degredados. Cf. BRASIL. *Colleção dos decretos, cartas e alvarás de 1821*. Parte II. Rio de Janeiro: Imprensa Nacional, 1889, p. 88-89.

[91] Cf. BRASIL. *Colleção dos decretos, cartas e alvarás de 1822*. Rio de Janeiro: Imprensa Nacional, p. 23-24.

[92] Eis o inteiro teor: "Manda S. A. Real o Principe Regente, pela Secretaria de Estado dos Negocios da Justiça communicar ao Desembargador Juiz do Crime do Bairro de S. José, em resolução ás declarações que pediu no seu officio de 23 do corrente, relativas á captura dos réos, e ao mais que nelle expoz, que deve regular-se pelas bases da Constituição aqui juradas em 5 de Junho do anno proximo passado, e pelas Leis que ellas mandam interinamente observar, emquanto a Assembléa Geral Constituinte Legislativa não estabelecer novas regras, tanto para a formação da culpa, como para se proceder á prisão antes da culpa formada, nos casos ou crimes exceptuados". Cf. BRASIL. *Colleção das Decisões do Governo do Imperio do Brazil de 1822*. Rio de Janeiro: Imprensa Nacional, 1887, p. 78.

[93] Para o tema, vide: NEVES, Lúcia M. Bastos Pereira das. *A vida política*. In: *História do Brasil Nação: 1808-2010. Vol. 1: Crise Colonial e Independência (Coord. Alberto da Costa e Silva)*. Rio

nos, especialmente o do acirramento das relações entre lusitanos e brasileiros, que atingiu níveis de intransigência incontornáveis nas Cortes de Lisboa, diante do contraste entre os interesses lusitanos de recolonização e os brasileiros de autonomia administrativa e política, historiadores têm reconhecido que uma das principais causas justificadoras da convocação da Assembleia Constituinte de 1823 foi a instabilidade política do Reino do Brasil, que punha em risco sua unidade política e sua integridade territorial.

A preocupação com a instabilidade política conduziu o príncipe regente, Pedro de Alcântara, à criação do Conselho de Procuradores-Gerais das Províncias do Brasil, mediante edição do Decreto de 16 de fevereiro de 1822. A criação do Conselho era justificada pela imperiosa necessidade com a qual se viu confrontado o imperador de "conservar a Regência deste Reino" e de "instituir um centro de união e de força" ao "vasto Reino do Brasil", para que não ficasse "exposto aos males da anarquia e da guerra civil" bem como "ir de antemão dispondo e arreigando o sistema constitucional, que ele merece" e dar um "um centro de meios e fins, com que melhor se sustente e defenda a integridade e liberdade deste fertilíssimo e grandioso Paiz, e se promova a sua futura felicidade"[94].

O Conselho de Procuradores-Gerais destinava-se ao aconselhamento do príncipe regente "nos negócios mais importantes e difficeis", no exame de "grandes projectos de reforma, que se devam fazer na Administração Geral e particular do Estado", na sugestão de "medidas e planos, que lhe parecerem mais urgentes e vantajosos ao bem do Reino-Unido e à prosperidade do Brazil".

Ao determinar sua imediata instalação por meio do Decreto de 1º de junho de 1822, dom Pedro expressou os motivos da convocação: "Urgindo a Salvação do Estado que se installe o quanto antes o Conselho de Procuradores (...)". Na sessão inaugural realizada no dia seguinte, ele

---

de Janeiro: Fundación MAPFRE/Objetiva, 2011, p. 75-113; TOMAZ, Fernando. *Brasileiros nas cortes constituintes de 1821-1822*. In: *1822: Dimensões (Org. Carlos Guilherme Mota)*. São Paulo: Perspectiva, 1972, p. 74-101.

[94] Cf. BRASIL. *Colleção dos decretos (1822)...*, p. 6-7.

esclareceu aos integrantes do Conselho a razão que o fustigava naquele momento crucial: preservar a unidade política e territorial do Brasil[95].

Na segunda sessão, de 3 de junho de 1822, o Conselho de Procuradores-Gerais sugeriu ao príncipe regente convocar com a maior urgência possível a Assembleia Geral dos Representantes das Províncias do Brasil, que seria a única solução para os males do Brasil[96]. A representação dos conselheiros dialogava intensamente com os acontecimentos internos e externos[97]. Nesse contexto, devemos notar que a posição adotada pelo Príncipe Regente favorável aos interesses do povo do Brasil e contrária

---

[95] O príncipe regente proferiu a *Falla* de abertura da sessão inaugural do Conselho e ressaltou várias vezes a causa que o movia: "a vontade dos Povos era não só útil mas necessária para sustentar a integridade da Monarquia em geral, e mui principalmente do grande Brasil de quem sou filho" e "a salvação da nossa Pátria ameaçada por facções". Ainda no dia 1º de junho, em sua *Proclamação*, ele insistiu na "ameaça das facções" e no risco à causa santa da liberdade do Brasil e à união nacional. Cf. BRASIL. *Colleção dos decretos (1822)...*, p. 149 e p. 123-124.

[96] É eloquente o preâmbulo da manifestação constante das Atas do Diário do Conselho de Procuradores Gerais: "Senhor. – A Salvação Pública, a Integridade da Nação, o Decoro do Brasil, a Glória de Vossa Alteza Real instam, urgem, e imperiosamente comandam que Vossa Alteza Real faça convocar com a maior brevidade possível uma Assembléia Geral dos Representantes das Províncias do Brasil". *Idem*, p. 151.

[97] O insucesso de manter-se uma política amistosa e paritária entre Brasil e Portugal, diante da intransigência dos deputados portugueses nas Cortes de Lisboa, veio à tona na orientação do Conselho de Procuradores, fator decisivo na convocação da Assembleia Constituinte. Com efeito, o ressentimento brasileiro com a experiência havida nas Cortes de Lisboa salta aos olhos: "No ardor porém da indignação que lhe causou a perfídia de seus Irmãos, que reluz por entre todos os véus, que lhe procuram lançar, e que nasceu daqueles mesmos princípios de generosidade e confiança, que os devia penhorar de gratidão, o Brasil rompia os vínculos morais de Rito, Sangue, e Costumes, quebrava de uma vez a integridade da Nação; a não ter deparado com Vossa Alteza Real e Herdeiro de uma Casa que ele adora, e serve ainda mais por amor e lealdade do que por dever e obediência. *Não precisamos, Senhor, neste momento fazer a enumeração das desgraças com que o Congresso postergando os mesmos princípios que lhe deram nascimento, autoridade, e força ameaçava as ricas províncias deste Continente.* A Europa, o Mundo todo que as tem observado as conhece, as aponta, as enumera. O Brasil já não pode, já não deve esperar que de alheias mãos provenha a sua felicidade. O arrependimento não entra em Corações, que o Ciúme devora. *O Congresso de Lisboa, que perdeu o Norte, que o devia guiar,* isto é, a felicidade da maior parte sem atenção a velhas etiquetas já agora é capaz de tentar todos os tramas e de propagar a anarquia para arruinar o que não pode dominar" (*grifamos*). *Idem*, p. 151-152.

aos interesses dos portugueses, conferiu-lhe notável legitimidade para o exercício da função de imperador, fato explorado pelos deputados a ele ligados na defesa dos interesses imperiais na Constituinte[98].

A independência e a Constituição para o povo brasileiro revelaram--se a mais apropriada solução à crise do Reino entre Portugal e Brasil. Representavam, sobretudo, um movimento de ruptura política com Portugal[99], não se configurando um movimento social e revolucionário cuja pretensão fosse salvaguardar os direitos individuais e promover a total ruptura com o Antigo Regime.

No entanto, proclamada a Independência, o governo do novo imperador enfrentou forte resistência interna na Bahia, no Maranhão e no Pará, províncias mais ligadas a Portugal devido às fortes relações e interesses comerciais. O sentimento de crise, desunião e instabilidade política, que caracterizava a fase pré-constituinte, arrastou-se por todo o período de duração da Constituinte e estendeu-se praticamente até o fim da Regência (1831-1840).

A Constituinte foi a resposta. Entretanto, na visão da elite política brasileira, era importante que o processo constituinte brasileiro fosse conduzido de forma tal que não se desviasse do horizonte projetado no qual se

---

[98] Na carta-resposta enviada em 22 de setembro de 1822 ao Rei de Portugal, d. Joao VI, seu pai, dom Pedro peremptoriamente afirmou: "(...) hei por bem declarar todos os decretos pretéritos dessas facciosas, horrorosas, maquiavélicas, desorganizadoras, hediondas e pestíferas cortes, que ainda não mandei executar, e todos os mais que fizerem para o Brasil, nulos, írritos, inexeqüíveis, e como tais com um veto absoluto, que é sustentado pelos brasileiros todos, que, unidos a mim, me ajudam a dizer: De Portugal nada, nada; não queremos nada. Se esta declaração tão franca irritar mais os ânimos desses luso-espanhóis, que mandem tropa aguerrida e ensaiada na guerra civil, que lhe faremos ver qual é o valor brasileiro". Cf. Moraes, Alexandre José de Mello. *História do Brasil-reino e do Brasil-império*. Tomo II. Belo Horizonte: Itatiaia, 1982, p. 454-455.

[99] Destacamos parte da manifestação do Conselho de Procuradores Gerais, na qual fica melhor evidenciado que a independência política entre Brasil e Portugal não era o grande objetivo incialmente perseguido pelos condutores da vida política do país: "O Brasil não quer atentar contra os direitos de Portugal, mas desadora que Portugal atenta contra os seus. O Brasil quer ter o mesmo Rei, mas não quer Senhores nos Deputados do Congresso de Lisboa. O Brasil quer independência, mas firmada sobre a União bem entendida com Portugal, quer enfim apresentar duas grandes famílias regidas pelas suas leis particulares, presas pelos seus interesses, e obedientes ao Mesmo Chefe". Cf. Brasil. *Colleção dos decretos (1822)...*, p. 152.

pretendia estabelecer a continuidade histórica e política sem impor rupturas profundas. Do mesmo modo, devia-se instituir a monarquia hereditária com o governo centralizado. Em particular, havia a preocupação de que se opusessem limites rigorosos aos poderes do imperador, em quem se reconhecia o fundamento último da autoridade política e jurídica.

Nesse sentido, o dia 12 de outubro de 1822 se revestiu de profunda dimensão simbólica e política, porque, nessa data, Pedro de Alcântara foi aclamado "Imperador Constitucional do Brazil" pelo povo brasileiro, além de lhe ter sido conferido, para sempre, o título de "Defensor Perpétuo" do Brasil[100]. A atribuição do título foi a solução encontrada pelos defensores do monarca, a fim de que exercesse legitimamente seu poder político: como justificar que os poderes do futuro governante do Brasil, que era filho e herdeiro do rei de Portugal, nação em face da qual o Brasil se emancipara[101]?

Para muitos dos constituintes[102], sua aclamação como "Imperador Constitucional" teria configurado o verdadeiro momento constituinte ou fundante da nação brasileira já que o povo brasileiro, por meio da mani-

---

[100] Cf. BRASIL. *Coleção de decretos, cartas e alvarás de 1822*. Parte II. Rio de Janeiro: Imprensa Nacional, 1887, p. 59-61.

[101] Cf. SOUSA, Octávio Tarquínio de. *A vida de D. Pedro I*. Tomo II. Belo Horizonte: Itatiaia; São Paulo: EDUSP, 1988, p. 50 e ss. Sobre a relevância social e política do título de "Imperador Constitucional", vide: KRAAY, Hendrik. *The Invention of Sete de Setembro, 1822-1831. Almanack Braziliense*. São Paulo: n. 11, Mai/2010, p. 62-71. Em sua pesquisa, o autor relatou que, durante boa parte da década de 1820, o 12 de outubro foi a data política mais importante e comemorada, suplantando, inclusive, o 7 de setembro de 1822.

[102] Plenamente consciente desses limites, o constituinte Carneiro de Campos, um dos mais influentes da Assembleia e futuro redator da Constituição de 1824, afirmou que a "Nação" já estava formada, cabendo à Assembleia apenas organizar o "Código Constitucional do Imperio do Brasil". Ele advertiu que "por mais amplos que sejão os nossos poderes, elles jamais se poderaõ reputar tão absolutos e illimitados, que nos authorisem a mudar, alterar, ou transformar o Governo, que a Nação por unanime consentimento tem adoptado". Cf. BRASIL. *Diário da Assembléia Geral....* Tomo I, p. 299. Também convincente, dentre outros, foi o depoimento do deputado Rodrigues de Carvalho, na sessão de 9 de junho de 1823, da Assembleia Constituinte: "Logo que a Nação proclamou uma Monarchia Constitucional, Hereditaria, tivemos um Governo Representativo, e a divizão cardinal dos Poderes geralmente abraçados; pode ser que hajão aditamentos, mas os pontos essenciaes estão marcados. (...) Nós marcamos as condições do pacto Social, que firmamos, quando aclamámos o Nosso Imperador, nos braços da paz, e da concordia (apoiado apoiado.)". *Idem*, p. 188.

festação desse ato de vontade, elegera seu legítimo governante bem como assentara os princípios fundamentais a serem seguidos pela Constituinte, o que atestaria a superioridade e a hierarquia do imperador em relação à Assembleia[103].

O processo constituinte seria o canal próprio de institucionalização e consolidação do Estado, minorando-se assim os riscos do radicalismo jacobino ou republicano. A Constituição, então, seria discutida e articulada "por cima", fruto da movimentação das elites políticas para evitar que um constitucionalismo revolucionário à francesa tomasse os ânimos dos povos do Brasil com a ameaça de desintegrar a unidade política e territorial. Ecos de 1817 que marcaram fundo o ânimo dos dirigentes políticos.

Ao consentir com a convocação da Assembleia Constituinte, o imperador pensou que teria meios efetivos para controlar seus impulsos e fazê-la trabalhar a favor de seus interesses. Porém, formular uma Constituição digna do Brasil e digna dele próprio não seria tarefa das mais fáceis. Disso estava ciente seu braço direito, o todo-poderoso José Bonifácio de Andrada e Silva[104]. O então ministro, que adquirira larga experiência política com os conflitos europeus onde fervilharam atos e pensamentos liberais de todas as tonalidades, era dono de uma apurada sensibilidade política e sabia dos riscos que a Constituinte incitava; e retardou-a enquanto pôde[105]. Nunca teve a crença de que das Assembleias pudesse sair uma resposta política adequada à sociedade[106].

---

[103] Cf. SOUSA, Octávio Tarquínio de. *A vida de D. Pedro I...*, p. 55-56.

[104] O conceito *constituinte* estava semanticamente associado ao processo revolucionário francês, quando o terceiro estado, na reunião dos Estados Gerais, convocada por Luís XVI, autoproclamou-se em Assembleia Geral Constituinte e investiu-se de poderes plenos e ilimitados. Falar-se, pois, de constituinte no Brasil trazia razoável receio, já que poderia provocar na Assembleia, como de fato ocorreu aos olhos do imperador, um sentimento de plenitude e de soberania ilimitada quanto ao exercício dos poderes com os quais foi contemplada. Cf. RODRIGUES, José Honório. *A assembléia constituinte de 1823*. Petrópolis: Vozes, 1974, p. 15-19.

[105] Cf. CUNHA, Pedro Octávio Carneiro. *A fundação de um império liberal*. In: *História Geral da Civilização Brasileira* (Coord. Sérgio Buarque de Holanda). Tomo II. Vol. 3. 13. ed. São Paulo: Bertrand Brasil, 2011, p. 188-195; RODRIGUES, José Honório. *A assembléia constituinte...*, p. 21-24.

[106] O historiador Octávio Tarquínio de Sousa retratou de modo lapidar tal convicção de José Bonifácio, a partir de sua "entrevista" ao jornal *O Tamoio*: "José Bonifácio não tinha

Mas, acabou vencido o patriarca. O processo constituinte se iniciou, não demorou muito e enveredou por caminhos imprevisíveis e incertos, o que levou o imperador a dissolver a Constituinte.

3.2. A Assembleia Constituinte de 1823: tensão, paradoxo e limites

Não obstante a brusca interrupção da Constituinte, os trabalhos nela produzidos revelam-nos indícios significativos para compreensão de como os dirigentes políticos conceberam o Estado e de como deveriam institucionalizá-lo. O estudo da Assembleia Constituinte de 1823 permitiu-nos adicionalmente vislumbrar tensões relacionadas à disputa pela autoridade de dizer em última instância o direito e imagens sociais formadas em torno da magistratura, cujo impacto foi decisivo na estruturação do Poder Judiciário e na configuração de suas funções institucionais.

Nelson Saldanha conseguiu sintetizar o maior dos paradoxos do processo constituinte do Brasil independente: "aquele Guilherme de Orange às avessas pretendia adequar a ele o nosso Bill"[107]. A relação do imperador dom Pedro com a Constituição e com o processo constituinte foi tensa e ambígua, fundando-se numa "combinação insustentável" consoante criticou Nelson Saldanha: ora tendia ao acolhimento dos valores do constitucionalismo liberal, ora pendia de volta ao autoritarismo absolutista que não se adequava à ideia de limitação do poder. Ao fim, predominou a força do arbítrio imperial com a abrupta dissolução da Constituinte e outorga da Carta de 1824, o que, conforme profeticamente previra José Bonifácio, iria custar-lhe o trono[108].

---

muita fé nas realizações dos grandes corpos eletivos, não os julgava capazes da elaboração de um código político, coerente, orgânico, sistemático. Na conversa com o jornalista de *O Tamoio*, publicada a 2 de setembro, precisamente na ocasião em que se ia começar a discutir o projeto da Constituição, ele se referia, a propósito da Assembléia, à 'incauta ignorância política que nela havia, como sempre houve e há de haver em todas as Assembléias de qualquer nação que seja, presentes, passadas ou futuras". Cf. SOUSA, Octávio Tarquínio de. *José Bonifácio*. Belo Horizonte: Itatiaia; São Paulo: EDUSP, 1988, p. 213.

[107] SALDANHA, Nelson Nogueira. *História das idéias políticas do Brasil*. Brasília: Senado Federal, 2001, p. 105.

[108] Em suas memórias, Vasconcelos de Drummond relatou que José Bonifácio solicitou ao general, que o deixou detido no Arsenal, no dia 13 de novembro de 1823, fazer chegarem ao imperador as seguintes palavras: "Diga ao Imperador que eu estou velho, e morrer hoje fuzilado ou amanhã de qualquer moléstia, é cousa para mim bem indiferente; que é

A exigência imperial de uma Constituição "digna dele" ou "a seu gosto" pôs o soberano, que já ocupava o trono e exercia os poderes imperiais, em constante atrito com a Constituinte. Além disso, trouxe para o cerne das discussões havidas na Constituinte a seguinte aporia que se alastrou ao longo das atividades da Constituinte: ou a Assembleia não seria constituinte já que o fundamento de validade da Constituição residiria no julgamento particular do imperador; ou o imperador deveria sujeitar-se a ela, porquanto a Constituinte representaria a instância de legítima emanação do poder do povo.

Aquele momento constitucional brasileiro caracterizava-se pela pretensão muito firme por parte dos principais atores da Constituinte, isto é, daqueles deputados ligados ao imperador e à postura mais conservadora na Assembleia Constituinte, de direcionar a ação política sem que se abrissem flancos para uma discussão mais ampla sobre o próprio Estado em fundação[109]. Alguns dos constituintes, a exemplo de José Bonifácio e de seu irmão Antônio Carlos Ribeiro, procuraram conduzir os trabalhos da Constituinte dentro de uma diretriz predefinida e alinhada à vontade soberana do imperador fixando claros limites à atuação da Assembleia[110]-[114].

por seus filhos inocentes que eu choro hoje; que trate de salvar a coroa para eles, porque para si está perdida desde hoje; a sentença o Imperador mesmo a lavrou e já não pode subtrair-se aos seus efeitos, porque se o castigo da Divindade é tardio, esse castigo nunca falta". Cf. DRUMMOND, A. M. Vasconcelos de. *Anotações de Vasconcelos de Drummond à sua biografia*. Brasília: Senado Federal, 2012, p. 156.

[109] A considerar a reconstrução de José Murilo de Carvalho, a elite política era relativamente homogênea, pois passava em regra pelo mesmo processo de formação profissional (curso de ciências jurídicas em Coimbra), que se voltava a uma ideologia de conformação e de serventia ao poder dos reis. Além disso, um sistema de treinamento prático por meio do qual os novos bacharéis eram experimentados e nomeados progressivamente para o exercício de cargos públicos do menor ao maior dos escalões conforme os interesses e a conveniência do monarca. Cf. CARVALHO, José Murilo de. *A construção da ordem: a elite imperial. Teatro das sombras: a política imperial*. 5. ed. Rio de Janeiro: Civilização Brasileira, 2010, p. 25-62.

[110] Cf. VARNHAGEN, Francisco Adolfo. *História da independência do Brasil*. Brasília: Senado Federal, 2010, p. 220. Varnhagen, por exemplo, registrou que José Bonifácio considerou apresentar um projeto de Constituição completo, que seria elaborado pelo Conselho de Procuradores-Gerais, mas desistiu da ideia após a chegada de seu irmão Antônio Carlos Ribeiro de Andrada, que integraria a Constituinte. Contudo, a principal razão para desistir

Só que a incerteza e a imprevisibilidade não poderiam deixar-se apreender tão facilmente ao planejamento político. A contingência, elemento inerente da historicidade, logo se apressou em descarrilhar a Constituinte dos moldes desejados pelo monarca, o que explica a sua dissolução.

3.2.1. Legitimidade e supremacia do imperador

Pensamos que seguir-se a trilha da tensão quanto à natureza soberana ou limitada da Constituinte, presente enquanto perduraram as atividades da Assembleia, seja uma interessante estratégia de estudo. A natureza soberana ou limitada da Constituinte relaciona-se diretamente com a própria legitimidade do poder exercido pelo imperador bem como com o fundamento da autoridade desse mesmo poder. Em consequência, o maior ou menor reconhecimento do poder imperial implica a menor ou maior necessidade de impor-lhe limites e controlá-lo.

A indefinição quanto à natureza da Constituinte e aos seus limites de ação desdobrou-se em questões específicas, algumas das quais bem insólitas que atormentaram os constituintes: a elaboração de uma Constituição monárquica e representativa enraizada na história e na realidade brasileira em detrimento do receio de adotar-se uma Constituição democrática, jacobina ou republicana, seduzida por teorias abstratas e perniciosas à felicidade dos povos; a posição do trono imperial no recinto da *Cadeia Velha*[112] (art. 19 do Regimento Interno); a aprovação da Constitui-

---

desse propósito se amparava na sua derradeira cartada: dissolver a Assembleia e outorgar a Constituição caso ele verificasse "muita rebeldia na Assembleia".

[111] O constituinte Antônio Carlos, em resposta à intervenção do deputado Sr. Dias, afirmou que o imperador era um "Ente Metafísico", além de ser "authoridade suprema antes de nós", de modo que havia princípios e regras que constituiriam um claro limite à deliberação da Assembleia. E, quanto à hierarquia ou anterioridade existente entre a Assembleia e o imperador, ele não deixou margem para dúvidas: "(...) a sua graduação he anterior á nossa, tanto que usou deste exercício sendo canal e orgão por onde se exprimio a vontade da Nação, em convocar esta Augusta Assembléa; portanto he sem duvida uma authoridade reconhecida, e tanto que nas nossas legislaturas ordinarias como nas extraordinárias ha de ter aqui sempre o lugar que lhe compete com Chefe da Nação". Cf. BRASIL. *Diário da Assembléia...* Tomo I, p. 201-202.

[112] O edifício da Cadeia Velha sediou a Assembleia Constituinte, de 1823, e a Câmara dos Deputados, no Império e nas primeiras décadas da República. Em 1922, foi demolido

ção pelo imperador desde que digna dele e do Brasil; a prerrogativa de veto imperial nos projetos de lei da Assembleia; a extensão dos poderes da Assembleia em face do imperador; a definição da cidadania brasileira em detrimento da portuguesa; a questão econômica relativa ao juízo de defuntos e ausentes.

Foi na aparentemente insignificante polêmica sobre a posição do *throno imperial* que uma das mais belas discussões tomou conta da Constituinte, cujo objeto girava em torno da titularidade do poder soberano. Sua análise é importante porque nos dá indícios sobre a configuração de forças atuantes dentro da Assembleia.

Na sessão de 11 de junho de 1823, iniciou-se a discussão do art. 19 do Regimento Interno, que disciplinava a posição do assento do imperador dom Pedro[113] em relação à cadeira do presidente da Assembleia. Tal dispositivo, em tese, não deveria gerar maior polêmica por dizer respeito a uma mera formalidade, algo absolutamente secundário quando se tem em mente o objetivo maior de elaborar a Constituição. Posta em votação a questão, uma das mais belas discussões tomou conta da Constituinte, pois, em verdade, não se discutia a simples posição espacial de uma cadeira ou trono imperial, mas todo o jogo de forças existentes e, sob tal contexto, a própria configuração e os limites da futura Constituição. O trono e a cadeira, acima de qualquer outra coisa, simbolizavam o poder do imperador e da Assembleia respectivamente e seus próprios limites.

O deputado José Custódio Dias defendeu que ficassem as cadeiras do imperador e do presidente no mesmo plano, porquanto "se está tratando do Pacto Social quando o Presidente falla neste lugar ao Imperador, parece-me que nada mais he do que um homem fallando a outro homem"[114]. No entanto, foi de imediato retrucado por Antônio Carlos Ribeiro de Andrada Machado e Silva[115]:

---

e, em seu local, foi construído o atual Palácio da Liberdade, que sediou a Câmara dos Deputados até a construção de Brasília. Hoje, o Palácio abriga a Assembleia Legislativa do Estado do Rio de Janeiro.

[113] O art. 19 do Regimento Interno da Constituinte detinha a seguinte redação: "No topo da Sala das Sessões estará o Throno Imperial, e no primeiro degráo á direita estará a cadeira do Presidente da Assembléa quando o Imperador vier assistir".

[114] Cf. BRASIL. *Diário da Assembléia...* Tomo I, p. 201.

[115] *Idem, Ibidem.*

Não posso deixar de dizer que isto he **anti-constitucional**. O Imperador, como D. Pedro d'Alcantara he homem, mas como Imperador he um **Ente Metafísico**, he uma Authoridade reconhecida, ainda antes de nós sermos reconhecidos Representantes da Nação; se elle o não fosse não tinha poder de nos convocar; isto he destruir-nos a nós mesmos. *(grifamos)*

Para além do fato de haver-se utilizado o conceito de *anti-constitucional*, quando sequer havia uma Constituição[116], a deliberação sobre a posição da cadeira do presidente e do trono imperial (que não se chamava *cadeira*) nos mostra que o pano de fundo do debate insere-se noutra órbita, precisamente a da extensão dos poderes da Assembleia e, ainda mais sutilmente, da supremacia dos poderes do imperador em detrimento dela. A questão da cadeira ou do trono significava muito mais que o simples lugar do assento do presidente da Constituinte ou do imperador, encerrava a onipotência do poder e sua disposição na estrutura do Estado, arquitetura essa que se pretendia transpor por meio da simbologia da organização dos assentos no recinto da Cadeia Velha. Na essência, o ponto de discórdia, para além de qualquer formalismo ou esteticismo, resvalava à sede do fundamento último do poder: imperador ou Constituinte.

---

[116] O significado de "anti-constitucional" pressupõe uma história do conceito de *Constituição*, que, em termos gerais, poderia enquadrar-se na distinção de Maurizio Fioravanti: Constituição-norma (*Konstitution*) e Constituição-ordem (*Verfassung*). A Constituição-ordem se formaria por meio de paulatina articulação histórica e da experiência política sem sofrer grandes solavancos ou rupturas familiares às revoluções. Nesse sentido, a noção de anti-constitucional não implicaria a existência de incompatibilidade entre duas normas de hierarquia distintas (Constituição x lei), mas a existência de uma lei, ato ou medida de qualquer natureza que não se conformaria com o sistema constitucional ou o sistema de governo. O conceito de Constituição-ordem se ligaria à ideia de um sistema político de governo em funcionamento com posições hierárquicas e relações de poder estabelecidas ou naturalizadas. Cf. FIORAVANTI, Maurizio. *Stato e costituzione: materialli per una storia delle dottrine costituzionali*. Torino: Giappichelli, 1993, p. 187 e ss. Ver também: STOURZH, Gerald. *Constitution: changing meanings of the term from the early Seventeenth to the late Eighteenth century*. In: *Conceptual Change and the Constitution (Terence Ball and J. G. A. Pocock ed.)*. Kansas: University Press of Kansas, 1988, p. 35-54, p. 42-45. Para Gerald Stourzh, nos séculos XVII e XVIII, na Inglaterra, a palavra *Constitution* significava o complexo do governo. A noção de governo, por sua vez, não se limitaria à de Poder Executivo, mas se revestiria de um sentido mais amplo e englobaria o conjunto orgânico de leis, instituições e costumes.

Nesse sistema, o imperador ocupava o topo da estrutura hierárquica do poder sendo sua autoridade inquestionável. Daí porque foi denominado um *ente metafísico* pelo deputado Antônio Carlos Ribeiro de Andrada[117]. Ao conceber o imperador um ente metafísico, por um lado, pretendia esclarecer que dom Pedro seria o próprio fundamento da ordem constitucional e, por outro lado, queria pôr a salvo da política constitucional qualquer ingerência aos pilares inalteráveis e inquestionáveis do sistema imperial recém-nascido, a exemplo da monarquia constitucional representativa e hereditária. Antônio Carlos Ribeiro, desse modo, defendeu a supremacia exercida pelo imperador perante a Assembleia, motivo pelo qual seu assento deveria estar acima daquele reservado ao presidente da Constituinte.

A réplica do deputado Custódio Dias ao seu colega de tribuna Andrada Machado foi explícita, ao resgatar o pano de fundo que encobria a discussão em torno do assento de sua majestade: ele não era superior à Nação, e sua própria condição de imperador constitucional estaria atrelada à sua aceitação da Constituição. Mas, a resposta de Antônio Carlos Ribeiro de Andrada, o mais influente e ativo deputado da Assembleia Constituinte, foi imediata: a graduação do imperador era *anterior* à da própria Constituinte; ele era a autoridade suprema e, em face dessa prerrogativa soberana, aclamada e reconhecida pelos povos, é que ele, em nome do povo brasileiro, convocara a Constituinte de 1823[118].

Sem hesitar minimamente, José Custódio Dias retrucou com argumentos, aos olhos de hoje, talvez muito mais plausíveis: os constituintes eram representantes de uma nação livre e soberana. A autoridade do imperador era secundária à soberania da nação, e ele deveria sujeitar-se às leis e às próprias decisões da Assembleia. Ironicamente, o deputado

---

[117] Não podemos desconhecer que o fato de ser irmão do todo poderoso ministro José Bonifácio de Andrada e Silva, por cuja influência foi salvo da execução da pena capital, a que fora condenado por haver participado da Revolução Pernambucana de 1817, tenha acarretado uma moderação do seu ânimo e uma flexibilização de suas opiniões. Em geral, por suas orientações vem enquadrado como um liberal conservador, isto é, defensor da monarquia constitucional; a mesma contra a qual se insurgiu e, segundo se lhe atribui, elaborou um Projeto de Constituição Republicana para Pernambuco. Cf. MELLO, Evaldo Cabral de. *A outra independência...*, p. 48-49.

[118] Cf. BRASIL. *Diário da Assembléia...* Tomo I, p. 201-202.

minimizou: "não o [*o imperador*] façamos tão metafísico". Na sequência, o terceiro dos Andrada, o deputado e ministro Martim Francisco Ribeiro de Andrada, sustentou que havia certos pontos que estavam fora da pauta da Constituinte, dentre eles o de condicionar a autoridade do imperador à aceitação da Constituição além da escolha de uma nova forma de governo, a qual já teria sido definida pela nação[119].

A intervenção do deputado Martim Francisco Ribeiro, que se sagrou vitoriosa na aprovação do polêmico art. 19 do regimento interno da Assembleia, permite avançar na hipótese de que a concepção de Constituição predominante, nesse contexto, era aquela que deveria ser historicamente construída e articulada para trazer estabilidade institucional. Na visão da maior parte dos constituintes, não estava presente uma vontade mais radical de estabelecer a ruptura total com a atual estrutura de poder, com o Antigo Regime. A Constituição deveria ser aquela a salvaguardar as mesmas relações e os mesmos laços políticos e sociais, assegurando em especial a unidade e a estabilidade do novo Império do Brasil.

A Constituição, então, estava destinada a cumprir duas funções ambivalentes: ser instrumento de limitação das pretensões programáticas do poder político e, ao mesmo tempo, fundar e reconstruir a própria autoridade do poder[120]. Objetivava-se estabelecer o poder limitado, ao menos formalmente, e reservar-se toda a força necessária ao monarca. Talvez a intenção fosse instituir uma Constituição meramente simbólica que criasse condições políticas para lidar com os problemas da instabilidade e da unidade políticas brasileiras. Ou seja, o imperador pretendia servir-se da Constituição, mas não servi-la[121].

Ele justificou que a Constituição deveria ser pautada pelos "verdadeiros principios Constitucionaes", enraizados na experiência política e

---

[119] *Idem*, p. 202.

[120] Cf. FIORAVANTI, Maurizio. *Stato e costituzione...*, p. 198-201.

[121] No discurso inaugural, que instalou oficialmente a Assembleia Constituinte, realizado no dia 3 de junho de 1823, dom Pedro ressaltou que a Assembleia tinha a epocal missão de construir a nação, mas advertiu-a para que fizesse uma "Constituição sabia, justa, adequada, e executável, dictada pela Razão, e não pelo caprixo, que tenha em vista somente a felicidade geral, que nunca pode ser grande, sem que esta Constituição tenha bases sólidas, bases, que a sabedoria dos seculos tenha mostrado, que sam as verdadeiras para darem uma justa liberdade aos Povos, e toda a força necessaria ao Poder Executivo". Cf. BRASIL. *Diário da Assembléia...* Tomo I, p. 18.

histórica do próprio povo, e repudiou os últimos acontecimentos envolvendo França, Espanha e Portugal que, ao criarem uma Constituição em bases teoréticas, metafísicas e inexequíveis, sofriam com os horrores da anarquia ou do despotismo. A Constituição, para ele, tinha de ser arraigada na própria experiência política brasileira e sobretudo no que seria o grande parâmetro implícito de aferição da continuidade da Assembleia: conceder "toda a força necessaria ao Poder Executivo". Eis a chave de leitura essencial do processo constituinte a partir do que todos os conceitos se inter-relacionam.

Essa limitação de fato à Constituinte encontrará eco em vários deputados, sendo um dos mais notáveis o visconde de Cairu[122], que resumiu lapidarmente como deveria ser a Constituição em íntimo alinhamento ideológico à doutrina constitucional imperial: "a melhor Constituição he, a que mais se accommoda ás circunstancias do Paiz á que se destina".

A parte mais polêmica do discurso do imperador, contudo, seria aquela em que condicionava a "Minha Imperial Acceitação" da Constituição a que ela fosse "digna do Brasil, e de Mim"[123]. A Assembleia não estava livre para fazer qualquer Constituição, mas aquela que atendesse aos interesses imperiais. Eis o maior dos paradoxos: como restringir os poderes políticos do governante, se a própria restrição poderia ser motivo para rejeição da Constituição? Não restam dúvidas de que a Constituinte não soube sair dessa aporia, o que resultou em sua dissolução.

A Constituição, portanto, deveria ser elaborada a partir de certas "bases" imutáveis que já teriam sido consagradas pela nação brasileira, por meio da aclamação de dom Pedro como imperador constitucional e defensor perpétuo do Brasil. Ora, sua condição de chefe supremo da nação parecia incontrastável, inclusive em face da própria Constituinte.

---

[122] Cf. BRASIL. *Diário da Assembléia...* Tomo III, p. 194.

[123] A célebre condição referida pelo monarca para aceitar a Constituição prenunciava as profundas e irreconciliáveis divergências entre o imperador e a Constituinte, razão por que citamos o trecho de seu discurso: "Como IMPERADOR CONSTITUCIONAL, e mui principalmente como Defensor Perpetuo deste Imperio, Disse ao Povo no Dia 1º de Dezembro do anno proximo passado, em que Fui Coroado, e Sagrado, *Que com a Minha Espada Defenderia a Patria, a Nação, e a Constituição, se fosse digna do Brasil, e de Mim." (grifamos).* Cf. BRASIL. *Diário da Assembléia...* Tomo I, p. 18.

Representa um bom exemplo dessa tensão o aparte capitaneado pelo constituinte português José Antônio da Silva Maia[124], quem procurou defender a precedência do imperador em face da Assembleia, trazendo à tona o difícil equilíbrio entre imperador e Assembleia. Antônio Carlos Ribeiro de Andrada reforçou o argumento de que a Assembleia não poderia desconhecer os evidentes limites que sobre ela recaíam[125]: a preservação das legítimas prerrogativas da coroa, a titularidade do Poder Executivo, a chefia hereditária.

José Bonifácio, em sua intervenção, ressaltou a finalidade prioritária em função da qual foi convocada a Constituinte: "centralisar a união, e prevenir as desordens que procedem de principios revoltosos"[126], de

---

[124] O referido deputado argumentou: "Eu apezar de não ter nascido no Brasil, sou todavia patriota, e constitucional, mas não posso deixar de considerar que esta Nação, antes de ser representada nesta Augusta e Soberana Assembléa, já tinha aceitado Sua Magestade por seo Imperador Constitucional, já o tinha Acclamado, já tinha assistido á sua Sagração, e ouvido o juramento que Elle então prestara sem condição alguma; e por tanto agora que se acha representada não pode deixar de considerar o Imperador um Contratante de alta e reconhecida dignidade, que deve ser attendido e respeitado na organização da Constituição. (...) Se convide o Imperador para que (...) nos exponha succinta e brevemente as condições com que quer entrar no Pacto Social". *Idem*, p. 28.

[125] Antonio Carlos Ribeiro, com sua poderosa oratória, assim se posicionou: "Ninguem respeita mais do que eu o Poder Real na Monarquia, tanto quanto deve ser respeitado: mas irmos mendigar supplicantes as bases da Constituição, nunca o admittirei. (...) Se representarmos pois o espírito popular, se exprimirmos a vontade geral, se cumprirmos com os nossos deveres fazendo uma Constituição em que nada abandonemos dos direitos da Nação, antes lhe seguremos as liberdades a que tem direito, mas ao mesmo tempo não levemos as cousas ao cabo, invadindo e aniquilando as legitimas prerrogativas da Coroa, que garantindo a existencia da Monarquia garantem tambem a ordem social; sem duvida, uma tal Constituição merecerá o agrado e acceitação do Imperador, que tanto tem trabalhado para sua instauração, e tanto amor tem mostrado ao Povo. Mas se, por desgraça, feita a Constituição, Sua Magestade tinha por si a opinião Nacional, e nós nos tínhamos desviado do nosso mandato, e nesse caso nullo era o que tivéssemos feito, ou Sua Magestade não tinha por si a opinião geral, e nesta hypothese ou havia de annuir á Constituição, que era a vontade geral, ou deixar-nos, *quod Deus avertat*. A Nação, Sr. Presidente, elegeo um Imperador Constitucional, deo-lhe o Poder Executivo, e o declarou Chefe Hereditario; nisto não podemos nós bulir; o que nos pertence he estabelecer as relações entre os Poderes, de forma porém que se não ataque a Realeza; se o fizermos será a nossa obra digna do Imperador, digna do Brasil e da Assembléa". *Idem*, p. 28-29.

[126] *Idem*, p. 30.

modo que o processo constituinte brasileiro, para ele isso era claro, destinava-se à construção de um modelo predeterminado de Estado, no qual a monarquia constitucional fortemente centralizada não estava disponível.

O sentimento predominante no seio da Constituinte era o de que o imperador era o supremo delegatário da soberania nacional[127] e, portanto, uma figura quase intangível, de cuja aceitação dependia a válida existência da Constituição. Nesse contexto, seria inimaginável pensar-se num mecanismo institucional de controle judicial de constitucionalidade, que se fundamenta na supremacia constitucional e na concepção de que todos os três poderes são iguais entre si e representam parcela da soberania nacional.

Na Constituinte, em geral, concebia-se que o imperador era quem, em última instância, representaria a garantia dos direitos individuais pois ele estava acima da Assembleia. Foi de Carneiro de Campos[128] a observação, compartilhada por boa parte da Assembleia, de que, mesmo na monarquia constitucional, o monarca deveria "conservar sobre os mais Poderes a preeminencia essencial e inalienavel da Suprema Dignidade de Chefe da Nação".

Sua natureza metafísica impossibilitava cogitar-se o imperador atuando contra a Constituição, contra os direitos individuais ou contra o bem e a felicidade da nação. Ele encarnava a própria garantia de que esses bens e valores supremos seriam alcançados. Havia a crença de que sua sabedoria e sua prudência não permitiriam jamais a prática de um ato de ilegitimidade[129], antes fariam com que ele fosse o último reduto

---

[127] Carneiro de Campos defendeu que "o Brasil no exercicio immediato da Soberania Nacional havia já adoptado por unanime deliberação e vontade do Governo Monarchico Constitucional" e que "não podiamos considerar esta Augusta Assemblea revestida da plenitude do exercicio da Soberania Nacional, pois nella não se achavão concentrados todos os Poderes Soberanos". E depois de lembrar que a nação não conferira à Assembleia todos os poderes soberanos, mas apenas aqueles necessários a elaborar a Constituição, concluiu que "os poderes que recebemos por esta extraordinaria comissão não forão absolutos e illimitados, forão [palavra ilegível] e restrictos á forma de Governo que já temos e que nos deve servir de base para a Constituição". Cf. BRASIL. *Diário da Assembléia Geral...* Tomo II, p. 473-474.

[128] *Idem*, p. 469.

[129] O deputado Antonio Carlos insinuou, em implícita comparação com uma das leis do decálogo de Moisés, que o imperador seria quase (um) Deus: "Elle he um ente methafísico;

de resistência contra a violação dos direitos. E o 12 de outubro de 1822 estava a referendar essa concepção, pois ele fora aclamado à unanimidade pelo povo brasileiro através de sua vontade universal e aceitou o título de "Imperador Constitucional e Defensor Perpétuo do Brasil".

Portanto, o imaginário predominante a respeito da superioridade hierárquica do imperador e de sua condição salvífica do povo brasileiro, em termos teóricos e práticos, inviabilizou a formulação de um pensamento constitucional que justificasse elaborar qualquer parâmetro de controle judicial de constitucionalidade.

3.2.2. A ideia de separação de poderes e de controle da constitucionalidade

A concepção predominante entre os deputados constituintes relativa ao princípio da separação de poderes não se compatibilizava com a imagem de um Poder Judiciário institucionalmente relevante e fortalecido, investido na função de guarda da Constituição.

De que o princípio da separação de poderes seria o ponto de partida para a discussão do novo Projeto de Constituição ninguém discordava. Martim Francisco Ribeiro de Andrada[130], por exemplo, expressamente reconheceu que "a baze de todo o Governo Livre" era a divisão dos poderes, de cuja formulação o Legislativo assumia – na qualidade de representante da população – um novo papel institucional de suma importância e autonomia em face do Executivo. José da Silva Lisboa[131], futuro visconde de Cairu, em tom professoral, sustentou que a separação dos poderes seria a "chave-mestra do edifício constitucional". O deputado Alencar[132], por sua vez, entendeu-a inerente aos governos atuais, e o seu colega Ferreira Araujo[133] concordou que ela seria elementar à segurança geral do povo, sendo um princípio cardinal à Assembleia.

Por mais otimistas que fossem os constituintes e acreditassem na boa intenção do Legislativo, eles admitiam que pudessem existir leis bárba-

---

e eu quizera que não fallassemos no seo nome se não em casos de extrema necessidade".
Cf. BRASIL. *Diário da Assembléia Geral...* Tomo I, p. 303.

[130] Cf. BRASIL. *Diário da Assembléia Geral...* Tomo I, p. 39.

[131] Cf. BRASIL. *Diário da Assembléia Geral...* Tomo II, p. 526.

[132] Cf. BRASIL. *Diário da Assembléia Geral...* Tomo III, p. 17-18.

[133] Cf. BRASIL. *Diário da Assembléia Geral...* Tomo II, p. 454.

PENSAMENTO CONSTITUCIONAL NA CONSTITUINTE DE 1823

ras, insanas ou injustas. Antônio Carlos Ribeiro de Andrada considerou a hipótese de o legislador editar leis bárbaras ou que causassem a revolta da população. No caso concreto, ele se posicionou pela revogação do Alvará de 30 de março de 1818, que tornava crime de lesa-majestade a participação em sociedades secretas.

O mais novo dos Andradas não hesitou em reconhecer que eventuais desvios de conduta do legislador poderiam originar leis contrárias ao interesse nacional: "A humanidade oppoem-se á execução de Leis que revoltão; preferem-se os sentimentos de homem aos deveres de Juiz; e o Legislador que promulgou Leis barbaras commetteo um crime inutil"[134]. Diante de tal realidade, ele propôs as consequências jurídicas que se seguiriam à lei contrária aos parâmetros de justiça da sociedade, as quais não passavam pela declaração de sua inconstitucionalidade ou injustiça, mas pela atuação do Legislativo, que tinha a obrigação moral de revogá-las o quanto antes, para que seus efeitos não se estendessem por muito tempo[135]:

> Por fim, conservar Leis que sabemos não serão executadas, he propagar a immoralidade, e dar ansa á criminosa discrição dos Magistrados. Elles são servos da Lei, são seos executores; se a não executão tornão-se culpados. Idéa tristíssima! Podem os Magistrados faltar aos seos deveres a seo bel prazer? Não de certo; em quanto a Lei está em vigor, devem applica-la; se ella he injusta devemos revoga-la, nós que o podemos fazer.

Extrai-se do pensamento de Antônio Carlos[136], que não representava uma compreensão isolada do princípio da separação dos poderes, a estruturação estanque e tripartite da divisão dos poderes, não se concebendo qualquer tipo de inter-relação ou interdependência entre eles. A divisão rígida e compartimentalizada dos poderes era inquestionável: "os Magistrados applicão as Leis; se ellas são injustas nós as revogaremos; mas antes executem-nas".

Ainda que não tenha sido explicitamente contestada ou apoiada pelos demais constituintes, sua posição contava com o silêncio obsequioso dos membros da Assembleia configurando o pano de fundo de compreen-

---

[134] Cf. BRASIL. *Diário da Assembléia Geral...* Tomo I, p. 71.
[135] Cf. BRASIL. *Diário da Assembléia Geral...* Tomo I, p. 72.
[136] *Idem*, p. 39.

são dos deputados quanto à organização dos poderes. Nesta formulação idealística com base na qual se faria o desenho institucional dos poderes, estava afastada a possibilidade de instituição de um Poder Judiciário dotado da prerrogativa de exercer o controle judicial da constitucionalidade das leis, dado o caráter restrito que se pretendia atribuir à atuação judicial, que deveria se circunscrever à mera aplicação das leis.

Sem suscitar discordância com o ponto de vista de Antônio Carlos Ribeiro de Andrada e ao mesmo tempo em que afirmou que a separação dos poderes era a "base essencial do sistema Constitucional", o constituinte Antônio Luiz Pereira da Cunha, então desembargador do Paço e posteriormente membro do Conselho de Estado criado para redigir a futura Constituição de 1824, ofertou sua opinião sobre a atividade dos juízes, a qual era, a toda evidência, amparada em Montesquieu: "o Juiz nada mais faz do que aplicar a Lei ao facto, que he o fim principal de seo nobre Officio"[137].

Em momento algum do processo constituinte, ocorreu qualquer discussão específica sobre o papel da guarda da Constituição pelo Judiciário. Ao contrário, compartilhava-se a ideia geral de que essa função se diluía no Legislativo e no Executivo, seja por meio do direito de agraciar cujo fim seria amenizar o rigor da lei, seja pelo exercício do Poder Moderador conforme sustentou Antônio Carlos Ribeiro, dentre outros, a quem caberia dispor retroativamente sobre o conteúdo das leis para evitar males e injustiças de sua estrita aplicação[138].

No entanto, a principal forma de um suposto exercício do controle da constitucionalidade das leis – e aqui o sentido de controle é utilizado segundo a linguagem dos próprios constituintes, isto é, a verificação da lei e de sua conformidade com a justiça e o sistema constitucional liberal – seria realizada por meio do veto imperial conforme expuseram, dentre outros, os deputados Carneiros de Campos, um dos mais influentes da Assembleia e futuro redator da Constituição de 1824, Manoel Caetano de Almeida e Albuquerque e José Antônio Rodrigues de Carvalho.

Carneiro de Campos[139] afirmava que, no governo monárquico representativo, não se poderia privar o monarca da prerrogativa de vetar as leis, direito que constituía "uma garantia da Nação, quando ella por si mesma

[137] *Idem*, p. 84.
[138] *Idem*, p. 85.
[139] *Idem*, p. 299-302.

não faz as suas Leis". Essa prerrogativa, que ele afirmava caber não ao Poder Executivo, mas ao Poder Moderador, era o "baluarte da liberdade publica". No rastro de Montesquieu, Carneiro de Campos falava que era da natureza do homem amar o poder e, por isso, ele enumerava dois riscos possíveis de macularem a monarquia representativa: a "tirania dos muitos", caso fossem reunidos os poderes no Legislativo; ou a "tirania de um só", quando esses poderes se concentrassem no chefe da nação, configurando a monarquia absoluta. A solução ao impasse institucional seria temperar os poderes, atribuindo ao monarca a condição de "Atalaia da liberdade publica", para não torná-lo "subdito e mero executor da vontade do Corpo Legislativo".

O raciocínio de Carneiro de Campos, contudo, pressupunha uma premissa a qual fora ironicamente denunciada pelo padre pernambucano, formado no Seminário de Olinda, o constituinte Venâncio Henriques de Resende: "A Assemblea não he infallivel: e o Imperador he? Nego[140]". Foi respondido, imediatamente, por Antônio Carlos que reafirmou ser o imperador um "ente methafísico", ao que Henriques Resende contra-argumentou: "Quanto a ser o Imperador um Ente methafísico, nos também o somos, porque igualmente estamos aqui como Poder, e não como homens".

Posicionando-se entre os que defendiam a participação do monarca no poder legislativo, por meio do exercício do veto, José Antônio Rodrigues de Carvalho[141] justificava sua posição como corolário da indispensabilidade da divisão dos poderes a fim de evitar arbitrariedade e despotismo, tendências naturais de qualquer autoridade. Evitar, para ele, as barbaridades que assolam o sistema constitucional implicava instituir responsabilidades a que o monarca – não pessoalmente, mas por seus ministros – também se sujeitaria. Daí, a noção implicitamente acolhida da infalibilidade do imperador e, por conseguinte, a inviabilidade de pensar-se qualquer forma de controle judicial de constitucionalidade, pois, a teor da conclusão do próprio deputado Rodrigues de Carvalho, a única barreira oponível ao corpo legislativo, quando eles fizessem leis contra os interesses da nação por erro, ignorância, precipitação ou dolo, seria através do exercício da prerrogativa da sanção ou veto pelo chefe da nação.

[140] *Idem*, p. 303.
[141] *Idem*, p. 303.

Nessa mesma linha, o deputado constituinte Manoel Caetano Almeida e Albuquerque[142], desembargador, posteriormente ministro do Supremo Tribunal de Justiça e senador, reconheceu a dificuldade dos mandatários da nação de se desvincularem de todos os interesses e paixões, o que os levaria a cometer abusos com grande prejuízo à nação: "nada he mais natural do que encarregar a fiscalisação e exame a respeito de seos [*do Legislativo*] á Suprema Authoridade, á essa Dignidade Eminente, que o voto geral da Nação tem escolhido, e destinado para vigiar sobre a felicidade publica". À vista do abuso legislativo, concluiu sem hesitar que "o Chefe da Nação he o guarda ato da felicidade geral; he aquelle a quem pertence vigiar sobre todos os outros poderes; a elle pertence pois ver se os actos do poder legislativo são, ou não, conformes á vontade da Nação: a isto he que se diz sanccionar".

Parece, então, razoável concluir que o principal objetivo da força política dominante na Constituinte era elaborar uma Constituição, que se propunha à manutenção da ordem política e social. De preferência, esse texto legalizaria amplamente o leque de atribuições do imperador que deveria ser investido na maior força necessária, o que daria uma roupagem nova, isto é, o figurino novo do constitucionalismo tão em voga à época para a tradicional forma de governo com suas práticas e fundamentos sedimentados no Antigo Regime.

A considerar, portanto, os doutrinadores que tiveram maior influência no pensamento dos membros da Constituinte, podemos, com mais clareza, perceber que realmente não havia espaço para a instituição do controle judicial em face dos modelos constitucionais prevalecentes no horizonte dos constituintes.

3.2.3. Imagem dos juízes e o Poder Judiciário no Projeto da Assembleia de 1823

A conclusão acima retratada, decorrente da legitimidade imperial bem como de um exercício primitivo de controle da constitucionalidade das leis que não era de natureza judicial, robustece-se com a análise da percepção que a sociedade e os constituintes alimentavam dos juízes no momento da Constituinte.

---

[142] *Idem*, p. 295.

Um primeiro aspecto que logo nos chamou a atenção foi a demasiada preocupação com o abuso de funções por parte dos magistrados: o Projeto de Constituição dedicou três artigos em matéria de punições ou faltas disciplinares dos magistrados. Esse é um dado muito interessante, pois a ênfase sobre os desvios de conduta e a responsabilização dos juízes sugere existir um receio significativo em relação à classe dos magistrados.

Seja pela falta de preparo técnico, seja corrupção, seja pela parcialidade, seja pela maléfica submissão à vontade imperial ou dos detentores de poder, o fato é que a justiça brasileira era muito mal avaliada pela sociedade em geral. Dela fez registro negativo, o visitante francês Tollenare[143]: "É lamentável dizê-lo, mas a justiça é muito venal".

Havia um verdadeiro consenso sobre os diversos vícios e defeitos que acometiam a justiça no Brasil. A radiografia da magistratura empreendida pelo deputado José Martiniano de Alencar foi contundente, quando retratou o ódio e a indignação que essa classe de servidores inspirava no seio do povo[144].

---

[143] E assim complementou o visitante francês suas observações que nos dão um panorama depreciado da práxis forense brasileira: "Consigno isto aqui porque é a opinião geral; quero crer que há exceções; citam-nas. É preciso que os litigantes lisonjeiem os juízes; o sucesso das causas depende das recomendações. O governador ordena ou impede os julgamentos; espreita-se frequentemente a sua opinião para agir de acordo com ela. Com vencimentos de 300 a 400.000 réis (2.000 a 2.400 francos), vários juízes vivem com esplendor. Não são inamovíveis. Em todos os países lamentam-se os processos, mas, sobretudo neste". Cf. TOLLENARE, Louis François de. *Notas dominicais: tomadas durante uma viagem em Portugal e no Brasil em 1816, 1817 e 1818.* 2. ed. Trad. Alfredo de Carvalho. Recife: EDUPE, 2011, p. 308.

[144] Eis o sombrio diagnóstico do deputado Alencar: "com tudo sempre direi que atacar todos os individuos da classe da Magistratura he uma completa injustiça, pois entre elles existem alguns que são homens de bem e Juízes probos; mas que diser-se igualmente que a classe da Magistratura tem entre nós adquirido contra si a indignação e odio do Povo, he outra verdade innegavel; e a desgraça he que eu acho no Povo alguma rasão para este procedimento. Com effeito até o presente em todos os ramos da Administração Publica se notavão prevaricações; isto he innegavel; porém os Magistrados erão aquelles de quem o Povo mais immediatamente recebia os effeitos do despotismo, e por isso devia aborrecer-se mais. (...); era porém o Magistrado quem hia até o interior das terras levar a miséria e a opressão ao desgraçado Cidadão; era o Magistrado quem immediatamente attentava contra a vida, honra, e fazenda do Cidadão; e portanto he contra o Magistrado que existe maior odio". Cf. BRASIL. *Diário da Assembléia Geral...* Tomo III, p. 300.

HISTÓRIA DO CONTROLE DA CONSTITUCIONALIDADE DAS LEIS NO BRASIL

O deputado Campos Vergueiro, de igual modo, denunciava a malevolência das leis e dos juízes, particularmente sua impunidade já que raramente eram condenados pelas arbitrariedades cometidas[145]. Ele chegou ao ponto de propor emenda recomendando ao governo verificar a responsabilidade de autoridades judiciárias por abusos e ilegalidades[146]. Esse tipo de medida não era novidade na Constituinte caso nos lembremos da providência requerida pelo deputado Carneiro da Cunha[147] em face de "toda a especie de violencias e despotismos da parte dos Magistrados", para que o Governo interviesse em favor de "victimas da arbitrariedade judicial" e recomendasse aos juízes a conclusão dos processos.

Tratava-se, pois, de um mal secular e imemorial, esse que compunha a tradição de corrupção na magistratura luso-brasileira. O recebimento de propinas por parte dos juízes configurava um dos seus piores flagelos. Outro fator que também contribuía para a formação dessa visão hostil advinha do esnobismo e do elitismo da magistratura portuguesa, do corporativismo da classe e do cultivo da mística da educação comum coimbrã[148].

A esses elementos, somava-se outro não menos relevante. Característica marcante que a magistratura brasileira herdou da portuguesa advinha do amplo papel institucional que os juízes desempenhavam no sistema de organização política do Governo. O magistrado era um privilegiado ator político não restringindo sua atuação à mera aplicação da lei, mas funcionava como um agente de calibração entre os interesses locais e do poder central. Assumiam a condição de representantes da soberania real portuguesa na Colônia, de modo que a reação brasileira contra o sis-

---

[145] Cf. BRASIL. *Diário da Assembléia Geral...* Tomo III, p. 281-282.

[146] Cf. BRASIL. *Diário da Assembléia Geral...* Tomo II, p. 669.

[147] Eis o testemunho do Sr. Carneiro da Cunha ao sugerir sua indicação: "Bem tristes provas nós temos na opressão dos Povos do Brasil, que por tres seculos sofrerão toda a especie de violencias e despotismos da parte dos Magistrados sempre prontos a sacrificar a justiça a seos sórdidos interesses e paixões: não fallo de todos porque alguns tem havido, mas poucos, de honrado caracter e merecedores do nosso reconhecimento". Cf. BRASIL. *Diário da Assembléia Geral...* Tomo I, p. 341.

[148] Cf. FLORY, Thomas. *Judicial politics in nineteenth-century Brazil. The Hispanic American Historical Review:* Vol. 55, n. 4, November, 1975, p. 665-666.

tema colonial e o domínio português, em parte, foi canalizada contra os próprios juízes, que sofreriam duros golpes na Constituinte[149].

Em sua primeira oportunidade, cristalizada com a Constituinte, os brasileiros opuseram-se a esse tradicional sistema de relações promíscuas entre Executivo e Judiciário e, ao lado de outras medidas a exemplo do rígido regime disciplinar e punitivo dos juízes, instituíram o tribunal do júri civil e criminal como forma de assegurar a independência do Poder Judiciário contra as indevidas intromissões governamentais, tentando criar condições favoráveis à consolidação do princípio da separação dos poderes.

Um dos objetivos dos constituintes era efetivar a independência dos juízes. Em seu Projeto de Constituição, previa-se que somente por sentença os magistrados perderiam seus cargos, embora coubesse genericamente ao imperador prover os empregos civis não eletivos e militares bem como suspender e remover os empregados na forma da lei. O Projeto de 1823 reconhecia sua inamovibilidade, mas admitia a mudança dos juízes de primeira instância no tempo, modo e lugar que a lei determinasse, o que criaria uma brecha legal para as interferências do Executivo no Poder Judiciário à semelhança do que ocorreu com a Constituição de 1824.

A independência dos juízes refletiu-se noutra temática que gerou densa e instigante discussão na Constituinte: a instituição do tribunal do júri. As deficiências da magistratura luso-brasileira foram apontadas para justificar a introdução do júri no sistema constitucional brasileiro. Através da intervenção do deputado e advogado Manoel José de Souza França[150], temos elementos para inferir as pré-compreensões compartilhadas sobre o Poder Judiciário e sobre o tipo de solução que o tribunal do júri representaria em termos de melhor administração da justiça: os magistrados eram "creaturas do Governo, e delle absolutamente dependentes" e, por isso, "instrumentos passivos de sua vontade". Única instituição com o condão de assegurar a garantia da imparcialidade e da independência dos juízes, o sistema do júri adviria da necessidade de salvaguardar o princípio da separação dos poderes.

---

[149] *Idem*, p. 665-666.
[150] Cf. Brasil. *Diário da Assembléia Geral...* Tomo III, p. 310.

O deputado Carneiro[151] concordou que o júri representava uma peça essencial na divisão dos poderes políticos, sendo "o baluarte e o grande pilar do edifício constitucional e representativo". Detentor de similar opinião, José Martiniano de Alencar[152] compreendeu o júri como instituição inerente à essência do governo constitucional, que se concretizava com a divisão dos poderes políticos. Ele até cogitou da hipótese de os jurados serem inconvenientes, mas seriam um bem relativo considerando a administração da justiça até então existente. Ademais, um aspecto interessante extraído de suas considerações foi a conotação política da instituição do júri, já que, como nos Estados Unidos, o júri constituía um elemento de ruptura com a metrópole. Com a mesma força retórica, sintetizou Carneiro da Cunha[153], o júri seria a "celeste instituição, protectora Divindade da liberdade do cidadão e da segurança de sua propriedade, Divindade adorada por todo o homem que ama a conservação e defesa de seos direitos individuaes".

O tribunal do júri, na Constituinte, não foi apenas concebido como instrumento para consolidar a independência do Judiciário. Também foi pensado com o intento de restringir a discricionariedade e o arbítrio dos magistrados, pois, consoante bem observou o deputado Campos Vergueiro[154], a nova ordem constitucional não teria o condão de retirar velhos hábitos e nada mudaria radicalmente; o júri, pois, corresponderia à melhor forma de mudar a nova ordem.

O exame das atas da Constituinte deixa-nos perceber que o pensamento constitucional no Brasil, que tinha por referência o modelo constitucional francês, espelhava uma realidade institucional em que a magistratura não gozava de credibilidade social, de boa reputação, de imparcialidade no exercício de suas funções nem de preparo técnico. Esse pensamento não se desenvolveu em abstrato, e sim em face dos problemas históricos e concretos em que se achavam os atores políticos e das soluções que se pretendiam implementar.

Em vista disso, já nos é possível observar a não circulação de ideias ou a inexistência de um pensamento constitucional que pudesse fun-

[151] *Idem*, p. 307.
[152] *Idem*, p. 297.
[153] *Idem*, p. 276.
[154] *Idem*, p. 282.

damentar a prática do controle judicial, embora não estivesse afastada a ideia difusa de um controle da constitucionalidade ou da legitimidade das leis a ser exercido pelo Legislativo e/ou pelo Executivo na pessoa do imperador[155].

Além do problema de assegurar-se a independência do Judiciário em face do Poder Executivo apontando-se o tribunal do júri como solução, outra grave situação confrontada pelos constituintes foi a discricionariedade dos juízes, que também se ligava à adoção do princípio da separação dos poderes. A discricionariedade, então combatida, na verdade, consistia na margem de conformação legal que tinha o juiz para, a título de aplicar a lei, revelar seu verdadeiro sentido no caso concreto. Esse processo, como sabemos hoje, nada mais é do que a (inevitável) interpretação legal; porém, naquela época, procurou-se limitar ao máximo o ato de interpretação pelo juiz, socialmente percebido como fonte para práticas judiciais ilegítimas e iníquas.

O discurso de Antônio Carlos Ribeiro de Andrada[156], que reiterava a imagem negativa da sociedade contra os juízes ante o cometimento de arbitrariedades e de injustiças diversas, propugnava pela eliminação de qualquer margem de discricionariedade judicial. Para ele, toda e qualquer discricionariedade deveria ser eliminada da lei, pois, caso contrário, os juízes se valeriam dela não só para legislar, usurpando a função dos legisladores, mas, pior ainda, para abusarem de suas prerrogativas como sempre o faziam.

Antônio Carlos sustentava a posição de que, se a lei fosse injusta, deveria ser revogada. O juiz não poderia furtar-se à aplicação da lei existente, não obstante injusta. Somente o legislador é que poderia e deveria revogar uma tal lei. Em sua opinião, mesmo as leis injustas, ainda quando ineficazes ou caídas em desuso, deveriam ser revogadas não só para evi-

---

[155] Cf. ALECRIM, Otacílio. *Idéias e instituições no império: influências francesas*. Brasília: Senado Federal, 2011, p. 157-177.

[156] É bastante expressivo o aparte de Antonio Carlos de Andrada: "quando se deixa ao arbitrio do Juiz a graduação das penas, faz este de legislador, e Legisladores somos nós. Não deichemos esta porta aberta para os Juízes abusarem como tem feito até agora; elles não devem fazer mais do que dizer – o crime he este, e a pena que a Lei lhe impoem he esta – Eis o que eu pertendo que os Juizes fação, e nada de applicar penas pelo seo aribitrio". Cf. BRASIL. *Diário da Assembléia Geral... Tomo* I, p. 173.

tar a "ideia de fraqueza do Governo" mas também para não "propagar a immoralidade, e dar causa á criminosa discrição dos Magistrados". Os juízes, dizia ele, "são servos da Lei, são seos executores; se não as executão tornão-se culpados. Idéa tristíssima! Podem os Magistrados faltar aos seos deveres a seo bel prazer? Não de certo; em quanto a Lei está em vigor devem applica-la; se ella he injusta devemos revoga-la, nós que o podemos fazer"[157].

Sua opinião não era decerto voz isolada na Constituinte, antes refletia amplo consenso do qual apenas destacamos algumas opiniões. Um dos redatores da Constituição do Império, Antônio Luiz Pereira da Cunha[158], manifestava tradicional visão sobre o princípio da separação dos poderes, a base do sistema constitucional; a função do juiz era-lhe muito evidente: "nada mais faz do que applicar a Lei ao facto, que he o fim principal de seo nobre Officio".

A Carneiro de Campos, um dos redatores da Constituição de 1824[159], afligia-lhe o fato de os juízes interpretarem as leis, o que submeteria os cidadãos a seus caprichos e poria em risco a inviolabilidade dos direitos. No entanto, ele reconhecia que somente através da reforma das leis (muitas das quais eram injustas e obscuras) e de bons códigos se poderia restringir a atuação dos juízes à aplicação das leis e conservar seguros os direitos de todos os cidadãos. Diante desse contexto, enfaticamente concluiu seu raciocínio: "Tanta mata o máo Medico, como a má Medicina".

Luís José de Carvalho e Mello[160], outro redator da Constituição de 1824, compreendia a separação dos poderes a partir das ideias de Montesquieu. Ele defendeu que as leis deveriam ser claras e precisas para todos os casos além de rigorosamente aplicáveis de acordo com o respectivo teor literal. A prática judicial mostrava que os juízes indevidamente exerciam o papel dos legisladores, seja pela não aplicação das penas legais, seja pela criação e aplicação de penas criadas ao caso concreto; em ambos os casos, ao argumento de serem desproporcionais as penas legais comi-

---

[157] *Idem*, p. 71-72. Em assentada anterior, Antônio Carlos tinha reiterado sua visão estrita, acima mencionada: "Nada de nos ingerimos em poderes alheios. Os Magistrados applicão as Leis; se ellas são injustas nós as revogaremos; mas antes executem-nas". *Idem*, p 39.

[158] Cf. BRASIL. *Diário da Assembléia Geral...* Tomo I, p. 84.

[159] Cf. BRASIL. *Diário da Assembléia Geral...* Tomo III, p. 294-295.

[160] *Idem*, p. 278.

PENSAMENTO CONSTITUCIONAL NA CONSTITUINTE DE 1823

nadas. Mesmo na qualidade de magistrado, ele não refutava em absoluto os insultos dirigidos contra sua classe que em grande medida seriam causados pela má nomeação e pela impunidade de juízes corruptos, criminosos e despreparados.

Predominava na Constituinte a concepção de que a função dos juízes se limitaria à mera aplicação da lei. Ela reverberava persistentemente pela unanimidade das opiniões que se manifestavam em relação ao Poder Judiciário (*v.g.*: Campos Vergueiro[161], José Martiniano de Alencar[162]). Em consequência, conforme analisaremos no próximo capítulo, os dois textos constitucionais (Projeto de 1823 e Constituição de 1824), na essência, não divergiam quanto ao papel institucional conferido ao juiz: *aplicação da lei*. Assim foi no Projeto da Assembleia (art. 189), assim foi na Constituição de 1824 (art. 152). Em suma, rígida era a apropriação do princípio da separação dos poderes de Montesquieu no que concerne à função judicial.

Nesse modelo de estrutura constitucional, independentemente ou não da existência do Poder Moderador, não havia espaço para a introdução do controle judicial das leis. O exercício do controle da constitucionalidade pressupõe o ato de interpretar as leis, o que, como vimos, era não só considerado uma das principais causas dos males da justiça brasileira mas também uma prática sujeita à responsabilização criminal e funcional dos juízes por abuso de poder ou prevaricação.

Atentemos para esse ponto que põe em xeque a narrativa constitucional tradicional segundo a qual, sob a vigência da Constituição de 1824, não houve controle judicial devido à existência do Poder Moderador. A rigor, o Moderador não seria a causa da inexistência do controle judicial; seria, antes, o produto de um contexto político e jurídico que se caracterizava pela pretensão de instituir-se um Executivo forte e centralizado pela extrema confiança no legislador virtuoso e pela pretensão de limitar e restringir a atividade dos juízes.

Tanto o Projeto da Assembleia de 1823 quanto a Constituição do Império de 1824 traziam disposições semelhantes. No Projeto, pertencia ao Poder Legislativo a atribuição de "velar na guarda da Constituição, e

---

[161] *Idem*, p. 282.
[162] *Idem*, p. 298-300.

observancia das Leis" (art. 42, X)[163]. No entanto, ele foi omisso quanto à prerrogativa de o Legislativo interpretar as leis. Mesmo assim, limitou a atuação do juiz à aplicação das leis (art. 189). Já a Constituição de 1824 previu ser da competência da Assembleia Geral interpretar as leis e velar na guarda da Constituição[164]. Desse modo, não existia um pensamento constitucional subjacente a esses dois textos constitucionais que favorecesse o surgimento da prática do controle judicial[165].

Em resumo, seja pelos laços com a antiga metrópole, seja pela dependência e servilismo ao Executivo, seja pelo despreparo técnico e moral dos juízes, a magistratura brasileira era acometida por problemas graves que, em geral, refletiam a imagem de um mal social e institucional a ser remediado. O tribunal do júri foi uma das soluções encontradas; a outra, a extrema vinculação desses juízes ao teor literal da lei.

A concepção de mecanismo judicial de salvaguarda da Constituição envolveria o fortalecimento do Poder Judiciário, algo que, naquela época, certamente era inviável. Ao invés, instituir garantias constitucionais para seu bom funcionamento acarretou constituir o Poder Judiciário em laços estreitos, cerceando-se ao máximo sua discricionariedade ao teor literal da lei no ato de sua aplicação. Assim se evitaria o despotismo e o desvirtuamento do conteúdo da lei, símbolo por excelência da garantia da Constituição.

---

[163] Ressaltemos que o poder legislativo era delegado ao imperador e à Assembleia Geral, de acordo com o art. 41 do Projeto da Constituinte: "O Poder Legislativo he delegado á Assembléa Geral, e ao Imperador conjunctamente".

[164] O art. 15 da Constituição de 1824 previa: "E' da attribuição da Assembléa Geral: (...) VIII. Fazer Leis, interpretal-as, suspendel-as, e rovogal-as; IX.Velar na guarda da Constituição, e promover o bem geral do Nação".

[165] Outro documento normativo da época, dotado de conteúdo constitucional, o "Projeto de Governo para as Províncias Confederadas", elaborado por Frei Caneca, adotou bases constitucionais similares àquelas do Projeto da Assembleia e da Constituição de 1824, ao menos quanto à questão da interpretação das leis. Na "Constituição Provisória" de Frei Caneca, um dos maiores opositores à Constituição de 1824, destaca-se, primeiramente, o fato de ele não haver considerado o Judiciário um poder independente, porquanto se dispunha que o governo seria composto por dois poderes políticos: Legislativo e Executivo (art. 2º). Além disso, dentre as atribuições do Legislativo, a "Constituição Provisória" do Frei previa "fazer leis, interpretá-las, suspendê-las e revogá-las" (art. 7º, 2º). Cf. BRASIL. *Confederação do Equador – Projeto de Governo do Frei Caneca (1824)*. In: BONAVIDES, Paulo & AMARAL, Roberto. *Textos Políticos da História do Brasil*. Vol. VIII. Brasília: Senado Federal, 2010, p. 169-173.

Se ocorresse de o legislador debandar-se das vias constitucionais, caberia ao imperador garantir a Constituição por meio do veto e preservar os interesses da nação. Afinal, o imperador era o ente metafísico e, em certo sentido, o próprio fundamento transcendente da validade constitucional.

Eis, pois, a moldura com base na qual o pensamento constitucional brasileiro desenvolveu-se por décadas, reproduzindo o modelo de referência positivado na Constituição de 1824 sem pretender mostrar caminhos, críticas e alternativas possíveis.

3.3. Influências intelectuais no Projeto de Constituição de 1823

Os historiadores Armitage e, em menor grau, Varnhagen pintaram um quadro desfavorável dos membros da nossa primeira Constituinte de 1823[166], supostamente composta por pessoas despreparadas e ineficientes. Sabemos, porém, que, dentre eles, figuravam intelectuais, políticos, estadistas e pessoas de distinta formação profissional e acadêmica, de tal modo que parte significativa dos constituintes estava familiarizada não só com os grandes modelos constitucionais de então mas também com pensadores políticos consagrados.

Investigar, portanto, quais foram as principais influências intelectuais sobre nossos constituintes constitui um exercício que oportuniza aprofundar a análise do item anterior, que focou o pensamento constitucional dos políticos, isto é, a forma com que se apropriaram dessas ideias abstratas que, de uma ou outra maneira, influenciaram-nos.

3.3.1. Ideias e pensadores

A investigação dos anais da Assembleia Constituinte de 1823 forneceu-nos uma pista significativa sobre as ideias e os pensadores que influenciaram os constituintes brasileiros. Dentre os pensadores, o mais citado, discutido e cortejado de todos foi o barão de Montesquieu cuja obra

---

[166] Cf. ARMITAGE, John. *Historia do Brazil*. 2. ed.. São Paulo: Typographia Brazil de Rothschild & Cia, 1914, p. 57; MELLO, Barão Homem de. *A constituinte perante a história*. In: *A Constituinte de 1823 (Org. Octaciano Nogueira)*. Brasília: Senado Federal, 1973, p. 79-103, p. 84-86.

seminal é o *"Do Espírito das Leis"*[167]. O mais criticado deles foi Rousseau, nome cuja simples pronúncia já trazia a pecha da exaltação e do radicalismo, embora suas ideias não tenham sido ignoradas por completo. A polarização, que os dois filósofos representaram em termos de ruptura e de continuidade com a ordem jurídico-política existente, permite-nos entender o porquê de Montesquieu ter sido o grande pensador em evidência entre nós, já que seu traço característico, a moderação, rejeitava posturas radicais ou revolucionárias e se amparava num constante relativismo e reformismo[168].

A teoria política de Montesquieu se enquadrava na corrente de pensamento designada "liberalismo aristocrático"[169], que se distinguia do jusnaturalismo liberal, vertente filosófica e política apropriada pelos jacobinos revolucionários, que serviu de base à fase inicial da Revolução Francesa. O liberalismo aristocrático, ao revés, não se coadunava com uma proposta de ruptura radical do Estado nem demonizava a sociedade

---

[167] Sobre ele, José da Silva Lisboa teceu elegante comentário: "Ainda que depois do celebrado Presidente de Montesquieu muito se tenha escrito sobre a Sciencia do Governo, e Constituição dos Estados, comtudo he reconhecido, que a sua Obra do Espirito das Leis he ainda dos melhores livros, onde, bem que abunde de paradoxos, e erros, se ensinão excellentes Instrucções Politicas, ou Maximas Fundamentaes para a boa Consittuição e Legislação". Cf. LISBOA, José da Silva. *Roteiro Brazilico ou collecção de principios e documentos de direito politico*. Rio de Janeiro: Typographia Nacional, 1822, p. 5.

[168] Charles Louis, filho de uma família de nobres e vinculada ao mundo da toga, herdou de seus pais o título de barão de La Brède e o cargo de conselheiro do Parlamento de Bordeaux, em 1713; com a morte de seu tio paternal Jean-Baptiste, em 1716, aos vinte e sete anos, recebeu o título de barão de Montesquieu e de presidente do citado Parlamento, função que exerceu por alguns anos até que renunciou ao cargo de magistrado em 1726 e vendeu-o quando tinha apenas trinta e sete anos. Embora tenha sido um magistrado de atuação discreta, sua experiência pessoal frente a tão distinta função pública foi fundamental e deixou marcas profundas em sua obra e teorias, particularmente a da moderação. Cf. MORGADO, Miguel. *Introdução*. In: MONTESQUIEU. *Do espírito das leis*. Trad. Miguel Morgado. Lisboa: Edições 70, 2011, p. 10; SEGADO, Francisco Fernández. *La justicia constitucional: una visión de derecho comparado (La justicia constitucional en Francia). Tomo II*. Madrid: Dykinson, 2009, p. 61; Cf. MELO, Alexandre José Paiva da Silva. *Montesquieu: o diálogo necessário*. In: *Novo Manual de Ciência Política (Coord. Agassiz Almeida Filho e outro)*. São Paulo: Malheiros, 2008, p. 201-249.

[169] Cf. DIJN, Annelien de. *French political thought from Montesquieu to Tocqueville*. Cambridge: Cambridge University Press, 2011, p. 20-32.

de classes. Era um dos seus pressupostos que a liberdade política dependia da manutenção da "classe intermediária" de poder.

A classe intermediária seria a única garantia não só contra o despotismo de um só como também contra a democracia (despotismo de muitos). Ela configuraria um poder com a função de intermediar o povo e o governo, ou seja, de opor amarras ao exercício do poder pela autoridade real, tornando-o mais dificultoso e trabalhoso sem que, com isso, chegasse a questionar a própria fonte de autoridade do monarca[170].

Montesquieu não buscou expandir os poderes do parlamento ou enfraquecer a monarquia, mas defender a monarquia contra os ataques da ideologia republicana e da igualdade política[171]. A tipologia dos governos representava, antes de tudo, uma crítica à república e, somente em segundo plano, uma condenação às tendências absolutistas.

O governo despótico seria aquele no qual o príncipe poderia mudar qualquer lei pelo simples querer. A forma de combater esse tipo de governo, e por isso mesmo ele enaltecia as repúblicas antigas, não era transformar o governo em república, pois, na modernidade, a fórmula institucional republicana configurava um anacronismo. A república não seria compatível com a desigualdade da sociedade. Ela só poderia existir onde a sociedade tivesse um modo de vida frugal e igualitário, e a virtude cívica fosse cultivada entre as pessoas. A monarquia, não. Ela conviveria bem com a desigualdade e com o luxo além de não precisar da virtude para perdurar. A alternativa mais eficaz contra o despotismo seria a adoção de uma monarquia representativa por meio da qual se poderia alcançar o *Rule of Law*.

Para proteger a liberdade política, Montesquieu pensava que a solução seria obtida por meio da institucionalização de um sistema de governo moderado, isto é, dotado de uma "Constituição ideal" capaz de estabelecer o equilíbrio entre os poderes e evitar o arbítrio e o abuso do poder. A Constituição que por excelência teria atingido a liberdade política e, a um só tempo, assegurado a estabilidade da ordem e a segurança das

---

[170] Cf. MONTESQUIEU. *Do espírito das leis*. Trad. Miguel Morgado. Lisboa: Edições 70, 2011, p. 144.

[171] Cf. DIJN, Annelien de. *French political thought...*, p. 26 e p. 39.

pessoas – a Constituição ideal para Montesquieu – era a Constituição inglesa[172].

Com base no sistema de governo inglês, Montesquieu apresentou sua concepção sobre a denominada "separação dos poderes", expressão aliás que ele próprio não utilizou[173], e propôs uma fórmula de organização tripartite do poder orientada por dois axiomas de validade universal.

O primeiro dos postulados lhe fazia compreender que o risco do abuso de poder era uma constante da experiência humana, pois quem quer que detenha o poder seria levado a abusar dele[174]. Pelo segundo, conscientizava-se de que, em cada Estado, existiam três tipos de poderes distintos entre si. E a concentração desses poderes nas mãos da mesma pessoa ameaçaria a liberdade política, que, em Montesquieu, significava a opinião de cada um sobre sua própria segurança, isto é, a ausência de receio de que o próximo ou o governo viesse a violar o direito próprio de alguém. Para isso, "é preciso que o poder trave o poder"[175]. Mas, como conseguir tamanha façanha? É Montesquieu quem responde com a separação dos poderes.

Embora não faça qualquer citação expressa ao autor do *"Segundo Tratado sobre o Governo"*[176], a tripartição dos poderes de Locke (Poderes Legislativo, Executivo e Federativo) foi um ponto de partida para Mon-

---

[172] Cf. FIORAVANTI, Maurizio. *Costituzionalismo. Percorsi della storia e tendenze attuali.* Roma-Bari: Laterza, 2009, p. 18-20.

[173] Cf. MORGADO, Miguel. *Notas.* In: MONTESQUIEU. *Do espírito das leis...,* p. 306.

[174] Afirmou Montesquieu: "A liberdade política só se encontra nos governos moderados. Mas nem sempre ela existe nos Estados moderados; só existe quando o poder não é abusado; mas é uma experiência eterna que todo o homem que tem poder é levado a abusar dele; vai até encontrar limites". Cf. MONTESQUIEU. *Do espírito das leis...,* p. 303.

[175] *Idem,* p. 303.

[176] Cf. MORGADO, Miguel. *Introdução...,* p. 85-89. No início do capítulo, Montesquieu escreveu: "Em cada Estado existem três tipos de poderes: o poder legislativo, o poder Executor das coisas que dependem do direito dos povos, e o poder executor das que dependem do direito civil". Cf. MONTESQUIEU. *Do espírito das leis...,* p. 305. Locke tratou do tema nos capítulos XII e XIII do seu livro. Cf. LOCKE, John. *Second treatise of government.* Indianapolis: Hackett Publishing Company, 1980, p. 75-83 ("Of the Legislative, Executive, and Federative Power of the Common-wealth" e "Of the Subordination of the Powers of the Common-wealth").

tesquieu, que a reformulou ao fundir o Poder Federativo no Executivo e deste destacar o Judiciário, alçando-o à condição de poder autônomo.

Ao ser confiado a um corpo de nobres e de representantes eleitos pelo povo, o Poder Legislativo seria encarregado de elaborar as leis e, conforme o caso, alterá-las ou revogá-las. Montesquieu, em seu liberalismo aristocrático, era favorável à existência do Poder Legislativo bicameral e à temporariedade de suas sessões e salientava a missão do corpo dos nobres, a quem deveria tocar temperar e regular os impulsos e as paixões da classe dos representantes, devendo, além do mais, ser uma classe hereditária e nobiliárquica. Montesquieu não confiava cegamente na classe dos nobres, por isso argumentava que a câmara de representantes também se destinaria a acorrentar a dos nobres. Já o povo, que seria incapaz, não deveria ter participação alguma no governo senão exclusivamente através da eleição dos seus representantes.

O Poder Executivo se responsabilizaria por fazer guerra e paz, enviar e receber embaixadas, prover a segurança e prevenir invasões além de executar as leis e demais resoluções. Ele se assentaria nas mãos do monarca, porque sua natureza demandaria sempre ações imediatas, o que poria em risco toda a coletividade na hipótese de deixar o comando e a decisão nas mãos de muitos. O Executivo teria ainda o direito de frear o Legislativo, seja por meio da convocação e da definição da duração das assembleias, seja por meio da oposição às iniciativas legislativas.

O terceiro poder, o Judiciário, que se destinaria ao julgamento dos crimes ou desentendimentos entre particulares, era um poder "tão terrível entre os homens", pois nele ocorria "o grau máximo de particularização do poder político"[177], que o faz incidir direta e concretamente na vida das pessoas. O Legislativo e o Executivo, ao contrário, constituíam a vontade geral do Estado e a execução dessa vontade geral, respectivamente.

O Poder Judiciário não se associaria nem a um estado nem a uma profissão; tampouco seu exercício deveria ser confiado a um senado permanente, mas a pessoas periodicamente recrutadas do seio do povo (júris *ad hoc*) na forma da lei, o que faria dele nulo, invisível e receável. Ajuda-nos a compreender a proposta de reorganização do Judiciário, elaborada por Montesquieu, se lembrarmos que ela refletia sua experiência de magis-

---

[177] Cf. MORGADO, Miguel. *Introdução...*, p. 86.

trado junto ao Parlamento de Bordeaux, facilitando-lhe conhecer em detalhes o funcionamento do sistema judicial francês.

A fim de manter certa rigidez e uniformidade nos julgamentos, ameaçadas pela volatilidade das decisões judiciais, Montesquieu insistia em que os julgamentos fossem estritamente limitados pelo texto preciso da lei, pois não poderia haver maior despotismo do que deixar um cidadão na dependência dos humores do juiz ou de sua opinião particular. Conforme veremos a seguir, o reduzido papel institucional atribuído ao Judiciário por Montesquieu foi decisivo no pensamento dos revolucionários franceses e se refletiu na Constituição de 1791 e nas leis editadas pela Assembleia Nacional em 1790.

É digna de nota sua preocupação em fixar amarras ao Judiciário, ainda que sua obra política realizasse um estudo que tinha por principal fonte de inspiração o sistema inglês no qual o Poder Judiciário integrava o Legislativo e os juízes tinham uma margem decisória de relativa discricionariedade[178]. Mesmo assim, sua experiência pessoal e o contexto político que vivenciara tiveram tanto impacto em suas considerações a ponto de podermos afirmar que, não obstante haver concebido o Judiciário como poder independente, Montesquieu não lhe conferiu a mesma estatura institucional com que contemplara os Poderes Executivo e Legislativo[179], o que reverberou nas Constituições francesas, europeias e americanas que se seguiram e por sua obra foram influenciadas.

---

[178] É verdade que as ideias de John Locke sobre a organização dos poderes influenciou a teoria da separação dos poderes de Montesquieu. Porém, Locke não idealizou o poder judicial institucionalizado em um poder autônomo e independente. Ele entendia que o poder judicial deveria ter autoridade para decidir controvérsias e punir ofensas, em virtude da existência de regras fixas, impessoais e iguais para todos, sendo uma instituição vital à existência da sociedade política. Só que essa função judicial deveria ser exercida pela própria comunidade, que, através de seus representantes, a delegaria para uma classe determinada, a magistratura. Cf. LOCKE, John. *Second treatise...*, p. 46 e ss; GOLDWIN, Robert. *John Locke*. In: *History of Political Philosophy (Ed. Leo Strauss and Joseph Cropsey)*. 3. ed. Chicago: University of Chicago Press, 1987, p. 501.

[179] De fato, para Montesquieu, o Judiciário não seria um poder efetivo, mas, em alguma medida, nulo. É bastante recorrente, nesse ponto, sua afirmação: "Dos três poderes de que falámos, o de julgar, é de algum modo nulo". Cf. MONTESQUIEU. *Do espírito das leis...*, p. 309; CAPPELLETTI, Mauro. *Repudiating Montesquieu? The expansion and legitimacy of "constitutional justice"*. *Catholic University Law Review*: Vol. 35, 1985, p. 1-32.

Uma teoria mais consistente sobre a independência do Judiciário e o papel mais forte dos juízes na Inglaterra somente começaria a ser produzida após o *Espírito das Leis* com o livro de Blackstone, *Commentaries on the Laws of England*, publicado em 1765. Para ele[180], desde os tempos imemoriais e antes "de a Constituição chegar à sua inteira perfeição", a justiça era exercida diretamente pelo rei, mas paulatinamente ele foi se desvencilhando da atribuição delegando-a às cortes especializadas, que deveriam ser separadas do Legislativo e do Executivo.

Os juízes seriam "os sumos depositários das leis fundamentais do reino", tendo sido contemplados com prerrogativas, direitos e garantias que o rei não lhes poderia mais alterar o regime ou a condição senão através dos atos do Parlamento. De acordo com Blackstone, um corpo especializado de juízes seria essencial para assegurar a imparcial administração da justiça e a garantia dos direitos e liberdades das pessoas além da intangibilidade da honra da coroa.

Embora tenha sido um altivo defensor da doutrina da soberania do parlamento, Blackstone com muita perícia sustentou que os juízes poderiam rejeitar as leis contrárias à razão ou ao *common law*. As cortes poderiam controlar os atos legislativos, ainda que a título de uma *construction* reparadora ou conformadora das leis ao *common law*[181]. O que nos revela digno de nota é verificar a grande adaptabilidade do *common law* para lidar com os novos problemas que vinham surgindo e o papel que se atribuía aos juízes de desenvolver remédios eficazes para contornar as lacunas e imperfeições da legislação.

A doutrina de Blackstone, juntamente com a de Montesquieu, além de outros fatores particulares, foi apropriada de tal modo pela teoria e prática constitucionais dos Estados Unidos, que se resolveu com a ins-

---

[180] Cf. BLACKSTONE, William. *Commentaries on the laws of the England*. New York: W. E. Dean Printer, 1832, p. 199-203.

[181] Essa observação, contudo, não deve conduzir à falsa impressão de que, no sistema inglês, o controle judicial das leis parlamentares existia. Conforme observou David Lieberman, mesmo o mais firme defensor de atribuições para o Judiciário e de sua capacidade para adaptar as leis às novas circunstâncias, cuidaria de distinguir essa prerrogativa do Judiciário daquela capacidade de questionar a autoridade dos atos legislativos em face de sua inconstitucionalidade. Cf. LIEBERMAN, David. *The province of legislation determined*. Cambridge: University Press of Cambridge, 2002, p. 54-72.

tituição do *judicial review*. No Brasil, contudo, em nenhum momento se cogitou de organizar o Poder Judiciário com essa margem discricionária de decisão, tal qual ocorreu com os norte-americanos.

Com efeito, ainda que Blackstone não fosse um autor inteiramente desconhecido pelos constituintes de 1823 e por alguns dos juristas em atividade no país[182], a bandeira por ele ostentada, que serviu de base para valorização institucional do Judiciário, não teve de imediato maior repercussão no que tange à atuação dos juízes no Brasil. E ele não estava só.

Também circulava no Brasil, dentre os constituintes brasileiros, a obra de Jean Louis Delolme, "*The Constitution of England*", originalmente publicada em língua francesa no ano de 1771, que se notabilizou pela contribuição teórica em relação à separação dos poderes e à moderna ciência política[183]. Delolme, assim como Montesquieu, de quem sofreu notória influência e a quem dirigiu forte crítica, era um teórico adepto ao governo moderado e à separação dos poderes. Mas era contra o liberalismo aristocrático que caracterizava a proposta de Montesquieu.

Em relação à separação dos poderes, Delolme seguiu em parte a fórmula de Montesquieu conferindo especial relevância aos Poderes Executivo e Legislativo. No entanto, defendia que a monarquia deveria ser centralizada no chefe do Executivo, a quem tocaria ser o guardião da liberdade; ao mesmo tempo, ele atacava as classes aristocráticas das monarquias, pois a capacidade de manutenção dos direitos e da liberdade em sociedade somente poderia ser assegurada mediante a adoção de uma Constituição representativa e de um Poder Executivo poderoso, fonte de estabilidade constitucional[184].

O Poder Judiciário, para Delolme, não teria estatura de um poder autônomo e independente como em Montesquieu[185], já que ele não endossou

---

[182] O deputado José da Silva Lisboa era bem versado nos doutrinadores ingleses e no seu sistema de governo misto, além de, pelo menos em uma oportunidade, fazer menção explícita a Blackstone, ao tratar do reconhecimento e da validade das leis na Inglaterra. Cf. BRASIL. *Diário da Assembléia...*Tomo II, p. 655.

[183] Cf. MCDANIEL, Iain. *Jean-louis Delolme and the political science of the English empire. The Historical Journal*: Vol. 55, n. 1, April, 2012, p. 21-44.

[184] *Idem*, p. 33.

[185] Cf. LIEBERMAN, David. *Introduction*. In: DELOLME, Jean Louis. *The constitution of England (Ed. David Lieberman) (1784)*. Indianapolis: Liberty Fund, 2007, p. XV.

a separação dos três poderes. Paradoxalmente, ele se deteve muito mais minuciosamente sobre a magistratura, o que terminou por lhe atribuir maior relevância do que aquela conferida por Montesquieu.

Ao tratar da jurisdição criminal, Delolme[186] reiterou que a justiça não faria parte dos poderes que são propriamente constitucionais, isto é, não participaria do engenhoso mecanismo institucional por meio do qual cada Poder concorreria para manter o balanceamento do governo. Nada obstante, a função judicial seria essencial aos interesses da segurança dos indivíduos e da Constituição.

Delolme[187] elogiou a jurisdição civil da Câmara dos Lordes e do julgamento de seus próprios pares, aludindo que inexistia entre eles corrupção ou corporativismo, mas um consistente espírito de equidade superior ao de qualquer outra Assembleia na Europa. Não seria apenas a justiça dos lordes que mereceria seu elogio. As cortes de justiça inglesas, em geral, executariam sua atividade com a mais primorosa imparcialidade e correção fazendo imperar o primado do direito, o que contribuiria para a singular estabilidade do governo[188].

Apesar de não projetar a função judicial em um poder autônomo, Delolme tinha especial reverência e atenção para com a função judicial, que era responsável pela tutela da liberdade individual. Em sua visão, a concepção de liberdade diferia da liberdade de muitos autores da época, pois não se identificava com o poder de participar do processo político legislativo, isto é, com a ideia de autogoverno; a liberdade, no rastro de Montesquieu, queria dizer segurança individual perante a lei, de modo que as leis fossem aplicadas igualmente para todos.

Considerada, portanto, sua concepção de liberdade, na qual a segurança do sujeito é o núcleo basilar da garantia (e não sua participação no processo político, noção mais difundida a partir de Rousseau), o poder judicial assumiria posição central na preservação da liberdade, já que a extensão da lei em si não bastaria para assegurá-la mas a forma de sua execução que dependia da atuação dos juízes.

---

[186] Cf. DELOLME, Jean Louis. *The constitution of England (Ed. David Lieberman) (1784)*. Indianapolis: Liberty Fund, 2007, p. 115.

[187] *Idem*, p. 248-249.

[188] *Idem*, p. 286-288.

A discussão promovida em torno de alguns dos pensadores a que recorreram nossos constituintes mostra que a elaboração do Projeto da Constituinte foi consequência de um contexto histórico-político no qual o modelo constitucional predominante assinalaria impreterivelmente para a concepção de um Estado Monárquico, cujo poder se dividiria substancialmente em duas funções: a executiva e a legislativa.

Por mais que houvesse o conhecimento de juristas adeptos à atuação mais incisiva por parte dos juízes, a exemplo de Blackstone ou Delolme, propostas dessa natureza em nenhum momento chegaram a ser apresentadas no seio da Constituinte. A compreensão acerca do papel dos juízes era a mais restrita possível, tipicamente vinculada ao argumento de Montesquieu e também de seu contemporâneo Rousseau. Talvez isso explique em parte[189] a própria ausência da discussão explícita de pensadores como Hamilton e Madison, e seus *Federalist Papers*, tendo em vista que, especialmente em relação a Hamilton, cumpriria ao Poder Judiciário exercer a importantíssima função institucional de garantir a própria Constituição.

Foi dito acima que o nome de Rousseau causava calafrios na elite política brasileira, sendo inclusive evitado nas discussões da Assembleia por parte de alguns constituintes. No entanto, alguns conceitos centrais de Rousseau não foram barrados e, de certa forma, refletiram no Projeto da Constituinte de 1823[190], na Constituição de 1824 e nas Constituições europeias que nos serviram de modelo de referência.

Rousseau[191] partia da concepção que o contrato social constituiria a solução para a associação política entre os homens, pois teria o condão de

---

[189] O outro aspecto, já mencionado, é que, sendo os Estados Unidos uma república, qualquer referência ao modelo federal norte-americano era prontamente rechaçada. Além disso, foi esse modelo que inspirara os pernambucanos na Revolução de 1817, que constituiu violento golpe contra os interesses governamentais.

[190] Um deles é o conceito de inalienabilidade de soberania, que reside na nação e estava previsto no art. 40 do Projeto de Constituição, que dispunha: "Art. 40. Todos estes Poderes no Império do Brasil são delegações da Nação; e sem esta delegação qualquer exercício de poderes he usurpação". A soberania residia na nação, que a delegava aos Poderes Executivo, Legislativo e Judiciário. No caso brasileiro, o Poder Legislativo e o Executivo foram os contemplados com a delegação para o exercício da legislação.

[191] Cf. ROUSSEAU, Jean Jacques. *Do contrato social*. Trad. Vicente Sabino Jr. São Paulo: CD, 2003, p. 29-31.

PENSAMENTO CONSTITUCIONAL NA CONSTITUINTE DE 1823

compor o uso da força e de conservar a liberdade de cada um dos cidadãos. Só que as cláusulas do contrato precisariam ser convencionadas por cada associado, de modo que sua obediência fosse uma livre sujeição à vontade de cada um e de todos os homens assegurando-se sua própria liberdade. O instrumento que daria movimento e vontade ao contrato social seria a lei, expressão de sua soberania e legítima manifestação da vontade geral da nação.

A lei, como ato da vontade geral, estaria acima de todos, inclusive do príncipe, que seria mais um dos associados, e, além disso, não poderia ser injusta, "pois que ninguém é injusto contra si mesmo"[192]. Destarte, de sua doutrina resultaram alguns postulados que influenciaram profundamente o constitucionalismo francês e, por conseguinte, as tradições constitucionais que por ele se deixaram afetar a exemplo da brasileira[193]. O primeiro deles, como já dito, reside na ideia de que a lei, sendo manifestação da vontade geral, é ato de soberania. Em consequência, o Parlamento tomaria o poder, por excelência, de exprimir a vontade geral. Outro aspecto que decorre do "dogma rousseauniano" é que a garantia dos direitos residiria na força da lei geral e abstrata[194], que jamais poderia contrariar a vontade geral ou, em termos jurídico-positivos, a própria Constituição, retirando-se qualquer relevância do papel dos juízes.

O filósofo iluminista Emmerich de Vattel[195], que publicou *"Droit des Gens"* em 1758, também foi referido na Constituinte. Ele defendeu que o poder das legislaturas não poderia ir além daquele estabelecido na Constituição, lei fundamental sagrada aos olhos do legislador. A Constituição foi criada pela nação, que atribuíra a certos delegados o poder de legislar, consistente em alterar leis civis e políticas, revogá-las ou criar outras novas desde que não fossem fundamentais. Embora tenha fixado

---

[192] *Idem*, p. 60.

[193] Cf. SEGADO, Francisco Fernández. *La justicia constitucional...*, p. 54 e ss.

[194] Cf. FIORAVANTI, Maurizio. *Costituzionalismo: percorsi della storia...*, p. 23 e ss.

[195] Vattel afirmou categoricamente: "nada nos leva a pensar que isso [*o poder de legislar*] signifique submeter a própria Constituição a vontade dos legisladores. Em suma, é da Constituição que os legisladores derivam seu poder: como poderiam eles alterá-la sem destruir o fundamento de sua própria autoridade?". Cf. VATTEL, Emmerich de. *The law of nations or principles of the law of nature applied to the conduct and affairs of nations and sovereigns.* Philadelphia: T. & J. W. JOHNSON & CO., 1883, § 34. Disponível em: http://famguardian. org/Publications/LawOfNations/vattel.htm [3 de setembro de 2012].

um importante elemento para a prática do controle judicial da constitucionalidade, o próprio Vattel não avançou a ponto de reconhecer no Judiciário ou nos juízes a legitimidade necessária ao exercício desse mesmo controle, afirmando apenas que seria um dever da nação ou da sociedade velar atentamente pelo respeito e pela observância da Constituição e das leis em contraposição às autoridades investidas do poder legislativo (monarca e/ou assembleias). À nação, em consequência, caberia punir os ataques e as autoridades responsáveis.

Considerando o ambiente intelectual onde predominava a preferência por autores alinhados à teoria da separação dos três poderes e ao modelo constitucional francês, que terminou por institucionalizar e preservar propostas de Montesquieu nas sucessivas Constituições, cujo traço característico era a retração institucional do Poder Judiciário, começamos a entender, sob o viés da história do pensamento, quais as alternativas teóricas que se apresentavam aos nossos dirigentes políticos e constituintes.

3.3.2. Modelos constitucionais

A elaboração do Projeto se inspirou, sobretudo, nas Constituições da França que lhe antecederam, na Constituição de Cádiz de 1812 e na Constituição de Portugal de 1822[196]. A Constituição de Cádiz serviu de base para a revolução liberal portuguesa como também para o Projeto de 1823; e as Constituições europeias e o Projeto de 1823, para a Constituição de 1824[197]. Convém lembrar que, dentre os constituintes brasileiros de 1823, alguns estiveram presentes nas Cortes Gerais de 1821 quando se discutia a futura Constituição de 1822[198].

Antes de examinarmos os aspectos daquelas Constituições a que os constituintes mais recorreram para estruturar o sistema constitucional brasileiro, devemos dizer que existiram distinções entre o tempo europeu e o tempo particular brasileiro, as quais causaram refrações e dis-

---

[196] Cf. RODRIGUES, José Honório. *A Assembléia constituinte...*, p. 250-251; MORAES, Alexandre José de Mello. *A independência e o império do Brasil*. Brasília: Senado Federal, 2004, p. 103.
[197] Cf. MELLO MORAES. *História do Brasil-reino...* Tomo I, p. 63.
[198] Dentre eles, destacamos Antônio Carlos Ribeiro de Andrada Machado e Silva, que foi o relator da Comissão de Constituição, da Constituinte no Brasil, além de Francisco Muniz Tavares, Pedro de Araújo Lima, José Feliciano Fernandes Pinheiro e José Martiniano de Alencar. Cf. MORAES, Alexandre José de Mello. *História do Brasil-reino...* Tomo II, p. 196-197.

torções entre as ideias, os institutos e os modelos jurídicos lá e cá existentes[199]. A elite política brasileira não se limitara a copiar estruturas e códigos estrangeiros, mas os teria adaptado às necessidades e objetivos de certos grupos de interesse[200].

Os constituintes, não raro, deixavam claro de onde retiravam suas proposições, emendas e oposições. Muniz Tavares lembrou a matriz luso--franco-espanhola do nosso constitucionalismo imperial na defesa da redação original do preâmbulo do Projeto de Constituição[201]. Na mesma assentada, o viscondeu de Cairu deixou-nos ver sua inspiração nos preceitos da Constituição de Portugal[202], ao pretender incluir, no preâmbulo do Projeto de Constituição, o título com os dizeres *"Em Nome da Santíssima Trindade"*.

Poderíamos enumerar outras passagens nas quais se fizeram referências diretas e indiretas às Constituições francesas, espanhola e portuguesa[203] ou elaborar quadro sinótico para expor simetrias e cópias quase literais de dispositivos constitucionais, mas esse não é nosso objetivo.

---

[199] Eis as palavras de Gláucio Veiga: "Na 'Histórias das Idéias' a inteligência 'atira pontas de lança' à Europa e recolhe o resultado da pescaria. A rede arrasta muita pérola misturada a seixos rolados. Essa inteligência que faz punções na cultura europeia são picos, rochedos aflorantes num mar profundo de conservadorismo, de imobilismo". Cf. VEIGA, Gláucio. *História das ideias da Faculdade de Direito do Recife*. Vol. I. Recife: Universitária, 1980, p. 35.

[200] Também Nelson Saldanha partilha dessa conclusão ao compreender que os modelos de referência europeus não eram copiados e de pronto implantados, antes eram apropriados de modo a permitir sua melhor acomodação. Cf. SALDANHA, Nelson. *História das idéias políticas...*, p. 90-91.

[201] Cf. BRASIL. *Diário da Assembléia Geral...* Tomo III, p. 3.

[202] *Idem*, p. 4.

[203] O deputado Sr. Montezuma afirmou que o Título I do Projeto de Constituição de 1823 retirou muitas de suas disposições da Constituição de 1791, da França. Montezuma lembrou os influxos das Constituições da França de 1791, de 1795 e de 1799 além da Constituição da Espanha de 1812 em relação à divisão político-administrativa do Império. *Idem*, p. 29 e p. 85-86. O deputado Carneiro destacou o benefício de se apoiar na Constituição de Portugal, de 1822. *Idem*, p. 104. Maciel da Costa criticou o Projeto de Constituição na parte em que previa os direitos e deveres dos cidadãos a partir de uma posição extremamente conservadora e "anti-direitos individuais", que se ancorava no exemplo da Constituição de Cádiz. *Idem*, p. 183-184. José da Silva Lisboa fez analítica comparação entre o Projeto de 1823 e a Constituição liberal de Portugal para criticar a extensão com que foi prevista a liberdade religiosa pela Comissão de Constituição. *Idem*, p. 192-195.

Mais importante é percebermos a circulação de ideias constitucionais ocorrida entre França, Espanha e Portugal, no final do século XVIII e início do século XIX, em relação à ideia de Constituição e ao papel institucional atribuído ao Poder Judiciário bem como à eventual definição em matéria de controle da constitucionalidade.

É verdade que outras experiências constitucionais foram valiosas para os constituintes de 1823 a exemplo da inglesa e da americana, porém, em termos de elaboração formal de um Projeto de Constituição, a Inglaterra pouco tinha a oferecer; e os Estados Unidos, por causa do seu sistema federal republicano, não representavam para a grande maioria um legítimo exemplo a ser considerado tampouco perfilhado[204].

3.3.2.1. Pensamentos na experiência constitucional francesa

As especificidades do processo político e histórico francês resultaram na institucionalização de um sistema de governo, no qual o Poder Judiciário foi intencionalmente amordaçado, e conduziram à configuração de um paradigma constitucional hostil à garantia judicial da Constituição e à interpretação judicial das leis[205]. Essa mensagem revolucionária francesa ecoou fortemente na Europa e na América e, ainda hoje, deixa-se sentir em várias discussões[206].

As particularidades da história constitucional francesa apartaram o seu modelo do norte-americano, especialmente no que tange aos mecanismos de garantia da Constituição[207]. Na França, houve tentativas de

---

[204] Observemos que, em discussões ocorridas no seio da Constituinte, existiu o esforço de aproximar-se semanticamente o conceito de *república* à noção de "inimigos públicos", de "demagogos", de "inimigo da Monarchia Brasilica", de não ser "amigo da causa do Brasil" ou de não ter "adherido ao systema Brasilico" bem como de associá-lo às seguintes qualificações "quimeras", "sonhos", "monstruosidades", "imputação caluniosa", dentre outras. Cf. BRASIL. *Diário da Assembléia Geral...* Tomo I, p. 27-67.

[205] Cf. SEGADO, Francisco Fernández. *La justicia constitucional...*, p. 54.

[206] Cf. FIORAVANTI, Maurizio. *A produção do direito entre lei e juiz: a relação entre democracia e jurisdição*. Trad. Marcelo Casseb Continentino. *Revista Interesse Público*. Belo Horizonte: Ano 14, n. 76, nov./dez., 2012, p. 161-166.

[207] Segundo Francisco Fernández Segado, os principais fatores (ou "ideias-força") que teriam obstado o expansionismo do Judiciário e o desenvolvimento da prática do controle judicial foram: dogma rousseauniano da soberania parlamentar e radical contradição com o *judicial review*; fetichismo da lei, isto é, a lei é a manifestação por excelência da soberania

introduzi-lo que não prosperaram, cujas razões somente podem ser compreendidas se examinadas à luz da organização e do funcionamento do poder judicial no Antigo Regime[208].

A rejeição pelos revolucionários da ideia de uma atuação mais ampla do Poder Judiciário é realmente extraordinária, algo que sempre chamou e muito a atenção dos estudiosos do tema. Em grande medida, isso se deveu à reação contra a prática judicial no Antigo Regime caracterizada por abusos e arbitrariedades cometidos pelos *Parlements*, que, a partir do século XIII, foram paulatinamente encarregados da administração da justiça.

Os *Parlements* refletiam a estrutura feudal francesa de privilégios e não possuíam legitimação social, razão por que a atitude dos revolucionários foi dura contra os juízes e o Judiciário. Ao protagonizarem o papel contrarreformista[209], a magistratura tornou-se representativa do Antigo Regime e angariou forte rejeição social, o que nos dá algumas pistas para entender a particularidade francesa em matéria de controle da constitucionalidade. O sentimento refratário ao Judiciário manifestou-se ao longo da Assembleia Constituinte de 1789-1791, na Constituição de 1791 e nas posteriores além de repercutir em outros sistemas constitucionais e culturas jurídicas a exemplo do Brasil.

da nação; rigidez do princípio da separação dos poderes e o papel secundário do juiz; mito do governo dos juízes, embora seu surgimento seja datado pela obra de Edouard Lambert, *Le gouvernement des juges et la lutte contre la législation sociale aux États-Unis*, publicada em 1921; rechaço da capacidade de criação do direito pelos juízes; diluição da distinção entre poder constituinte e constituído; desvalorização e fragilidade das Constituições. Cf. SEGADO, Francisco Fernández. *La justicia constitucional...*, p. 57-80.

[208] Uma síntese do sistema judicial francês pré-revolucionário pode ser encontrada em: LABOULAYE, Édouard. *Do poder judiciário (1866)*. In: *O Poder Judiciário e a Constituição*. Trad. Lenine Nequete. Porto Alegre: AJURIS 4, 1977, p. 13-35; SEGADO, Francisco Fernández. *La justicia constitucional...*, p. 81 e ss.

[209] Os *Parlements* exerciam um juízo de verificação das leis, éditos e outros atos régios em face das *Lois Fondamentaux du Royaume*, prerrogativa denominada de *droit d'enregistrement*. Por meio do *droit d'enregistrement*, o *Parlement* concedia registro ao ato normativo, que, em consequência, adquiriria executoriedade. Com base nessa prerrogativa, os magistrados exerciam uma espécie de controle judicial sobre as normas régias, o que conferiu ao órgão o caráter acentuadamente conservador, permitindo-o posicionar-se contra leis contrárias a seus interesses e privilégios nobiliárquicos.

Na Assembleia Constituinte da França, Nicolas Bergasse, destacado advogado e representante do terceiro estado, integrou a primeira Comissão da Constituição da Assembleia Nacional. Seguidor de Montesquieu e detentor de espírito moderado, notabilizou-se por seu relatório sobre a organização do Poder Judiciário, *"Report on the Organization of Judicial Power"*, apresentado na sessão de 17 de agosto de 1789, que serviu de base para a Lei de Organização Judiciária, de 16-24 de agosto de 1790[210].

Bergasse partiu da premissa de que, para assegurar a liberdade individual, seria indispensável conter os Poderes Legislativo e Executivo. A forma com que se daria esse mecanismo de limitação constituiria a essência da Constituição. Em sua opinião, o Poder Judiciário integraria o Executivo, porém o desvirtuamento das funções judiciais exercidas pelos *Parlements* exigiria a regeneração do Judiciário.

Em seu *Report*, no qual esboçou o Projeto de Constituição do Poder Judiciário, Bergasse[211] estabeleceu dois princípios imprescindíveis à estruturação das funções judiciais: a estrita subordinação dos juízes à letra da lei e a instituição de mecanismos para nomeação dos juízes acabando-se com a mercantilização do cargo de juiz dos *Parlements*.

Bergasse sabia do profundo impacto que o Poder Judiciário tinha na vida de cada cidadão. O Judiciário deveria ser organizado para inspirar o "medo" na alma dos cidadãos, evitando a prática da corrupção e do desvirtuamento dos bons costumes e da moral mas também para promover boas maneiras e práticas. Entendia que a mudança do espírito da nação dependia da forma de organização do Poder Judiciário, já que, diferentemente dos demais poderes, sua influência não tinha fronteiras e, portanto, deveria ser limitado com tanta precisão e organizado com extrema precaução e escrúpulo.

O referido constituinte francês estava à procura da forma ideal e perfeita do Judiciário, o que não seria tarefa de fácil realização. Seria necessário equilibrar uma força onipotente para a defesa dos direitos e indiví-

---

[210] Cf. PASQUINI, Pasquale. *Nicolas Bergasse and Alexander Hamilton: the role of the judiciary in the separation of powers and two conceptions of constitutional order*. In: *Rethinking the Atlantic World: Europe and America in the Age of Democratic Revolutions (Ed. Manuela Albertone and Antonino De Francesco)*. Basingstoke: Palgrave Macmillan, 2009, p. 80-99.

[211] Cf. BERGASSE, Nicolas. *Report on the organization of judicial power*. Disponível em: http://www.justice.gc.ca/eng/pi/icg-gci/rev2/rev2.pdf [13 de fevereiro de 2013].

duos a uma fragilização de seus poderes coibindo o exercício arbitrário das funções. Que dilema!

Nicolas Bergasse denunciou as "qualidades" que o Judiciário não deveria ostentar, num misto de crítica à realidade pré-revolucionária e conclamação à pauta de refundação do novo Judiciário. Dentre outras exortações, advertiu que o Poder Judicial estaria insuficientemente organizado se o juiz desfrutasse do perigoso privilégio de interpretar o direito ou a ele adicionar conteúdo normativo, já que, em tal hipótese, o homem não mais estaria sob a proteção da lei, mas sob o poder da pessoa que a interpreta. Haveria, insistia o autor do Projeto, um Judiciário insuficientemente organizado sempre que a lei não adotasse todas as precauções necessárias à sua aplicação e deixasse uma margem discricionária ao juiz no ato de sua efetivação, aumentando ou diminuindo a extensão de seus comandos. E ainda protestava por que fosse adotada a responsabilidade judicial nos sistemas constitucionais sob pena de se estruturar um Judiciário insuficientemente organizado.

Feita sua contundente crítica ao sistema judicial, Bergasse enumerou os princípios norteadores a criação do Judiciário e apresentou seu projeto de "Constituição do Poder Judiciário". O primeiro, que remontava à tradição rousseauniana, propunha ao Poder Judiciário depender essencial e exclusivamente da vontade da nação, ou seja, ser vinculado à lei. O segundo, presente nas demais Constituições francesas, impunha aos detentores das funções judiciais não se envolverem de modo algum com o exercício do poder legislativo. A nenhum juiz em processo civil ou criminal, caberia interpretar as leis ou estender o conteúdo de suas provisões conforme acreditasse ser mais adequado ao caso concreto; onde se fizesse necessário atribuir a juízes alguma discricionariedade na administração da justiça como em questões de polícia, era necessário que houvesse em contrapartida mecanismos de remoção e de escolha dos juízes pelo povo sem a participação do soberano.

O sombrio diagnóstico do Judiciário não era isolado, tampouco as opiniões que Bergasse sustentava. Jacques Guillaume Thouret, revolucionário francês e membro da Constituinte, também condenou o caos do Judiciário na França. Seu depoimento retratava com fidedignidade algumas das causas que justificavam a adoção de novos princípios estruturantes do Judiciário, inclusive com remissões indiretas à obra de Montesquieu, que contribuíram sensivelmente para institucionalização de um poder repleto de limitações e com o escopo de atuação reduzido.

No discurso sobre a reforma e organização do Poder Judiciário, *Address on the Reorganization of the Judicial Power*, proferido na sessão de 24 de março de 1790, da Assembleia Nacional Constituinte, Thouret[212] advertiu que os juízes tinham "a mais forte influência sobre a felicidade dos indivíduos, sobre o progresso do espírito público, sobre a preservação da ordem política e sobre a estabilidade da Constituição" e protestou contra o caráter elitista, discriminatório e negocial do poder judicial.

A reforma do Judiciário, portanto, tornou-se um dos pontos cardeais da Constituinte, porque tal função na França sofrera incrível desvirtuamento, sujeitando a sociedade a todos os tipos de males. Não se tratava de uma simples mudança, advertia Thouret, mas de verdadeira regeneração da justiça francesa que refletia a estrutura de classes sociais em vigor.

Observara ainda Thouret que, dentre outras causas, um dos males que conduziu ao desvirtuamento do Poder Judiciário e ao abuso de suas funções foi a confusão entre as funções judiciais e as dos outros poderes. Tamanho era o embaraço entre as funções administrativa, judicial e legislativa, denunciava Thouret, que se chegava ao ponto de os juízes revisarem, emendarem e até mesmo rejeitarem a aplicação das leis. E toda essa confusão de atribuições, claramente, tinha sede própria: os *Parlements*.

A pretexto de atuar em nome do povo, essa corporação de conselheiros aristocráticos pretendia sobrepor-se às instâncias governamentais e legislativas, o que ameaçaria a liberdade das pessoas. Tais práticas seriam inadmissíveis à luz de uma boa Constituição, na qual o Poder Legislativo devesse ser permanentemente exercido pelos representantes do povo. O poder político, que em última instância se exerceria pela nação, não poderia ser deixado ao alvedrio dos juízes mediante o exercício de autoridade que lhes permitisse rever o conteúdo das leis editadas pelo Legislativo ou recusar-lhes a aplicação. Seria, portanto, imprescindível que a Constituição estabelecesse e bem delimitasse as funções do Judiciário obstando o exercício de qualquer outra função administrativa ou legislativa.

---

[212] Cf. THOURET, Jacques Guillaume. *Address on the reorganization of the judicial power*. Disponível em: http://www.justice.gc.ca/eng/pi/icg-gci/rev4/rev4.pdf [13 de fevereiro de 2013].

Nesse contexto histórico-político, foram positivados princípios que consagraram o modelo constitucional francês. A Lei de Organização Judiciária, de 16-24 de agosto de 1790, traduziu a desconfiança e a prevenção que marcavam o funcionamento do poder judicial na França, ao instituir a rígida separação dos poderes e impedir os juízes de exercerem o poder legislativo ou de recusarem ou suspenderem a execução de leis ou decretos reais sob pena de prevaricação. Essa disposição, que foi confirmada pelas Constituições de 1791 e de 1795[213], assinalou a firme reação dos constituintes à prática do *droit d'enregistrement*[214].

A Lei de Organização Judiciária previa que os tribunais se dirigiriam ao Legislativo quando a aplicação da lei ao caso demandasse prévia interpretação legal e que os juízes estariam proibidos de editar regulamentos, ou seja, proferirem decisões em caráter abstrato e geral[215]. Instituía-se o *référé legislatif*, procedimento segundo o qual se impunha ao juiz, em caso de dúvida quanto ao exato sentido da lei, solicitar ao Poder Legislativo, que certificaria seu conteúdo com eficácia vinculante[216].

O Código Civil francês de 1804 manteve o *référé legislatif* e proibiu os *arrêts de règlement*, obstando os juízes de se vincularem aos próprios precedentes jurisprudenciais, hipótese em que os julgados se revestiriam de conteúdo legislativo e geral. Em outras palavras, tratava-se de um princípio antagônico ao princípio da *stare decisis* enraizado na tradição do *common law*.

Esses mecanismos decisórios, que reduziam o papel do poder judicial a uma "aplicação quase servil do direito legal", no dizer de Carré de Malberg, foram reafirmados em parte na Constituição de 1791. A diferença

---

[213] Trata-se do art. 3º, do Capítulo V, do Título III, da Constituição de 1791 ("Los tribunales no pueden inmiscuirse en el ejercicio del poder legislativo, ni suspender la ejecución de las leyes, tampoco pueden inmiscuirse en las funciones administrativas, ni citar ante ellos a los administradores por motivo de sus funciones") e do art. 203 da Constituição de 1795 ("Los jueces no pueden inmiscuirse en el ejercicio del poder legislativo ni hacer nigún reglamento. No pueden detener ni suspender el cumplimiento de niguna ley, ni citar ante ellos a los administradores debido a sus funciones"). Cf. FRANÇA. *Las Constituciones de Francia* (Org. José Manuel Vera Santos). Valencia: Tirant lo Blanch, 2004, p. 88 e p. 159.

[214] Cf. SEGADO, Francisco Fernández. *La justicia constitucional...*, p. 93.

[215] Cf. MALBERG, Carré de. *Teoría general del estado*. 2. ed. Trad. José Lión Depetre. México: Fondo de Cultura Económica, 2001, p. 660-661.

[216] Cf. SEGADO, Francisco Fernández. *La justicia constitucional...*, p. 96.

consistia em que o *référé legislatif* deixou de ser facultativo para se tornar o *référé obligatoire*[217].

A Constituinte francesa, ao discutir o projeto que deu origem à Lei de 27 de novembro-1º de dezembro de 1790, que criou o Tribunal de Cassação, enfrentou o delicado tema sobre o controle das decisões judiciais. Os constituintes nutriam a preocupação de estabelecer algum controle superior sobre as decisões dos tribunais, a fim de assegurar a obediência e a fidelidade à letra da lei. Não se cuidava de um controle destinado a garantir a correção, a justiça ou a equidade do julgado. Antes, o receio que os pautou advinha da recente experiência com os *Parlements*, de modo que os constituintes instituíram a Cassação, para se certificar que os juízes se manteriam subordinados ao Poder Legislativo e às leis[218].

Essa função de conservação da soberania popular e da vontade da lei não guardava um aceno positivo ao controle judicial das leis. O Tribunal de Cassação, apesar do nome "tribunal", era concebido como órgão ligado ao Poder Legislativo (*près du Corps législatif*), de natureza política, cuja principal atribuição seria anular decisões judiciais em expressa contradição com o texto da lei. A Constituição de 1791 manteve-o "junto" ao Poder Legislativo (*auprès du Corps législatif*), quase como um órgão auxiliar[219]. Na sessão de 9 de novembro de 1790, Robespierre alertou sobre a necessidade de vigiar as decisões judiciais a fim de assegurar que os tribunais se mantivessem subordinados aos princípios da legislação. Acompanhando-o, La Chapelier entendia que a função de vigilância dos tribunais, devido à sua natureza, deveria ser conferida ao Poder Legislativo[220].

---

[217] O art. 21, do Capítulo V, do Título III, da Constituição de 1791 prevê: "Cuando después de dos anulaciones la sentencia del tercer tribunal sea impugnada alegando los mismos motivos que para las dos primeras, el tribunal de casación no podrá resolver la cuestión hasta después de que haya sido sometida al Cuerpo legislativo, que dictará un decreto declaratório de la ley que el tribunal de casación estará obligado a acatar". Cf. FRANÇA. *Las Constituciones de Francia...*, p. 92.

[218] Cf. MALBERG, Carré de. *Teoría general...*, p. 661 e ss.

[219] O art. 19, do Capítulo V, do Título III, da Constituição de 1791 tem a seguinte redação, apenas parcialmente transcrita: "Il y aura tout le royaume un seul tribunal de cassation, établi auprès du Corps législatif". Cf. FRANÇA. *Las Constituciones de Francia...*, p. 92.

[220] Apesar disso, Carré Malberg recuperou longa discussão sobre a natureza judicial ou política do Tribunal de Cassação, algo não tão simples de se definir. Cf. MALBERG, Carré de. *Teoría general...*, p. 661 e ss.

Conforme já referimos, tanto a Lei da Organização Judiciária quanto as Constituições de 1791 e 1795 foram taxativas quanto à usurpação de funções dos demais poderes pelo Judiciário, seja pela recusa à aplicação de leis ou regulamentos, seja pela interpretação de leis ou atos normativos. No entanto, essas Constituições não adotaram qualquer mecanismo institucional de salvaguarda de suas próprias normas. Segado[221] pondera que elas instituíram algo similar a uma "sanção moral", que previa desde o autocontrole até a insurreição. Contudo, essa vaga previsão normativa não tinha qualquer efeito concreto em termos de proteção da Constituição, já que o objetivo dos revolucionários os aproximava do legislador, concebido sempre como representante último da soberania da nação.

Não havia o temor ou receio de que esse mesmo legislador pudesse violar os direitos consagrados na Constituição. O legislador virtuoso não poderia jamais ser fonte de opressão aos direitos, o que, além de fragilizar a Constituição e os direitos, representou uma das grandes contradições da revolução[222].

O peso de Rousseau, associado à teoria de Montesquieu, contribuiu para a rígida concepção com que se institucionalizou o princípio da separação dos poderes. Essa síntese afastava o pensamento constitucional francês de solução que atribuísse maior força institucional ao Poder Judiciário e, por consequência, investisse a magistratura na função de controlar a constitucionalidade das leis. Tentativas de adoção de um sistema de garantia judicial da Constituição houve, apesar da prevenção existente contra o Judiciário.

A inspiração dessa iniciativa talvez adviesse do modelo constitucional norte-americano[223], que envolvia uma prática judicial mais ou menos

---

[221] Cf. SEGADO, Francisco Fernández. *La justicia constitucional...*, p. 105. Assim nos limitamos a transcrever um dos parágrafos do art. 8º, do Título VII, da Constituição de 1791, que serviu de base para as de 1793 e 1795: "La Asamblea nacional constituyente deja [a la Constitución] en manos de la fidelidad del Cuerpo legislativo, del Rey y de los jueces, a la vigilância de los padres de família, a las esposas y a las madre, a la afección de los ciudadanos jóvenes, y al valor de todos los franceses". Cf. FRANÇA. *Las Constituciones de Francia...*, p. 100-101.

[222] Cf. FIORAVANTI, Maurizio. *Appunti di storia dele costituzioni moderne (la libertà fondamentali)*. 2. ed. Torino: Giappichelli, 1995, p. 72-74.

[223] Sobre a influência do constitucionalismo norte-americano nos revolucionários franceses, que, desde 1789, estudavam a Constituição dos Estados Unidos e, nela, reconheciam

familiar aos franceses haja vista a experiência institucional a partir do *droit d'enregistrement*.

Desde 1789 e já na Convenção, houve políticos que, não se contentando com o caráter filosófico, moral e doutrinal da Declaração de Direitos, sustentaram dotá-la de força imperativa[224]. Havia o fundado receio de que os direitos fossem violados, o que os envolveu no esforço comum de conceber um mecanismo institucional que pudesse controlar os atos legislativos ou executivos contrários aos direitos dos homens. Nenhum deles, contudo, chegou a desenvolver com mais detalhes propostas legislativas que contivessem mecanismos de defesa da Declaração dos Direitos e/ou da Constituição, remanescendo essa delicada e tormentosa questão apenas anunciada[225].

Coube a Sieyès apresentar um projeto destinado à proteção do indivíduo em face de violações oriundas da ação política estatal, inclusive do legislador[226]. Sieyès vivia em ambiente onde se apresentavam e se discutiam ideias contra o excesso e o abuso de poder por parte dos agentes públicos[227]. Em 1795, ele integrava a Convenção quando se decidiu rechaçar a Constituição jacobina e elaborar-se uma nova. Ele foi nomeado

o valor dos princípios políticos adotados, vide: DUGUIT, Leon. *La separación de poderes y la asemblea nacional de 1789*. Trad. Pablo Pérez Tramps. Madrid: Centro de Estudios Constitucionales, 1996, p. 18-21. Sobre a proximidade entre Sieyès e John Marshall, bem como a influência do pensamento de Hamilton no pensador francês, vide: SEGADO, Francisco Fernández. *La justicia constitucional...*, p. 111-112; BASTID, Paul. *Sieyès et sa pensée*. Paris: Librairie Hachette, 1939, p. 597-598.

[224] Otacílio Alecrim cita Dupont de Nemours, Robespierre e Isnard, quem propôs a elaboração de um "pacto social" para completar a Declaração de Direitos, de modo que seria "nulo todo artigo de lei que contrarie este pacto". Entretanto, Isnard não chegou a desenvolver essa ideia embrionária, nem definir à qual instituição pertenceria a função de guarda constitucional. Cf. ALECRIM, Otacílio. *Idéias e instituições...*, p. 157-159.

[225] Cf. SEGADO, Francisco Fernández. *La justicia constitucional...*, p. 107 e ss.

[226] Sobre o caráter inovador do projeto de Sieyès, bem como sua ancestralidade em relação aos tribunais constitucionais contemporâneos, vide: GOLDONI, Marco. *At the origins of constitutional review: Sieye`s' constitutional jury and the taming of constituent power*. Oxford *Journal of Legal Studies*: Vol. 32, Iss. 2, Summer, 2012, p. 1–24.

[227] Segundo Segado, a proposta de Sieyès de instituir o *Jurie Constitutionnaire*, de certo modo, teria sido antecedida pelo projeto de criação de um *grand jury national*, que seria eleito pelo povo e se destinaria a garantir os cidadãos contra qualquer opressão. Cf. SEGADO, Francisco Fernández. *La justicia constitucional...*, p. 108-109.

para integrar a "Comissão dos Sete Membros", formada em 3 de abril de 1795 e responsável pela elaboração do novo texto constitucional; porém ela foi substituída pela "Comissão dos Onze", que não mais contou com sua participação.

Não obstante afastado dos trabalhos de preparação do projeto de Constituição, Sieyès não se absteve de oferecer críticas e sugestões à Comissão. Em dois dos seus mais notáveis discursos, ele apresentou a proposta do *Jurie Constitutionnaire* (ou "Tribunal Constitucional"), que se voltaria a sanar uma falha estrutural da Constituição, qual seja, a falta de garantia contra violações. Sieyès tinha consciência do papel central exercido pela Constituição no Estado: ela estabeleceria um mecanismo circular de poder no qual se deveria garantir que as ações políticas se conservassem na mais severa subordinação às normas e princípios estruturantes.

No discurso do 2 de Termidor do Ano III (20 de julho de 1795)[228], o abade advertiu que a Constituição não possuía um grau adequado de solidez capaz de garantir-se contra ameaças diversas que contra ela poderiam ser endereçadas, inclusive pelos representantes do povo. O Tribunal Constitucional, destarte, corresponderia a "um verdadeiro corpo de representantes com a missão especial de julgar as reclamações contra todo descumprimento da Constituição"[229], a fim de salvaguardá-la mediante freios que se opusessem a cada uma e a todas as ações representativas que não poderiam atuar além dos limites da procuração especial concedida pelo povo.

O Tribunal Constitucional seria composto por 2/20 do corpo de representantes da legislatura e se pronunciaria sobre as denúncias de violação à Constituição provenientes de decretos da legislatura[230]. Admitia também Sieyès que o Poder Legislativo poderia afastar-se dos fins sociais, ou seja, da promoção da liberdade individual e da ordem social, desvir-

---

[228] Cf. SIEYÈS, Emmanuel. *Opinión de Sieyès sobre vários artículos de los títulos IV y V del proyecto de constitución*. In: *Escritos y Discursos de la Revolución*. Trad. Ramón Máiz. Madrid: Centro de Estudios Políticos y Constitucionales, 2007, p. 397-417.

[229] *Idem*, p. 406-407.

[230] O dispositivo sugerido por Sieyès tinha a seguinte redação: "Se constituirá, bajo el nombre de *Tribunal Constitucional*, un cuerpo de representantes en número de los 2/20 de la legislatura, con la misión especial de juzgar y pronunciarse sobre las denuncias de violación de la Constitución, dirigidas contra los decretos de la legislatura". *Idem*, p. 417.

tuando-se dos limites de sua procuração específica e atuando conforme o império da demagogia de alguns contra o governo. O autor não se calou diante dessa possibilidade e a expôs abertamente a seus pares.

No discurso do 18 de Termidor do Ano III (5 de agosto de 1795)[231], às vésperas da aprovação final da futura Constituição de 1795, Sieyès voltou a defender o Tribunal Constitucional com mais vigor e instou mais energicamente a Convenção a que adotasse soluções institucionais voltadas à prevenção da Constituição contra atos possivelmente perpetrados pelo legislador. Porque todas as leis traziam em si a possibilidade de infração à Constituição, Sieyès sentia a necessidade de criar o Tribunal Constitucional para fazê-las obedecer a Constituição. Os constituintes não podiam relegar ao "reino das puras quimeras" os perigos e os excessos cometidos por atos inconstitucionais do Conselho dos Quinhentos ou pela Câmara dos Anciões, já que tais casas legislativas eram compostas por homens de quem, por sua natureza, poderiam esperar-se todos os tipos de paixão e intrigas.

Nesse segundo discurso, sua concepção do Tribunal Constitucional foi melhor desenvolvida e esboçada num projeto elaborado em dezessete artigos e enviado à Comissão dos Onze[232]. O tribunal, então, teria três funções elementares: (a) vigiar e guardar a fidelidade do depósito constitucional mediante um juízo de cassação de ordem constitucional; (b) propor normas e princípios para aperfeiçoar e conservar a Constituição sem cair nas tentações das paixões funestas; (c) oferecer uma tutela de equidade natural à liberdade civil quando a lei fosse omissa quanto à justa garantia com base na lei natural do justo e do injusto. O tribunal seria composto por cento e oito membros, renovados anualmente pela terça parte e se pronunciaria contra atos do Conselho de Anciãos e dos Quinhentos, das Assembleias eleitorais e primárias e, por fim, do Tribunal de Cassação. Principalmente os atos declarados inconstitucionais pelo Tribunal Constitucional seriam considerados nulos de pleno direito[233].

---

[231] Cf. SIEYÈS, Emmanuel. *Opinión de Sieyès sobre las atribuciones y organización del tribunal constitucional*. In: *Escritos y Discursos de la Revolución*. Trad. Ramón Máiz. Madrid: Centro de Estudios Políticos y Constitucionales, 2007, p. 419-437.

[232] *Idem*, p. 435-437.

[233] É difícil precisar quais tenham sido as fontes utilizadas por Sieyès para chegar à formatação final do Tribunal Constitucional, mas estudiosos têm apontado sua proximidade com

O fato, contudo, é que a proposta de Sieyès de instituição do *Jurie Constitutionnaire* foi rejeitada à unanimidade. Dentre as vozes contrárias, o deputado La Revellière afirmou que o projeto do Tribunal Constitucional era antiquado e pouco prático, além de afirmar que a verdadeira garantia da Constituição repousaria sobre os costumes (*moeurs*) da nação. A rejeição das ideias de Sieyès marcou uma nova era na experiência constitucional francesa a partir da qual se enraizou inequívoca hostilidade à ideia do controle da constitucionalidade das leis, convicção essa que se estendeu às posteriores assembleias francesas e a outras culturas jurídicas[234].

3.3.2.2. Pensamentos na experiência constitucional espanhola

Exemplo de Constituição influenciada pelo constitucionalismo francês, a Constituição de Cádiz herdou o modelo constitucional francês[235]. Marco significativo da influência constitucional francesa sobre a Espanha, a invasão napoleônica no início do século XIX intensificou o contato da elite intelectual espanhola com os pensadores franceses, refletindo nos patriarcas da Constituição de 1812[236].

As Cortes de Cádiz tiveram composição heterogênea e três "tendências constitucionais" se individualizaram[237]. De um lado, havia os "deputados realistas" que defendiam a soberania compartilhada entre o monarca e as Cortes, criticavam o pensamento revolucionário francês e as doutrinas absolutistas e defendiam o prevalecimento das leis fundamentais históricas da monarquia espanhola, isto é, uma Constituição histórica. Eles se inspiravam no modelo constitucional inglês e, sobretudo, na sua apresentação por Montesquieu, para defender um Poder Executivo

---

o pensamento de Hamilton a partir da leitura do Federalista nº 78. Cf. SEGADO, Francisco Fernández. *La justicia constitucional...*, p. 111-112.

[234] Cf. LUCHAIRE, François. *Le conseil constitutionnel. apud* SEGADO, Francisco Fernández. *La justicia constitucional...*, p. 116.

[235] Cf. ASENSIO, Rafael Jiménez. *El constitucionalismo.* 3. ed. Madrid: Marcial Pons, 2005, p. 175-221.

[236] Cf. SALAS, Ramon. *Lecciones de derecho publico constitucional.* Tomo I. Madrid: Imprenta del Censor, 1821, p. XV-XVI.

[237] Cf. SUANZES-CARPEGNA, Joaquín Varela. *El primer constitucionalismo español y portugués (un estudio comparado). Historia Constitucional*: n. 13, 2012, p. 102-104.

forte mas contrastável pelos representantes especiais da nobreza (classe intermediária).

Os "deputados liberais" formavam uma segunda tendência, que se aproximava do pensamento revolucionário francês com especial destaque para as noções de soberania nacional e de separação dos poderes. Também lhes era cara, no modelo inglês, a liberdade de expressão e o instituto do júri, dentre outras bandeiras de cunho liberal defendidas nas deliberações das Cortes. Porém, estavam mais identificados com o jusnaturalismo racionalista de Locke e Rousseau e, em alguns aspectos, com Montesquieu. A Declaração dos Direitos de 1789 e a Constituição da França de 1791 foram os documentos de maior influência sobre eles.

Uma terceira tendência era formada pelos "deputados americanos", mais preocupados com a defesa da autonomia e do autogoverno das províncias, razão por que não foram grandes entusiastas dos modelos francês ou inglês, mas de uma monarquia federal ou descentralizada, inclinando--se pelo modelo americano.

Em muitos de seus dispositivos, a Constituição de Cádiz revelou a influência recebida do constitucionalismo francês, em particular da Constituição de 1791. O sufrágio universal indireto com restrições censitárias, a soberania nacional titularizada pela nação e a sistematização do catálogo de direitos individuais dão indícios da aproximação entre as duas tradições constitucionais[238].

Um aspecto característico reside na forma com que foi organizado o Poder Judiciário na Constituição de Cádiz, que, não obstante figurar como ramo autônomo e distinto do Legislativo e do Executivo, na prática, foi configurado em débil posição institucional no sistema de divisão de poderes no rastro da experiência francesa[239]. Essa, aliás, é uma constante que esteve presente nos textos constitucionais brasileiros de 1823 e 1824.

Na Constituição de Cádiz, o Judiciário constituía mero apêndice do Poder Executivo diante da falta de independência funcional (*v.g.*: a prer-

---

[238] Cf. Asensio, Rafael Jiménez. *El constitucionalismo...*, p. 184-186.

[239] Nesse sentido, não causou surpresa a Miguel Aparicio que, segundo o regimento interno do Tribunal Supremo, todos os ministros devessem se reunir com o presidente em uma sala, "para ouvir as ordens que o Governo comunicar ao Tribunal". Cf. Aparicio, Miguel A. *El status del poder judicial en el constitucionalismo español (1808-1936)*. Barcelona: Universitat de Barcelona, 1995, p. 19 e p. 40-41.

rogativa do rei de suspender magistrados), cabendo-lhe tão somente aplicar as leis. Por outro lado, a exigência de se submeter estritamente ao teor literal das leis editadas pelo Legislativo subtraía-lhe qualquer possibilidade de interpretação normativa e eventualmente de exercer o controle da constitucionalidade das leis[240].

Essa Constituição explicitamente conferiu ao Poder Legislativo a prerrogativa de interpretar as leis[241] à semelhança do modelo constitucional francês no qual ao juiz tocava a simples aplicação do teor literal da lei sem interpretação ou comentários[242]. Não paravam por aí as restrições às funções do Judiciário. Além de expressamente dispor, no art. 232, que o papel dos juízes nas causas civis e criminais era "aplicar" as leis reiterando a rígida estruturação francesa do principio da separação dos poderes, foi previsto que nem o Executivo nem o Legislativo poderia rever sentenças, renovar causas ou avocar processos pendentes; tampouco o Judiciário poderia exercer outra função senão julgar e executar a decisão. Como se vê, tratava-se da mesma estrutura lógica de distribuição dos poderes instituída na França. Principalmente, a Constituição de Cádiz, no art. 246, vedava qualquer espécie de decisão que acarretasse a suspensão da execução das leis ou a criação de regulamento novo para a execução da justiça em complemento à vedação de exercício de funções legislativa ou executiva pelo Judiciário[243]. Em consequência, qualquer mecanismo de controle judicial dificilmente se desenvolveria em tal modelo.

---

[240] Cf. ASENSIO, Rafael Jiménez. *El Constitucionalismo...*, p. 190-191.

[241] O art. 131, § 1º, da Constituição de Cádiz, de 1812, previa: "Art. 131. Os Poderes das Côrtes são:

1º Propôr e decretar as Leis, e interpretalas e derogalas em caso de necessidade". Cf. ESPANHA. *Constituição Política da Monarquia Hespanhola*. Disponível em: www.fd.unl.pt [24 de novembro de 2013].

[242] Cf. SALAS, Ramon. *Lições de direito público constitucional para as escolas de Hespanha*. Trad. D. G. L. D'Andrade. Lisboa: Typographia Rollandiana, 1822, p. 8-14.

[243] Os referidos dispositivos da Constituição de Cádiz previam:

"Art. 243. Nem as Côrtes, nem o Rei poderaõ exercer em caso algum as funcções judiciaes, avocar causas pendentes, nem renovar, ou rever causas já sentenceadas. (...)

Art. 245. Os Tribunaes não poderaõ exercer outras funcções, que não sejão as de julgar e fazer executar o Julgado.

Art. 246. Nem poderaõ igualmente suspender a execução das Leis, nem fazer Regulamento algum para a administração da Justiça".

Por outro lado, isso não significou a inexistência do controle da constitucionalidade[244]. A Constituição de Cádiz, nos artigos 372 e seguintes, atribuiu às Cortes o dever de tomar em consideração as infrações à Constituição, conferindo também a todos os espanhóis o direito de reclamar às Cortes ou ao rei com base na desobediência à Constituição. Se tais dispositivos não deram ensejo ao controle judicial das leis, mostrariam a consciência de que a Constituição seria norma suprema e mereceria mecanismos para sua própria garantia.

Um dos precursores do direito constitucional na Espanha, Ramón Salas publicou sua obra de comentários à Constituição[245], que teve ampla circulação na Espanha, em Portugal e no Brasil. Ele não destoava do modelo constitucional francês, ao menos em relação à organização do Poder Judiciário.

Embora não tivesse uma visão ingênua sobre a Constituição, o jurista espanhol acreditava na sua necessária existência para que o povo não dependesse da boa vontade ou das qualidades pessoais do governante para constituir um bom governo, hipótese em que seria sempre precária a situação da proteção dos direitos. Ramón Salas pensava ser fundamental que a existência e a aplicação das leis relativas a direitos fundamentais fossem inteiramente dependentes da Constituição, e não de vontades particulares. Para alcançar tal objetivo, toda Lei Fundamental, além de ser elaborada pelo povo através de seus representantes, deveria conter três elementos essenciais: declaração de direitos pactuados pelos cidadãos; forma de governo escolhida; distribuição dos poderes políticos[246].

As leis constitucionais seriam o apoio, o cimento, o fundamento do edifício social, que, sem elas, não existiria por muito tempo. Elas seriam as leis primárias, às quais deveriam conformar-se as leis secundárias, que versariam sobre interesses individuais e subordinados. É interessante notarmos que Ramon Salas, mesmo se mostrando um crítico de Mon-

---

[244] Cf. SARIÑENA, Marta Lorente. *Las infracciones a la constitucion de 1812*. Madrid: Centro de Estudios Constitucionales, 1988, p. 21-56.

[245] Cf. SALAS, Ramon. *Lecciones de derecho público constitucional, para las escuelas de Espanã*. Tomos I e II. Madrid: Imprenta de D. Fermin Villalpando, 1821. Há uma versão portuguesa do Tomo I, que também utilizamos: SALAS, Ramon. *Lições de direito público constitucional para as escolas de Hespanha*. Trad. D. G. L. D'Andrade. Lisboa: Typographia Rollandiana, 1822.

[246] Cf. SALAS, Ramon. *Lições de direito público...*, p. 1-24.

tesquieu, um moderado admirador do modelo constitucional americano e um crítico contundente do modelo inglês, além de haver aventado o perigo de serem editadas leis inconstitucionais pelo parlamento, não desenvolveu as consequências jurídicas sobre o fenômeno da inconstitucionalidade, limitando-se a dizer que a existência de leis contrárias à Constituição revelaria que "o Governo não pode ser liberal senão no nome"[247].

Salas[248], porém, não foi de todo silente quanto à questão. Propunha que – contra os abusos do legislador e para preservar a liberdade individual – cada província pudesse exercer o direito de revogar seu deputado que julgasse contra os interesses e contra a vontade de seus constituintes. Além disso, ele se confiava nas disposições finais da Constituição de Cádiz que, como vimos, atribuíam um dever difuso de "guarda da Constituição" a toda a população e aos agentes públicos.

Com divergências pontuais, Salas seguia muitas das lições de Montesquieu, em especial sobre a atuação dos juízes. Em sua teoria constitucional, a organização do Poder Judiciário seria fundamental porque dela dependeria a segurança das pessoas e a propriedade dos cidadãos e, por conseguinte, a felicidade do corpo social inteiro[249]. De acordo com sua opinião[250], as funções judiciais se reduziam à aplicação da lei elaborada pelo legislador aos casos particulares. Enfatizava que a aplicação das leis deveria ser literal e sem qualquer espécie de interpretação ou comentário, o que não isentaria o juiz do dever de fundamentar suas decisões com base nos fatos e no texto da lei. O ato de o juiz, a título de perscrutar o espírito da lei, afastar-se do teor literal do texto legal, para ele, configuraria usurpação das funções legislativas e atentado contra a liberdade individual. Essa seria a típica situação em que o homem deixaria de ser julgado pela lei para ser julgado pelo próprio homem.

3.3.2.3. Pensamentos na experiência constitucional portuguesa

Desse modelo geral de compreensão da Constituição e do papel do Poder Judiciário, não se afastou o modelo constitucional português que,

---

[247] *Idem*, p. 4.
[248] *Idem*, p. 123.
[249] Cf. SALAS, Ramon. *Lecciones de derecho...* Tomo II, p. 170.
[250] Cf. SALAS, Ramon. *Lições de direito público...*, p. 150 e ss.

HISTÓRIA DO CONTROLE DA CONSTITUCIONALIDADE DAS LEIS NO BRASIL

influenciado pelo pensamento francês e espanhol, atravessou um intenso período de efervescência liberal, cujo clímax ocorreu em 1820 com a eclosão da Revolução Liberal do Porto e com a edição da Constituição Portuguesa, de 23 de setembro de 1822.

Analisando a história do constitucionalismo português, Paulo Ferreira da Cunha[251] destacou a contribuição do constitucionalismo francês na formação do pensamento liberal português, que se acentuou com a invasão e o domínio francês em Portugal. O constitucionalismo inglês também exerceu sua parcela de cooperação na formação portuguesa. Mas teria sido o constitucionalismo espanhol o que guardou maior proximidade com o processo constituinte e com a Constituição de Portugal de 1822, sendo, pois, a Constituição de Cádiz a principal fonte da Constituição de 1822[252].

As Cortes Gerais, que elaboraram a Constituição de 1822, à semelhança do que ocorrera em Cádiz, sediaram a convivência de três grupos de interesses distintos. Essa divisão política na Assembleia, para Paulo Ferreira[253], permitiria melhor visualizar as posturas ideológicas de cada grupo e as fontes da primeira Constituição de Portugal. O primeiro grupo,

---

[251] Cf. CUNHA, Paulo Ferreira da. *Para uma história constitucional do direito português*. Coimbra: Almedina, 1995, p. 271 e ss.

[252] Paulo Ferreira da Cunha resumiu o encadeamento das experiências constitucionais francesa, espanhola e portuguesa: "Fernandes Tomás, no seu discurso contra Borges Carneiro quer, mesmo assim, uma constituição portuguesa. Os espanhóis têm uma constituição espanhola. Mas fizeram uma constituição que é uma cópia adaptada (*Refectio*), da francesa... Portugal copiá-la-á através do vizinho exemplar espanhol". Foram ainda os deputados Fernandes Tomás e Borges Carneiro que protagonizaram uma acalorada discussão na Constituinte, na qual Fernandes Tomás respondeu a esse último: "[...] nem por estar na constituição espanhola essa especificação constitui artigo de fé [...]. A Constituição espanhola não é um evangelho. Eu sou português e estou aqui para fazer uma Constituição portuguesa e não espanhola". Cf. CUNHA, Paulo Ferreira da. *Para uma história constitucional...*, p. 298-300. António Manuel Hespanha, mais cético, anotou que a Constituição de Cádiz, de fato, esteve presente ao longo de toda discussão constituinte portuguesa, exercendo maior centralidade do que o constitucionalismo francês e inglês, conforme se extrai das Atas da Assembleia. Contudo, a história constitucional portuguesa ainda se ressente de um estudo para avaliar em definitivo as influências gaditanas. Cf. HESPANHA, António Manuel. *O constitucionalismo monárquico português: breve síntese. Historia Constitucional*: n. 13, 2012, p. 483.

[253] *Idem*, p. 291 e ss.

representado pelos deputados brasileiros, não teria exercido maior relevância nos trabalhos. O segundo seria constituído pelos defensores da posição do monarca. E o terceiro, pelos deputados liberais.

A Constituição de Portugal trouxe novidades importantes, dentre elas, a adoção do conceito de soberania da nação[254], herdado da Constituição de 1791 bem como as duas componentes estruturantes do constitucionalismo moderno: a garantia dos direitos e a organização dos poderes políticos do Estado[255]. No que tange ao Poder Judiciário, as similitudes com os modelos francês e espanhol não são desprezíveis. A influência de Montesquieu e de Jeremy Bentham, um ferrenho crítico da atuação dos juízes[256], foi marcante, o que favoreceu a institucionalização do Judiciário comprimido entre os Poderes Executivo e Legislativo.

O princípio da separação dos três poderes foi estabelecido no art. 30 da Constituição de 1822. Em simetria com organização judicial francesa e espanhola, em Portugal, mesmo havendo reconhecido a independência e a autonomia do Poder Judiciário, sua institucionalização também resultou na configuração de um poder enfraquecido.

Segundo o art. 102 da Constituição de Portugal, às "*Cortes*" cabia fazer as leis e interpretá-las. Além disso, ao Poder Legislativo pertencia a prerrogativa genérica de promover a "observância da Constituição"[257]. Na mesma linha da tradição francesa e espanhola, a Constituição de Portugal reiterava a compartimentalização dos poderes, proibindo qualquer interferência no exercício da jurisdição pelo rei ou pelas Cortes[258].

---

[254] O art. 26 da Constituição de Portugal previa: "A soberania reside essencialmente na Nação. Não pode porém ser exercitada senão pelos seus representantes legalmente eleitos".

[255] Cf. HESPANHA, António Manuel. *O constitucionalismo monárquico...*, p. 483-485.

[256] Cf. BOBBIO, Noberto. *O positivismo jurídico: lições de filosofia do direito.* São Paulo: Ícone, 1995, p. 91-100.

[257] Cf. PORTUGAL. *Constituição Política da Monarquia Portuguesa.* Disponível em: www.fd.unl. pt [24 de novembro de 2013]. Eis as disposições: "Art. 102. Pertence às Cortes:
I – Fazer as leis, interpretá-las, e revogá-las;
II – Promover a observância da Constituição e das leis, e em geral o bem da Nação Portuguesa".

[258] Eis o teor: "Art. 176. O Poder judicial pertence exclusivamente aos Juízes. Nem as Cortes nem o Rei poderão exercitar em caso algum. Não podem portanto avocar causas pendentes; mandar abrir as findas; nem dispensar nas formas do processo prescritas pela lei".

Objetivando manter a vigilância legislativa sobre a atuação judicial, a Constituição, no art. 191, instituiu o Supremo Tribunal de Justiça, com a atribuição de encaminhar ao rei as dúvidas sobre a inteligência da lei, para que o monarca as enviasse às Cortes que, por sua vez, resolveriam a imprecisão legislativa[259]. O Supremo Tribunal era um tribunal de cassação, que, por meio do recurso de revista, concederia ou negaria a revista sem, contudo, poder julgar o mérito do recurso, que seria encaminhado a outra relação para novo julgamento. Parece-nos bem clara a influência do instituto francês da proibição dos *arrêts de règlement*, que impactou em Cádiz impedindo que os efeitos da decisão judicial transbordassem o âmbito do caso concreto julgado[260]. Nos Capítulos 5 e 6, veremos como essa concepção de funcionamento do Poder Judiciário em geral e do Supremo Tribunal, em particular, enraizou-se no pensamento constitucional brasileiro.

O fato de o Poder Judiciário ter *status* de poder independente não significava que ele detinha a mesma dignidade institucional dos demais poderes, já que o Judiciário permanecia em situação de inferioridade, considerada sua própria organização constitutiva que o sujeitava às intromissões do Executivo em sua organização e à literalidade da lei[261]. Em Portugal, a recepção desse modelo foi favorecida pela própria cultura

---

[259] Percebamos a proximidade com a disposição do *référé legislatif*. Cf. HESPANHA, António Manuel. *Um poder um pouco mais que simbólico: juristas e legisladores em luta pelo poder de dizer o direito*. In: *História do Direito em Perspectiva* (Org. Ricardo Marcelo Fonseca e Airton Cerqueira Leite Seelaender). Curitiba: Juruá, 2010, p. 172.

[260] O Título V, Capítulo I, da Constituição de Portugal, de 1822, tinha as seguintes previsões:

"Art. 191. Haverá em Lisboa um Supremo Tribunal de Justiça, composto de Juízes letrados, nomeados pelo Rei, em conformidade do art. 123. As suas atribuições são as seguintes: (...)

III – Propor ao Rei com o seu parecer as dúvidas, que tiver ou lher forem representadas por quaisquer Autoridades, sobre a inteligência de alguma lei, para se seguir a conveniente declaração das Cortes;

IV – Conceder ou negar a revista.

O Supremo Tribunal de Justiça não julgará a revista, mas sim a relação competente; (...)".

[261] Cf. FERREIRA, Silvestre Pinheiro. *Breves observações sobre a constituição política da monarchia portugueza*. Paris: Rey E. Gravier, 1837, p. 21-22. Silvestre Pinheiro Ferreira criticava o disposto no art. 123, XI, da Constituição de 1822 que autorizava o rei a "[p]erdoar ou minorar as penas aos delinquentes na conformidade das leis". Para ele, a regra admitia que o monarca cassasse sentenças proferidas pelos tribunais de justiça, confundindo

jurídica consolidada, na qual se preconizava que os juízes deveriam unicamente constituir a voz da lei.

Vinha de longe o embate em torno da atuação dos juízes na tradição lusitana. A reivindicação dos juízes como simples aplicadores das leis tinha pertinência com a formulação teórica do absolutismo como instrumento de legitimação do poder e de preservação da soberania do rei: não observar a lei significava desobedecer ao rei[262]; a lei ainda não era compreendida como expressão da vontade da nação, mas sim como a "lei do príncipe". De todo modo, esse contexto jurídico lusitano simpático à restrição judicial foi ao encontro das preocupações dos revolucionários franceses, o que se refletiu nas Constituições francesas, espanhola e portuguesa.

Tamanha era a preocupação com a preservação do poder real, que as Ordenações Filipinas dispunham de procedimento próprio, para que, na eventualidade de dúvidas insanáveis sobre a interpretação da lei, fosse o caso submetido ao crivo do rei, que o decidiria com eficácia vinculante inclusive para os casos similares[263].

Organizar o Poder Judiciário em posição de inferioridade em relação ao Legislativo e ao Executivo revelava, portanto, dois aspectos distintos mas complementares. O primeiro deles mostra-nos muitos dos continuísmos que a Constituição de 1822 consagrou com o Antigo Regime[264].

---

paradoxalmente os poderes políticos, que integram um sistema constitucional no qual a separação dos poderes é sua base elementar.

[262] Cf. Homem, António Pedro Barbas. *Judex perfectus (função jurisdicional e estatuto judicial em Portugal. 1640-1820)*. Coimbra: Almedina, 2003, p. 255-257 e p. 572-573; Marques, Mário Reis. *História do direito português medieval e moderno*. 2. ed. Coimbra: Almedina, 2009, p.139-140. Barbas Homem, a propósito, lembra uma máxima da época que sintetiza bem a ideia da vinculação dos juízes à lei positiva: "nam civitassine lege, & regnum, sine rege nihìl ferê uliud est, quam corpus sine pectore", ou seja, "fica a República sem ley, & o Reyno sem Rey".

[263] Cf. Hespanha, António Manuel. *Um poder um pouco mais que simbólico...*, p. 172-173; Bitar, Orlando. *A lei e a constituição (alguns aspectos do contrôle jurisdicional de constitucionalidade)*. Belém: s/ed., 1956, p. 255 e ss.

[264] Lembremos, no entanto, que, em Portugal, subsistia a tradição de uma atividade judicial operante, em face do disposto na Lei da Boa Razão, que, ao fim, deixava uma brecha legal para que juízes e juristas definissem quais eram as fontes reais do direito, algo inclusive que a própria Constituição de 1822 não resolveu. Ao não explicitar claramente suas fontes, a Constituição mostrava mais um aspecto de continuidade com a ordem anterior. No entanto, ela também acolhia determinações que procuravam estabelecer rupturas, sendo

O segundo reflete a duradoura tensão em torno da soberania da lei e da prerrogativa de dizer o direito por último, do que decorria o esforço de impor amarras normativas à atuação discricionária do juiz no ato de julgar. A Lei da Boa Razão sintetizou substanciosa iniciativa de normatização enraizada na filosofia iluminista para combater a prática arbitrária e insindicável dos juízes no exercício do seu ofício[265]. Destarte, desde há muito tempo, o pensamento jurídico enfrentava a paradoxal questão concernente à interpretação judicial das leis e à limitação e restrição da atividade dos juízes, seja para evitar ilegalidades e arbitrariedades perpetradas contra os indivíduos, seja para preservar a autoridade e o poder do monarca[266].

---

de se destacar: o primado da lei ao definir a atividade do executivo como "fazer executar as leis" (art. 122), a obrigatoriedade do pagamento dos impostos somente mediante criação por lei (art. 224 e 234), a não propriedade dos ofícios públicos pelos funcionários, o dever de a câmara se submeter às leis (art. 216 218) e o reconhecimento dos direitos individuais, 'nos limites da lei". Cf. HESPANHA, António Manuel. *Hércules confundido*. Curitiba: Juruá, 2010, p. 92 e ss.

[265] A *Lei da Boa Razão*, publicada em 18 de agosto de 1769, que se voltava ao combate contra a atuação prudencial dos juízes, destituída de critérios objetivos e racionais de controle, tentou racionalizá-la, não sem, contudo, apresentar contradições e incoerências. Se, de um lado, pretendia limitar a aplicação judicial do direito por meio de operações lógicas e silogísticas, reconhecendo o primado da lei, por outro lado, devolvia para os juristas a palavra final sobre o direito, na medida em que seriam eles próprios os doutrinadores do novo sistema jurídico, a quem caberiam os novos comentários e interpretações.

[266] Sobre essa corrente do pensamento filosófico e jurídico português, poderia ser lembrado o livro de Luís António Verney, "*Verdadeiro Método de Estudar*", publicado em 1746. A obra fixou um divisor de águas no pensamento português e constituiu um verdadeiro manifesto contra a ausência de progresso científico, o desconhecimento dos ditames da razão e a falta de instrução do povo português. O iluminismo jurídico português não negava que a atividade de interpretação do direito envolveria um ato de criação normativa, razão pela qual defendia a edição de leis claras, breves e objetivas e, correlatamente, proibia-se a interpretação das leis pelos juristas. É contundente a crítica de Verney à prática do direito dentro e fora da Universidade, em especial ao uso da lógica: "O Jurifta tem pouca necefidade de filogifmos: o de que tem necefidade é, de um juizo claro, acoftumado a formar verdadeira ideia das-coizas, e difcorrer fem engano". A lógica ensinada na Universidade, para Verney, tem sido prejudicial aos juristas "porque acoftumando ela o intendimento, a mil futilezas metafizicas, fem fundamento algum, obriga o Logico, que fe-guia por-ela, a fazer o mefmo na-Lei. De que rezulta, como muitas vezes vi, que eftes chamados Filozofos, fam os piores Jurifconfultos do-mundo: nam permetindo a Lei, femelhante modo

Nesse delicado contexto histórico, o embate pertinente à prerrogativa de dizer o direito por último e à limitação da função judicial desembocou na Constituinte de Portugal. Remanescia a velha preocupação com a submissão dos magistrados à literalidade da lei, que, nos novos tempos do liberalismo, se tornaria a expressão maior da vontade da nação e, sobretudo, da supremacia do Legislativo. De outro ângulo, isso era uma consequência da imagem deficiente e precária dos magistrados junto à população.

Conforme avaliou Gomes de Carvalho[267], nas Cortes Gerais de 1821, os deputados constituintes ativeram-se sobre a organização judicial. Dois pontos suscitaram debates mais acalorados entre os representantes: a instituição do júri e a responsabilidade dos juízes. Em ambos os casos, a razão motivadora advinha do fato de que os juízes incorreriam frequentemente em práticas abusivas e criminosas. Havia, pois, certo consenso em torno da limitação do exercício da função judicial na Constituinte, e a responsabilização penal dos juízes, cuidadosamente prevista pela Constituição, foi um dos instrumentos para atingir-se tal objetivo.

A responsabilidade judicial, por sua vez, recebeu tratamento minucioso em consequência do descrédito que atingia a imagem dos juízes na sociedade[268], permitindo inclusive que qualquer cidadão promovesse

---

de difcorrer: nem tendo lugar nela, o *formaliter, materialiter, effentialiter, in priori* & *pofteriori figno*, e outras curiozidades deftas, de que eftá cheia, a Logica das-efcolas. De forte que quem fabe ifto bem, dificultozamente pode faber bem Lei: e afim feria melhor, nam ter perdido aquele ano, com a Logica". Cf. VERNEY, Luís António. *Verdadeiro metodo de estudar.* Tomo II. Valensa: Oficina de Antonio Balle, 1746, Carta XIII, p. 140 e ss.

[267] Cf. CARVALHO, M. E. Gomes de. *Os deputados brasileiros nas cortes gerais de 1821.* Brasília: Senado Federal, 2003, p. 147-160.

[268] A seguir, lembramos alguns dispositivos constitucionais que tratam da responsabilidade criminal dos juízes: "Art. 184. Ninguém será privado deste cargo senão por sentença proferida em razão de delito, ou por ser aposentado com causa provada e conforme a lei. (...) Art. 196. Todos os Magistrados e oficiais de justiça serão responsáveis pelos abusos de poder, e pelos erros que cometerem no exercício dos seus empregos. Qualquer cidadão, ainda que não seja nisso particularmente interessado, poderá acusá-los de suborno, peíta, ou conluio; se for interessado, poderá acusá-los por qualquer prevaricação a que na lei esteja imposta alguma pena, contanto que esta prevaricação não consista em infringir lei relativa à ordem do processo. Art. 197. O Rei, apresentando-se-lhe queixa contra algum Magistrado, poderá suspendê-lo, precedendo audiência dele, informação necessária, e consulta do Conselho de Estado.

ação contra os magistrados. Maior inovação da Constituição de 1822[269], o júri foi previsto em matérias cíveis e criminais a fim de delimitar o escopo de atuação dos juízes.

A Constituição de Portugal, na esteira da francesa e da espanhola, previu um mecanismo institucional genérico de sua própria salvaguarda, atribuindo a todo cidadão o direito de insurgir-se contra as autoridades públicas que cometessem infração à Constituição[270].

Finalizando o presente tópico, ressaltemos dois pontos. Primeiro, durante o período revolucionário na Europa, particularmente no final do século XVIII e no início do XIX, ocorreu grande circulação de ideias que, ao menos em relação ao Poder Judiciário, terminou por conferir um tratamento institucional simétrico nas tradições constitucionais da França, da Espanha, de Portugal e, por fim, do Brasil.

Segundo, esses modelos constitucionais não foram simplesmente copiados ou implantados no Brasil; os modelos de referência, conforme constatou Nelson Saldanha[271], tinham a função de dinamizar crenças e configurar ideias. Ou seja, as tradições e a doutrina dos pensadores estrangeiros circulavam mas passavam por um processo de adaptação e filtragem que permitia sua apropriação do modo que melhor satisfizesse os interesses e as necessidades da elite política condutora do processo de construção da ordem imperial.

A informação será logo remetida ao juízo competente para se formar o processo, e dar a definitiva decisão.

Art. 198. A Relação, a que subirem alguns autos, em que se conheça haver o Juiz inferior cometido infracção das leis sobre a ordem do processo, o condenará em custas ou em outras penas pecuniárias, até à quantia que a lei determinar; ou mandará repreendê-lo dentro ou fora da Relação. Quanto aos delitos e erros mais graves de que trata o artigo 196.°, lhe mandará formar culpa.

Art. 199. Nos delitos, que não pertencerem ao ofício de Juiz, somente resultará suspensão, quando ele for pronunciado por crime que mereça pena capital ou a imediata, ou quando estiver preso, ainda debaixo de fiança. (...)

Art. 210. O Juiz e o Carcereiro, que infringirem as disposições do presente capítulo relativas à prisão dos delinquentes, serão castigados com as penas que as leis declararem".

[269] Cf. HOMEM, António Pedro Barbas. *Judex perfectus...*, p. 576.

[270] Era o que estava disposto em seu art. 17: "Todo o Português tem igualmente o direito de expor qualquer infracção da Constituição, e de requerer perante a competente Autoridade a efectiva responsabilidade do infractor".

[271] Cf. SALDANHA, Nelson Nogueira. *História das idéias políticas...*, p. 90-91.

Capítulo 4

Pensamento Constitucional na Consituição de 1824

No capítulo anterior, observamos que, no âmbito da Constituinte de 1823, prevalecia a ideia da transcendência e da legitimidade do imperador, que, com sua participação no poder legislativo, estaria habilitado a garantir a justiça e a constitucionalidade das leis, o que afastaria em princípio a possibilidade de desenvolver-se a prática do controle judicial.

O imaginário político-social dos juízes conduziu à rígida assimilação da separação dos poderes de modo a atribuir-se à magistratura um papel institucional bastante restrito e limitado no processo de aplicação do direito. Por outro lado, quanto à independência judicial, a instituição do júri foi vista como instrumento de sua efetiva garantia, dado que, na prática, a vinculação dos juízes ao Poder Executivo era muito evidente.

Agora, focaremos o olhar na Constituição de 1824, por duas razões. Primeiro, o Projeto de Constituição de 1823 foi, em grande medida, aproveitado pela Comissão imperial, encarregada de elaborar o novo Projeto de Constituição após a dissolução da Assembleia.

Segundo, ao inaugurar-se uma ordem normativa, a Constituição cumpre o papel de reduzir expectativas e incertezas do futuro por meio de mecanismos de vinculação e aplicação normativa. A Constituição, destarte, estabelece as condições para a consolidação de determinado modelo jurídico-político em face da pretensão de eternidade que lhe é inerente[272]. Em consequência, as concepções e os princípios positiva-

---

[272] Cf. KOSELLECK, Reinhart. *Historia, derecho y justicia*. In: *Modernidad, Culto a la Muerte y Memoria Nacional*. Trad. Miguel Salmerón Infante. Madrid: CEPC, 2011, p. 19-38.

dos no texto constitucional ingressam em uma espécie de processo de retroalimentação e perpetuação dentro do ordenamento jurídico, condicionando o funcionamento do direito.

Desse modo, é imprescindível conhecermos os princípios positivados nos textos constitucionais, pois eles fixaram balizas tendentes a reproduzir na prática política e constitucional o modelo jurídico-político adotado na Constituição e instituído na sociedade.

Portanto, neste capítulo, abordaremos o contexto histórico da dissolução da Constituinte de 1823 bem como da designação de nova comissão para elaborar a futura Constituição de 1824. Em seguida, discutiremos as suas principais influências intelectuais e, por fim, faremos a comparação analítica entre a Constituição de 1824 e o Projeto de Constituição de 1823. Em que pesem as similaridades existentes, esses dois documentos constitucionais expressam e constituem dois tempos históricos distintos, que nos permitem compreender um mesmo modelo constitucional de referência.

4.1. O contexto de dissolução da Constituinte e de outorga da Constituição de 1824

Vimos que o contexto de convocação da Constituinte explicava-se pela necessidade de manter a integridade política e territorial do Brasil além do insucesso no que tange à política de conciliação e de coordenação com Portugal nas Cortes Gerais de Lisboa. A Constituição foi compreendida como instrumento para institucionalização e para consolidação do Estado brasileiro, já que possibilitaria reunir todos os representantes provinciais de norte a sul do país, acalmando os ânimos e construindo uma base consensual mínima de legitimação do governo imperial[273].

A Constituinte, entretanto, foi dissolvida bruscamente. Desde sua instalação, a Assembleia conviveu com as incertezas de sua possível dis-

---

[273] Barão Homem de Mello, em seu célebre estudo "*A Constituinte perante a História*", conseguiu fielmente sintetizar o momento histórico: "Na reunião desse congresso illustre repousavam confiadamente as esperanças constitucionaes do paiz". Cf. MELLO, Barão Homem de. *A constituinte perante a história II*. In: *A Constituinte de 1823 (Org. Octaciano Nogueira)*. Brasília: Senado Federal, 1973, p. 134.

solução pelo imperador[274]. Os debates sobre o cerimonial, sobre a sanção régia nos projetos de lei aprovados pela Constituinte, sobre solicitar (às vezes, "exigir") ou não esclarecimentos do imperador ou do governo, tudo isso – aos poucos – contribuiu para o desgaste do tênue equilíbrio na relação entre a Assembleia e o imperador.

Outras causas motivaram seu encerramento precoce. O sentimento anti-lusitano ("elemento português"[275]), a demissão do gabinete dos Andradas sinalizando o retorno da hegemonia portuguesa em torno do imperador[276], a edição da Portaria de 2 de agosto de 1823 por meio da qual o governo reintegrou ao exército nacional oficiais portugueses[277], acentuando as desconfianças mútuas entre imperador e Assembleia[278], e a motivação econômica (ou "nacionalismo econômico") surgida com o projeto de lei da extinção do juízo de defuntos e ausentes, que interrom-

---

[274] Cf. COSTA, João Cruz. *Novas idéias*. In: *História Geral da Civilização Brasileira* (Coord. Sérgio Buarque de Holanda). Tomo II. Vol. 3. 13. ed. Rio de Janeiro: Bertrand Brasil, 2011, p. 210; CUNHA, Pedro Octávio Carneiro da. *A fundação de um império liberal*. In: *História Geral da Civilização Brasileira* (Coord. Sérgio Buarque de Holanda). Tomo II. Vol. 3. 13. ed. Rio de Janeiro: Bertrand Brasil, 2011, p. 275.

[275] Segundo Octávio Tarquínio de Sousa: "o elemento português, poderoso, influente, rico, passados os dias mais difíceis de 1822 em que se retraíra, voltava ou queria de novo preponderar e, presente em toda parte, no comércio, nos cargos mais altos da administração pública, nas forças armadas e no governo, figurava nos meios mais íntimos, na famulagem do próprio imperador". Cf. SOUSA, Octávio Tarquínio de. *José Bonifácio*. Belo Horizonte: Itatiaia/EDUSP, 1988, p. 210-211

[276] *Idem*, p. 207 e ss.

[277] MELLO, F. I. Marcondes Homem de. *A constituinte perante a história*. Rio de Janeiro: Typographia da Actualidade, 1863, p. 10.

[278] Cf. BRASIL. *Diário da Assembléia Geral...* Tomo III, p. 220-230. Na sessão de 11 de outubro, o deputado Carneiro da Cunha noticiou a Assembleia sobre a Portaria do ministro de guerra que admitia a prisioneiros de guerras europeus (leia-se, portugueses) assentarem praça para servirem nas forças brasileiras ao tempo em que protestou veementemente contra o ato do ministro. Antônio Carlos de Andrada não poupou críticas ao ministro: "He preciso que nos entendamos com este Ministro corrompido, e o mais corrompido que tenho visto até agora (*Apoiado Apoiado*)". A situação se agravava ainda mais, porque, consoante observou o deputado Henriques Resende, o jornal *Diario do Governo*, que publicava os atos governamentais, não veiculara a Portaria, que dava assento a soldados lusitanos. Montezuma, por sua vez, não aliviou a crítica, ao insistir que o ministro de guerra merecia atenção, ele "era inimigo da Causa do Brasil".

peria transferências de capitais para Portugal[279], foram alguns dos fatores determinantes para o fechamento da Assembleia. Mas não se esgotaram aí as razões.

Houve o episódio de David Pamplona[280], cuja repercussão social forjou o pretexto[281] para o imperador decretar sua imediata dissolução[285] ao argumento de desordem e motim da Assembleia.

[279] Cf. RODRIGUES, José Honório. *A Assembléia constituinte de 1823*. Petrópolis: Vozes, 1974, p. 198 e ss.

[280] O boticário David Pamplona, em 5 de novembro de 1823, foi alvejado por dois oficiais portugueses, integrantes do Exército brasileiro, por ser confundido com o "Brasileiro Resoluto", o polêmico redator do jornal *Sentinela*, que dirigira ofensas a oficiais portugueses integrantes do exército brasileiro. No dia seguinte, o ofendido encaminhou requerimento à Assembleia Constituinte solicitando fossem adotadas providências para assegurar a liberdade individual dos cidadãos e a segurança pública e para que os referidos oficiais não ficassem impunes, evitando-se a repetição de atos dessa natureza em que uma pessoa era atacada dentro de sua própria casa. Cf. BRASIL. *Diário da Assembléia*.... Tomo III, p. 369. Seu requerimento foi um verdadeiro estopim dentro da Constituinte, consoante podemos observar pelas manifestações de Montezuma e Antonio Carlos. Cf. BRASIL. *Diário da Assembléia*.... Tomo III, p. 387-388. De igual modo, o fato teve ampla repercussão social, para além do recinto da Assembleia, merecendo a seguinte edição explosiva do Tamoio: "o mais atroz, o mais escandaloso atentado que pode imaginar-se. (...) Que desgraça! Que infâmia para seus filhos! Ah! Patrícios meus, se isto fica assim, direi abertamente que sois incapazes de liberdade, que sois a escória da Nação Brasileira, que sois escravos e, coberto de pejo e de vergonha, retirar-me-ei para as brenhas a viver, outra vez, com as feras, menos insensíveis do que vós". Cf. SOBRINHO, Barbosa Lima. *A ação da imprensa em torno da constituinte: o tamoio e a sentinela*. In: *A Constituinte de 1823 (Org. Octaciano Nogueira)*. Brasília: Senado Federal, 1973, p. 62.

[281] No Manifesto, de 16 de novembro de 1823, o imperador afirmou: "Disposta assim a fermentação, de que devia brotar o vulcão revolucionario, procurou a facção, que se havia feito preponderante na Assembléa, servir-se para o fatal rompimento de um requerimento do cidadão David Pamplona, inculcado brazileiro de nascimento, sendo aliás natural das Ilhas Portuguezas, que a ella se queixava de umas pancadas, que lhe deram dous officiaes brazileiros, mas nascidos em Portugal, e que pelo parecer de uma commissão se entendia que o mesmo devia recorrer aos meios ordinarios. De antemão, e com antecipação a mais criminosa, se convidaram pelos chefes daquella tremenda facção, e por meio de seus sequazes, pessoas do povo, que armados de punhaes, e pistolas lhes servissem de apoio, incutindo terror aos illustres, honrados, e dignos Deputados da mesma Assembléa, que fieis ao juramento prestado, só pretendiam satisfazer a justa confiança, que nelles puzera a nobre Nação Brazileira, e folgavam de ver mantida a tranquillidade necessaria para as deliberações. Neste malfadado dia haveriam scenas tragicas, e horrorosas, si ouvindo

PENSAMENTO CONSTITUCIONAL NA CONSITUIÇÃO DE 1824

Para além dessas circunstâncias que confluíram para o brusco fechamento da Constituinte, devemos nos perguntar sobre o conteúdo normativo do Projeto de Constituição de 1823 em confronto com a Constituição dc 1824, o que nos impõe uma análise da dimensão jurídico-constitucional, a qual certamente auxiliará nossa compreensão do período.

Trata-se da relação paradoxal configurada entre a Constituinte e o imperador, na qual tempos distintos entrecruzavam-se na organização dos poderes e na estruturação do Estado. Esses tempos não foram devidamente conciliados e, sob o ângulo jurídico-constitucional, refletiram no Projeto de Constituição de 1823, que não agradara ao imperador[283], tendo em vista as rigorosas limitações que se lhe oporiam. Não obstante a linguagem política do imperador presente em muitos dos atos oficiais com o objetivo de mostrar-se um governante liberal e constitucional, seu espírito imperial, crescido e doutrinado na tradição do absolutismo monárquico, adotava uma postura tendente à centralização e ao absolutismo[284].

gritarias, e apoiados tão extraordinarios, como escandolosos, o illustre Presidente com prudencia vigilante, e amestrada não levantasse a Sessão, pondo assim termo aos males, que rebentariam com horrivel estampido de tamanho vulcão, fermentado da furia dos partidos; do odio nacional, da sêde de vingança; e da mais hydropica ambição: tanto era de esperar, até por ser grande o numero de pessoas, que dentro, e fóra da Assembléa estavam dispostas a sustentar os projectos da terrivel facção; e tanto se devia temer, até da grande quantidade de armas, que com profusão se venderam na cidade nos dias antecedentes, e da escandalosa acclamação, com que foram recebidos, e exaltados pelos seus sastellites, os chefes do nefando partido, quando sahiram da Assembléa a despeito da minha imperial presença". Cf. BRASIL. *Collecção das leis do império do Brazil de 1823 (Proclamações e manifesto)*. Parte II. Rio de Janeiro: Imprensa Nacional, s/d, p. 8-9.

[282] É válido conferir o Manifesto do imperador, de 16 de novembro de 1823, no qual ele justificou a dissolução da Assembleia. *Idem*, p. 7-10. O fato é que os Andradas conseguiram tornar a agressão individual em agressão e ofensa à honra e à dignidade da nação e, com seus discursos inflamados, foram ovacionados pelo povo e saíram em seus braços dessa sessão da Cadeia Velha. E tudo sendo observado por Dom Pedro, de sua janela imperial. Cf. LUSTOSA, Isabel. *D. Pedro I: um herói sem nenhum caráter*. São Paulo: Companhia das Letras, 2006, p. 168.

[283] Cf. MORAES, Alexandre José de Mello. *A independência e o império do Brasil*. Brasília: Senado Federal, 2004, p. 103.

[284] Sobre as ambiguidades de sua personalidade, vide: LUSTOSA, Isabel. *D. Pedro I...*, p. 172-176.

Foi essa personalidade marcada pelo constitucionalismo da época e pelo absolutismo do berço somada ao receio da explosiva reação do povo brasileiro, especialmente do Norte, que levou o imperador à justificação pública do ato dissolutório[285]. A dissolução da Constituinte pelo imperador foi formalizada no Decreto de 12 de novembro de 1823[286]:

> Havendo eu convocado, como tinha direito de convocar, a Assembléa Geral Constituinte e Legislativa, por Decreto de 3 de Junho do anno proximo passado, afim de salvar o Brazil dos perigos, que lhe estavam imminentes; e havendo esta Assembléa perjurado ao tão solemne juramento, que presto á Nação, de defender a integridade do Imperio, sua independencia, e a minha dynastia: Hei por bem, como Imperador, e Defensor Perpetuo do Brazil, dissolver a mesma Assembléa, e convocar já uma outra na forma das Instrucções, feitas para a convocação desta, que agora acaba; a qual deverá trabalhar sobre o projecto de constituição, que eu lhe hei de em breve apresentar; que será duplicadamente mais liberal, do que o que a extincta Assembléa acabou de fazer.

Dois aspectos nos interessam. Primeiro, a promessa do imperador: oferecer ao povo uma Constituição "duplicadamente mais liberal". Segundo, a linguagem do discurso político que, além do uso do termo "liberal", acusou a Assembleia de "perjuro".

Por mais autoritário e arbitrário que fosse seu ato, o imperador zelava por manter-se dentro do espectro constitucional, enquadrando seus atos na esfera da constitucionalidade conforme os ditames do direito público universal. A linguagem utilizada é significativa e revela paradoxos na

---

[285] Cf. DRUMMOND, A. M. Vasconcelos de. *Anotações de Vasconcelos Drummond à sua biografia (1836)*. Brasília: Senado Federal, 2012, p. 155 e ss.

[286] Já no dia seguinte, em face da inicial reação que se levantava, por meio do Decreto, 13 de novembro de 1823, que "[e]xplicava a expressão – perjura –, empregada no decreto de 12 do corrente em relação á Assembléa Geral Constituinte e Legislativa", o imperador iniciava sua longa jornada retórica e explicativa, ao esclarecer que a expressão "perjuro" não se aplicava à totalidade da representação nacional, da Assembleia, mas apenas aos "facciosos que anhelavam vinganças, ainda á custa dos horrores da anarchia", que eram os "motores dos males que se propunham derramar sobre a patria" e terminaram por preponderar na Constituinte. Cf. BRASIL. *Collecção das leis do império do Brazil de 1823 (decretos, cartas e alvarás)*. Parte II. Rio de Janeiro: Imprensa Nacional, s/d, p. 85.

PENSAMENTO CONSTITUCIONAL NA CONSITUIÇÃO DE 1824

situação. Ele enfatizou o fato de haver convocado a Assembleia, que lhe seria um direito inerente, o que pressupunha sua superioridade em relação a ela, além de revelar uma contundente resposta à questão do trono. O imperador reafirmou sua liderança na condução do processo político e constitucional bem como na chefia suprema da nação. Ele fez menção à sua condição de defensor perpétuo, assumindo o papel de tutor da sociedade brasileira, e, na tendência de preservar a constitucionalidade do governo, convocou nova Constituinte que apreciaria o Projeto de Constituição mais liberal que ele próprio ofereceria à deliberação. Eis, aí, fortes indícios de uma compreensão constitucional segundo a qual imperador estaria acima da própria Constituição, que somente existiria se digna dele.

Nesse mesmo dia, dom Pedro proferiu a *Proclamação* intitulada "*Sobre a Dissolução da Assembléa Constituinte e Legislativa*"[287], na qual ele se esmerou por caracterizar a culpa da Constituinte pelos excessos e abusos cometidos, desviando-se das bases constitucionais e do juramento realizado. É nítido o esforço do imperador para legitimar o ato de dissolução, seja pela invocação dos princípios constitucionais, seja pela convocação de uma nova Constituinte, seja pela promessa de oferecer ao país uma Constituição "duplicadamente mais liberal".

Sua retórica constitucional atingiria o clímax no *Manifesto* de 16 de novembro de 1823, que "Justifica a dissolução da Assembléa Constituinte", no qual ele usou intensivamente termos como "crise", "liberal", "facção", "mal", "discórdia", "constitucional", "revolucionário", além de outros que apontam para situações tensionadas e de gravidade como "ódio", "vingança", "fúria", "extraordinário", "horrível", "perigo" e "exaltado"[288].

---

[287] BRASIL. *Colleção das leis do império do Brazil de 1823 (Proclamações e manifesto)*. Parte II. Rio de Janeiro: Imprensa Nacional, s/d, p. 7.

[288] Embora longa, transcrevemos parte do *Manifesto*, pois, dela, podemos extrair muito do contexto que estava formado a partir dos argumentos de defesa e justificação do imperador: "A Providencia, que vigia pela estabilidade, e conservação dos Imperios, tinha permitido nos seus profundos designios, que, firmada a Independencia do Brazil, unidas todas as suas Provincias, ainda as mais remotas, continuasse este Imperio na marcha progressiva da sua consolidação, e prosperidade. A Assembléa Constituinte e Legislativa trabalhava com assiduidade, discernimento, e actividade para formar uma Constituição, que solidamente plantasse, e arraigasse o systema constitucional neste vastissimo Imperio. Sobre esta inabalavel base se erguia, e firmava o edificio social, e era tal o juizo, que sobre a Nação Brazileira formavam os Estrangeiros, que as principaes Potencias da Europa reconhece-

Essas palavras de seu discurso, contudo, não passavam de ornamentos que mais pareciam camuflar a verdadeira contradição, desde sempre presente na formação do constitucionalismo brasileiro: o de limitar um poder (imperial) que se pretendia ilimitável, isto é, o de apenas vestir um Estado absoluto com o figurino constitucional sem no entanto internalizar as práticas constitucionais e dos direitos individuais. Essa sutileza não passou despercebida pelo crivo de Frei Caneca, que a denunciou: a primeira e única razão seria o velho absolutismo lusitano[289]. Só que o imperador não poderia expor seus verdadeiros motivos e, por isso, fantasiara "projetos criminosos" supostamente justificadores da dissolução, enveredando por um amontoado de expedientes que mais confundiriam do que explicariam suas verdadeiras razões[290].

A promessa de convocação da nova Constituinte, que nunca se concretizou, foi parte da estratégia. Já no ato dissolutório, de 12 de novembro,

---

riam mui brevemente a Independencia do Imperio do Brazil, e até ambicionariam travar com elle relações politicas, e commerciaes. Tão brilhante perspectiva, que nada parecia poder escurecer, foi offuscada por subita por borrasca, que enlutou o nosso horizonte. O genio do mal inspirou damnadas tenções a espíritos inquietos, e mal intencionados, e soprou-lhes aos animos o fogo da discordia. De tempos a esta parte começou a divisar--se, e a conhecer-se, que não havia em toda a Assembléa uniformidade dos verdadeiros princípios, que formam os Governos Constitucionaes, e a harmonia dos poderes divididos, que faz a sua força moral, e physica, começou a estremecer. Diversos, e continuados ataques ao Poder Executivo, sua condescendencia a bem da mesma harmonia enervaram a força do Governo, e o foram surdamente minando. Foi crescendo o espírito de desunião; derramou-se o fel da desconfiança; sorrateiramente foram surgindo partidos, e de subito appareceu, e ganhou forças uma facção desorganisadora, que começou a aterrar os animos dos varões probos, que levados só do zelo do bem publico, e do mais acrisolado amor da patria, tremiam de susto á vista de futuros perigos, que previam, e se lhes antolhavam. (...) outros com a persuasão de que o Governo se ia manhosamente tornando despotico, e alguns, talvez com promessas vantajosas, exageradas em suas gigantescas imaginações; chegando até á malignidade de inculcarem como abraçado o perfido, e insidioso projecto de união com o Governo Portuguez".

[289] O alerta de Frei Caneca foi claro o suficiente para expressar o intento imperial: "Mas ah! que por entre as nuvens dos trabalhos dos tais senhores, no tempo do governo português. De suas máximas políticas e seus sentimentos emitidos na Assembléia dissolvida, lobrigo as lágrimas das plêiades que choram a nossa escravidão e os estragos do absolutismo". Cf. CANECA, Frei. *Typhis Pernambucano V (1824).* In: *Frei Joaquim do Amor Divino Caneca (Org. Evaldo Cabral de Mello).* São Paulo: Editora 34, 2001, p. 334-341.

[290] Cf. CUNHA, Pedro Octávio Carneiro da. *A fundação de um império liberal...*, p. 275.

procedia à convocação da Constituinte. No *Manifesto* de 16 de novembro de 1823, revelando toda sua constitucionalidade, o imperador reiterou que os povos do Brasil "continuarão a gozar da paz, tranquillidade e prosperidade que a Constituiçao affiança e segura", pois ele havia ordenado convocar outra Constituinte em sintonia com os princípios do sistema constitucional e do direito público universal com que muito desejava e folgava-se de conformar-se.

Dom Pedro vivia a tensão e a angústia de fiar-se nas ideias liberais e de conter seus impulsos absolutistas, fustigados pelos portugueses. Ele repudiava a ofensiva facciosa da Assembleia e aclamava a liberdade, "este idolo sagrado sempre desejado"; porém seu intendente de polícia, Estevão Ribeiro de Resende publicava edital oferecendo recompensas em dinheiro (400 mil-réis) a quem denunciasse os autores de proclamações contrárias à dissolução da Constituinte[291] e, poucos dias depois, se publicou o Decreto de 22 de novembro de 1823, que determinava a aplicação provisória do projeto de lei da Constituinte contendo limitações à liberdade de imprensa.

O Projeto de Constituição de 1823 não agradara ao imperador. A ideia de Constituição que prevaleceu na Assembleia, certamente, não coincidia com a sua. Quando comparamos o Projeto de 1823 com a Constituição de 1824, verificamos que o Projeto trazia diversas limitações contundentes ao exercício de poder pelo monarca, que, em sua visão, terminariam por constituir um aviltamento das funções imperiais. No *Manifesto* de 16 de novembro, dom Pedro fez menção às severas e indevidas restrições que a Constituinte pretendia impor, subtraindo-lhe as legítimas e inerentes atribuições do Poder Executivo[292].

O Projeto da Constituinte era-lhe inaceitável. Seria radical e, portanto, não liberal, já que promovia modificações substanciais em postulados liberais, como o da separação dos poderes e da independência do Poder

---

[291] Cf. Lustosa, Isabel. *D. Pedro I...*, p. 169; Rodrigues, José Honório. *A assembleia constituinte...*, p. 233-234.

[292] Assim se explicou o imperador: "Não parou só o furor revolucionario neste desatinado desacato. Passou-se avante, e pretenderam-se restringir em demasia as attribuições, que competem pela essencia dos Governos representativos ao Chefe do Poder Executivo, e que me haviam sido conferidas pela Nação, como Imperador Constitucional, e Defensor Perpetuo do Brazil". Cf. Brasil. *Colleção das leis... 1823 (Proclamações e manifesto)*, p. 9-10.

Executivo. As severas limitações trazidas pelo Projeto somadas à formação de um imperador crescido e educado no ambiente do absolutismo e da centralização fizeram com que ele compreendesse a proposta da Assembleia como afrontosa à monarquia, à dinastia real e ao juramento constituinte.

O fato de o imperador prometer ao povo brasileiro uma Constituição "duplicadamente mais liberal" pressupunha uma linha de raciocínio, na qual o termo "liberal", com toda a dificuldade que o termo invoca, tinha um sentido mais ou menos delimitado. Nos idos de 1822-1824, "liberal" confundia-se com a noção de governo ou monarquia representativa[293]; implicava compactuar com o projeto de elaboração de uma Constituição que consagrasse o governo representativo, que deveria ser uma monarquia.

Nesse contexto, para o imperador e seus adeptos, o termo liberal associava-se à manutenção de um governo (constitucional) monárquico forte, o que, de certa forma, foi antecipado em seu discurso oficial de abertura dos trabalhos da Constituinte, quando anunciou à Constituinte a sua expectativa por uma Constituição que desse "toda a força necessaria ao Poder Executivo"[294].

Seu liberalismo retirava o conteúdo de um tempo distinto daquele liberalismo em que alguns dos constituintes se inspiravam, a depender das forças e grupos políticos em questão. E os diferentes tempos do liberalismo desembocavam em visões distintas de como definir a Constituição. Para uns, o conceito de liberal contrapunha-se ao conceito de democrático, ao passo que os defensores do governo limitado entendiam o termo liberal como antônimo de absolutismo. Se havia consenso em torno da ideia geral de dar-se uma Constituição, esse mesmo consenso não alcançou os princípios específicos que nela se introduziriam e ergueriam os pilares do novo Estado brasileiro.

As diferenças semânticas em torno do conceito liberal ficarão melhor esclarecidas nos próximos itens, em que tratamos das influências intelectuais da Constituição de 1824 e de suas diferenças em face do Projeto de 1823. O que, de logo, deve ficar claro é que, desde a eclosão da Revolu-

---

[293] Cf. LYNCH, Christian Edward Cyril. *Liberal/liberalismo*. In: *Léxico da História dos Conceitos Políticos do Brasil (Org. João Feres Júnior)*. Belo Horizonte: UFMG, 2009, p. 146-149.
[294] BRASIL. *Diário da Assembléia...* Tomo I, p. 18.

ção Francesa, o conceito de liberal sofreu uma profunda transformação semântica, o que, de certa forma, foi acompanhado pela doutrina. Se, no primeiro momento, o conceito de liberal se associava mais a ideias republicanas e democráticas, sendo de se destacar, nesse contexto, autores como Sieyès e Rousseau, a reação conservadora ao jacobinismo revolucionário conduziu a uma nova vertente do pensamento político que descortinou outra acepção de "liberal", que o aproximava à figura do chefe do executivo e da ideia de monarquia sem se confundir com a monarquia absoluta do Antigo Regime[295].

4.2. Influências intelectuais na Constituição de 1824: o legado de Benjamin Constant

A Constituição de 1824, em linhas gerais, adotou as mesmas bases constitucionais do Projeto de Constituição de 1823, perfilhando os mesmos modelos constitucionais de referência. Ex-constituinte, o então deputado Antônio Carlos Ribeiro, na sessão de 12 de junho de 1841 da Câmara dos Deputados, ressaltou que a Constituição de 1824 teria sido uma cópia quase integral do Projeto da Constituinte de 1823 à exceção de certas disposições pontuais[296].

A proximidade entre a Constituição de 1824 e o Projeto de 1823 remete-nos, por conseguinte, às mesmas fontes de inspiração: a Constituição de 1822, de Portugal, e, de modo mais indireto, a Constituição de Cádiz, de 1812, e as Constituições francesas[297]. Porém, a aparente simetria existente no campo textual e formal dos dois documentos constitucionais não deve ofuscar as diferenças substanciais que os distinguiam.

A primeira e mais importante das diferenças decorre da predominância doutrinária exercida pelas ideias de Benjamin Constant, cuja principal contribuição ao constitucionalismo brasileiro expressou-se na teoria da separação dos poderes. Constant reformulou a teoria de Montesquieu

---

[295] Cf. DIJN, Annelien de. *French political thought from Montesquieu to Tocqueville*. Cambridge: Cambridge University Press, 2011, p. 1-10.

[296] Cf. BRASIL. *Annaes do Paramento Brazileiro. Câmara dos Deputados (1841)*. Tomo I. Rio de Janeiro: Typographia da Viuva & Filho, 1883, p. 502.

[297] Cf. MELLO, F. I. Marcondes Homem de. *A constituinte perante a história...*, p. 20-21; ARMITAGE, J. *Historia do Brazil*. 2. ed. (Org. Eugenio Egas). São Paulo: Typographia Brazil de Rothschild & Cia, 1914, p. 75-76.

e concebeu um quarto poder, denominado *Poder Neutral ou Real*, que no Brasil foi designado por *Poder Moderador*.

A teoria de Benjamin Constant impactou significativamente na formação do constitucionalismo brasileiro, inclusive quanto ao processo de formação do controle da constitucionalidade. Contudo, precisamos aprofundar a análise das ideias de Constant para entender melhor como sua teoria foi apropriada e institucionalizada na Constituição de 1824.

Benjamin Constant foi um pensador influenciado pelos rumos da Revolução Francesa e dela participante, de forma que algumas mudanças em seu pensamento são identificáveis ao longo dos escritos[298]. Ele se esmerava em adaptar sua teoria às circunstâncias cambiantes da sua França revolucionária, o que lhe custou severas críticas, a exemplo da alcunha "Constant, o inconstante". Em autodefesa, no prefácio da compilação de seus escritos *Reflexões sobre as Constituições e as Garantias* e *Princípios de Política*[299], Constant justificou que estava à procura dos princípios políticos universais e imutáveis que pudessem ser aplicados a todas as sociedades.

Se em sua primeira fase (1795-1803) ele encampou com mais vigor a defesa de ideias e princípios republicanos, especialmente no período em que foi membro do Tribunato durante o triênio de 1799-1802, num segundo momento, a partir de 1814, após sua surpreendente aproximação pessoal com Napoleão, Constant reformulou seu pensamento e saiu em defesa da monarquia constitucional, por ele eleita a forma de governo mais adequada para garantir a liberdade individual e a inviolabilidade dos direitos dos cidadãos[300].

Na nova fase, que sucedeu o longo período de maturação de suas ideias e da interrupção de suas publicações entre os anos de 1803 e 1814, Benjamin Constant desenvolveu um modelo constitucional de governo que,

---

[298] Cf. QUIRINO, Célia N. Galvão. *Introdução*. In: CONSTANT, Benjamin. *Escritos de política (Org. Célia Quirino)*. Trad. Eduardo Brandão. São Paulo: Martins Fontes, 2005, p. XX-XXI.
[299] Cf. CONSTANT, Benjamin. *Escritos de política (Org. Célia Quirino)*. Trad. Eduardo Brandão. São Paulo: Martins Fontes, 2005, p. XXXIX-LVI.
[300] Não por outra razão, Constant foi incumbido por Napoleão para redigir o Ato Adicional de 1815 à Constituição de 1814, o qual foi quase que integralmente acolhido por Napoleão. Em *Princípios de Política*, é notória a preferência de Constant pela monarquia constitucional em face da república.

sendo pretensamente universal, superaria a insuficiência dos modelos até então experimentados na França, os quais não teriam conseguido efetivar a garantia dos direitos dos cidadãos[301]. Para Constant, a ineficiência dos governos deveria ser confrontada sob dois planos distintos.

Do ponto de vista material, diretamente decorrente de sua visão filosófica da liberdade, Constant[302] acreditava na ideia de que o governo legítimo seria aquele capaz de garantir a liberdade do cidadão. Só que a liberdade não se limitava àquela noção em voga entre os contemporâneos, isto é, a "liberdade dos modernos", que se identificava, sobretudo, com o direito de não se submeter a nenhuma autoridade ou vontade senão a lei; essa liberdade, que envolvia a esfera privada dos direitos do homem, compreendia ainda o direito à liberdade de opinião e de reunião, de ir e vir, à propriedade, de não vir a ser detido, mantido preso, julgado ou condenado injustamente, direito à livre escolha da profissão.

Havia outra dimensão da liberdade, a "liberdade dos antigos" (liberdade concernente aos direitos de participação política), que precisava ser conciliada com a proteção e a vigilância dos direitos individuais. Essa liberdade política seria exercida por meio da participação coletiva e direta nos atos de soberania, de modo que a sociedade refrearia os excessos e abusos do poder público através da efetiva participação política (*v.g.*: deliberação pública sobre a votação das leis). A liberdade política constituiria a garantia da felicidade da nação[303].

Portanto, a garantia da liberdade e dos direitos dos cidadãos dependeria, em primeiro lugar, da participação ativa do cidadão na vida política do Estado.

A fim de assegurar essa liberdade, seria ainda necessário, em segundo lugar, estabelecer uma forma de governo que barrasse o exercício ilimi-

---

[301] Cf. QUIRINO, Célia. *Introdução...*, p. XXIV-XXV.

[302] Cf. CONSTANT, Benjamin. *Sobre la libertad en los antiguos y en los modernos*. Trad. Marcial Antonio López. 2. ed. Madrid: Tecnos, 2002, p. 65-93.

[303] Com efeito, Constant reivindicava uma conciliação prática e teórica entre as duas espécies de liberdades: "A França sabe que a liberdade política lhe é tão necessária quanto à liberdade civil. Ele não crê mais que, contanto que um povo seja feliz, como se diz, é inútil ele ser politicamente livre". Cf. CONSTANT, Benjamin. *Reflexões sobre as constituições e as garantias*. In: *Escritos de política (Org. Célia Quirino)*. Trad. Eduardo Brandão. São Paulo: Martins Fontes, 2005, p. 201.

tado do poder político e que organizasse equilibradamente os poderes[304]. Vinha à tona, pois, a dimensão institucional da sua proposta teórica.

Sob esse ponto de vista institucional, Constant entendia que a soberania do povo era limitada e relativa, tendo em vista a esfera privada dos direitos englobados pela liberdade civil sob pena de acometer-se um mal para sociedade e arriscar-se a própria existência do Estado[305]. Só que ele tinha a convicção de que dividir a autoridade da soberania do povo em três poderes, de acordo com Montesquieu, não seria suficiente para garantir a inviolabilidade dos direitos individuais, já que a experiência mostrava o perigo de os poderes serem concentrados em um único poder. Logo, o despotismo não seria solucionado, mas apenas deslocado pois "a soma total do poder é ilimitada"[306].

Diante dessa questão é que Constant inovou no pensamento político[307], ao cogitar da criação do quarto (ou "quinto")[308] poder, o Poder Real ou Neutral, erigido à condição de fiscalizador dos demais poderes com a finalidade de impedir que ocorresse a soma total do poder e de, portanto, demarcar os limites da soberania e das esferas de liberdades dos indivíduos.

O Poder Real nascia da sutil distinção entre o Poder Executivo (poder dos ministros ou ministerial), com dinâmica própria para fazer atuar as leis, e um poder com função mais neutra e vocacionado a fiscalizar os demais poderes políticos. Essa diferenciação era crucial na teoria de Constant, fazendo com que o Poder Neutral fosse "a chave de toda organização política"[309]. Em alguma medida, explicava Constant, o Poder Neutral teria uma atuação similar à do Poder Judiciário, porquanto dete-

---

[304] Cf. CONSTANT, Benjamin. *Princípios de política*. In: *Escritos de política*, p. 16-17.

[305] *Idem*, p. 7-17.

[306] *Idem*, p. 13.

[307] Benjamin Constant não reivindicou para si a autoria da ideia, atribuindo a originalidade da ideia a Stanislas de Clermont-Tonnerre. Cf. CONSTANT, Benjamin. *Reflexões sobre as constituições...*, p. 203.

[308] Quinto poder porque, para Constant, o Legislativo bicameral constituía dois poderes de natureza diversa: "Até aqui, só foram distinguidos nas organizações políticas três poderes. Identifico cinco, de natureza diversa, numa monarquia constitucional: 1º o poder real; 2º o poder executivo; 3º o poder representativo da duração; 4º o poder representativo da opinião pública; 5º o poder judiciário". Cf. CONSTANT, Benjamin. *Princípios de política...*, p. 19.

[309] Cf. CONSTANT, Benjamin. *Reflexões sobre as constituições...*, p. 203.

ria competência para apreciar e julgar os conflitos surgidos na relação entre os três poderes.

O Poder Neutral configuraria o mecanismo institucional para barrar a ação estatal ilegítima, ou seja, obstar que qualquer dos três poderes atuasse além de suas prerrogativas, invadindo o leque de atribuições dos outros poderes e a esfera privada dos direitos individuais[310]. Sem ele, a liberdade individual não seria efetivamente assegurada.

Além de uma opinião pública ativa, a distribuição e o equilíbrio dos poderes seriam o instrumento idôneo a impedir que a "soma total do poder" se tornasse poder ilimitado, dando margem à caracterização do despotismo. Lamentava Constant que o problema de quase todas as Constituições adviesse da não instituição do Poder Neutral, passivo, externo e capaz de controlar os excessos cometidos por qualquer um dos outros três, cuja previsão faria prevalecer o respeito aos direitos individuais. Era o quarto poder que faltava às Constituições e também à teoria de Montesquieu.

O Poder Neutral, a teor do que deflui do próprio nome, seria um poder neutro e passivo. Somente atuaria para julgar se um dos outros três se excedeu ou abusou das prerrogativas institucionais no exercício de suas funções. "O poder real é, de certo modo, o poder judiciário dos outros poderes", afirmou Constant[311], na medida em que julgaria os atos dos outros a fim de manter a engrenagem estatal operando harmoniosamente, razão pela qual se tornaria a chave da organização política.

Em contrapartida, o Poder Neutral não seria investido de força ou poder material ao ponto de atuar diretamente sobre os homens. Sua jurisdição abrangeria direta e imediatamente os atos soberanos dos outros poderes. Insistia Constant na extrema necessidade de distinguir o Poder Real dos demais, em especial do Executivo, porque esse seria o

---

[310] Constant afirmava: "Sem dúvida, a limitação abstrata da soberania não basta. É preciso buscar bases de instituições políticas que combinem tão bem os interesses dos diversos depositários do poder, que a vantagem mais manifesta, mais duradoura e mais garantida delas seja cada um permanecer dentro dos limites de suas respectivas atribuições". Cf. CONSTANT, Benjamin. *Princípios de política...*, p. 16.

[311] Cf. CONSTANT, Benjamin. *Reflexões sobre as constituições...*, p. 207.

verdadeiro discrímen entre a monarquia constitucional e (sua degeneração para) a monarquia absoluta[312].

Mais concretamente, Constant detalhou as principais prerrogativas compreendidas pelo Poder Neutral[313]: (a) estaria nas mãos do rei; (b) o rei teria a prerrogativa de nomear e destituir o Poder Executivo (ou o poder ministerial); (c) a sanção real seria condição para que as resoluções legislativas tivessem força de lei; (d) o rei poderia adiar ou dissolver as Assembleias representativas; (e) a nomeação dos juízes também seria prerrogativa do monarca; (f) o rei teria, ainda, o direito de agraciar; (g) ele decidiria sobre a paz e a guerra, desde que não afetasse os direitos dos cidadãos; e, por fim, (h) a pessoa do rei seria inviolável e sagrada.

Dessas características, as duas primeiras seriam as mais importantes para Constant para a diferenciação entre as monarquias absoluta e constitucional: "é preciso tomar a precaução de que o chefe de Estado não possa agir no lugar dos outros poderes. É nisso que consiste a diferença entre a monarquia absoluta e monarquia constitucional"[314]. O rei titularizaria o Poder Neutral e, como tal, exerceria exclusivamente as prerrogativas correspondentes a esse poder, que, na essência, são funções de cassação ou anulação de atos materiais exorbitantes dos outros poderes.

As competências gerais relativas à execução das leis não pertenceriam ao rei, mas seriam confiadas aos ministros cuja indicação e destituição caberiam ao monarca. Os ministros agiriam em nome do rei, mas seriam obrigados a firmar todos os atos do Executivo, pois, diferentemente da autoridade real, seriam eles quem responderiam pelas infrações às leis e à Constituição perante a nação. Embora o Poder Executivo decorresse do Poder Neutral, ambos não se confundiriam: o Executivo seria o canal pelo qual os atos do monarca ganhariam corpo e vida[315].

---

[312] *Idem*, p. 204.

[313] *Idem*, p. 208-220.

[314] Cf. CONSTANT, Benjamin. *Princípios de política...*, p. 20.

[315] São evidentes a neutralidade e a passividade do rei, que não tomaria parte na prática de atos executivos: "O poder ministerial é de tal modo o único meio da execução numa Constituição livre, que o monarca não propõe nada que não seja por intermédio dos seus ministros: ele não ordena nada, sem que a assinatura destes ofereça à nação a garantia da responsabilidade ministerial". *Idem*, 27.

Os ministros não são meros agentes passivos e submissos ao rei, mas autoridades autônomas e sujeitas à responsabilidade por seus atos. Diante de uma ordem do rei, o ministro poderia desobedecê-la, porém ao custo de ser destituído do cargo. Evidente que restaria o julgamento da opinião pública sobre tal situação, embora a veneração real tendesse a justificar o ato em detrimento do ministro.

O ministério seria privativamente competente para propor os projetos de lei, iniciativa na qual o rei não teria qualquer ingerência, já que a conservação de sua dignidade poderia ser arranhada diante de alterações ou da rejeição do projeto que carregasse seu nome[316]. Por outro lado, o monarca poderia, sempre e a qualquer momento, destituir seus ministros independentemente da prática de ilícitos, sem precisar processá-los pela prática de crime ou falta funcional. A importância dessa prerrogativa supriria um grande vício das Constituições, que não teriam deixado alternativa aos homens poderosos entre o poder e o cadafalso[317].

Outra prerrogativa inerente ao Poder Neutral seria a sanção real, isto é, o direito de que se revestiria o rei de opor-se à execução das leis perigosas e injustas. O veto implicaria um mecanismo vital para prevenir que a separação dos poderes, arranjo institucional voltado à garantia da liberdade, não representasse a própria causa de sua violação. Dois males poderiam evitar-se por meio do veto[318]. O primeiro seria a "multiplicidade de leis", doença recorrente dos Estados representativos que conduzira ao descrédito da liberdade e à ameaça de servidão dos cidadãos.

O segundo mal decorreria da dimensão qualitativa das leis e, desse modo, faria atrair ao Poder Neutral a atribuição de zelar pela regularidade das leis sob o aspecto formal e material. O fato de o príncipe poder concorrer para a formação das leis através da manifestação de seu consentimento daria a ele a oportunidade de corrigir os vícios, dada sua vasta experiência acumulada que nem sempre acompanharia os corpos representativos.

Essa prerrogativa imporia certos limites ao legislador, que, de outra forma, irromperia numa livre atividade legislativa sem se preocupar com

---

[316] Cf. CONSTANT, Benjamin. *Curso de política constitucional*. Trad. Marcial Antonio López. Granada: Editorial Comares, 2006, p. 33 e ss.
[317] Cf. CONSTANT, Benjamin. *Princípios de política...*, p. 24.
[318] Cf. CONSTANT, Benjamin. *Reflexões sobre as constituições...*, p. 210 e ss.

os males possíveis de suas leis e se distanciaria da justiça e da humanidade que deveriam tais leis perseguir.

Benjamin Constant receava a tirania dos legisladores e não idealizou sua atividade: a assembleia sem limites "é mais perigosa do que o povo"[319]. A falta de parâmetros, portanto, afastaria os legisladores de sua natural condição de defensor da liberdade para torná-los "candidatos à tirania". Entretanto, a prerrogativa do veto não seria suficiente tampouco o único instrumento contra os excessos legislativos. É que a prática reiterada de vetos irritaria em demasia as relações entre o rei e a assembleia e não combateria a verdadeira causa dos males da assembleia.

Por isso, além do veto, seria necessária a prerrogativa de dissolver as assembleias representativas. Para Constant, a dissolução da câmara temporária não desrespeitaria a soberania da nação cuja preservação era essencial à vida do corpo político e à própria legitimidade do governo; simbolizaria o apelo ao povo em favor de seus interesses e direitos, para que, por meio das eleições livres, elegesse novos representantes que exercessem os respectivos mandatos em benefício do povo.

Constant referia-se ainda à prerrogativa real de nomeação dos juízes, já que o povo frequentemente se enganaria caso fosse adotado o critério de eleição para a magistratura. Beneficiado por suas luzes, o rei seria mais cauteloso e, devido à inamovibilidade de que deveriam gozar os magistrados, certamente não nomearia pessoas moral ou tecnicamente inadequadas. No entanto, a participação do monarca no Poder Judiciário se exauriria com a nomeação dos juízes. A independência judicial poderia ser afetada caso fosse mantida a nomeação temporária, a possibilidade de destituição do juiz pelo rei ou a própria eleição periódica pelo povo.

Quanto ao direito de decidir sobre a paz e a guerra, Constant não teceu maiores considerações, enfatizando apenas que esse seria um juízo particular do monarca sem a participação da Assembleia, que quase sempre desconhecia os termos das tratativas e que, se lhe coubesse alterar o teor dos tratados de paz, poderia pôr em risco a paz celebrada[320].

Benjamin Constant reconheceu o direito de agraciar como outra função inerente ao Poder Neutral, que investiria seu titular na "última

---

[319] Cf. CONSTANT, Benjamin. *Princípios de política...*, p. 33.
[320] Cf. CONSTANT, Benjamin. *Reflexões sobre as constituições...*, p. 219-220.

proteção concedida à inocência". A fundamentar tal prerrogativa, ele vislumbrara o risco de abuso das atribuições institucionais pelo Judiciário ou Legislativo, pois esse direito também consistiria na "conciliação da lei gcral com a equidade particular"[321].

Numa e noutra situação, Constant esclareceu que, não obstante haver referido a um juízo moral e de equidade, não haveria a possibilidade concreta de instituir-se o Poder Judiciário como juiz das leis de modo a temperar o rigor e o excesso da aplicação legal cstrita. Ele, inclusive, registrou que o direito de graça na França fora uma atribuição conferida ao Tribunal de Cassação mas sem muito sucesso. Ou seja, a remota possibilidade de acometer-se ao Judiciário eventual função de ponderação dos rigores da lei foi logo eliminada por Constant, reservando-a ao rei quem deteria o juízo último sobre a justiça das leis.

Na premissa de sua concepção, não muito diferentemente de Montesquieu, estava a noção de que os juízes deveriam aplicar a lei, se justa fosse; se injusta, deveria a lei ser modificada. Nesse ínterim, isto é, enquanto vigente fosse eventual lei injusta e considerado o caso concreto a ser decidido, caberia ao Poder Neutral a função de equilibrar ou conciliar a assimetria entre a lei, o caso concreto e a justiça.

O Poder Judiciário, em sua teoria, não ocupou uma posição muito diferente daquela esboçada por Montesquieu, conforme já analisamos (Item 3.3.1). No entanto, Constant manifestou preocupação específica com a estrutura orgânica e a independência dos juízes. Além da inamovibilidade dos juízes, que por si só não seria suficiente para garantir a independência, Constant denunciou a prática das nomeações temporárias atentatórias à liberdade dos juízes, defendeu a vinculação necessária entre independência dos magistrados e aumento de vencimentos e reivindicou o respeito das "formas judiciárias" ou do devido processo legal[322].

Constant também foi entusiasta do júri e dedicou-se com vigor a rebater ataques dirigidos à instituição. Aquele receio que o acompanhava em relação aos abusos legislativos estava presente moldou sua opinião favoravelmente ao júri. Ele afirmou que um jurado que deixasse de aplicar uma lei por entendê-la contrária à humanidade, à justiça ou à moral, antes de

---

[321] Cf. CONSTANT, Benjamin. *Princípios de política...*, p. 168.
[322] Cf. CONSTANT, Benjamin. *Princípios de política...*, p. 161 e ss.

ser criticado e, com isso, configurar-se o suposto fato motivo para rejeitar a instituição, deveria ser elogiado, mostrando que leis injustas e inconvenientes é que deveriam ser rejeitadas, e não o júri. Desse modo, Constant cogitou da possibilidade, ainda que difusamente, de um controle das leis em face da justiça, da moral e da humanidade[323].

A análise das prerrogativas do Poder Neutral permite-nos compreender o esforço de Benjamin Constant em conciliar a Revolução com a estabilidade da ordem política, a queda do Antigo Regime com condições mínimas para a organização do governo e a transição do liberalismo democrático (radical ou jacobino) para um liberalismo conservador ou aristocrático. Além disso, o que nos interessa de perto, a teoria constitucional de Constant não deixou de ser um desdobramento das ideias da separação dos poderes de Montesquieu, de sorte que – ainda que tenha proposto um quarto poder – sua reflexão partiu da mesma configuração dos poderes de que havia tratado Montesquieu agregando a ela a experiência política e institucional vivenciada após os anos de 1789, com especial consideração sobre a inexistência de mecanismos institucionais para efetivar-se a garantia dos direitos e assegurar-se a contenção de cada um dos três poderes.

Essa preocupação perene, que se aprofundava diante do fato de as sucessivas Constituições francesas não conseguirem instrumentos efetivos de proteção dos direitos dos cidadãos, revelava seu compromisso com a causa da liberdade. Mesmo tendo se inclinado por longo tempo à monarquia constitucional, Constant sempre defendeu a limitação dos poderes do rei. O Poder Neutral era a expressão institucional e positiva desse limite.

Desse modo, resta-nos investigar se e de qual modo sua teoria constitucional foi recepcionada pela Constituição de 1824.

---

[323] Tal circunstância não nos autoriza a concluir que Constant teria antecipado ou esboçado uma espécie de controle judicial das leis, pois os abusos legislativos, em grande medida, justificariam a existência do Poder Neutral, ao qual, inclusive, caberia temperar o rigor das leis. Por outro lado, essa atribuição "controladora" não se estenderia ao juiz togado, mas seria própria do jurado, que, antes de tudo, era um homem, cidadão e proprietário. Devemos lembrar que a instituição do júri representava um contraponto à própria função judicial, tradicionalmente associada à figura do monarca.

4.3. A Constituição de 1824 e a recepção da teoria do Poder Neutral

Quando dissolveu a Constituinte, dom Pedro prometeu dar ao Brasil uma Constituição duplicadamente mais liberal. Por mais estranho que pudesse soar e por mais criticada que tenha sido a promessa, suas palavras não foram inteiramente enganosas ou despropositadas. Ao falar em Constituição mais liberal[324], certamente o imperador tinha em seu horizonte não aqueles autores da primeira geração do liberalismo (Locke, Rousseau, Sieyès), que foram oportunamente apropriados pelos revolucionários franceses e impactaram nas Constituições de Cádiz (1812) e de Portugal (1822).

Ao clamar pela Constituição liberal, ele pensava noutro conceito de liberal mais alinhado aos autores da segunda geração do liberalismo francês (*v.g.*: Benjamin Constant, Prosper de Barant, August de Staël), que se enquadravam no denominado "liberalismo da restauração" e buscavam promover a revalorização do Poder Executivo, novamente alçado ao centro do sistema político[325]. O modelo constitucional de referência principal seria a Constituição de 1814 e o Ato Adicional à Constituição de 1815, que foi elaborado por Constant e adotado quase sem alterações por Napoleão.

Notemos que o debate político e constitucional francês deu margem a linhas divergentes de liberalismo, já que o embate constitucional brasileiro perpassava pela disputa conceitual em torno de "liberal" e "liberalismo". Se no alvorecer da Revolução Francesa, o "liberalismo jacobino" predominou entre os líderes revolucionários conduzindo a um governo das massas, após a estabilização da Revolução, a releitura de Montesquieu pelos liberais ligados à coroa foi a base para a concepção de uma teoria que, investindo na consolidação de uma classe intermediária, procurou restaurar o *status* da nobreza do Antigo Regime fortalecendo os poderes do Estado e a centralização do poder. Tratava-se do "liberalismo realista".

Outra vertente do liberalismo, "liberalismo da restauração", surgiu a partir da teoria de Montesquieu em reação à orientação aristocrática dos realistas. Com os realistas, eles concordavam na oposição ao republicanismo dos revolucionários jacobinos; eram mais conservadores e tinham

---

[324] Cf. Lynch, Christian Edward Cyril. *O momento monarquiano. Tese (Doutorado em Ciência Política)*. Instituto Universitário de Pesquisas do Rio de Janeiro: 2007, p. 100-101.

[325] Cf. Dijn, Annelien de. *French political thought...*, p. 68 e ss.

grande receio das massas, do despotismo dos muitos, da multidão que assolou a França a partir de 1789. Por outro lado, esse novo liberalismo se destacava por criticar os realistas e as instituições por eles aclamadas, sobretudo a restauração do Antigo Regime e dos poderes absolutos do monarca.

A corrente do liberalismo da restauração, da qual Constant fazia parte, atacava veementemente o uso de Montesquieu pelos liberais realistas, que se esforçavam por resgatar o prestígio e os privilégios da nobreza, ao argumento de que a classe intermediária entre o povo e o rei constituiria a única forma de garantia das liberdades individuais. No entanto, alegava o grupo de Constant, a França pós-revolucionária não tinha mais, à semelhança do quadro existente no Antigo Regime, a nobreza que representaria uma força independente e capaz de conter os abusos do poder real. Não se revestindo mais do poder de outrora, era forçoso concluir que a França não precisaria mais dos nobres, ela evoluíra e progredira com as revoluções. O fim do Antigo Regime seria a prova definitiva de que a sociedade francesa tinha evoluído para uma sociedade de iguais[326].

Os liberais da restauração acreditavam que o liberalismo aristocrático de Montesquieu e dos realistas seria obsoleto, assim como o republicanismo jacobino. Em seu ataque a um e outro grupo, Constant passou a defender que a grande característica da modernidade seria a existência de uma "sociedade de iguais", na qual não existiriam mais classes, estamentos ou elites fixas e beneficiadas com os mais diversos privilégios, o que não significava que ele desconhecesse as diferenças sociais e econômicas dos franceses. A igualdade, a que se referia Constant, portanto, residia no fato de que o direito conferiria o mesmo tratamento civil, isto é, a igualdade formal ou perante a lei, de cada um dos franceses, sem privilégios, sem estamentos.

Nesse contexto, Benjamin Constant foi um dos mais representativos pensadores contra o jacobinismo liberal republicano, que caiu em descrédito em face da experiência vivida durante o período do Terror. Seus escritos costuravam uma terceira via entre o discurso realista restaurador da monarquia e a ideologia jacobina do autogoverno. No entanto, por causa de sua preocupação quase obsessiva com a proteção da liberdade

---

[326] *Idem*, p. 74-78.

individual, Constant defendeu uma rigorosa limitação do poder político. Ele não acreditava que a limitação do poder soberano através da oposição de um poder contra o outro, na linha defendia por Montesquieu, seria suficiente. Seria ainda necessário que, além da separação de poderes, fossem criadas esferas invioláveis de proteção aos direitos individuais as mais amplas possíveis.

É justamente essa complexa fundamentação teórica e prática de Constant que se perdeu ou se deixou de lado, quando sua teoria foi recepcionada pelo sistema constitucional do Império do Brasil.

Aqui não houve grande preocupação com a fidelidade na adoção das teorias, ou melhor, na sua apropriação; escolhiam-se aquelas que melhor servissem aos propósitos e interesses do momento. Mesmo sendo Constant um liberal aristocrático crítico dos realistas, que poderiam fornecer elementos teóricos mais consistentes ao projeto da construção da ordem imperial, foi Constant paradoxalmente a base para essa mesma elite política quando da elaboração da Constituição de 1824. Insistimos: serviu de base, ou seja, ele não foi copiado integralmente, mas elementos de sua teoria foram apropriados à medida que se ajustavam ao projeto político governamental, consistente em estabelecer o Poder Executivo com toda força necessária, segundo destacado pelo próprio imperador na sessão de abertura da Constituinte de 1823.

Nesse contexto, e já dissolvida a Constituinte, o Decreto de 13 de novembro de 1823 criou o Conselho de Estado, composto por dez membros com a incumbência de elaborar o novo Projeto de Constituição. Além dos seis ministros do Império, integraram o Conselho outros quatro brasileiros, que foram membros da Constituinte dissolvida, dentre eles José Joaquim Carneiro de Campos quem se destacou por seus conhecimentos jurídicos e a quem se atribui a autoria principal do projeto[327]. O Projeto de Constituição do Conselho de Estado não poderia ser muito diferente daquela que se tornou nossa Constituição do Império, particularmente em relação à extrema concentração de poderes na figura do imperador, ponto crucial que havia estremecido as relações entre a coroa e a Constituinte ocasionando sua dissolução.

---

[327] Cf. RODRIGUES, José Honório. *O conselho de estado: o quinto poder?* Brasília: Senado Federal, 1978, p. 70-72.

A considerar a formação política e ideológica da maioria dos membros de submissão e fidelidade aos interesses do governo imperial[328], muitos dos quais acumulavam décadas de serviços prestados ao governo português, seria difícil imaginarmos a elaboração de uma Constituição que estabelecesse firmes amarras contra o poder do imperador que acabara de dissolver a Constituinte por tais razões. Nesse contexto, é-nos possível perceber as circunstâncias em que ocorreu a apropriação da ideia do Poder Neutral que se transformou no instrumento teórico para legitimar a injustificável concentração de poderes nas mãos da coroa.

A previsão do Poder Moderador no novo Projeto de Constituição, a rigor, não representou grande novidade no cenário político brasileiro. Na Constituinte mesma, o Poder Moderador encontrou eco e defensores. Carneiro de Campos afirmou que o Poder Moderador seria inseparável do monarca, quem detinha a suprema autoridade. Para ele, os governos livres seriam aqueles que sabiam combinar os direitos individuais com a tranquilidade, a segurança e a ordem pública[329].

Ao lado de Carneiro de Campos, Antônio Carlos Ribeiro[330] mencionara o Poder Moderador quando discorreu sobre o projeto de lei que revogava o Alvará de 30 de março de 1818, que criminalizava as sociedades secretas. Disse o Andrada que o citado projeto usurparia atribuição do monarca, a quem cabia o direito de agraciar na qualidade de titular do

---

[328] A Constituição de 1824 foi assinada por João Severiano Maciel da Costa (marquês de Queluz), Luís José de Carvalho e Mello (visconde de Cachoeira), Clemente Ferreira França (marquês de Nazaré, Ministério dos Negócios da Justiça), Marianno José Pereira da Fonseca (marquês de Maricá, ministro da Fazenda), João Gomes da Silveira Mendonça (marquês de Sabará), Francisco Villela Barbosa (Ministério dos Negócios do Império e Estrangeiro), José Egídio Álvares de Almeida (Barão de Santo Amaro), Antônio Luiz Pereira da Cunha (Marques de Inhambupe), Manoel Jacinto Nogueira da Gama (Visconde Baependy) e José Joaquim Carneiro de Campos. Uma breve biografia dos autores pode ser consultada em: BLAKE, Sacramento. *Diccionario bibliographico brazileiro*. Vols. 1 a 6. Rio de Janeiro: Conselho Federal de Cultura, 1970.

[329] Cf. BRASIL. *Diário da Assembléia...* Tomo I, p. 279. Segundo Carneiro de Campos, o poder moderador seria "destinado para evitar a perturbação da Ordem Publica e desarranjo da maquina Politica, he o extremo recurso e a ultima instancia no sistema Constitucional, e somente tem exercício, quando se não offerece outro algum meio ordinario e pacifico de evitar os damnos imminentes do Estado".

[330] *Idem*, p. 85.

PENSAMENTO CONSTITUCIONAL NA CONSITUIÇÃO DE 1824

Poder Moderador a fim de evitar os males da aplicação da lei. O deputado Antônio da Rocha Franco[331] também advertiu sobre a existência do poder inerente ao imperador concernente à prerrogativa de sanção das leis. O Poder Moderador, em sua visão, consistiria no poder de sanção pelo Executivo e seria o que caracterizaria os governos mistos, separando-os das monarquias absolutas e dos governos democráticos.

João Severiano Maciel da Costa, desembargador do Paço, foi outro deputado que suscitou a temática do Poder Moderador. Embora brasileiro, ele acreditava na superioridade moral e intelectual dos portugueses e, até onde pôde, defendeu a união entre Brasil e Portugal. Maciel da Costa reconhecia "a liberalidade dos meus princípios políticos"[332] e repudiava o despotismo e a democracia. Ele pertencia àquela geração de juristas que acreditava no Estado forte e centralizado nos moldes do iluminismo pombalista, ou seja, caracterizado por uma política extremamente conservadora e conciliatória entre absolutismo e liberalismo[333].

Mesmo não sendo um opositor da Constituição, Maciel da Costa atrelava-a indissociavelmente à figura do príncipe, ao afirmar que a execução das mais sábias Constituições dependeria das virtudes e luzes do Príncipe[334]. Segundo José Honório Rodrigues[335], ele teria sido a figura mais reacionária da Constituinte dada sua referência à instituição do Poder Moderador. Coincidência ou não, foi ele quem presidia e suspendeu a sessão de 10 de novembro da Constituinte de 1823, ao argumento de desordem e de motim, que constituiu o pretexto do imperador para justificar sua dissolução.

Ao discursar sobre o Poder Moderador, observamos que Maciel da Costa não compartilhava integralmente da mesma concepção de Benjamin Constant, pois fundiu na pessoa do imperador as prerrogativas do Executivo e do Moderador, ignorando o aspecto crucial da teoria de Constant, que distinguia a monarquia absolutista da monarquia constitu-

---

[331] Cf. BRASIL. *Diário da Assembléia....* Tomo II., p. 473.

[332] COSTA, João Severiano Maciel da. *Apologia que dirije á nação portugueza.* Coimbra: Imprensa da Universidade de Coimbra, 1821, p. 4-5.

[333] Cf. CARVALHO, José Murilo de. *A construção da ordem: a elite imperial. Teatro das sombras: a política imperial.* 5. ed. Rio de Janeiro: Civilização Brasileira, 2010, p. 63 e ss.

[334] Cf. COSTA, João Severiano Maciel da. *Apologia...,* p. 30.

[335] Cf. RODRIGUES, José Honório. *A assembléia constituinte...,* p. 259-260.

cional. Com efeito, ele entendia que o Supremo Chefe da Nação, além do Poder Executivo, teria "o Supremo Poder Moderador, em virtude do qual elle vigia d'atalaia sobre todo o Imperio"[336].

As motivações para a defesa do Poder Moderador levam-nos a crer que o objetivo principal não seria assegurar a esfera dos direitos individuais por meio da institucionalização de um mecanismo que evitasse a concentração de poder nas mãos de um só e, por consequência, o despotismo. A razão de maior peso, ao que nos parece, seria a manutenção da ordem pública e da estabilidade política imperial, o que permite enxergar o gradual processo de transição paradigmática do Antigo Regime para o Estado liberal. O Poder Moderador seria instrumento para assegurar a ordem pública em face dos direitos individuais, e não as liberdades políticas e civis contra o abuso do poder político do Estado.

A rápida leitura do art. 101 da Constituição de 1824[337] deixa-nos verificar que as atribuições previstas em favor do Poder Moderador vão além

---

[336] Cf. BRASIL. *Diário da Assembléia...* Tomo III., p. 87. Impressiona a descrição do Poder Moderador feita por Maciel da Costa, sendo difícil crer que, em sua visão, algum limite jurídico pudesse ser-lhe oposto: "Sabemos todos que n'um Governo Constitucional, o Supremo Chefe, além do Poder Executivo para a simples execução das Leis, tem o Supremo Poder Moderador, em virtude do qual elle vigia d'atalaia sobre todo o Imperio; he sentinella permanente, que não dorme, não descança; he o Argos politico, que com cem olhos tudo vigia, tudo observa, e não só vigia, e observa, mas tudo toca, tudo move, tudo dirige, tudo concerta, tudo compõe, fazendo aquillo que a Nação faria, se podesse, mas sendo preciso comette-lo a alguem , tem mostrado rasão, e a experiencia, que vale mais comette-lo á uma pessoa física, que á uma pessoa moral, isto he, uma Corporação".

[337] A Constituição do Império previa: "Art. 101. O Imperador exerce o Poder Moderador:
I. Nomeando os Senadores, na fórma do Art. 43.
II. Convocando a Assembléa Geral extraordinariamente nos intervallos das Sessões, quando assim o pede o bem do Imperio.
III. Sanccionando os Decretos, e Resoluções da Assembléa Geral, para que tenham força de Lei: Art. 62.
IV. Approvando, e suspendendo interinamente as Resoluções dos Conselhos Provinciaes: Arts. 86, e 87.
V. Prorogando, ou adiando a Assembléa Geral, e dissolvendo a Camara dos Deputados, nos casos, em que o exigir a salvação do Estado; convocando immediatamente outra, que a substitua.
VI. Nomeando, e demittindo livremente os Ministros de Estado.
VII. Suspendendo os Magistrados nos casos do Art. 154.
VIII. Perdoando, e moderando as penas impostas e os Réos condemnados por Sentença.

PENSAMENTO CONSTITUCIONAL NA CONSTITUIÇÃO DE 1824

daquelas sugeridas por Constant para o Poder Neutral. O Moderador, aqui, foi muito mais do que um poder neutro de cassação ou o "Judiciário" dos demais poderes; também foi um poder a que tocava intervir na autonomia dos Poderes Judiciário e Legislativo, identificando-se, em muitos casos, com o Executivo.

Na teoria de Constant, o monarca titular do Poder Neutral deveria ser contemplado com duas atribuições para conter os abusos legislativos: sanção das leis e dissolução da Assembleia. Na Constituição de 1824, sem prejuízo dessas duas prerrogativas, ele foi investido da faculdade de convocar extraordinariamente a Assembleia e, também, de prorrogá-la ou adiá-la nos termos do art. 101, II e V. Em relação ao Judiciário, ao imperador, como chefe do Poder Executivo, caberia nomear os magistrados (art. 102, III) e, no exercício do Poder Moderador, suspendê-los. Contudo, essa estrutura não só não corresponderia ao que Constant defendera (a nomeação dos juízes) como também desvirtuava por completo os fundamentos de sua teoria[338].

O Poder Neutral constituía a resposta institucional para evitar que a soma total do poder fosse ilimitado. No Brasil, recepcionada e introduzida a ideia na Constituição, seu sentido político e constitucional foi invertido, já que o Poder Moderador representou a própria ilimitação dos poderes do monarca, que, na prática, poderia subjugar os demais em detrimento da autonomia e harmonia institucional.

No que tange ao controle da constitucionalidade, a concepção do Poder Neutral envolvia elementos presentes no controle das leis, o que terminou por não favorecer a prática do controle judicial no Brasil. Esses

---

IX. Concedendo Amnistia em caso urgente, e que assim aconselhem a humanidade, e bem do Estado".

[338] Vimos que a principal causa da falta de efetiva independência do Judiciário na França, segundo Constant, decorria das nomeações temporárias e da possibilidade de destituição dos juízes: "Durante quase toda a Revolução, os tribunais, os juízes, os julgamentos, nada foi livre. (...) Um juiz amovível ou destituível é mais perigoso do que um juiz que comprou seu emprego. Comprar seu cargo é uma coisa menos corruptora do que estar sempre temendo perdê-lo". Cf. CONSTANT, Benjamin. *Princípios de política...*, p. 161-162. No Brasil, conforme se verá no capítulo 6, as remoções, as suspensões, os afastamentos e as demissões foram excessivamente utilizados pelo governo imperial contra os juízes e em desfavor da independência do Poder Judiciário.

elementos são identificáveis ao retomarmos as justificativas de Constant relativas às prerrogativas do Poder Neutral.

O direito de veto e a dissolução das assembleias fundamentavam-se na prevenção da tirania legislativa. Diferente de Rousseau, Constant estava ciente de que os representantes do povo poderiam editar leis perigosas e injustas, violando os direitos individuais dos cidadãos. O corretivo desses vícios residiria na prerrogativa real de obstar a execução da lei e, no extremo, paralisar a atuação da assembleia recorrendo ao povo, que elegeria novos e legítimos representantes.

O direito de agraciar, outra função do Poder Neutral, associava-se ao problema da injustiça das leis. A ampará-lo antevia-se a possibilidade de abuso judicial (decisão injusta) ou legislativo (lei injusta), porquanto tal medida consistia no uso da equidade para podar o rigor da lei geral em face do caso concreto. Convém observarmos que, também em relação à instituição do júri, Constant visualizou uma vaga e difusa possibilidade de controle das leis em face da justiça, da moral e da humanidade.

Os juízes togados, por sua vez, não eram autorizados a esse tipo de exame, devendo ater-se invariavelmente à literal aplicação da lei. Na formulação teórica de Benjamin Constant, o Judiciário permanecia preso à tradição doutrinária de Montesquieu, de modo que, não obstante ser um poder com autonomia formal, na prática, continuaria vinculado ao Poder Executivo.

Quanto à nomeação de magistrados, por sua própria condição, o monarca seria imparcial, neutro e isento das paixões e pressões políticas, tão presentes nos corpos legislativos, o que faria dele a autoridade mais indicada para nomear os magistrados, que deveriam ser cercados com as garantias da inamovibilidade e vitaliciedade.

Em todas essas funções, predominava o pressuposto da infalibilidade do monarca, o que, aliás, conferia-lhe o caráter de inviolável e sagrado[339]. Esse mesmo elemento esteve presente no caso brasileiro[340] e associava-se à imagem do imperador como ente metafísico e transcendente que predominou na Constituinte de 1823 e na Constituição de 1824. O resul-

---

[339] Cf. CONSTANT, Benjamin. *Reflexões sobre as constituições...*, p. 220-225.

[340] A eloquente defesa que Tobias Monteiro faz das prerrogativas do Poder Moderador se justifica nesse mesmo pressuposto. Cf. MONTEIRO, Tobias. *História do Império: primeiro reinado*. Vol. 1. Belo Horizonte: Itatiaia; São Paulo: EDUSP, 1982, p. 34-38.

tado foi a supremacia do imperador, seja como titular do Moderador, seja como titular do Executivo, sobre os Poderes Judiciário e Executivo. Essa preeminência do imperador, conforme analisaremos no Capítulo 5, influenciou decisivamente os percursos do pensamento constitucional brasileiro.

Enfim, o modelo constitucional de referência, que consciente ou inconscientemente foi acolhido, transportava-nos à linhagem do modelo francês-espanhol-português, no qual o Poder Judiciário continuaria com atribuições mais modestas e sem um grande papel institucional, cabendo ao Legislativo e, sobretudo, ao Executivo/Moderador todo o protagonismo institucional e político. A prática e a cultura jurídica, portanto, internalizariam e reproduziriam essa estrutura normativo-constitucional, fazendo com que, por muito tempo, qualquer iniciativa tendente a conferir maior expansividade institucional ao Judiciário fosse repelida, subtraindo-se a possibilidade de fixar espaços teóricos ou práticos que oportunizassem o desenvolvimento de uma prática de controle judicial da constitucionalidade.

4.4. O Projeto de Constituição de 1823 e a Constituição de 1824: o problema de sua natureza "liberal"

A comparação entre os textos do Projeto de Constituição de 1823, elaborado pela Constituinte, e da Constituição de 1824, outorgada por dom Pedro, dá-nos importantes indícios sobre as diferenças basilares entre ambos em termos de centralização do poder e autoritarismo.

Consoante vimos no item anterior, liberal era um conceito ambivalente, no qual diversas correntes políticas buscavam impor um sentido hegemônico que melhor representasse as próprias bandeiras. Tratava-se de um ideal reclamado para si desde os denominados "exaltados", que se inclinavam pelo modelo republicano e federalista institucionalizado nos Estados Unidos, até os "realistas", defensores de um Estado centralizado e de um monarca com poderes reforçados[341].

Dissolvendo a Constituinte, o imperador prometeu outra Constituição "duplicadamente mais liberal", porque ele usava uma nova semântica

---

[341] Cf. LYNCH, Christian Edward Cyril. *Liberal/liberalismo...*, p. 141-160.

política para o termo liberal[342]. Se liberal, em seu sentido democrático ou jacobino, relacionava-se com a origem popular da Constituição, na linha dos pensadores Rousseau, Sieyès ou Frei Caneca, para o imperador, a Constituição duplicadamente mais liberal tinha a ver com sua capacidade de "distribuir a felicidade dos povos" de modo melhor do que os próprios povos fariam por si, o que exigia estabelecer o governo com poderes centralizados em sua pessoa de acordo com a matriz do liberalismo pós--revolucionário, na esteira de Montesquieu e Constant.

Porém, considerada a sua equivocidade, o conceito de liberal, por si só, não nos ajuda a compreender as razões da dissolução da Constituinte, tampouco a erigir critério diferenciador entre o Projeto de Constituição de 1823 e a Constituição de 1824. Parece mais construtivo, em vista disso, determo-nos sobre a estrutura normativa desses dois textos constitucionais e, em particular, sobre o desenho das relações institucionais entre os poderes. Adotando essa estratégia, podemos indagar se o constitucionalismo imperial alinhava-se ao constitucionalismo liberal alicerçado no princípio da limitação do poder do soberano ou, antes, cumpria função retórica e legitimadora do livre exercício do poder imperial, o que comprometeria o funcionamento harmônico dos poderes[343].

A Constituição de 1824 promoveu sensível centralização do poder nas mãos do monarca, conservando-o ao centro do sistema político e investindo-o de poderes quase ilimitados[344]. É claro que tal afirmação pode provocar dúvidas quanto à sua veracidade, no entanto o contexto histórico do processo constituinte brasileiro parece corroborar a conclusão.

Vejamos que o imperador foi persuadido pelo Conselho de Procuradores Gerais a convocar a Constituinte para salvar o país do risco da fragmentação política e territorial. Em seu discurso de instalação da Constituinte, ele condicionou sua imperial aceitação a que a Constituição fosse

---

[342] Cf. Veiga, Gláucio. *História das ideias da Faculdade...* Vol. I, p. 278.

[343] Cf. Fioravanti, Maurizio. *Stato e Costituzione: materialli per una storia delle dottrine costituzionali.* Torino: Giappichelli, 1993, p. 107-149 e p. 187-213.

[344] A análise do comerciante e visitante inglês foi precisa: "A admissão do titulo de 'Defensor Perpetuo do Brazil' applicado ao Imperador na Constituição, tambem parece algum tanto incompativel com as instituições de um povo livre, que deve ser o defensor de si mesmo. Em virtude deste attributo, se investio a Sua Magestade com o privilegio da dictadura". Cf. Armitage, João. *Historia do Brazil...*, p. 76.

digna dele e do Brasil e conclamou os deputados a elaborarem uma Constituição "sabia, justa, adequada, e executavel, dictada pela Razão, e não pelo caprixo, que tenha em vista somente a felicidade geral", com base na sabedoria dos séculos[345]. Embora não tenha definido as "Bases Constitucionais", ele revelou nas entrelinhas de seu pronunciamento inaugural que a Constituição deveria instituir uma monarquia hereditária e representativa, organizar a separação dos poderes, integrar o Poder Executivo no processo legislativo e, em especial, conferir-lhe toda força necessária ao desempenho de suas funções inerentes, além de barrar o despotismo (real, aristocrático e democrático) e o anarquismo.

Quando dissolveu a Constituinte em 12 de novembro de 1823, dom Pedro acusou-a de perjúrio por ameaça à sua dinastia e à integridade e à independência do Império[346]. No Decreto de 13 de novembro de 1823, por causa da má repercussão dos motivos expostos, ele ressalvou parte de suas razões e explicou que não teriam sido todos os membros da Assembleia que perjuraram, mas alguns deles, uma facção que a teria dominado[347]. Noutro decreto do mesmo dia[348], por meio do qual criou o Conselho de Estado, ele indicou o quanto liberal deveria ser a Constituição: os conselheiros seriam "amantes da dignidade imperial", ou seja, deveriam preservar toda a esfera de atribuições que, aos olhos do imperador, foram ilegitimamente subtraídas do Poder Executivo pela Constituinte.

Eis, aí, a principal razão da dissolução da Constituinte e da reelaboração do Projeto de Constituição. O novo projeto daria a dom Pedro o que a Constituinte procurou restringir: toda a força necessária por ele reclamada na condução do governo.

Parece-nos claro que o imperador e seus auxiliares tentaram a todo custo acobertar o objetivo de instaurar uma ordem constitucional autoritária, recorrendo a atos de justificação, a exemplo da *Proclamação*, de 13 de novembro de 1823, que versava *"Sobre a dissolução da Assembléa Constituinte e Legislativa"*[349], por meio da qual ele convocaria nova Assembleia e

---

[345] Cf. BRASIL. *Diário da Assembléia...* Tomo I, p. 18.
[346] Cf. BRASIL. *Colleção dos Decretos...*, p. 85.
[347] *Idem*, p. 85-86.
[348] *Idem*, p. 86.
[349] Cf. BRASIL. *Manifestos e proclamações (1823)...*, p. 7; CUNHA, Pedro Octávio Carneiro da. *A fundação de um império...*, p. 275.

pedia ao povo a continuidade da união porque era ainda necessário salvar a pátria.

Disse o imperador que a felicidade coletiva dependeria de três bases, a independência do Império, sua integridade e o sistema constitucional, as quais ameaçavam esfacelar-se. Caso a Assembleia não fosse dissolvida, alardeava ainda o monarca, iminente seria o risco de destruição da religião católica. E, ao terminar sua *Proclamação*, afirmou que apresentaria novo Projeto de Constituição, que já poderia começar a reger "(ainda que provisoriamente)" como Constituição, se assim conviesse ao povo[350].

A mesma linha discursiva foi mantida pelo *Manifesto* de 16 de novembro de 1823, que *"Justifica a dissolução da Assembléa Constituinte"*[351]. Por meio dele, o imperador culpou a Assembleia por desviar-se das bases constitucionais[352], isto é, de atentar contra o governo representativo e os princípios que o orientariam, em particular a separação dos poderes mediante afrontosa limitação das "inerentes" atribuições do Executivo[353].

Dom Pedro tinha plena consciência das consequências de que seu ato de força poderia revestir-se. Apropriar-se da teoria constitucional de Benjamin Constant, portanto, abria a possibilidade de dissimular o intento, ao tempo em que mostraria a sintonia do governo imperial com as modernas teorias da época.

---

[350] Para a crítica à pretensão da "Constituição Provisória", vide: CANECA, Frei. *Typhis Pernambucano VI (1824)...*, p. 342-349.

[351] Cf. BRASIL. *Manifestos e proclamações (1823)...*, p. 7-10.

[352] Cf. MELLO, Evaldo Cabral de. *Frei Caneca ou a outra independência*. In: *Frei Joaquim do Amor Divino Caneca (Org. Evaldo Cabral de Mello)*. São Paulo: Editora 34, 2001, p. 43-46.

[353] No Manifesto de 16 de novembro de 1823, o imperador justificou: "De tempos a esta parte começou a divisar-se, e a conhecer-se, que não havia em toda a Assembléa uniformidade dos verdadeiros princípios, que formam os Governos Constitucionaes, e a harmonia dos poderes divididos, que faz a sua força moral, e physica, começou a estremecer. Diversos, e continuados ataques ao poder Executivo, sua condescendencia a bem da mesma harmonia enervaram a força do Governo, e o foram surdamente minando". Após, ele deixou escapar aquela que seria a principal razão que o levou ao fechamento da Assembleia por suposto perjúrio: "Passou-se avante, e pretenderam-se restringir em demasia as atribuições, que competem pela essencial dos Governos Representativos ao Chefe do Poder Executivo, e que me haviam sido conferidas pela Nação, como Imperador Constitucional, e Defensor Perpetuo do Brazil". Cf. BRASIL. *Manifestos e proclamações (1823)...*, p. 7-10.

No entanto, seu objetivo não passou despercebido por seus contemporâneos. Frei Caneca denunciou as intenções imperiais que se escondiam por detrás da suposta salvação da pátria, da felicidade dos povos e da Constituição liberal. Irresignado com o ato de força, Frei Caneca alegava que as motivações imperiais não continham qualquer coerência ou fundo de verdade e que o objetivo maior da dissolução seria restaurar a união com Portugal e o servilismo do povo brasileiro[354]. Ao comparar o Projeto de 1823 e a Carta de 1824 (o frade não a considerava uma verdadeira Constituição), Frei Caneca pretendeu demonstrar que o imperador se travestia com vestes liberais, mas não conseguira desvencilhar-se do pensamento estatal autoritário, absolutista e teocrático que lhe caracterizava[355], já que a Carta outorgada manteria a porta aberta para o exercício dos seus poderes em termos absolutos.

É importante mencionarmos que o Projeto de Constituição de 1823, a considerar os membros da Comissão de Constituição, em especial o relator, o deputado Antônio Carlos Ribeiro de Andrada, que à época integrava a base de sustentação do imperador, dificilmente representaria uma oposição política radical com o objetivo de anular completamente seus poderes ou esvaziar suas atribuições na nova ordem político-jurídica[356].

A Comissão de Constituição da Constituinte de 1823 era composta por deputados moderados[357], que não pretendiam realizar mudanças

---

[354] Cf. CANECA, Frei. *Typhis Pernambucano V (1824)...*, p. 334-341.

[355] Cf. VEIGA, Gláucio. *História das ideias da Faculdade...*, p. 302-315.

[356] Sobre o perfil geral da Assembleia, vide: RODRIGUES, José Honório. *A assembleia constituinte...*, p. 249 e ss.

[357] Integravam-na os seguintes constituintes: Antônio Carlos Ribeiro de Andrada, o relator da Comissão, Antônio Luiz Pereira da Cunha, deputado pelo Rio de Janeiro e posteriormente um dos redatores da Constituição de 1824, Pedro de Araújo Lima, futuro marquês de Olinda, José Ricardo da Costa Aguiar, desembargador, Manoel Ferreira da Camara, José Bonifácio de Andrada e Silva e pelo Monsenhor Francisco Moniz Tavares. Cf. BRASIL. *Diário da Assembléia... Tomo I*, p. 25. Muniz Tavares foi severamente criticado por Frei Caneca: "O Muniz põe o tope conforme domina o rei ou a liga; é tudo para todos; com os bons ele é um deles; com os maus tem uma chicana de moral que lhe subministra defesa para todos os atentados". Frei Caneca, que diagnosticou o mal de "esclerose reacionária" em Muniz Tavares, resumiu sua participação na Comissão como alguém conivente e passivo com o projeto dos Andradas, que abandonara seus ideais liberais e republicanos defendidos na Revolução de 1817. Cf. CANECA, Frei. *Typhis Pernambucano XIII (1824)...*, p. 411; *Typhis Pernambucano XV (1824)...*, p. 423-430.

radicais no sistema do governo nem contrariar frontalmente os interesses do imperador; ao contrário, compartilhavam da compreensão de que a construção da ordem imperial necessitava da presença de um Estado forte e centralizado.

Na Constituinte, houve pontos sobre os quais se formou amplo consenso. Um deles dizia respeito à opinião reinante entre os deputados de que a Constituição deveria adotar a fórmula da divisão e harmonia dos poderes, garantia dos governos livres. O art. 39 do Projeto da Constituição reconhecia os Poderes Executivo, Legislativo e Judiciário.

Isso tudo nos leva a crer que nem Projeto de Constituição nem a Constituinte padecera dos males que lhe foram imputados, dando-nos indícios importantes sobre as reais intenções imperiais. Quando se confronta o Projeto e a Constituição de 1824, essa conclusão ganha mais consistência porque as principais diferenças entre um e outro consistiram no reforço e na ampliação dos poderes imperiais. A legitimidade da Constituição de 1824 foi posta em questão não apenas por seu vício de origem, objeto central da crítica de Frei Caneca[358], mas, em particular, pela forma de estruturação e divisão dos poderes[359].

Dentre as principais características do Projeto de Constituição de 1823[360], apontamos aquelas que sinalizavam para a limitação dos poderes imperiais, as quais, no entanto, foram suprimidas ou substancialmente modificadas.

Uma delas se refere à organização da Força Armada, questão que preocupou o imperador pois, conforme os arts. 227 a 249 do Projeto de 1823, ele teria à sua disposição a Força Armada. Entretanto, caberia à Assembleia realizar o controle da Força Armada, que, em última análise, obedeceria não ao imperador, mas à Assembleia.

---

[358] Cf. CANECA, Frei. *Crítica da constituição outorgada (1824)*. In: *Ensaios Políticos*. Rio de Janeiro: Documentário, 1976, p. 67-75.

[359] É de Aurelino Leal a seguinte observação: "Porque a verdade é que o regime constitucional não passava de um rotulo collado ao absolutismo. Aliás, emquanto não existiu Constituição, houve mais liberdade que após o juramento da Carta.". Cf. LEAL, Aurelino. *Historia constitucional do Brazil*. Rio de Janeiro: Imprensa Nacional, 1915, p. 146.

[360] Cf. MOTA, Carlos Guilherme. *Do império luso-brasileiro ao império brasileiro*. In: *Os Juristas na Formação do Estado-Nação Brasileiro – Século XVI a 1850 (Coord. Carlos Guilherme Mota)*. São Paulo: Quartier Latin, 2006, p. 23-146, p. 116.

A vigorar essa disposição, haveria rigorosa restrição à autonomia do imperador, já que lhe retiraria o poder de submeter o exército à sua vontade autônoma e independente. A Constituição de 1824, por seu turno, atribuiu privativamente ao imperador o comando da Força Armada com ampla margem de discricionariedade e sem a supervisão pela Câmara ou Senado[361], regra que lhe fortaleceu sobremaneira em relação ao Projeto de 1823.

Em segundo lugar, o Projeto previa que a função legislativa seria delegada à Assembleia Geral e ao imperador[362]. O Executivo proporia projetos de lei, participaria de sessões e, até mesmo, por intermédio dos ministros comissários, deliberaria com os parlamentares, embora sem o direito de voto. Desse modo, atendia-se à reivindicação do imperador de ter participação no processo legislativo, anunciada em seu discurso inaugural dos trabalhos constituintes. Caberia, ainda, ao imperador rejeitar ("execução da opposição") ou sancionar os decretos da Assembleia, isto é, os projetos de lei aprovados, mas pendentes de sanção para tornarem--se leis. Seu veto teria efeito suspensivo, porém poderia ser revertido pela Assembleia[363]. Se o imperador não se manifestasse, o decreto da Assembleia se tornaria obrigatório[364].

A Constituição de 1824 manteve a participação do Executivo na fase inicial do processo legislativo. Quanto ao veto, que constituía um dos focos de maior atrito nas relações entre os poderes, conferiu-lhe tratamento diverso de modo a aumentar o poder de intervenção do imperador no Poder Legislativo. Mesmo mantendo-se a eficácia suspensiva do

---

[361] Art. 148 da Carta de 1824: "Ao Poder Executivo compete privativamente empregar a Força Armada de Mar, e Terra, como bem lhe parecer conveniente á Segurança, e defesa do Imperio".

[362] Art. 41 do Projeto: "O Poder Legislativo he delegado á Assembléa Geral, e ao Imperador conjunctamente".

[363] Art. 113 do Projeto: "No caso que o Imperador recuse dar o seu consentimento, esta denegação tem só o effeito suspensivo. Todas as vezes que as duas Legislaturas, que se seguirem áquella que tiver approvado o Projecto, tornem sucessivamente a apresenta-lo nos mesmos termos, entender-se ha que o Imperador tem dado a Sanção".

[364] Art. 115 do Projeto: "Se o não fizer dentro do mencionado praso, nem por isso deixarão os Decretos da Assembléa Geral de ser obrigatorios, apesar de lhes faltar a Sancção que exige a Constituição".

veto[365] à semelhança do Projeto, a Constituição de 1824 atribuiu eficácia denegatória da sanção à falta de manifestação do imperador, impedindo que o decreto da Assembleia pudesse ter efeitos[366] e dignificando ainda mais a participação imperial na legislação.

Essa, contudo, não seria a maior restrição à independência do Legislativo implementada pela Constituição de 1824. Cada uma das casas legislativas sofreria um duro golpe. Alterou-se a forma de eleição dos senadores. Se antes os senadores se elegeriam mediante eleição indireta, assim como seria na Câmara, com distinção dos requisitos censitário e etário, a forma de acesso ao Senado, na Constituição outorgada, passaria pelo crivo do monarca, uma vez que as eleições se destinariam à formação de uma lista tríplice a ser submetida ao imperador, que escolheria aquele de sua conveniência dentre os três mais bem votados[367]. O senador teria mandato vitalício em ambos os textos.

A diferença é sutil, mas substanciosa conforme observou Frei Caneca[368]. Embora coubesse ao Senado exercer o papel de "tribunal de appellação", restringindo o risco da demagogia e fortalecendo a salvaguarda da Constituição contra as paixões de momento[369], a instituição do Senado vitalício composto por membros nomeados pelo imperador representaria a constituição de uma instância legislativa de defesa dos

---

[365] Art. 65 da Constituição: "Esta denegação tem effeito suspensivo sómente: pelo que todas as vezes, que as duas Legislaturas, que se seguirem áquella, que tiver approvado o Projeto, tornem successivamente a apresental-o nos mesmos termos, entender-se-ha, que o Imperador tem dado a Sancção".

[366] Art. 67: "Se o não fizer dentro do mencionado prazo, terá o mesmo effeito, como se expressamente negasse a Sancção, para serem contadas as Legislaturas, em que poderá ainda recusar o seu consentimento, ou reputar-se o Decreto obrigatorio, por haver já negado a Sancção nas duas antecedentes Legislaturas".

[367] Art. 43 da Constituição: "As eleições serão feitas pela mesma maneira, que as dos Deputados, mas em listas triplices, sobre as quaes o Imperador escolherá o terço na totalidade da lista.".

[368] Cf. CANECA, Frei. *Crítica da constituição outorgada...*, p. 72.

[369] Cf. BENTHAM, Jeremy. *Extracto da tactica das assembleias legislativas*. Rio de Janeiro: Typographia Nacional, 1823, p. 6-7. Observe-se que esse exemplar de Bentham foi entregue e circulado na Constituinte de 1823 e sua influência, no ponto específico do bicameralismo, talvez, explique, ao menos em parte, o porquê de o constitucionalismo brasileiro haver-se apartado do espanhol, do português e do francês, em sua fase inicial e mais radical.

interesses governamentais, permitindo o aumento da influência do imperador no Legislativo.

A Câmara, por sua vez, perdia parcela significativa de sua independência na medida em que se suprimira a garantia contra seu fechamento pelo Executivo, prevista no Projeto de 1823[370], que constituía um dos pilares do sistema constitucional e representativo. A Constituição de 1824, mais do que omitir-se quanto ao risco da ameaça executiva à autonomia do Poder Legislativo, atribuiu expressamente ao imperador, na qualidade de titular do Poder Moderador[371], a competência para dissolver a Câmara dos Deputados quando a salvação nacional o exigisse. Sob a égide da Constituição de 1824, o poder do monarca escalava degraus que o tornariam superior aos demais, sobretudo em relação ao Poder Legislativo.

É certo que, no pensamento de Constant, essa seria uma prerrogativa natural do Poder Neutral (ou Real), desde que as competências do Executivo fossem confiadas aos ministros. Entretanto, aqui, conforme vimos anteriormente, não só as funções executivas foram atribuídas ao imperador mas também aquelas inerentes ao Poder Neutral, de modo que, segundo o próprio critério de Benjamin Constant[372], nosso sistema de governo se enquadraria no sistema de monarquia absoluta, e não no de monarquia constitucional. Comentando o Projeto, que logo se tornaria a Constituição de 1824, Frei Caneca[373] sentenciou: o Poder Moderador era "a chave mestra da opressão da nação brasileira e o garrote mais forte da liberdade dos povos".

Em matéria tributária, também se registraria significativa modificação que terminou por restringir a autonomia do Legislativo. No Projeto de 1823, seria instituído o princípio da anualidade tributaria, devendo os

---

[370] Art. 54 do Projeto: "Nenhuma Authoridade póde impedir a reunião da Assembléa.".

[371] Eis o teor do dispositivo: "Art. 101. O Imperador exerce o Poder Moderador: (...)
V. Prorogando, ou adiando a Assembléa Geral, e dissolvendo a Camara dos Deputados, nos casos, em que o exigir a salvação do Estado; convocando immediatamente outra, que a substitua.".

[372] Cf. CONSTANT, Benjamin. *Princípios de política...*, p. 20; *Reflexões sobre as constituições...*, p. 204.

[373] Cf. CANECA, Frei. *Crítica da constituição outorgada...*, p. 70.

tributos serem confirmados anualmente pela Assembleia[374]. Na Carta de 1824, contudo, similar disposição não foi mantida, evitando a automática extinção dos tributos diante da não confirmação pelo Parlamento, medida que robusteceu o Poder Executivo[375].

Outra diferença sensível, que conspirou em favor do fortalecimento dos poderes imperiais, adveio da regulamentação do estado de sítio ou da suspensão de garantias individuais. A suspensão de direitos individuais para salvaguardar a segurança do Estado no Projeto de 1823 somente se daria por ato privativo do Poder Legislativo, mediante aprovação por dois terços dos membros[376]. Já a Constituição de 1824 flexibilizou a regra em três aspectos[377]: primeiro, retirou a exclusividade do Poder Legislativo de decretar a suspensão dos direitos individuais, admitindo ao imperador suspender direta e provisoriamente direitos individuais, na hipótese de a Assembleia não estar reunida; segundo, não manteve a exigência de aprovação por dois terços da Assembleia, exigindo-se tão somente a edi-

---

[374] Art. 42, II, e art. 215 do Projeto: "Art. 42. Pertence ao poder Legislativo: (...)
II. Fixar annualmente as despezas publicas, e as contribuições, determinar sua natureza, quantidade, e maneira de cobrança. (...)
Art. 215. Todas as Contribuições devem ser cada anno estabelecidas, ou confirmadas pelo Poder Legislativo, Art. 42, e sem este estabelecimento, ou confirmação, cessa a obrigação de as pagar".

[375] Cf. LEAL, Aurelino. *História constitucional...*, p. 116.

[376] Art. 27 do Projeto de 1823: "Nos casos de rebelião declarada, ou invasão de inimigos, pedindo a segurança do Estado que se dispensem por tempo determinado algumas das formalidades que garantem a liberdade individual, poder-se-ha fazer por acto especial do poder legislativo, para cuja existencia são mister dous terços dos votos concordes".

[377] Art. 179, XXXV, da Constituição: "Art. 179. A inviolabilidade dos Direitos Civis, e Politicos dos Cidadãos Brazileiros, que tem por base a liberdade, a segurança individual, e a propriedade, é garantida pela Constituição do Imperio, pela maneira seguinte. (...)
XXXV. Nos casos de rebellião, ou invasão de inimigos, pedindo a segurança do Estado, que se dispensem por tempo determinado algumas das formalidades, que garantem a liberdade individual, poder-se-ha fazer por acto especial do Poder Legislativo. Não se achando porém a esse tempo reunida a Assembléa, e correndo a Patria perigo imminente, poderá o Governo exercer esta mesma providencia, como medida provisoria, e indispensavel, suspendendo-a immediatamente que cesse a necessidade urgente, que a motivou; devendo num, e outro caso remetter á Assembléa, logo que reunida fôr, uma relação motivada das prisões, e d'outras medidas de prevenção tomadas; e quaesquer Autoridades, que tiverem mandado proceder a ellas, serão responsaveis pelos abusos, que tiverem praticado a esse respeito".

ção de "ato especial do Poder Legislativo"; terceiro e, talvez, a mais contundente de todas as modificações, a supressão do adjetivo *"declarada"*, contido na expressão *"rebelião declarada"* da redação do Projeto de 1823, permitindo-se suspender direitos individuais à sombra da menor perturbação ou questionamento da ordem imperial[378].

No entanto, a maior e mais fundamental de todas as modificações consistiu na instituição do Poder Moderador. A inovação introduzida pela Constituição de 1824 importava uma ruptura com as ideias que vinham circulando não só na Constituinte, mas nos projetos constitucionais que lhe antecederam. Era uma novidade. Na Constituinte, registram-se poucas referências ao Poder Moderador conforme destacamos. Quem dele, efetivamente, falou pela primeira vez foi o deputado Carneiro de Campos[379], quando defendia a prerrogativa imperial de suspender os conselheiros a quem se confiaria o governo das províncias, nos termos do projeto de lei sobre a organização provincial. Na ocasião, Carneiro de Campos qualificou-o como "suprema authoridade vigilante" e "inseparavel do Monarcha", que tinha por meta evitar as perturbações da ordem pública e interferências no regular funcionamento do governo.

O deputado Carneiro de Campos explicou aos colegas que o poder de "atalaia da liberdade pública", pertencente ao monarca, decorreria de sua condição de augusto defensor da nação e se destinaria a evitar o risco da "tirania de muitos" ou "da tirania de um só", males de que padeciam todas as monarquias[380]. Para atuar de "sentinella permanente, que não dorme, não descança" e que "com cem olhos tudo vigia, tudo observa", nos dizeres do deputado Maciel da Costa[381], a Constituição de 1824 foi pródiga em outorgar-lhe atribuições, indo bem além daquelas cogitadas por Benjamin Constant.

---

[378] Aurelino Leal registrou que, nos primeiros oito meses de vida constitucional, três foram os decretos suspendendo garantias constitucionais, a começar pela Província de Pernambuco em decorrência da Confederação do Equador, passando pela Bahia e Ceará, ambas igualmente protagonistas de levantes e rebeliões. Cf. LEAL, Aurelino. *História constitucional...*, p. 144-145.

[379] Cf. BRASIL. *Diário da Assembléia Geral...* Tomo I, p. 279.

[380] *Idem*, p. 300-301.

[381] Cf. BRASIL. *Diário da Assembléia Geral...* Tomo III, p. 87-88.

As atribuições do Poder Moderador, instituídas pela Constituição do Império, foram: (1) nomeação de senadores; (2) convocação extraordinária da Assembleia Geral; (3) sanção e veto dos atos legislativos com força de lei; (4) aprovação e suspensão interinamente dos atos e resoluções dos Conselhos Provinciais; (5) prorrogação ou adiamento da Assembleia Geral, bem como dissolução da Câmara dos Deputados, quando o exigir a salvação do Estado; (6) livre nomeação e demissão dos ministros de Estado; (7) suspensão de juízes; (8) perdão e moderação de penas impostas; (9) concessão de anistia em casos urgentes, quando a humanidade e o bem do Estado assim aconselharem.

Quando comparamos as atribuições articuladas por Constant para o Poder Neutral com aquelas instituídas em favor do Poder Moderador, concluímos que a versão brasileira foi muito mais generosa em atribuições do que sua fonte de inspiração francesa. Isso para não mencionar a mais importante de as todas caraterísticas desse poder, que, no Brasil, foi deixada de lado e transformou completamente a natureza do Poder Moderador: diferentemente do que preconizava e advertia Constant, os dois poderes, Executivo e Moderador, foram identificados na pessoa do imperador pela Constituição do Império.

Claramente, essa forma peculiar de organização institucional no Brasil envolveria problemas relevantes para o exercício do poder. Inclusive, ela acarretaria problemas gravíssimos para a independência judicial, sujeitando a magistratura aos Poderes Executivo e Moderador. Quando Constant defendeu a prerrogativa da nomeação dos juízes, ele sustentou que sua participação ou influência no Poder Judiciário somente se limitaria ao ato de nomeação. Depois disso, ele não teria, nem poderia ter, qualquer meio de interferir na atividade judicial ou influenciar nos julgamentos. Entretanto, essa configuração ideal do Judiciário não se consumou na vigência da Constituição de 1824.

A análise do Projeto de 1823 e da Carta de 1824 mostra-nos que a grande diferença entre os dois documentos consistiu no expressivo reforço dos poderes imperiais. Por mais que uma vertente do liberalismo apregoasse a revalorização do Poder Executivo e o reforço dos poderes do monarca como condição para manutenção da ordem e da estabilidade do Estado em face do despotismo do povo, as modificações inseridas na Constituição de 1824, em contraposição ao Projeto de 1823, extrapolaram esse virtual limite, ao ponto de instituir um sistema de governo monárquico no qual o imperador dificilmente conheceria limites constitucionais. Era, pois, uma Constituição que se mantinha substancialmente ligada à noção da monarquia absolutista.

O papel da Constituição, nesse momento inicial do constitucionalismo brasileiro, tendia à institucionalização de um sistema de governo em continuidade com o sistema político anterior, de matriz fortemente autoritária e centralizadora, ao lado da necessidade de refundar a ordem e a unidade políticas, bem como a estruturação dos poderes.

Nesse parâmetro conceitual, difícil seria imaginar-se a possibilidade de instituir-se o controle judicial da constitucionalidade. Não havia previsão normativa, os juízes não gozavam de reputação que justificasse tamanha atribuição, além de o pensamento constitucional não sinalizar, de maneira nenhuma, para um suposto protagonismo do Poder Judiciário, conforme veremos no item a seguir e no próximo capítulo.

4.5. A estruturação do Poder Judiciário no Projeto de 1823, na Constituição de 1824 e noutros textos constitucionais

Há poucas diferenças na estruturação do Judiciário prevista pelo Projeto de 1823 e naquela da Constituição de 1824. O que aparenta ser um exercício quase irrelevante ou desnecessário tem sua razão de ser, porquanto nos deixa perceber alguns dos consensos prevalecentes entre os atores políticos, responsáveis pela elaboração da Constituição.

O Poder Judiciário (ou *"Poder Judicial"*) foi regulamentado no Título IX do Projeto de 1823 (artigos 187 a 208), totalizando vinte e duas disposições. A Carta de 1824 instituiu-o no Título VI com apenas quatorze. A assimetria de dispositivos explica-se, porque, no Projeto, foram incluídos artigos que, a rigor, não se referiam ao Poder Judiciário, mas aos direitos e garantias individuais, além de haver o Projeto concebido uma *"Comissão de Visitadores"* no âmbito do Poder Judiciário, que se destinaria à fiscalização dos presos. Menos prolixa, a Constituição de 1824 não manteve tal Comissão e instituiu o Supremo Tribunal de Justiça, que não foi previsto pelo Projeto de 1823. No mais, os textos praticamente se equivaliam.

O Projeto e a Constituição dispuseram sobre a independência judicial. Além de preverem a perpetuidade dos juízes, de cujas funções somente poderiam ser destituídos por força de sentença, os dois textos instituíram a inamovibilidade, admitida, porém, a mudança de juízes de primeira instância no tempo, modo e lugar na forma da lei. Entretanto, havia uma diferença no que tange à independência judicial.

O Projeto de 1823 previa que, somente por sentença, os magistrados perderiam seus cargos, mas não tratou especificamente da nomeação, suspensão e demissão dos magistrados, o que possivelmente seria enfrentado caso seus trabalhos não fossem interrompidos[382]. A Constituição de 1824, ao fundir na pessoa do imperador o Executivo e o Moderador, conferiu-lhe, além da prerrogativa de nomear os magistrados (art. 102, III), a de suspendê-los (art. 101, VII), seguindo tendência intervencionista do Executivo no Judiciário, tornando-se fonte de arbítrio imperial por décadas.

No que tange à atuação do juiz, que deveria ser restrita à aplicação do teor literal da lei, tanto o Projeto de 1823 quanto a Constituição de 1824 desfrutavam da mesma concepção sobre como estruturar-se o Poder Judiciário, enquadrando-se ambos no mesmo paradigma de Montesquieu. Conforme discutimos, na Constituinte procurou-se limitar ao máximo a atividade judicial. Por um lado, tentou-se impedir os juízes de interpretarem as leis mediante a adoção do princípio de que sua atividade se restringiria à aplicação textual da lei, o qual, na Constituição de 1824, foi ainda complementado pela explícita atribuição em favor da Assembleia Geral para interpretar as leis (art. 15, VIII). Por outro lado, a imposição de limites se concretizaria pela instituição do tribunal do júri em questões criminais e civis, além da responsabilização penal dos magistrados.

Caso estendamos a análise a outros documentos constitucionais da época, veremos que a mesma concepção do Poder Judiciário neles se apresentava, a qual se fundamentava na premissa de que o juiz era mero aplicador do texto da lei.

Proclamada no seio da Revolução Pernambucana de 1817, a "Constituição Provisória"[383] é um interessante exemplo desse paradigma constitucional, cuja autoria provável é atribuída ao então Ouvidor-Mor de

---

[382] A propósito, registramos a advertência do deputado Fernando Pinheiro, segundo a qual suspender magistrados seria uma prática somente admitida em monarquias absolutas, constituindo atentado ao sistema constitucional, à independência dos juízes e às liberdades públicas. Cf. BRASIL. *Diário da Assembléia...* Tomo I, p. 277.

[383] Cf. BONAVIDES, Paulo & AMARAL, Roberto. *Textos políticos da história do Brasil.* Vol. VIII. 3. ed. Brasília: Senado Federal, 2002, p. 71-75.

Olinda, Antônio Carlos Ribeiro de Andrada. Nela, o princípio da separação dos poderes sofreu certa mitigação, porquanto o Legislativo e o Executivo foram concentrados no governo provisório[384].

No que concerne ao Poder Judiciário, a Constituição Provisória de 1817 não trouxe qualquer inovação significativa. Ela não adotou a experiência do modelo constitucional norte-americano, não obstante seus autores tenham nele se espelhado. Ao que nos parece, a influência desse modelo constitucional limitou-se, sobretudo, a um dos elementos estruturantes da Constituição pernambucana: o sistema republicano. Já a nova concepção do princípio da separação dos poderes, que foi semanticamente ressignificado pela experiência política pós-revolucionária dos Estados Unidos de modo a atribuir ao Poder Judiciário maior protagonismo político e institucional, não se tornou uma opção adequada entre nós, possivelmente por causa da imagem social negativa dos juízes, em geral associados ao despotismo real, e do aporte teórico do constitucionalismo francês e português aqui prevalecente.

A adoção do governo republicano com base no modelo norte-americano não trouxe consigo o reconhecimento de que o Poder Judiciário deveria ocupar uma função de maior protagonismo no arranjo institucional. Ao contrário, nesse ponto específico, parece-nos coerente dizer que o modelo de referência por excelência foi o francês e o espanhol[385].

A única particularidade, talvez, residisse no fato de que a Constituição Provisória da República de Pernambuco, ao instituir o Supremo Tribunal

---

[384] A legislatura seria exercida por um conselho permanente, composto por seis membros, a serem indicados pelo governo provisório. Esse conselho, uma vez conduzido, em conjunto com o governo forma a "legislatura propriamente dita". Evaldo Cabral vislumbra, nesse arranjo institucional provisório, a influência do "Diretório" criado pela Constituição de 1795 ("Constituição do Ano III"). Cf. MELLO, Evaldo Cabral de. *A outra independência...*, p. 47.

[385] Lembrar certas assimetrias entre os arts. 18 e 20 da Constituição Provisória, de 1817, que previam respectivamente a inamovibilidade dos magistrados salvo condenação judicial e foro privilegiado para os militares, com os arts. 250 e 252 da Constituição de Cádiz, de 1812. Ou, ainda, entre o art. 13 da Constituição de Pernambuco e o art. 5º, do Título III, e o art. 2º, Capítulo V, do Título III, da Constituição da França, de 1791, que previam a eleição popular periódica para os cargos de magistratura e a gratuidade do exercício da função, que, no caso pernambucano, seria recompensada pelo "respeito que resulta do exercício dos seus cargos".

(denominado "*Colégio Supremo de Justiça*"[386]), não o limitou à função de corte de cassação, mas dotou-o da competência para "decidir em última instância". Poderia aparentar essa diferença simples preciosismo na distinção entre ela e a Constituição de 1824, porém esse dispositivo foi vigorosamente referido por juristas e políticos com o objetivo de defender a feição institucional do Supremo Tribunal de Justiça como corte de cassação, impedindo iniciativas de reforma do Poder Judiciário que pretendiam conferir-lhe maior extensão e amplitude em seus julgados, a exemplo da prerrogativa de decidir diretamente em última instância e com força vinculante para as relações, conforme examinaremos nos Capítulos 5 e 6[387].

Em termos gerais, contudo, a Constituição Provisória de 1817 deixou o Poder Judiciário em "segundo plano subordinativo", segundo anotou Gláucio Veiga[388].

Outro Projeto de Constituição apresentado e discutido na época foi aquele elaborado no seio do "Apostolado da Nobre Ordem dos Cavaleiros da Santa Cruz" (ou Apostolado), sociedade maçônica fundada por José Bonifácio em 1822 com o objetivo geral de defender a independência, a integridade do império, a monarquia representativa e a dinastia do príncipe regente[389]. No Apostolado, iniciou-se a deliberação de um Projeto de Constituição[390], relatado por Antônio Carlos Ribeiro de Andrada

---

[386] O art. 15 da Constituição Provisória previa: "Cria-se na capital do governo um colégio supremo de justiça, para decidir em última instância as causas cíveis e crimes. Será composto o dito colégio de cinco membros literados, de bons costumes, prudentes e zelosos do bem público".

[387] Por ora, é suficiente lembrarmos que, somente em 1875, conseguiu-se autorizar o Supremo Tribunal a tomar assentos com força de lei. Cf. LEAL, Aurelino. *História judiciária do Brasil*. In: *Dicionário Histórico Geográfico Etnográfico do Brasil*. Vol. 1. Rio de Janeiro: Imprensa Nacional, 1922, p. 1107-1187, p. 1156 e ss.

[388] Cf. VEIGA, Gláucio. *História das ideias...* Vol. I., p. 286.

[389] Cf. BARATA, Alexandre Mansur. *Constitucionalismo e sociabilidade na cidade do Rio de Janeiro (1822-1823): a Nobre Ordem dos Cavaleiros da Santa Cruz e o projeto de Constituição para o Império do Brasil*. In: *Nação e Cidadania no Império: Novos Horizontes (Org. José Murilo de Carvalho)*. Rio de Janeiro: Civilização Brasileira, 2007, p. 356-357.

[390] Cf. ARQUIVO HISTÓRICO DO MUSEU IMPERIAL DO BRASIL. *Projeto de Constituição Monárquica*. 1823. I – POB 1823 Bra. Pj. Há, no entanto, um aspecto importante, quanto à autoria do projeto, que Mello Moraes atribui a Martim Francisco, e o registro existente no Arquivo Histórico do Museu Imperial, no qual consta que a provável autoria do Projeto pertence

(*Falkland*), que teria servido de parâmetro para a Comissão de Constituição da Assembleia de 1823[391].

Esse Projeto de Constituição foi elaborado e parcialmente discutido nas sessões do Apostolado. Aspecto interessante é que, no texto de Introdução ao Projeto, está escrito que a essência do governo constitucional monárquico (e misto) reside na divisão e na mútua harmonia dos poderes, que seria considerada o princípio conservador dos direitos na monarquia constitucional. Ao rechaçar a experiência jacobina francesa, o autor da introdução explicou que a Constituição "não he um acto de hostilidade, porem hum acto de união, que fixa as relaçoens reciprocas do Monarcha, e do Pôvo". Ele se esmerava sobre a organização dos poderes e sentia extrema necessidade de definir previamente competências, evitando-se "choques imprevistos, e luctas involuntarias".

Extraímos desse documento certas ideias em circulação que orientariam a organização política do Estado. Dentre elas, o que está claramente exposto no texto, o poder mais vulnerável a extrapolar suas próprias prerrogativas seria o Legislativo; daí, provinha outra razão para instituir o veto absoluto do monarca: "conter a transcedencia do Poder Legislativo fora dos limites, em que se déve concentrar, ficando o povo debaixo do escudo daquella attribuição em hua perfeita immunidade contra as aggressoens d'hua Reprezentação desvairada infinitamente mais temiveis do que o Despotismo d'hum só". Configurava-se, pois, uma desconfiança contra o legislador, possivelmente por causa dos ecos advindos pelos excessos da soberania popular na França.

Essa observação é preciosa porque nos revela um possível entendimento que se compartilhava relativo ao princípio da separação dos poderes, que indiretamente afastaria qualquer possibilidade de o Poder Judiciário ser cotado para garantir a ordem constitucional ou fiscalizar o exercício das funções legislativas. A solução para os excessos legislativos seria revestir o Poder Executivo, ou o próprio monarca por meio do Poder

---

ao frei Francisco de Santa Teresa de Jesus Sampaio. Eis o teor integral do registro: "Projeto de uma Constituição Monárquica [ao que tudo indica, de autoria de frei Francisco de Santa Teresa de Jesus Sampaio]".

[391] Segundo Mello Moraes, esse mesmo projeto foi o oferecido por D. Pedro ao Conselho de Estado após a dissolução da Constituinte de 1823. Cf. MORAES, Alexandre José de Mello. *A independência e o império do Brasil*. Brasília: Senado, 2004, p. 105.

Moderador, das prerrogativas necessárias para barrar as "aggressoens", a exemplo da oposição do veto[392]. O conceito de liberal aproximava-se da ideia de reforço dos poderes do monarca para garantia dos direitos da personalidade, ainda que prejuízos ou restrições adviessem aos direitos políticos[393].

Nesse documento do Apostolado, ao Poder Judiciário foram dedicados os artigos 24 e 25. O primeiro previa a inamovibilidade e a vitaliciedade dos "juízes de justiça e civis"; o segundo instituía a publicidade dos debates em matéria criminal além do dever de os jurados julgarem os fatos e os juízes aplicarem as leis. Portanto, tal qual os demais textos analisados, o Poder Judiciário ficaria em segundo plano.

Um terceiro Projeto de Constituição, que circulou no Brasil, foi o de Hipólito José da Costa, publicado no Correio Braziliense[394]. Essa mesma concepção da separação dos poderes se observa desde suas primeiras disposições. No art. 3º, está disposto que "todo o poder politico do Estado será dividido em tres authoridades": Executivo, Legislativo e Judicial.

Ao tratar genericamente do Poder Judicial, no art. 71 e seguintes, Hipólito da Costa imaginou a criação de um Supremo Tribunal composto por 33 membros vitalícios, que, na forma da lei, julgaria apelações em questões civis e criminais. Embora não traga disposições similares à do Projeto de 1823 ou da Constituição de 1824, a exemplo de "aplicar a lei",

---

[392] Dentre as propostas de emenda a esse projeto, havia uma proposição tendente a incluir o Poder Moderador, ao prever um título sobre o monarca (arts. 16 a 18). Para o art. 16 desse Projeto, propusera-se o seguinte preceito: "No Monarca, existe o Poder Moderador; a sua Pessoa he inviolavel e sagrada.". Em harmonia com essa disposição, sugeriu-se para o art. 19 a seguinte emenda: "O Executivo he exercitado pelos Ministros de Estado". Acrescente-se, ainda, que, nos Rascunhos anexos ao Projeto do Apostolado, na seção intitulada "*Da Força Armada*", vinha reafirmada a previsão do Poder Moderador, a quem se atribuiria o comando da tropa. Cf. ARQUIVO HISTÓRICO DO MUSEU IMPERIAL DO BRASIL. *Projeto de Constituição Monárquica*. 1823. I – POB 1823 Bra. Pj.

[393] Com efeito, o principal inimigo a ser combatido não seria o monarca ou seu despotismo (despotismo de um só); o verdadeiro perigo residia no despotismo dos muitos. Era o povo que, investido de poder, facilmente se permitiria atuar livremente, violando os direitos individuais e a própria ordem jurídica estabelecida. O exemplo francês era recorrente e exemplar, mas não o único. Episódios mais avizinhados serviram de advertência; que o digam o Haiti e Pernambuco.

[394] Cf. COSTA, Hipólito José da. *Correio Braziliense (nº 172)*. Londres: Lewis Paternoster-Row, Setembro de 1822, Vol. XXIX, p. 371 e ss.

o Projeto de Hipólito valeu-se da expressão "conhecer da lei"[395] em sentido muito similar ao de "aplicar" a lei. À parte esse aspecto, a leitura do seu Projeto mostra-nos sua posição favorável à monarquia constitucional e contrária às revoluções ou ao radicalismo jacobino[396].

Nas edições de 20, 22 e 23 de setembro de 1823, o Correio do Rio de Janeiro, o jornal mais radical do Rio de Janeiro[397], publicou um outro Projeto de Constituição de autoria desconhecida, isto é, assinava-o "Seu Constante Leitor", que se alinhava aos demais no que tange à estruturação do Poder Judiciário.

O Projeto apresentou uma estrutura complexa da magistratura[398]. Instituiu o tribunal do júri nas causas criminais e civis (art. 82), juízes electivos (art. 84), juízes letrados (art. 85), as relações em cada uma das Províncias e, no topo da hierarquia, o Tribunal Supremo de Justiça, que apreciaria recursos no caso de manifesta injustiça (art. 86). Em relação ao Tribunal Supremo, notamos que, diferentemente do Supremo Tribunal da Constituição de 1824, ele não seria apenas tribunal de cassação, mas, além de anular as decisões eivadas de manifesta injustiça, também julgaria o mérito da questão recursal em caráter definitivo (art. 87), prerrogativa que poderia alavancar o papel institucional do Judiciário[399].

A peculiaridade desse Projeto residia na força que atribuiu ao Poder Legislativo. Dentre as funções, no art. 46, estava previsto "fazer todas as

---

[395] "85. O Juiz do Districto conhece das causas civis e crimes, com a appellação para a Relação da Provincia, segundo seu regimento, determinado por ley". *Idem*, p. 384.

[396] Para ele, o caso norte-americano era exemplo de uma cultura análoga à da Inglaterra, tanto que eles adotaram a Constituição inglesa com as modificações que a natureza das circunstâncias exigia. Cf. COSTA, Hipólito José da. *Correio Braziliense (nº 175)*. Londres: Lewis Paternoster-Row, Dezembro de 1822, Vol. XXIX, p. 605-606.

[397] Cf. LUSTOSA, Isabel. *Insultos impressos*. São Paulo: Companhia das Letras, 2000, p. 174--181 e p. 288-296.

[398] Cf. LISBOA, João Soares. *Correio do Rio de Janeiro (nº 43)*. Rio de Janeiro: Typographia de Torres, 22 de Setembro de 1823, p. 171-172.

[399] Sobre esse ponto, o autor anônimo do Projeto justificou: "Determinei no Projeto, que o mesmo Tribunal Supremo houvesse de reformar as Sentenças, nos casos de revista, pois me parece a maior das estravagancias, conceder o dito Tribunal revista nos casos de manifesta injustiça, e não reformar elle mesmo então as sentenças (como acontece na Constituição Portugueza) quando a concessão da revista, ja he necessaria consequencia de que elle julgou haver injustiça manifesta". *Idem*, p. 172.

leis necessarias, interpreta-las, e revoga-las", além de vigiar a execução das leis (art. 47), receber queixas e representações de cidadãos "a fim de providenciar a bem do mesmo" (art. 48) e "julgar dos excessos, e queixas sobre as Assembléas Provinciaes, e Camaras" (art. 49)[400].

O Projeto do Correio do Rio de Janeiro previa, ainda, a instituição de uma "Deputaçam Permanente"[401], composta por cinco deputados, que teria a atribuição de "vigiar sobre a observancia da Constituição, fazendo ao Governo as Representaçoens" (art. 64), convocar a Assembleia na hipótese de "confusão dos Poderes; e attentados impunes contra a Constituição" (art. 65).

Afora essas atribuições de salvaguarda constitucional, nos artigos 14 e 15, francamente inspirados na Constituição de Cádiz de 1812, o Projeto instituiu o recurso do direito de petição à Assembleia Geral por qualquer cidadão, a fim de que ela determinasse a execução da lei, bem como o direito de todo cidadão a denunciar infrações à Constituição, a fim de conservá-la ilesa[402]. Também caberia ao Poder Legislativo, nomear os membros do Tribunal Supremo de Justiça com base em lista tríplice (art. 52) apresentada pelo governo imperial[403].

Por fim, tratamos do texto constitucional, cuja autoria se atribuiu a Frei Caneca, que teria sido redigido por ocasião da Confederação do Equador. Cuida-se do *Projeto de Governo para as Províncias Confederadas*[404], que adotou bases de um pensamento constitucional similar ao Projeto da Assembleia de 1823 e à Constituição de 1824, ao menos quanto à questão do Poder Judiciário e da interpretação das leis.

Nesse Projeto de Governo de Frei Caneca, um dos mais duros opositores à "Carta" de 1824, chama-nos a atenção, primeiramente, o fato de ele não haver considerado o Judiciário um poder independente, ao estabelecer que o governo se dividiria em dois poderes políticos: Legislativo e Executivo (art. 2º). Quanto ao Poder Judiciário, o referido Projeto, que não chegou a ser finalizado, apenas dispunha que a assembleia provi-

---

[400] , p. 169.

[401] *Idem*, p. 169-170.

[402] Cf. LISBOA, João Soares. *Correio do Rio de Janeiro (nº 42)*. Rio de Janeiro: Typographia de Torres, 20 de Setembro de 1823, p. 165.

[403] P. 169. N. 43, 22set

[404] Cf. BONAVIDES, Paulo & AMARAL, Roberto. *Textos políticos...*, p. 169-173.

denciaria a criação de Tribunal Supremo de Justiça para julgar em última instância as causas cíveis e criminais da Confederação (art. 32).

Em segundo lugar, tal qual estava previsto na Constituição de 1824, nesse Projeto de Governo, dentre as atribuições do Poder Legislativo, estabeleceu-se "fazer leis, interpretá-las, suspendê-las e revogá-las" (art. 7º, 2º). Desse modo, ao que tudo indica, para os pensadores e líderes da Confederação, o Poder Judiciário ocuparia uma posição institucional inferior.

Acreditamos que o exame dos documentos constitucionais acima mencionados constitua mais um elemento a indicar-nos a existência de um pensamento constitucional, que, de maneira nenhuma, favorecia o surgimento da prática do controle judicial da constitucionalidade das leis.

Antes, a concepção do princípio da separação dos poderes foi desenvolvida de acordo com as especificidades do contexto brasileiro, no qual, de um lado, o imperador pairava soberano no cenário político como *ente metafísico* e instância legitimadora da própria ordem política e constitucional. E, de outro, nos documentos elaborados em diversas ocasiões dentro ou fora dos procedimentos formais, houve o esforço tendente a estabelecer a ruptura com o paradigma anterior da monarquia absoluta, seja impondo limites aos poderes imperiais ou ao Poder Executivo, seja reforçando institucionalmente o Poder Legislativo. Em uma ou outra opção, o Judiciário não foi eleito, apontado ou pensado como poder político de solução de conflitos institucionais nem de conservação ou de salvaguarda da Constituição.

Nosso objetivo segue adiante para compreender os percursos do pensamento constitucional em face do modelo de referência consagrado na Constituição de 1824, seja para legitimá-lo, seja para preservá-lo e aperfeiçoá-lo, seja para superá-lo através da crítica e da proposição de alternativas institucionais viáveis ou modelos constitucionais de referência distintos.

Capítulo 5

Pensamento Constitucional à Luz da Constituição de 1824

Na fase monárquica brasileira, os debates constitucionais tiveram uma característica peculiar. Após uma breve e quase isolada contestação, que na voz de Frei Caneca assumiu contornos de uma teoria constitucional, os juristas praticamente se esqueceram da sua gênese histórica e de sua legitimidade, passando à apologia da Constituição de 1824, talvez, pelo entusiasmo com seu conteúdo e com o caráter sublime do Poder Moderador[405].

O pensamento constitucional brasileiro desenvolvido à luz da Constituição de 1824 marcou-se sobretudo pelo viés imperialista no sentido de que reforçaria a imagem do imperador como ente metafísico e supremo. Ele foi permeado por uma "metafísica constitucional" pois permitia que a figura do imperador permanecesse alheia a qualquer análise crítica possível, de modo que os juristas terminavam por reafirmar o modelo constitucional de referência positivado, enaltecendo-o e louvando-o. Nesse sentido, esse mesmo pensamento aqui desenvolvido reforçou a preeminência imperial, isto é, a concepção de que o imperador estaria em posição de primazia em relação à Constituição e, por conseguinte, nenhum

---

[405] Cf. SALDANHA, Nelson. *Formação da teoria constitucional*. Rio de Janeiro: Forense, 2000, p. 220-223.

dos outros poderes poderia legítima ou constitucionalmente oferecer qualquer resistência ao exercício do poder imperial, já que esse residiria acima e além da própria Constituição.

Nesta recuperação histórica do direito constitucional, consideradas nossas três chaves de leituras (independência judicial, interpretação judicial das leis e semântica do princípio da separação dos poderes), focamos nossa reflexão sobre os percursos do direito constitucional em relação à Constituição de 1824 e, sobretudo, como juristas discutiram e comentaram as relações entre os poderes políticos e, particularmente, a amplitude institucional de que o Poder Judiciário deveria revestir-se no exercício de suas funções.

Desse modo, dividimos o presente capítulo em quatro itens principais de acordo com o critério temporal e a intenção prevalecente dos atores envolvidos no discurso constitucional. Como costuma ocorrer, a classificação realizada implica certa dose de reducionismo e imprecisão, e talvez sua maior valia seja o efeito didático na apresentação das ideias e argumentos.

5.1. Fase preliminar: crítica à Carta por Frei Caneca e defesa da Constituição por Cairu

A obra política de Frei Caneca configurou uma análise de fundo sobre o direito constitucional brasileiro que arriscava seus primeiros passos, na medida em que o carmelita avançou e criticou diversas seções da Carta de 1824 com precisão e acurácia tais que ainda hoje surpreende os estudiosos. Ele, no dizer de Gláucio Veiga[406], teria sido responsável pela "construção de uma teoria jurídica da constituição, rigorosamente lógica".

Carta, mas não *Constituição*, porque, para Frei Caneca, a *Constituição* seria a ata do pacto social que entre si fazem a nação e o imperador, reve-

---

[406] Sobre as ascendências intelectuais de Frei Caneca, Gláucio Veiga e Nelson Saldanha reconhecem residirem suas principais fontes nos autores europeus (Locke, Rousseau, Montesquieu e Sieyès), além da provável influência de Ramon Salas, apontada por Gláucio Veiga. Cf. VEIGA, Gláucio. *História das ideias da Faculdade de Direito do Recife*. Vol. I. Recife: Universitária, 1980, p. 290-297; SALDANHA, Nelson Nogueira. *História das idéias políticas do Brasil*. Brasília: Senado Federal, 2001, p. 164.

lando a vontade geral da nação, que apresentaria as relações fundamentais entre governantes e governados, seus direitos e deveres[407].

A Constituição, para ser digna do nome, precisaria ser livremente jurada pelo povo e elaborada pela nação soberana através de suas cortes representativas[408]. No entanto, ao frustrar a Constituinte e descumprir a própria promessa de convocar uma outra, o imperador teria desobrigado toda a nação do compromisso político de manter a unidade nacional sob o sistema monárquico constitucional; a nação era politicamente independente, mas não seria ainda constitucionalmente constituída.

O imperador ofertou unilateralmente esboço de Projeto de Constituição para o qual a nação não teria concorrido com sua vontade nem pudera participar da discussão de suas cláusulas. Não havia, portanto, Constituição legítima nem validamente pactuada. Para além do insuperável vício de origem, Frei Caneca aprofundou a crítica à outorga da Carta examinando analiticamente seu conteúdo normativo.

Interessa-nos, particularmente, a crítica dirigida aos dispositivos que reforçavam a autoridade imperial. Nesse contexto, Frei Caneca contestou a excessiva influência do poder imperial no processo legislativo, seja pela participação de ministros de Estado na discussão e, inclusive, votação dos projetos de leis, seja pela prerrogativa da sanção imperial a qualquer lei aprovada pela Assembleia, seja pela sujeição da Câmara ao Senado; e de ambas à figura do imperador.

Ele se opôs à atribuição imperial de controle privativo pelo Executivo do emprego das forças de segurança e de defesa do Império, isto é, da força armada de mar e de terra, o que configuraria "a coroa do despotismo"[409]. Ainda no âmbito da centralização do poder nas mãos do imperador, Frei Caneca criticou sua atribuição de organizar os conselhos provinciais que seriam "uns meros fantasmas para iludir os povos" sem qualquer autonomia governamental.

De todos os comentários críticos elaborados por Frei Caneca, o mais contundente foi o dirigido contra o Poder Moderador, que seria "a chave mestra da opressão da nação brasileira", a "nova invenção maquiavélica"

---

[407] Cf. CANECA, Frei. *Crítica da Constituição outorgada (1824)*. In: *Ensaios Políticos*. Rio de Janeiro: Documentário, 1976, p. 69.
[408] Cf. CANECA, Frei. *Typhis Pernambucano XX-XXI (1824)*..., p. 454-470.
[409] Cf. CANECA, Frei. *Crítica da constituição*..., p. 72.

e o "garrote mais forte da liberdade dos povos", que, dentre outras atribuições, permitiria ao imperador dissolver a Câmara dos Deputados. O Poder Moderador lhe concederia governar com a Constituição, mas sem ser por ela limitado; isto é, ele seria a senha para o exercício arbitrário e ilegítimo do poder.

No plano institucional da organização dos poderes, Frei Caneca desenvolveu argumentos que nos dão certa dimensão dos problemas a serem enfrentados em face do governo ilegítimo, ainda que sob o império formal do regime do primado das leis. É que ele tinha consciência de que as leis seriam interpretadas no momento da aplicação e, com isso, poderiam ser manipuladas, desvirtuadas ou simplesmente inaplicadas, como de fato ocorria nas monarquias absolutistas[410]. Era-lhe forte a noção de que a interpretação constituía um delicado instrumento de exercício do poder soberano para o bem ou para o mal.

Contudo, Frei Caneca não refletiu especificamente sobre o tema da interpretação jurídica. Tal análise dificilmente se faria em abstrato, exigindo um certo espaço de experiência no qual se desenvolveria a prática institucional. No entanto, em seu periódico, além de mostrar uma certa desconfiança do ato de interpretação da lei como elemento de desvirtuamento da vontade do legislador, Frei Caneca afirmou que o Judiciário seria o ramo do Poder Executivo que "trata de coisas que dependem do direito civil, isto é, poder que pune os crimes ou julga das diferenças dos particulares, ao que também alguns dão o nome de *poder Executivo do Estado*"[411].

---

[410] Nos sistemas autoritários, ele lamentava a insuficiência e a inutilidade das leis: "Lancemos o olhar sobre as monarquias absolutas, e veremos quanto são precárias, insuficientes e ilusórias as leis sobre estes artigos; veremos que todas as vezes que apraz aos soberanos, não há lei alguma que esteja isenta de ser interpretada ao seu gosto deles, e mesmo ab-rogada, ficando o cidadão indefeso". Cf. CANECA, Frei. *Typhis Pernambucano VI (1824)...*, p. 346.

[411] Cf. CANECA, Frei. *Typhis Pernambucano XI (1824)...*, p. 393-394. Convém rememorarmos a discussão do Item 4.5, em que verificamos que, no *"Projeto de Governo para as Províncias Confederadas"*, cuja autoria atribuiu-se a Frei Caneca, o Poder Judiciário ocupava uma posição de relativa inferioridade institucional: o governo seria dividido em dois poderes político, e ao Poder Legislativo caberia a interpretação das leis. Essa posição, aliás, já fora por ele manifestada, quando da publicação do sexto número do *Typhis*, em que a referência teórica ao *Espírito das Leis*, de Montesquieu, foi predominante. Havia, contudo, um elemento apto a revelar uma importante distinção na prática institucional do governo confederado, que residia no fato de o Projeto de Frei Caneca atribuir ao Supremo Tribunal

Portanto, no plano concreto da organização dos poderes políticos, a adoção de um modelo constitucional de inspiração norte-americana não traria automaticamente para o sistema constitucional brasileiro, nesse momento inicial, novo arranjo institucional, dentro do qual o Poder Judiciário seria congratulado com amplas prerrogativas e atribuições institucionais. Pelo contrário, quanto à magistratura, não haveria inovação substancial em relação à Constituição de 1824 nem ao modelo teórico preconizado por Montesquieu. O Poder Judiciário, em consequência, terminaria por ocupar o mesmo espaço político de menor expressão institucional comparativamente ao Executivo e Legislativo.

Embora tenha se revestido de significação profunda a crítica de Frei Caneca contra a Carta outorgada por dom Pedro[412], o que lhe custou a própria vida, a dissonância de pensamento por ele agitada foi isolada. A descontinuidade, talvez, explique-se pela inexistência de um espaço livre para o exercício da crítica. Após a dissolução da Constituinte, tempos difíceis de muita instabilidade política e social marcaram a vida do Império. O imperador, no auge de seu autoritarismo e anti-constitucionalismo, procurou restringir de todos os modos a manifestação de ideias e de opiniões críticas ao regime monárquico imperial e ao fechamento da Constituinte não só por meio da repressão como também da premiação de delatores, dando-nos indícios do quão desfavorável era o ambiente político para o livre exercício da liberdade de expressão e de pensamento[413].

Desse modo, a literatura constitucional posterior à outorga da Carta de 1824 evitou ao máximo fazer alusões aos condicionamentos histórico-econômico-sociais de elaboração da Constituição do Império, esquivando-se de renovar antigas questões. A discussão histórica dos pressu-

---

da Confederação a competência para julgar em última instância as causas cíveis e criminais, enquanto que tal atribuição não foi prevista para o Supremo Tribunal do Império, a que tocava apenas conceder ou denegar revistas, sem julgá-las no mérito. Cf. CANECA, Frei. *Typhis Pernambucano VI (1824)*..., p. 342-349; BONAVIDES, Paulo & AMARAL, Roberto. *Textos políticos da história do Brasil*. Vol. VIII. 3. ed. Brasília: Senado Federal, 2002, p. 169-173.

[412] Cf. SALDANHA, Nelson Nogueira. *História das idéias*..., p. 162-163.

[413] Isabel Lustosa registra que o intendente de polícia lançou edital, no dia 20 de novembro de 1823, que previa recompensa pecuniária a qualquer pessoa que delatasse os autores das proclamações que circulavam na cidade contra a dissolução da Constituinte. Cf. LUSTOSA, Isabel. *Insultos impressos: a guerra dos jornalistas na independência (1821-1823)*. São Paulo: Companhia das Letras, 2000, p. 405.

postos políticos da Constituição de 1824 ou seria totalmente ignorada, ou seria apenas breve e superficialmente mencionada apenas para justificar e legitimar o protagonismo paternal exercido pelo imperador.

Quanto à questão conceitual, a polêmica *Carta* x *Constituição* suscitada por Frei Caneca não mais seria retomada até que se iniciassem as críticas aos pressupostos do pensamento constitucional brasileiro e do sistema monárquico após a segunda metade do século XIX, mais precisamente a partir da discussão teórica sobre a responsabilidade ministerial nos atos do Poder Moderador. A tese da ilegitimidade constitucional retornaria com toda força ao discurso constitucional, embasando o argumento daqueles que protagonizariam o pensamento crítico. Ademais, com a abdicação de dom Pedro I e a edição do Ato Adicional, a *Carta* de 1824 passou a ser socialmente percebida como uma legítima *Constituição*[414], o que contribuiu para sobrestar o tema da pauta política e constitucional.

Se como crítico da Constituição Frei Caneca foi praticamente uma voz isolada, o mesmo não poderíamos dizer quanto aos juristas e comentadores, que, para além de suas análises essencialmente expositivas e descritivas da Constituição de 1824, procuraram, com maior ou menor intensidade, justificá-la politicamente e também o próprio modelo monárquico por ela estabelecido.

Mal foi outorgada a Constituição, José da Silva Lisboa já punha sua pena a serviço de sua majestade com o objetivo de legitimar as decisões reais[415]. Conhecido por seu liberalismo econômico, o visconde de Cairu foi considerado um pensador político conservador; porém, a complexidade de seu pensamento político, firmada em sólida formação na filosofia moral, não se limitava a tais epítetos[416].

As obras *"Constituição Moral"* e *"Supplemento à Constituição Moral"*, respectivamente publicadas em 1824 e 1825, adquirem grande impor-

---

[414] Cf. SALDANHA, Nelson Nogueira. *História das idéias...*, p. 118; BONAVIDES, Paulo & ANDRADE, Paes de. *História constitucional do Brasil.* 8. ed. Brasília: OAB, 2006, p. 117 e ss.

[415] Cf. ROCHA, Antonio Penalves. *Introdução.* In: *Visconde de Cairu (Org. Antonio Penalve Rocha).* São Paulo: Editora 34, 2001, p. 20.

[416] Tereza Kirschner mencionou que Cairu, por sua visão política conservadora, sofreu as mais duras críticas e alcunhas (*v.g.*: como "caramuru" e "defensor do absolutismo"). Cf. KIRSCHNER, Tereza Cristina. *Visconde de Cairu.* São Paulo: Alameda; Belo Horizonte: PUC-MG, 2009, p. 278-286.

tância para nossa investigação, porque foram escritas no contexto de defesa do Império do Brasil, do monarca e da Constituição de 1824 além de oferecerem uma resposta às ideias propagadas na Confederação do Equador, movimento político de rejeição à Constituição outorgada pelo imperador[417].

Nesse período de alta instabilidade política e social, Cairu reivindicou o respeito e a obediência à Constituição de 1824 com base em princípios morais e universais ao mesmo tempo em que enalteceu o texto constitucional e a monarquia hereditária[418]. Foi apreciável seu esforço para, por meio da obediência constitucional, coibir a "catástrofe da revolução" e a difusão de doutrinas errôneas[419]. A "Constituição Política" teria por fundamento a moral pública, que fixaria os princípios estruturantes para estabelecer uma ordem social estável e justa[420]. A ordem moral seria decretada por Deus e serviria de parâmetro para o bem comum dos homens.

A visão teológica do mundo de Cairu, portanto, condicionava sua concepção da política e do direito. Com efeito, ele equiparou o monarca a Deus e elogiou as monarquias hereditárias por serem a melhor forma de

---

[417] Dedicado ao imperador dom Pedro, o livro inicia-se com a afirmação de que a monarquia nacional seria a "Solida Base do Edificio Politico" e tinha por objetivo formar cidadãos com espírito público que dessem crédito ao Império do Brasil, coibindo a propagação de doutrinas infiéis tão em voga nas Revoluções. Cf. LISBOA, José da Silva. *Constituição moral e deveres do cidadão (1824)*. João Pessoa: Editora Universitária, 1998, p. 5-18. Ainda sobre a Confederação do Equador, Cairu afirmou: "o fado da defunta Confederação do Equador, obra da Facção atrabilaria, suffocada ao nascedôro, que fez a insana e vil tentativa de destroir a Unidade do Imperio do Brasil, acclamada tão repetidas vezes pela Vontade Nacional". Cf. LISBOA, José da Silva. *Supplemento à constituição moral*. Rio de Janeiro: Typographia Nacional, 1825, p. 157.

[418] Cf. LISBOA, José da Silva. *Constituição moral...*, p. 275.

[419] O fundamento moral da Constituição, segundo Cairu, seria expressamente previsto pelo art. 179, V, e decorreria do próprio "espírito da constituição". O art. 179, V, da Constituição previa: "Art. 179. A inviolabilidade dos Direitos Civis, e Politicos dos Cidadãos Brazileiros, que tem por base a liberdade, a segurança individual, e a propriedade, é garantida pela Constituição do Imperio, pela maneira seguinte. (...) V. Ninguem póde ser perseguido por motivo de Religião, uma vez que respeite a do Estado, e não offenda a Moral Publica".

[420] Cf. LISBOA, José da Silva. *Constituição moral...*, p. 11.

HISTÓRIA DO CONTROLE DA CONSTITUCIONALIDADE DAS LEIS NO BRASIL

governo[421]. Daí, seria cunhada a regra de ouro da obediência[422], consagrada nas Escrituras Sagradas: "ao príncipe da nação não maldigas", o que implicaria, por consequência, que o cidadão deveria "passiva obediência" sem direito de questionar ou infringir a ordem moral e jamais ter a audácia de rebelar-se contra seu governo[423].

O apelo de Cairu se mostrou ainda mais forte em sua conclusão[424], na qual ele descredenciou por completo a experiência política brasileira, que se iludira com os princípios abstratos e democráticos, promissores de felicidade e do Eldorado, para instigar uma vã tentativa de mudança de regime, mas que não teria conseguido outra coisa senão frustrar a própria a expectativa[425].

No que tange à organização institucional dos poderes, podemos extrair duas sugestões importantes da *Constituição Moral* e do *Supplemento*

---

[421] Foi categórica a defesa de Cairu em favor da monarquia: "A história de seis mil anos tem mostrado que a monarquia hereditária, de boas leis fundamentais e regulamentares, enche os fins dos Governos, tanto pela sua estabilidade, como porque o gênero humano tem nele feito os maiores avanços para a civilização e prosperidade". Após, ele reforçou sua opinião favorável à monarquia, mostrando que as demais formas de organização do Estado seriam falhas: "Todas as mais formas ou organizações de Estados se têm mostrado incomparavelmente mais precárias, e, por assim dizer, efêmeras, não tendo podido resistir ao poder monárquico, pela sua força e unidade central, que parece ser da Lei da Natureza, a qual sempre tende a centro de movimento". *Idem*, p. 309.

[422] O primeiro dever do cidadão, segundo o visconde de Cairu, seria a obediência ao governo "em tudo que não se opõe evidentemente à lei divina". Cf. LISBOA, José da Silva. *Constituição moral...*, p. 306-307.

[423] Somente em "casos extremos de tirania insuportável" que sequer a moral pública poderia cogitar, ressalvava Cairu, poderiam os insurgentes receber a indulgência dos juízos das nações. Cf. LISBOA, José da Silva. *Constituição moral...*, p. 306-309.

[424] Eis suas palavras: "Não obremos jámais como os Francezes, que, presumindo-se de superiormente illuminados, procederão a fazer reparações do Estado, sem ter por principios rectores a cautela politica, a circunspecção philosophica, e a timidez moral, procedendo sem a devida e forte convicção da ignorancia e fallibilidade do Genero Humano. Accrescentemos novos bens, se for possivel; mas conservemos o solido que gozamos, sobre a constante e firme base da Constituição Nacional; e não sigamos os desesperados vôos dos aeronatas da França. Do contrario, passaremos (como diz hum dos nossos Poetas) por grande variedades de cousas não experimentadas, as quaes, em todas as suas transmigrações, só serão depois purificadas por fogo e sangue". Cf. LISBOA, José da Silva. *Supplemento à constituição...*, p. 165-166.

[425] *Idem*, p. 157-162.

que ajudam na compreensão do contexto político da época. Para Cairu, o governo civil deveria ter por modelo o governo divino, reproduzindo os legisladores as leis imutáveis da ordem moral. Porém, um grave problema revelava-se: a quase universal experiência política das nações com o fenômeno da "multidão de leis", que seria responsável pela irreverência, pela insubordinação dos povos e pelas restrições às liberdades, à propriedade e à boa ordem civil. Por conseguinte, atribuir ao imperador todo o poder necessário para assegurar a realização da ordem moral na sociedade seria a solução insofismável[426].

O outro ponto a ser observado é sua opinião sobre os juízes[427]. O corpo dos magistrados em todos os tempos seria respeitado e deveria ser independente para bem exercer o ofício de dar a cada um a justiça devida. No entanto, Cairu se curvou à força da realidade portuguesa (e brasileira), mencionando as queixas e os clamores existentes contra juízes iníquos e despreparados, que sobrepunham seus interesses particulares em detrimento do interesse público de administrar a justiça, reforçando a imagem negativa que recaia sobre a magistratura. Entretanto, ele deixou de enfrentar a realidade institucional particularmente adversa ao argumento de que esse seria um tema a ser tratado por estadistas, e não por um moralista.

Portanto, o que está presente em seu pensamento é o fato de o imperador ser uma dádiva da providência divina e deter uma espécie de poder superior para decidir "a grande lide" de que depende o sossego e o progresso da sociedade, resolvendo-se, nele, o problema da autoridade de dizer o que o direito significa por último[428].

---

[426] Cf. LISBOA, José da Silva. *Constituição moral...*, p. 205-210.

[427] *Idem*, p. 393.

[428] "A Divina Providencia Conceda aos Brasileiros igual Contentamento de sua sorte, com justo regimen da Suprema Authoridade Tutelar do seu Augusto Imperador, que se tem mostrado GENIO D'HARMONIA, e feito ás Nações e Potencias o Manifesto Philanthropico, de que a Felicidade do Imperio he o Unico Moto do seu Magnanimo Coração". Cf. LISBOA, José da Silva. *Supplemento à constituição...*, 1825, p. 161; LISBOA, José da Silva. *Constituição moral...*, p. 212.

5.2. Primeira fase do pensamento constitucional brasileiro (1827--1850): apologia à Constituição

Inicialmente, precisamos destacar que talvez possa soar anacrônica a utilização do conceito "ciência do direito constitucional" para caracterizar a produção intelectual brasileira desenvolvida a partir da outorga da Constituição de 1824. Tanto o mais assim o seria, porque formalmente a disciplina "direito constitucional" somente foi criada no Brasil em 1885 com a reforma do ensino jurídico ("Reforma Franco de Sá"), por meio do Decreto nº 9.360, de 17 de janeiro de 1885[429].

No entanto, se entendermos por ciência do direito constitucional a aplicação de instrumentos ou aportes teóricos destinados à descrição, análise, distinção e compreensão da Constituição de 1824[430], conforme estipulado pela Lei nº de 11 de agosto de 1827 e pelos "Estatutos do Curso Jurídico"[431], que instituiu a cadeira de *Direito natural, publico, analyse de Constituição do Imperio, direito das gentes, e diplomacia*", nesse caso, podemos utilizar a expressão "ciência do direito constitucional brasileiro", cujo objeto seria a análise e a compreensão da Constituição de 1824.

A publicação da Lei de 11 de agosto de 1827 registra a fundação dos cursos jurídicos, que marcou um novo tempo para o direito brasileiro e plantou as sementes da nova fase do pensamento jurídico no Brasil que se manifestaria posteriormente a partir da produção de livros jurídicos e periódicos especializados[432].

---

[429] Cf. ALECRIM, Otacílio. *Idéias e instituições no Império: influências francesas.* Brasília: Senado Federal, 2011, p. 59-64.

[430] Para algumas das dificuldades com o conceito de ciência do direito, vide: FERRAZ JR, Tércio Sampaio. *A ciência do direito.* 2. ed. São Paulo: Atlas, 1980, p. 9-17.

[431] Cf. BRASIL. *Colleção das leis do Imperio do Brazil* (Parte Primeira). Rio de Janeiro: Typographia Nacional, 1878, p. 5 e ss. Segundo os Estatutos do Visconde Cachoeira, no primeiro ano do curso jurídico, seriam ministradas duas disciplinas: a primeira seria direito natural e público universal; a segunda, institutas do direito romano. O direito público universal e particular consistiria na apresentação, cuidadosa, do direito das gentes, político e econômico, com um breve resumo da história da ciência do direito, na exposição do complexo dos direitos e deveres entre os cidadãos e a nação e entre esta e os soberanos, no ensino, "com muita madureza", das formas de governo, de suas teorias e de sua aplicação às modernas constituições, com especial atenção para o tópico da divisão dos poderes e seu equilíbrio.

[432] Cf. DUTRA, Pedro. *Literatura jurídica no Império.* 2. ed. Rio de Janeiro: Padma, 2004,

PENSAMENTO CONSTITUCIONAL À LUZ DA CONSTITUIÇÃO DE 1824

A inaugurar o rol dos pensadores brasileiros que se ocuparam com o exame e a análise da Constituição[433], apresenta-se José Paulo Figueirôa Nabuco de Araújo[434], que escreveu *"Dialogo Constitucional Brasiliense"* em 1827. Cuidava-se de uma análise da Constituição de 1824 estruturada "em forma dialogal e de fundo erudito", modestamente inspirada na metódica dialética do *"Diálogo das Leis"* de Platão, segundo opinião obsequiosa de Otacílio Alecrim[435].

O futuro ministro do Supremo Tribunal de Justiça adotou a forma de "perguntas e respostas" na estruturação do livro, seguindo a mesma disposição e ordem sistemática da Constituição. As respostas são meras transcrições do teor literal do texto da Constituição sem que lhe sigam quaisquer reflexões, críticas ou análises de maior profundidade jurídica, política ou filosófica. Em vez de desenvolver ou comentar criticamente os dispositivos constitucionais, José Paulo Figueirôa, quando muito e com certa recorrência, citou diversos atos normativos legais e infralegais em notas de rodapé, relacionados com o artigo da Constituição em questão, possivelmente com o intuito de revelar o sentido e o alcance prático da norma constitucional.

Não obstante, o livro em sua aparente singeleza e despretensiosa neutralidade descritiva, sutilmente, tentava persuadir o leitor quanto à legi-

---

p. 34 e ss. Sobre o tema dos periódicos jurídicos, vide: FORMIGA, Armando Soares de Castro. *Periodismo jurídico no Brasil do século XIX.* Curitiba: Juruá, 2010, *passim.*

[433] Na historiografia constitucional, ainda persiste dúvida sobre qual teria sido a primeira obra produzida sobre o direito constitucional positivo brasileiro, isto é, sobre a Constituição de 1824. A celeuma, contudo, parece-nos despicienda, importando, antes, o estudo de cada uma dessas referências marcantes de nossa história constitucional. Cf. VALADÃO, Alfredo. *Lourenço Ribeiro: primeiro diretor e professor do curso jurídico de Olinda e primeiro comentador da Constituição do Império. Arquivos do Ministério da Justiça:* a. 34, n. 142, abr./jun., 1977, p. 156-186, p. 186; ALECRIM, Otacílio. *Ideias e instituições...*, p. 64-65.

[434] Filho do desembargador do Paço José Joaquim Nabuco de Araújo e primo de José Thomás Nabuco de Araújo, José Paulo Figueirôa Nabuco de Araújo nasceu em janeiro de 1796 e formou-se em direito na Universidade de Coimbra, em 1819. No ano seguinte, iniciou sua promissora carreira na administração pública, ao tomar posse no cargo de juiz de fora. Cf. BLAKE, Sacramento. *Diccionario bibliographico brazileiro.* Vol. 5. Rio de Janeiro: Conselho Federal de Cultura, 1970, p. 113-115.

[435] Cf. ALECRIM, Otacílio. *Ideias e instituições...*, p. 65.

timidade da Constituição[436]. Quanto à institucionalização da separação dos poderes, princípio conservador dos direitos dos cidadãos, José Paulo Figueirôa Nabuco de Araújo apenas reproduziu a estrutura constitucional instituída sem acrescer qualquer análise ou reflexão crítica sobre os poderes políticos que contribuísse relevantemente ao debate da época e à presente pesquisa[437].

O mesmo, não podemos dizer de Lourenço José Ribeiro[438], que foi nomeado diretor interino do curso jurídico de Olinda pelo imperador e, por ausência de professor, encarregado de ensinar a disciplina de "*Direito Natural, Público, Análise da Constituição do Império, Direito das Gentes e Diplomacia*" (ou, simplesmente, "*Análise*"). Na preparação de sua disciplina predileta, ele deixou suas apostilas, posteriormente adotadas como compêndio para a disciplina, cujo impacto na cultura jurídica nacional teria sido significativo, segundo noticiaram Alfredo Valadão e Clóvis Beviláquia[439].

Não seria fácil a tarefa de ensinar *Análise* na Província que sediara rebeliões liberais e constitucionais, inclusive a de 1824, em que se rejei-

---

[436] Assim, à pergunta "Sobre que bases se organisou a Constituição do Imperio?", respondeu-se: "Sobre as espontaneamente appresentada pelo Magnanimo Justo, e Incomparavel Pedro Iº Imperador". Em seguida, após esclarecer que a Constituição foi organizada no Conselho de Estado, o autor destacou que seus membros "concluirão destramente esta bella obra com prestesa não vulgar no dia 11 de Dezembro de 1823". Cf. ARAUJO, José Paulo Figueirôa Nabuco de. *Dialogo constitucional brasiliense*. 2. ed. Rio de Janeiro: s/ed, 1829, p. 245.

[437] *Idem*, p. 5-9, p. 145 e p. 186-233.

[438] Lourenço José Ribeiro nasceu em São João d'El-Rei, Província de Minas Gerais, em 1796, foi seminarista e, em 1823, foi laureado com distinção e louvor em direito, na Universidade de Coimbra. Retornou ao Brasil no mesmo ano, onde iniciou sua carreira de advogado, na capital do Império. Cf. VALADÃO, Alfredo. *Lourenço Ribeiro: primeiro diretor e professor do curso jurídico de Olinda e primeiro comentador da Constituição do Império. Arquivos do Ministério da Justiça*: a. 34, n. 142, Abr./Jun., 1977, p. 156-186, p. 165.

[439] Cf. VALADÃO, Alfredo. *Lourenço Ribeiro...*, p. 175-178; BEVILÁQUIA, Clóvis. *História da Faculdade de Direito do Recife*. 3. ed. Recife: UFPE, 2012, p. 39-41 e p. 447-448.

tou a própria Constituição[440]. Mas, Lourenço José Ribeiro[441] articulou com extrema cautela os fundamentos da Constituição, procurando definir os conceitos fundamentais em torno dos quais desenvolveu sua teoria constitucional. Obviamente, sua missão foi além da análise descritiva da Constituição. O estudo contextual de seus pontos de aula nos sugere que também foi seu objetivo persuadir a classe estudantil, berço da elite política da nação, da legitimidade da ordem constitucional.

Ele reconheceu que o soberano se formaria pelo conjunto das vontades individuais. No entanto, depois de elaborada a Constituição, o poder soberano desapareceria e atuaria por seus delegados, as leis e o depositário do Poder Executivo[442]. A Constituição teria legitimidade justamente porque o povo seria o responsável pela redação do pacto social. Por isso, esse mesmo povo decidiu, por vontade própria, sujeitar-se às suas cláusulas, voltando à sua condição de parte governada e devendo obediência às leis e ao magistrado supremo que as representaria.

A Constituição se tornaria imutável e adquiriria firmeza e estabilidade duradoura, qualidades que lhe seriam inerentes, já que o "Poder Soberano" não poderia apresentar-se à sociedade todos os dias sob pena de ameaçar a organização social[443].

---

[440] Carlos Honório de Figueredo destacou a habilidade com que Lourenço José desincumbiu-se de sua missão de ministrar as lições de *Análise*, consideradas as feridas não cicatrizadas e os espíritos ainda inflamados. Cf. FIGUEIREDO, Carlos Honório. *Memoria sobre a fundação das faculdades de direito no Brasil. Revista Trimestral do Instituto Histórico Geographico e Ethnographico do Brasil*. Rio de Janeiro: 1859, Tomo XXII, 4º Trimestre, p. 507-526.
[441] Cf. RIBEIRO, Lourenço José. *Análise da Constituição Política do Império do Brasil (1829). Arquivo do Ministério da Justiça*. Rio de Janeiro: Ano 34, n. 142, p. 1-155, abr/jun, 1977, p. 2-6.
[442] Após mencionar os problemas ocorridos na França por não haver feito o soberano desaparecer, Lourenço José Ribeiro concluiu a respeito do Brasil: "No nosso Brasil, felizmente, esta doutrina está em prática. O Soberano depois de criado o Majestoso Edifício da nossa Constituição, desapareceu; já não obra activamente, e por si, mas por impressão, por influência, e por meio de seus Representantes, que são a Assembléia Geral, e o Imperador, os quais não tendo autoridade para desmanchar a Constituição, mas só fazer Leis administrativas, que não se oponham à sua letra e espírito, podemos nos gloriar de ter um Governo fixo, e regular, e de que estamos salvos das terríveis catástrofes, por que passa uma Nação, que se constitui de novo". *Idem*, p. 6.
[443] Para Lourenço José Ribeiro, esse teria sido o erro de Rousseau, que confundira as noções de poder soberano e de poder legislativo, isto é, as noções de povo, que seria o

HISTÓRIA DO CONTROLE DA CONSTITUCIONALIDADE DAS LEIS NO BRASIL

Em sua defesa velada à ordem política imperial e à organização dos poderes políticos, Lourenço José Ribeiro sutilmente afirmou que a divisão de poderes seria algo secundário nas Constituições, não afetaria sua essência e deveria amoldar-se às características de cada povo, o que nos soa como tentativa de legitimação do Poder Moderador[444].

Uma de suas reflexões mais importantes, em nosso sentir, foi apresentada no comentário ao art. 9º da Constituição[445], no qual expôs sua visão sobre a separação dos poderes. Na esteira de Montesquieu, Lourenço José Ribeiro[446] considerou que existiriam apenas dois poderes, o Legislativo e o Executivo[447]. Com efeito, ao analisar o art. 11 da Constituição, que estabelecia serem os representantes da nação o imperador e o Poder Legislativo, ele esclareceu que os grandes poderes seriam o Executivo e o Legislativo.

O Poder Judiciário seria mera ramificação do Executivo[448], permanecendo à sombra dos outros dois. Os magistrados se limitariam a julgar

poder soberano instituinte e temporário, e de Poder Legislativo, um dos poderes instituídos delegados pelo poder soberano.

[444] Gláucio Veiga afirmou que Lourenço José Ribeiro estaria "preocupado antes em justificar a Carta de 1824 que propriamente interpreta-la e analisa-la". Cf. VEIGA, Gláucio. *História das ideias...* Vol. I, p. 294. Com efeito, Lourenço José Ribeiro considerou que a constituição do Império como nação livre e independente teria ocorrido com sua separação da metrópole em 1822 e que dom Pedro seria, dentre todos os brasileiros, por conta de seus diversos "feitos constitucionais" que fariam resplandecer todo seu liberalismo, aquele que reuniria as qualidades mais dignas e estaria em melhor condição para governar o país. *Idem*, p. 15-18.

[445] O dispositivo tinha o seguinte teor: "Art. 9º. A Divisão, e harmonia dos Poderes Politicos é o principio conservador dos Direitos dos Cidadãos, e o mais seguro meio de fazer effectivas as garantias, que a Constituição oferece".

[446] Cf. RIBEIRO, Lourenço José. *Análise da Constituição...*, p. 33-36.

[447] Em seu texto, ao utilizar o termo "arbitrário" para descrever os diversos tipos de organização do poder, Lourenço José não pretendeu caracterizar a ilegitimidade ou desconformidade com o direito, mas apenas enfatizar a liberdade que o poder soberano no ato de criação da Constituição deteria para amoldar a divisão dos poderes conforme as particularidades de cada nação.

[448] Em comentário ao art. 10 da Constituição, que estabelecia os quatros poderes, Lourenço José afirmou: "Muitos políticos com razão consideram o Poder Judicial como ramificação do Executivo, tendo por execução da Lei a sua aplicação aos fatos". Cf. RIBEIRO, Lourenço José. *Análise da Constituição...*, p. 37.

as ações dos homens em conformidade com o teor da lei. Se tal função ficasse a cargo do Legislativo ou do Executivo, o resultado seria a arbitrariedade pelo surgimento da figura do "juiz legislador" ou do "juiz em causa própria"[449].

Quanto ao Poder Legislativo, Lourenço Ribeiro considerou que, no art. 15, VIII, da Constituição, estaria prevista "a principal função da Assembleia Geral, que consiste em fazer Leis, interpretá-las, suspendê--las e revogá-las". A interpretação consistiria na prática de explicar a obscuridade da Lei e se classificaria em gramatical, lógica, usual, autêntica e doutrinária. É importante percebermos que, provavelmente pela inexistência de uma experiência institucional consolidada à luz da Constituição de 1824, Lourenço José não se ateve, em detalhes, às diferenças e às sutilezas de cada uma dessas espécies de interpretação, limitando-se a mencionar que a interpretação autêntica seria um ato de natureza legislativa exercido pela da Assembleia[450] sem qualquer consideração adicional sobre a interpretação doutrinal.

Por outro lado, ao atribuir à Assembleia Geral a função de "velar na guarda da Constituição e promover o bem geral da Nação", o inciso IX do art. 15 lhe teria beneficiado com amplos e indeterminados poderes para alcançar tais objetivos. Lourenço José[451] visualizou, nesse dispositivo, "princípio fértil de atribuições", uma das mais notáveis prerrogativas asseguradas pela Constituição sem a qual a Assembleia ficaria privada de efetivar as atribuições constitucionalmente assinaladas bem como remediar males e abusos imprevistos que fossem cometidos contra si própria e contra a Constituição. Vejamos, contudo, que ele nada teria a ver com a noção hoje veiculada de controle da constitucionalidade das leis, conforme examinaremos no Capítulo 6.

---

[449] Infelizmente, Lourenço Ribeiro foi dispensado da cadeira de *Análise* razão por que não concluiu seus trabalhos. Desse modo, sua análise do Poder Judiciário e do Poder Moderador ficou resumida aos comentários gerais realizados em face dos arts. 9º e 10 da Constituição.

[450] *Idem*, p. 60.

[451] Essa cláusula genérica, na verdade, constituiria um "princípio cognoscitivo, por onde se pode julgar legais ou não todas as medidas ordinárias ou extraordinárias, que tomarem os representantes da Nação segundo as circunstâncias ocorrentes, uma vez que não vão de encontro à divisão dos Poderes e aos outros princípios constitucionais". *Idem*, p. 61.

Desse modo, sua análise da Constituição restringiu-se à dogmática do texto positivo, reafirmando e legitimando o modelo constitucional de referência consagrado bem como a própria figura do imperador. O curto espaço de experiência institucional, as incertezas sobre o destino do Império, as limitações próprias do ensino jurídico e, ainda, o controle governamental sobre os cursos jurídicos não permitiriam que o lente de *Análise* fosse além em seus pontos de aula[452].

Alguns anos depois, em 1842, José Maria de Avellar Brotero, que lecionava a mesma disciplina no curso jurídico de São Paulo, publicou seu segundo livro *"A Philosophia do Direito Constitucional"*[453]. Trata-se de

---

[452] A Lei de 11 de agosto de 1827, que criou os cursos jurídicos, recomendava aos lentes elaborarem seus próprios compêndios, que seriam aprovados pela Congregação e submetidos à aprovação pela Assembleia Geral. Era o que dispunha o art. 7º da Lei de 11 de agosto de 1827: "Art. 7º. Os Lentes farão a escolha dos compendios da sua profissão, ou os arranjarão, não existindo já feitos, com tanto que as doutrinas estejam de accôrdo com o systema jurado pela nação. Estes compendios, depois de approvados pela Congregação, servirão interinamente; submettendo-se porém á approvação da Assembléa Geral, e o Governo os fará imprimir e fornecer ás escolas, competindo aos seus autores o privilegio exclusivo da obra, por dez annos".

[453] Avellar Brotero singularizou-se em nossa história jurídica, porque sua obra *"Principios de Direito Natural"*, de 1829, foi rejeitada pela Assembleia Geral. O episódio, que não acarretou sua destituição do cargo nem sua renúncia, permite-nos tomar conhecimento do grau de intervenção estatal na condução e no controle do ensino jurídico, cuja função prioritária voltava-se à formação da elite imperial para os quadros burocráticos estatais. Em relação às doutrinas, sua publicação deveria ser autorizada pela Câmara dos Deputados. No caso específico de Avellar Brotero, seu trabalho sofre a enérgica reprovação do deputado Lino Coutinho: "Foi offerecido aqui á camara um compendio de direito natural, feito por um lente dessa escola de direito, compendio este que é vergonha das vergonhas pelas suas imbecilidades, e mesmo compendio prejudicial pelas más doutrinas que nelle se encerrão, e que eu não sei como o Sr. ex-ministro do imperio sem examinar este compendio, sem cousa nenhuma, mandasse ou decretasse que se ensinasse à mocidade brazileira por tão infame compendio". Cf. BRASIL. *Annaes do Parlamento Brazileiro (Câmara dos Srs. Deputados, Sessão de 1830)*. Tomo I. Rio de Janeiro: Typographia de H. J. Pinto, 1878, p. 357. Tanto Miguel Reale quanto José Afonso da Silva repudiaram a crítica do deputado Lino Coutinho, aparentemente motivado por razões políticas. Cf. REALE, Miguel. *Avelar Brotero, ou a ideologia sob as Arcadas*. In: *Horizontes do Direito e da História*. São Paulo: Saraiva, 1956, p. 195-224; SILVA, José Afonso da. *Notícia sobre Avellar Brotero e a "Filosofia de Direito Constitucional"*. In: BROTERO, José Maria de Avellar. *Filosofia de direito constitucional*. São Paulo: Malheiros, 2007, p. 11-21.

uma obra sobre teoria do direito público, na qual Avellar Brotero discutiu temas centrais do constitucionalismo a exemplo da finalidade da Constituição, da separação dos poderes, da forma de Estado e de governo. Não se tratava de uma análise da Constituição ou de direito público orgânico (ou particular), mas de uma obra de direito público universal ou filosofia do direito constitucional, cujo conteúdo hoje é objeto da teoria da constituição ou da teoria geral do direito constitucional, distinção essa que aparta seu livro do de Lourenço José Ribeiro, mais voltado à análise dogmática da Constituição do Império.

Brotero Avellar ensinava que a Constituição orgânica seria a resposta à primeira necessidade do corpo social, pois estabeleceria a organização dos poderes e reconheceria os direitos e deveres do Estado e dos cidadãos. Quanto à separação dos poderes, aproximando-se da tradição prevalecente desde a Constituinte de 1823, ele só reconheceu a existência de dois poderes, o Legislativo e o Executivo. O Judiciário não configuraria outro poder autônomo, já que a função dos juízes seria a mesma do Poder Executivo: pôr a lei em execução mediante sentenças lavradas para resolver questões concretas suscitadas pelos habitantes da comunidade[454]. Contudo, em consideração bem ambígua[455], justificou que "a política ensina e obriga a fazer-se tal divisão das atribuições do poder executivo"[456].

Na tendência geral do pensamento jurídico da época, Avellar Brotero reservou ao Poder Judiciário posição inferior no cenário institucional e ao Executivo e Legislativo, o protagonismo institucional. Em consequência,

---

[454] Cf. BROTERO, José Maria de Avellar. *Filosofia de direito constitucional (1842)*. São Paulo: Malheiros, 2007, p. 26-44.

[455] Mesma ambiguidade que marcou sua opinião em relação ao Poder Moderador. Com efeito, Avellar Brotero não foi um defensor intransigente do Poder Moderador como instituição autônoma. Ele anotou que a instituição do Moderador dependeria da realidade e da história de cada comunidade política, além do que muitas das atribuições reservadas por Benjamin Constant ao Poder Moderador (*v.g*: direito de graça, sanção e veto, nomeação de magistrados, prorrogação e dissolução da Câmara etc.), competiriam ao monarca. *Idem*, p. 43-59 e p. 87-97.

[456] E o lente de São Paulo foi além: "se se pudesse tornar a magistratura independente dos dois poderes executivo e legislativo, tal independência seria uma salvaguarda às liberdades individuais e aos domínios particulares, não pela coisa em si, mas sim pelos abusos e falta de moralidade no choque dos interesses". *Idem*, p. 44.

por ato voluntário do mandante, seria possível fazerem-se tantos poderes quanto se queira, a exemplo do judiciário, militar, eleitoral etc[457].

Ainda em relação à separação dos poderes, Avellar Brotero aludiu a um "novo poder constitucional orgânico", isto é, um tribunal supremo com competência para conhecer dos crimes do chefe do Poder Executivo. Embora apenas restrito à questão criminal, Brotero Avellar descartou a hipótese desse novo poder ocasionalmente lembrada por publicistas, tendo em vista que, com o tempo e pela ordem natural das coisas, esse tribunal se tornaria o próprio Poder Executivo ou seu "amo"[458]. No âmbito do pensamento constitucional, esse argumento é precursor porque foi constantemente ativado por juristas contra eventuais alterações ou ampliações da competência do Supremo Tribunal de Justiça, o que poderia quebrar o equilíbrio, a harmonia e a independência dos poderes políticos, que poderiam ficar subordinados ao Supremo.

Nesse esquema teórico e conceitual, pensar-se o Poder Judiciário independente como instrumento do controle da constitucionalidade das leis seria um esforço inútil e dotado de anacronismo. Essa é, sem dúvida alguma, uma marca desse momento de formação da Constituição de 1824, no qual a construção da ordem jurídica e do Estado brasileiro é tocada em frente a partir de uma configuração e de uma estruturação dos poderes em que ao Poder Judiciário era atribuído o mais tímido e contido dos papéis institucionais, quase de subordinação. Por outro lado, reafirmando o modelo constitucional de referência, pautado na preeminência imperial, ficava claro quem seria, em sua teoria, a autoridade legitimada para dizer o significado das leis em última instância.

O publicista português Silvestre Pinheiro Ferreira publicou "*Observações sobre a Constituição do Imperio do Brazil e sobre a Carta Constitucional do Reino de Portugal*" em 1830, em que articulou uma forte crítica à Carta

---

[457] Ao recordar que, em tempos distantes, a *iurisdictio* seria uma das mais nobres funções dos cônsules e reis, Avellar Brotero acusou Montesquieu de haver proposto a criação de um poder independente sem a real necessidade, pois o supremo magistrado seria o rei, chefe do Poder Executivo. Por outro lado, é visível sua satisfação ao comentar que Macarel, na linha prevalecente do direito universal público, posicionara-se pela existência de apenas dois poderes (Executivo e Legislativo). Cf. BROTERO, José Maria de Avellar. *Filosofia de direito...*, p. 57-59.

[458] *Idem*, p. 61-64.

de 1826 e reflexamente à Constituição de 1824, pois a Carta portuguesa foi uma transposição dos dispositivos da brasileira. Além disso, foi um jurista cujas obras tiveram impacto e circulação no Brasil, bastando lembrar que foi referido, dentre outros, por Pimenta Bueno e pelo visconde do Uruguay.

Diferentemente dos comentaristas brasileiros, em geral sóbrios na arte de criticar a Constituição de 1824, Silvestre Pinheiro, talvez porque abrigado nas fronteiras francesas[459], produziu áspera crítica à Carta portuguesa de 1826, que também se dirigia indiretamente à Constituição brasileira; além disso, ele pareceu menos preocupado com o conteúdo da Carta de 1826 do que com a forma com que foi adotada em seu país, razão por que manteve a diferença conceitual de tratamento: *Constituição do Brasil* e *Carta de Portugal*.

Não obstante, sua estrutura argumentativa ratificava não só o modelo monárquico constitucional instaurado mas também a própria concepção orgânica da separação dos poderes no que diz respeito ao Poder Judiciário. Com efeito, o publicista lusitano foi refratário à sistemática da Carta que atribuía ao Executivo a prerrogativa de nomear magistrados. Silvestre Pinheiro tinha uma acepção mais radical da independência judicial, segundo a qual "nem a nomeação, nem a conservação dos agentes de cada um delles, nem a validade dos seus actos dependam dos agentes de nenhum dos outros"[460].

Sobre a independência do Poder Judiciário, ele afirmou que o dispositivo constitucional em si seria uma asserção puramente didática e dispensável, pois o importante mesmo seria assegurar que "os agentes do poder judicial não devem ser nomeados, nem promovidos, nem dimittidos pelos agentes dos outros dois poderes legislativo e executivo"[461]. Em

---

[459] Silvestre Pinheiro era professor de filosofia no Colégio das Artes da Universidade de Coimbra, mas abandonou a função devido a perseguições políticas e ideológicas. Considerado "jacobino", refugiou-se na França, onde residiu por quase vinte anos (1820-1838), época na qual se dedicou aos estudos de direito constitucional, consagrando-se como grande constitucionalista liberal da primeira metade do século XIX. Cf. MONCADA, Luiz Cabral de. *Silvestre Pinheiro Ferreira*. In: *Silvestre Pinheiro Ferreira: bibliografia e estudos críticos*: CDPB, 2010, p. 73-83 [Disponível em: www.cdpb.org.br. Acesso em: 19 de outubro de 2013].

[460] Cf. FERREIRA, Silvestre Pinheiro. *Observações sobre a Constituição...*, p. 166.

[461] *Idem*, p. 186.

outras palavras, era contrário a qualquer forma de intervenção do Executivo na configuração do Poder Judicial.

Noutro escrito, de 1844, Silvestre Pinheiro teceu comentários sobre o Supremo Tribunal de Justiça[462], que à semelhança do brasileiro teria o objetivo de manter a uniformidade da legislação pela conformidade da interpretação e de oferecer às partes recursos das nulidades e sentenças de última instância. Em sua visão, a constituição orgânica do Supremo impossibilitara-o de cumprir sua missão institucional.

Uma das razões da insuficiência do Supremo Tribunal residiria na premissa antijurídica de que teriam partido os jurisconsultos, relacionada com a interpretação das leis. Silvestre Pinheiro disse que o tribunal não poderia manter uniformidade das leis, porque não lhe caberia determinar o sentido da lei e pretender impor sua interpretação aos juízes e tribunais. Isso faria com que os magistrados traíssem seu juramento de aplicar a lei segundo sua própria consciência[463].

Nesse sentido, Silvestre Pinheiro ainda que tenha representado um argumento favorável à independência do Judiciário, problema que marcaria a história da magistratura ao longo do Império, no que toca à interpretação prendeu-se à tradição constitucional de que o juiz seria mero aplicador da lei.

À semelhança dos demais autores, no livro "*Elementos de Direito Publico*", de 1849, Pedro Autran da Matta Albuquerque, que por mais de quarenta anos exclusivamente se dedicou ao magistério no curso jurídico[464], pareceu-nos ostentar o firme objetivo de convencer seu público leitor de que a Constituição de 1824 seria a melhor e a mais adequada para o Império do Brasil. Mesmo se valendo de afirmativas gerais e abstratas, o autor quando se referia ao texto constitucional positivado não fez

---

[462] Cf. Ferreira, Silvestre Pinheiro. *Questões de direito publico e administrativo, philosophia e litteratura*. (Parte I). Lisboa: Typographia Lusitana, 1844, p. 30-33.

[463] Para Silvestre Pinheiro, a intenção dos jurisconsultos de que a decisão do Supremo Tribunal vinculasse os demais juízes e tribunais partiria de um princípio antijurídico: ou a lei seria clara e não precisaria de interpretação, ou a lei seria obscura, hipótese em que competiria unicamente ao Poder Legislativo interpretá-la ou substituir-lhe por outra lei clara. *Idem*, p. 32-33.

[464] Cf. Veiga, Gláucio. *História das ideias da Faculdade de Direito do Recife*. Vol. IV. Recife: Universitária, 1984, p. 287-288; Blake, Sacramento. *Diccionario bibliográfico...* Vol. 7, p. 21-23.

juízos mais elaborados ou dotados de maior profundidade analítica, mas manteve uma linguagem de elogio e de enaltecimento.

A timidez com que apresentou o Moderador, seguido da forte defesa de suas atribuições, a exemplo da prerrogativa de dissolução da Câmara dos Deputados, mostra-nos que o imperador, em sua doutrina, sobrepairava as paixões, estaria acima dos interesses e das paixões políticas e, portanto, constituiria o elemento transcendental e metafísico da legitimidade da ordem constitucional[465].

Pedro Autran ensinava que a monarquia constitucional brasileira teria instituído o modelo ideal, capaz de realizar harmoniosamente os objetivos comuns de qualquer sociedade: segurança e progresso. Sua forma hereditária distinguia-a ainda mais, pois evitaria a eleição periódica do monarca, o que dividiria o povo em vários partidos e geraria grave perturbação social ameaçando a ordem e a prosperidade publica"[466].

Ao tratar da organização política dos poderes em nossa Constituição, Pedro Autran afirmou que a separação dos poderes seria o princípio fundamental de todas as Constituições modernas e permitiria o poder público preencher três funções diferentes: preparar e fazer as leis, executar e regular as relações com as nações e, por fim, decidir contestações entre cidadãos e punir delitos.

A Constituição de 1824 criou um poder especial, o Moderador, que estaria encarnado na pessoa do imperador e seria imprescindível para manter a independência, o equilíbrio e a harmonia dos outros poderes[467].

---

[465] É inevitável reconhecermos que suas concepções e valores religiosos impregnavam seu pensamento jurídico e constitucional. Clóvis Beviláquia apontou-lhe a formação profundamente religiosa, que moldava suas concepções filosóficas e sociais. Ademais, Pedro Autran manteve íntimos vínculos com representantes da Igreja e participou ativamente da imprensa católica, sendo colaborador em vários periódicos. Cf. BEVILÁQUIA, Clóvis. *História da Faculdade...*, p. 449-451. Tobias Barreto, que com ele travara polêmica religiosa nos idos de 1870, escreveu-lhe o poema *"Conselheiro Pedro Autran de Albuquerque"*, no qual o mote era: "Fradecos, tocai o sino/Que o *Católico* morreu". Cf. BARRETO, Tobias. *Conselheiro Pedro Autran de Albuquerque (1870)*. In: *Dias e Noites*. Rio de Janeiro: Solomon; Sergipe: Diário Oficial, 2012, p. 355.

[466] Cf. ALBUQUERQUE, Pedro Autran da Matta. *Elementos de direito publico*. Recife: Typ. Imparcial, 1849, p. 8-11.

[467] *Idem*, p. 21 e p. 46.

No entanto, existiriam apenas duas grandes funções políticas do Estado: a criação e a aplicação das leis.

Dentre as atribuições legislativas, o referido professor destacou que ao Poder Legislativo cabia fazer as leis e interpretá-las, bem como suspendê-las ou revogá-las segundo exigirem os interesses públicos[468]. A aplicação das leis seria delegada aos Poderes Executivo e Judiciário: essa atribuição seria do Executivo quando a lei cuidasse de interesses coletivos; se dispusesse sobre interesses particulares ou da punição de crimes, a competência pertenceria ao Judiciário. O direito de julgar, destarte, compreenderia "outro modo de applicar a lei, que consiste em declarar a existencia do direito n'uma especie dada, sobre que versa uma contestação"[469].

Apesar de o Judiciário aproximar-se do Executivo pela natureza de suas atividades (execução das leis), Pedro Autran[470] ensinava que a atividade judicial era institucionalizada em um poder independente com órgãos próprios e especiais e tinha por função punir os crimes e regular os interesses privados, aplicando as leis criminais e civis. O Supremo Tribunal de Justiça, por sua vez, teria a limitada função de conceder ou denegar revistas sem julgar o mérito da questão litigiosa, apenas para prevenir eventuais violações à lei ou abusos praticados por magistrados.

Como podemos observar, Pedro Autran concebeu um papel institucional bem reduzido para o Poder Judiciário. Primeiro, o juiz não criaria o direito das partes, mas apenas o declararia aplicando leis civis e penais[471]. Segundo, o Supremo fora instituído "para velar que a lei seja a regra do juiz, e não a sua razão"[472], o que implicitamente ainda nos sugere uma imagem negativa do juiz como elemento contumaz de desvio da legalidade. Terceiro, a posição de preeminência institucional que assinalou ao

---

[468] *Idem*, p. 22-23.

[469] Cf. ALBUQUERQUE, Pedro Autran da Matta. *Elementos de direito publico universal*. 2. ed. Recife: Ed. Guimarães & Oliveira, 1860, p. 16.

[470] Cf. ALBUQUERQUE, Pedro Autran da Matta. *Elementos (1849)...*, p. 62.

[471] Pedro Autran insistiu na natureza declaratória da aplicação judicial das leis, "porque do preceito geral da lei deduz o preceito applicavel á constestação, e que se encerra na lei: donde se segue que julgar não he fazer a lei". Cf. ALBUQUERQUE, Pedro Autran da Matta. *Elementos (1860)...*, p. 46.

[472] *Idem*, p. 28.

monarca ao longo de toda sua obra, ao qual se sujeitaria o próprio Poder Judiciário em última instância.

Outro jurista que chamaria atenção seria Francisco Ignacio de Carvalho Moreira[473], doutor em Oxford e dono de respeitável fama na advocacia, que escreveu *"Constituição Politica do Imperio do Brasil"*, publicada em 1855. Essa obra não se reveste de maior relevância, porque não expressou nenhuma reflexão consistente sobre a Constituição[474]. De maior significado, contudo, foi o livro *"Do Supremo Tribunal de Justiça"*, na verdade, *"Memoria"* oferecida ao Instituto da Ordem dos Advogados Brasileiros, em 7 de setembro de 1847.

Dentre outros temas, Francisco Ignácio retomou a discussão em torno das atribuições institucionais do Supremo Tribunal de Justiça, cuja moldura normativa teria sido superficialmente prevista pela Constituição. Em sua percepção, a Constituição tanto autorizaria instituir uma corte de cassação quanto um tribunal de revista[475]. No primeiro caso, o tribunal se limitaria a anular o julgado; no segundo, além de anular a decisão, adentraria o mérito e a julgaria definitivamente.

Quanto à Lei de 18 de setembro de 1828, que criou o Supremo Tribunal de Justiça, ele considerou que seus autores pensaram-no como "tribunal intermédio das Relações provinciaes", o que teria suprimido as potencialidades de realização de seu grandioso fim social – o de garantir a aplicação justa e uniforme das leis.

O então membro do Instituto dos Advogados propôs que o Supremo Tribunal de Justiça proferisse julgamentos em caráter definitivo no interesse da lei. Seus oponentes alegavam que essa atribuição seria inconstitucional por violação ao art. 158 da Constituição, que instituía duas

---

[473] Cf. BLAKE, Sacramento. *Diccionario bibliográfico...* Vol. 2, p. 460-462.

[474] Trata-se, a rigor, de versão anotada do texto constitucional, destituída de análise crítica ou sistemática de seu conteúdo com algumas referências legislativas e explicações de procedimentos internos de órgãos e instituições, além de esparsas opiniões pessoais sobre um ou outro dos dispositivos constitucionais. Por exemplo, ao anotar o art. 40 da Constituição, que dispõe sobre a composição vitalícia do Senado, o autor informou que, por força de decreto, permitia-se aos senadores o uso de uniforme especial. Cf. MOREIRA, Francisco Ignacio de Carvalho. *Constituição Politica do Imperio do Brasil*. Rio de Janeiro: Eduardo & Henrique Laemmert, 1855, p. 25.

[475] Cf. MOREIRA, Francisco Ignacio de Carvalho. *Do Supremo Tribunal de Justiça: sua composição, organisação e competencia*. Rio de Janeiro: Typographia Nacional, 1848, p. 10-11.

instâncias no sistema judicial[476]. Porém, ele os replicou, aludindo à clara diferença entre não haver nova instância e não haver novo julgamento. Por não conhecer de novos argumentos e por julgar prioritariamente no interesse da lei, o Supremo Tribunal não poderia constituir-se em terceira instância[477].

Valendo-se da autoridade de sua experiência advocatícia, Carvalho Moreira foi categórico: seria pura ficção achar-se que o Supremo não enfrentaria o mérito das questões examinadas em sede de recurso de revista, pois, para analisar a injustiça notória ou manifesta nulidade da lei, os ministros seriam invariavelmente compelidos a tanto. A reforma do tribunal seria evidente, porquanto a configuração vigente representaria injustificável limitação da destinação institucional do Supremo, tornando-o "defeituoso, incapaz de produzir os beneficios resultados que os corpos judiciarios deste genero devem prometter ao paiz, e anomalo e contradictorio com essa supremacia, que a mesma Constituição lhe outorgara"[478].

Essa posição de vanguarda, contudo, apresentava suas limitações. Se de um lado, Carvalho Moreira defendeu a definitividade dos julgamentos do Supremo, de outro lado, não ousou ir às últimas consequências do argumento para defender a eficácia vinculante das decisões[479]. Aqui, mais uma vez, percebemos a volta da tensão existente no argumento constitucional de ampliarem-se as atribuições institucionais do Supremo Tribunal e o risco de minar-se autoridade legitimada para dizer o que o direito significaria em última instância.

5.3. Segunda fase do pensamento constitucional (1850-1870): experiência institucional à luz da Constituição

Na década de 1850, o Império vivia seu melhor momento. Predominava o ambiente de paz social, de estabilidade do sistema político, de grande

---

[476] Durante o processo legislativo da lei do Supremo Tribunal de Justiça, foi predominante o entendimento segundo o qual autorizar-se o Supremo a julgar em definitivo significaria instituir a terceira instância de julgamento, o que seria proibido pelo art. 158 da Constituição, que previa: "Para julgar as Causas em segunda, e ultima instancia haverá nas Provincias do Imperio as Relações, que forem necessarias para commodidade dos Povos".

[477] *Idem*, p. 12-14.

[478] *Idem*, p. 13.

[479] *Idem*, p. 14-15.

crescimento econômico, impulsionado pela abolição do tráfico, e o sentimento de afirmação da nacionalidade e da identidade brasileira, cuja expressão ganhou forma na prosa de José de Alencar, em "*O Guarani*", de 1857, e na poesia de José Gonçalves de Magalhães, com *Confederação dos Tamoios*, de 1856[480].

Eduardo Kugelmas[481] observou que Pimenta Bueno não se apartara desse clima ideológico e romântico, já que seu *leitmotif* consistiu em enaltecer a Constituição do Império, pilar da unidade nacional e do caminho para o progresso. Não por outra razão, o intrépido crítico Tobias Barreto o acusou de haver mergulhado o monarca em excessivas adjetivações para glorificá-lo, considerá-lo o ente privilegiado, o arquicidadão brasileiro[482].

José Antonio Pimenta Bueno[483], o "grande publicista e constitucionalista do Império", teve sua obra prima "*Direito Publico Brazileiro e Analyse da Constituição do Imperio*", publicada em 1857[484]. *Direito Publico* foi a primeira grande reflexão sistemática e consistente sobre o direito constitucional positivo brasileiro com significativo impacto no cenário jurídico e político brasileiro[485]. Tamanha a relevância do *Direito Publico*, que teria se tornado "livro de cabeceira" de dom Pedro II[486].

A considerar os rasgados elogios com que Pimenta Bueno ornou seus comentários à Constituição bem como à figura do imperador, a primeira

---

[480] Cf. KUGELMAS, Eduardo. *Introdução*. In: BUENO, João Antônio Pimenta. *Direito público brasileiro e análise da Constituição do Império*. São Paulo: Editora 34, 2002, p. 30 e ss.

[481] *Idem*, p. 45.

[482] Cf. BARRETO, Tobias. *Direito público...*, p. 144.

[483] Cf. RODRIGUES, José Honório. *O centenário da morte de Pimenta Bueno, 1803-1878. Revista de História de América*: n. 87, Jan./Jun., 1979, p. 183-199; BLAKE, Sacramento. *Diccionario bibliographico...* Vol. 4, p. 303-304.

[484] Cf. VALLADÃO, Haroldo. *Pimenta Bueno, grande publicista e constitucionalista do Império. Revista do Instituto Histórico e Geográfico Brasileiro*: Vol. 199, Abr./Jun., 1948, p. 176-190.

[485] Tobias Barreto atestou a primazia do "*Direito Publico Brazileiro*", dirigindo talvez a mais ácida e contundente das críticas que a obra tenha recebido: "Poderia achar-se injusto criticar atualmente uma obra, escrita há quinze anos; e eu não tomaria esse trabalho se não fossem duas graves e fortes razões. A primeira é que nós não possuímos coisa melhor, nem mesmo igual no gênero. Em segundo lugar, a obra de que se trata existe ainda hoje, como outrora, cercada do respeito e obediência votados à magna ilustração de seu autor". Cf. BARRETO, Tobias. *Direito público brasileiro (1872)*. In: *Estudos de Direito I*. Rio de Janeiro: Solomon; Sergipe: Diário Oficial, 2012, p. 140.

[486] Cf. KUGELMAS, Eduardo. *Introdução...*, p. 37.

HISTÓRIA DO CONTROLE DA CONSTITUCIONALIDADE DAS LEIS NO BRASIL

impressão havida é de sua intenção de legitimar o texto constitucional. Seu estilo da exposição é elegante, ameno, acrítico e quase não se ocupa da realidade subjacente à Constituição, salvo uma ou outra insurgência contra atos abusivos praticados pelos ministros, o que indiretamente lhe servia para reafirmar o poder imperial[487]. A Constituição de 1824, presenteada pela previdência divina, seria uma obra que punha o Brasil no mesmo (ou superior) patamar das nações europeias[488].

Em diversas passagens, desde os primeiros até os últimos parágrafos do livro, Pimenta Bueno não economizou no uso de adjetivos ("sábia", "obra de alta sabedoria", "sábios brasileiros", "alta compreensão e vigor de sua sabedoria", "em sua elevada e luminosa compreensão", "grande centro luminoso", "alta intelligencia, justiça e previsão")[489]. Por outro lado, a reduzida lista bibliográfica de autores referidos na obra chamou a atenção de Tobias Barreto[490], bem como o fato de ele quase não se referir

---

[487] As maiores críticas formuladas por Pimenta Bueno foram dirigidas contra o Poder Executivo, que, embora chefiado pelo imperador, era exercido pelos ministros sob a responsabilidade destes. Particularmente, ele se opunha à prática executiva de interpretação normativa, uma vez que o Executivo não deteria tal competência, que era privativa do Legislativo, nem seria depositário da vontade da nação. Cf. BUENO, José Antônio Pimenta. *Direito publico brazileiro e analyse da Constituição do Imperio*. Rio de Janeiro: Typographia Imp. e Const. de J. Villeneuve e C., 1857, p. 82 e ss.

[488] Tobias Barreto não se conteve com o tom laudatório de Pimenta Bueno que fazia crer ser nosso monarca o mais sábio de todos, nossa forma de governo a mais harmoniosa e perfeita de todas. Irônico e impetuoso em sua crítica, Tobias citou os "célebres versinhos" para atacar o atraso científico e jurídico brasileiro: "Nosso céu tem mais estrelas, nossas várzeas têm mais flores". Cf. BARRETO, Tobias. *Direito público...*, p. 144-146.

[489] Já na introdução, ele informou ao leitor que seu objetivo seria desenvolver conjuntamente o direito público positivo, que se resumia à "sábia constituição politica, que rege o imperio", e os princípios do direito público filosófico, de onde se extraíam seus "bellos artigos" e "mais luminosos principios". Na conclusão, Pimenta Bueno reconheceu que a Constituição brasileira "é uma das mais antigas do mundo, sábia, liberal, protectora", razão por que se deveria perpetuá-la e "deduzir della suas logicas, justas, bellas e creadoras consequencias". Na última frase do livro, Pimenta Bueno arrematou seu discurso elogioso com os dizeres: a Constituição do Império seria sempre "nossa força crescente, e nossa gloria nacional". Cf. BUENO, José Antônio Pimenta. *Direito publico brazileiro...*, p. IV e p. 489.

[490] Cf. BARRETO, Tobias. *Direito público brasileiro...*, p. 141. "E demais, nos quis fazer presente de uma bibliografia, constante de quarenta escritores que o auxiliaram na confecção do livro. Tanto maior se torna a minha admiração de ver o autor, que leu com interesse uma longa série de publicistas, girar não obstante em esfera tão inferior".

especificamente a qualquer autor nominalmente, impossibilitando o leitor de acessar diretamente as fontes[491].

Nesse contexto de afirmação e defesa da Constituição, o marquês de São Vicente[492] definiu a soberania como "atributo nacional", propriedade da nação que teria o direito de determinar a organização política de suas instituições e as garantias fundamentais bem como as condições da delegação do exercício desse mesmo poder. Entretanto, Pimenta Bueno não explicou a forma pela qual a nação brasileira delegara sua soberania ao imperador tampouco como ocorrera a escolha da forma de governo – monarquia constitucional hereditária e representativa. A gênese histórica da Constituição de 1824 continuava tangenciada e sem expositores. Ele apenas mencionou que – para sua mais alta representação – a nação escolheu "como deveria" dom Pedro I para ser o governante da monarquia constitucional. A decisão do povo brasileiro conduzira-se com base na "razão brasileira, esclarecida pela experiencia dos povos, o sentimento de seus habitos, a previsão de sua segurança e bem-ser"[493]. Tais justificativas fornecem indícios do seu esforço retórico de legitimar o sistema de governo e a Constituição, projetada por "sábios brasileiros e aprovada pelo "juízo nacional", "obra de alta sabedoria" e inspirada pela providência.

A Constituição de 1824 dividira em quatro o poder estatal, todos expressão da soberania nacional, iguais e independentes entre si. No entanto, Pimenta Bueno[494] a todo momento mostrava sua convicção na coroa e na sua transcendência quase teológica, pois ela seria o elemento de harmonia e de ordem a neutralizar perigos e abusos, sobretudo aque-

---

[491] Tomemos o tópico do Poder Moderador. Além de não citar Benjamin Constant, Pimenta Bueno afirmou que "alguns publicistas" denominavam-no "poder real ou imperial", que seria o órgão político "mais ativo" de todas as instituições fundamentais da nação, quando o próprio Constant expusera que o *Poder Neutral ou Real* seria o mais passivo dos poderes. Pimenta Bueno apontou, ainda, que o Poder Moderador estaria reunido ao Poder Executivo na maior parte das monarquias constitucionais, porém, à exceção do Brasil e de Portugal, nenhuma outra monarquia instituiu o Poder Moderador. Ademais, Benjamin Constant enfatizou que a concentração dos Poderes Executivo e Moderador caracterizaria a monarquia absolta. Cf. BUENO, José Antônio Pimenta. *Direito publico brazileiro...*, p. 204-205.

[492] *Idem*, p. 27 e ss.

[493] *Idem*, p. 30.

[494] *Idem*, p. 140-142.

les relacionados à onipotência do Legislativo. Por isso, defendeu fosse a coroa revestida de todo poder compatível com as liberdades públicas sob pena de desfalecimento da monarquia[495], o que a colocava em posição de inegável superioridade: no centro do comando do maquinismo estatal.

Para Pimenta Bueno, o "imperante é a primeira e mais elevada representação da soberania e magestade da nação"[496]. Ele tinha o exercício exclusivo do Poder Moderador, seria a coroa sem ministério[497] e constituiria a "suprema inspecção da nação", isto é, possuiria o alto direito "de examinar o como os diversos poderes politicos, que ella [nação] creou e confiou a seus mandatarios, são exercidos"[498]. O imperador, no exercício do Moderador, seria o responsável por manter o equilíbrio, impedir os abusos e conservar os poderes políticos nas missões para as quais foram destinados e não conheceria qualquer instância legitimada para julgar "a mais alta delegação da soberania nacional", que, do contrário, desceria de sua posição.

Esse foi o ponto crucial da crítica de Tobias Barreto[499] ao regime de governo brasileiro e ao pensamento constitucional, no qual os comentadores ainda penariam com "prejuízos teológicos e metafísicos". Pimenta Bueno concebeu e louvou um modelo constitucional no qual o imperador estaria no ápice do aparato estatal e seria uma figura sagrada e mítica, infalivelmente voltado para realizar o interesse coletivo e o bem-estar da sociedade.

Dentro dessa estrutura política orgânica de preeminência imperial, Pimenta Bueno examinou o Poder Judiciário. Não seria difícil percebermos que, nesse arranjo institucional, não haveria ambiente para desenvolvimento do controle judicial da constitucionalidade já que a majestade

---

[495] Tobias Barreto não perdoou o misticismo de Pimenta Bueno, bem como sua parvoíce de "qualificar de mais elevada e filosófica esta ou aquela forma de governo". Para Tobias, o seu livro mais se assemelhava a um escrito de teólogo, havendo "o publicista régio" se tornado um padre: "o sábio brasileiro está ainda no período atrasado das fórmulas estéreis que se repetiam, como as santas palavras de uma reza milagrosa". Cf. BARRETO, Tobias. *Direito público brasileiro...*, p. 142.

[496] Cf. BUENO, José Antônio Pimenta. *Direito publico brazileiro...*, p. 206.

[497] *Idem*, p. 204-205.

[498] *Idem*, p. 204.

[499] Cf. BARRETO, Tobias. *A questão do Poder Moderador (1875)*. In: *Estudos de Direito I*. Rio de Janeiro: Solomon; Sergipe: Diário Oficial, 2012, p. 96-97.

imperial sobrepairava os demais poderes e funcionava como suprema inspeção da nação.

Não obstante, Pimenta Bueno, que foi magistrado e desembargador, inovou no pensamento constitucional brasileiro ao defender a prerrogativa de os juízes não só interpretarem as leis (e o direito) mas também de exercerem o controle judicial dos atos administrativos em face da lei[500]. Não podemos deixar de reconhecer que, nesse período, superados os problemas iniciais de sua própria afirmação, o Império já tinha desenvolvido alguma experiência política e jurídica a partir do funcionamento das suas instituições. Um acúmulo de aprendizado extraído pelas práticas judiciais e políticas, certamente, estaria a conformar o pensamento constitucional brasileiro, que não ignoraria ou não poderia ignorar a realidade social subjacente, por mais que eventualmente o pretendesse.

Nesse contexto, a experiência institucional brasileira claramente mostrava os sinais de atrito entre os Poderes Executivo e Judiciário bem como entre o Legislativo e o Judiciário. Em consequência, seria quase inevitável enfrentar esse tópico que trazia dificuldades imensas na atuação concreta da administração e da justiça imperial, que implicaria a reformulação da teoria da produção do nosso direito constitucional.

Sob esse aspecto, como falamos acima, Pimenta Bueno manifestou sua posição: o magistrado poderia interpretar as leis e exercer o controle sobre os atos administrativos em face da lei. Contudo, a despeito da opinião de Haroldo Valladão[501], não poderíamos vislumbrar nessa formulação a antecipação dos elementos teóricos do controle judicial da constitucionalidade das leis. É certo que Pimenta Bueno defendeu uma atuação judicial mais incisiva, a prerrogativa da interpretação judicial das leis e a construção de um Poder Judiciário como instância protetora máxima das liberdades individuais, possivelmente inspirado na tradição inglesa e norte-americana. No entanto, sua posição revela-nos certa ambiguidade diante da inconciliável tensão com a noção de ordem pública, um dos

---

[500] Os juízes não teriam de submeter-se às opiniões ministeriais caso fossem ilegais. Seu sagrado dever seria observar a lei e jamais se submeter às inspirações móveis e arbitrárias dos ministérios. Cf. BUENO, José Antônio Pimenta. *Direito publico brazileiro...*, p. 82-83 e p. 346-347.

[501] Cf. VALLADÃO, Haroldo. *Pimenta Bueno...*, p. 189.

vetores que condicionou toda sua análise constitucional e que apontava para a defesa e a manutenção da centralização do poder imperial.

Por mais que ele reconhecesse que o magistrado não deveria "obedecer senão á lei, e o direito" (e não apenas à "lei", conforme usualmente estava expresso nos manuais) e reforçasse que os juízes poderiam suprir as lacunas legais com os "principios de direito e da equidade" e "estabelecer sua intelligencia doutrinal"[502], Pimenta Bueno não abriu mão da vinculação legal: o primeiro e mais sagrado dos deveres dos juízes era observar rigorosamente as leis, independentemente do juízo de valor do juiz sobre a lei[503].

Dissemos que Pimenta Bueno defendeu a competência de os juízes interpretarem as leis no âmbito do caso concreto, desde que indispensável à solução da lide. Tratava-se de uma "interpretação doutrinal"[504], que sua experiência de magistrado ajudou-lhe a teorizar essa dimensão da práxis judicial. A impossibilidade de as leis tudo preverem e o dever institucional de decidir[505] obrigavam ao aplicador a recorrer a analogias, princípios gerais do direito e equidade, impondo-lhe a necessidade de interpretar as leis para extrair seu espírito de suas disposições abstratas e princípios e, assim, poder distribuir a justiça e resolver o caso concreto.

A rigor, essa modalidade de interpretação, cuja natureza se aproximaria da atividade de criar leis, pertenceria ao Poder Legislativo, porém o risco de permanecerem os processos eternamente inconclusos e de o legislador tornar-se uma autoridade tirânica ao acumular funções judiciais recomendaria atribuir-se aos magistrados a prerrogativa de inter-

---

[502] Cf. BUENO, José Antônio Pimenta. *Direito publico brazileiro...*, p. 333.

[503] Para o marquês de São Vicente, o juiz não teria qualquer opção em face da lei por mais injusto que fosse seu conteúdo senão aplicá-la ao caso concreto: "A lei está feita, seja boa ou má, os direitos e obrigações contão com ella qual é, applique-a pois o magistrado, e responda pelo uso que fez da autoridade que a constituição conferio-lhe, autoridade propria, directamente delegada pela nação". *Idem*, p. 78-83.

[504] Segundo o jurista, a interpretação doutrinal ou "judiciária propriamente dita" era a "faculdade que a lei deu ao juiz, e que por isso elle tem, de examinar o verdadeiro sentido, o preceito da lei, ou dos principios do direito, e de applica-lo á questão ante elle agitada tal qual o comprehende, e sob sua responsabilidade". *Idem*, p. 78.

[505] Pimenta Bueno repudiava a demora de decisão judicial ou até mesmo sua ausência sob o pretexto de falta de leis ou de sua obscuridade, porque o efeito concreto dessa situação seria o mesmo que autorizar o juiz a denegar justiça. *Idem*, p. 77-78.

pretar as leis nos estritos limites do processo. Os juízes, contudo, estariam proibidos de generalizar os efeitos de suas decisões ou tomá-las por disposição geral e obrigatória em substituição à lei.

Notemos, desse modo, a tensão que se infiltrava no âmago das lições de Pimenta Bueno. Sem interpretação, não poderiam os juízes decidir os casos. Mas a interpretação poderia conduzir-lhes a determinado patamar institucional, no qual o Judiciário exerceria o controle do Poder Legislativo e, pior ainda, do imperador. Era inegável a implicação política de que se revestia o problema da interpretação jurídica e, por consequência, eventual atribuição institucional do Supremo Tribunal de julgar de forma definitiva e vinculante os recursos judiciais.

Duas preocupações, portanto, assolavam o jurista do Império. A primeira cingia-se ao fato de que os juízes, por meio da interpretação doutrinal, não entrassem em conflito com a autoridade legislativa de criar e interpretar as leis em geral, nos termos do art. 15, VIII, da Constituição; interpretar a lei por via de autoridade "é em summa estabelecer o direito", cuja competência seria exclusiva do Poder Legislativo[506]. Se assim procedessem os magistrados, o Poder Judiciário usurparia a vontade do Legislativo, ainda que se tratasse da interpretação doutrinal a qual de alguma forma associaria os juízes aos legisladores[507].

A segunda e principal razão ligava-se à inadmissibilidade de o poder imperial ficar subordinado ao Poder Judiciário. A mais alta delegação da soberania nacional não conheceria qualquer limitação, instância ou tribunal algum idôneo a julgá-la pois, do contrário, o imperador desceria de sua posição suprema, teria sua inviolabilidade atingida e seria vulnerado o próprio interesse público[508]. Tanto que, ao tratar do conflito de atribuições entre as autoridades judicial e administrativa, Pimenta Bueno

---

[506] A interpretação por via de autoridade, ou via legislativa, seria a interpretação autêntica, geral e abstrata, determinando o verdadeiro sentido da lei e afastaria qualquer dúvida em sua aplicação. Essa interpretação pertencia exclusivamente ao Poder Legislativo, não só porque a Constituição assim o dispunha mas sobretudo por causa da "natureza de nosso governo, divisão e limites dos poderes politicos". E, concluindo seu raciocínio, arrematou Pimenta Bueno: "Só o poder que faz a lei é o unico competente para declarar por via de autoridade ou por disposição geral obrigatoria o pensamento, o preceito della". Cf. BUENO, José Antônio Pimenta. *Direito publico brazileiro...*, p. 69-70.

[507] *Idem*, p. 70-77.

[508] *Idem*, p. 206.

defendeu caber ao Conselho de Estado, e não ao Supremo Tribunal de Justiça, julgar a disputa sobre a definição da competência. Não deveria ser o Supremo, justificou o conselheiro de estado, a instância competente para resolver o conflito de competência, pois "elle seria juiz e parte interessada, subordinaria a si o governo"[509]. Entretanto, o imperante seria "a primeira e mais elevada representação da soberania e majestade da nação".

Essa tensão inerente à interpretação judicial, que está na base do pensamento constitucional de Pimenta Bueno, desaguou em sua concepção do Supremo Tribunal de Justiça, que seria uma instituição de caráter misto político e jurídico. A "bella instituição" seria "o centro unico da administração da justiça civil, comercial e criminal, como nexo de sua unidade, de sua uniformidade". A função política do Supremo prevaleceria sobre a judiciária, tornando-o "um censor das sentenças da religiosa observancia do direito, da uniformidade da applicação da lei, sem o que esta não seria igual para todos"[510].

Sua condição de intérprete único e exclusivo das leis civis, criminais e políticas não lhe autorizaria, todavia, a conferir tamanha expressão institucional ao ponto de compreender o exercício do controle da constitucionalidade das leis. Primeiro, Pimenta Bueno foi categórico quanto aos limites impostos ao tribunal pelo parâmetro da legalidade: "cumprir impreterivelmente a obrigação sagrada de não desviar-se jámais da lei". Segundo, o Supremo, ou "Corte de Cassação", foi instituído com a finalidade de impor aos tribunais inferiores e juízes o sagrado respeito à lei e a uniformidade de sua aplicação religiosa, de modo que exerceria "uma elevada vigilancia, uma poderosa inspecção e autoridade, que defendesse a lei em these" sem envolver-se com a questão concreta ou com o interesse das partes[511].

Realmente, é difícil conciliar as variáveis do pensamento de Pimenta Bueno. Ele buscava a uniformidade da aplicação do direito, mas rejeitou a hipótese de o Supremo Tribunal de Justiça julgar diretamente o mérito recursal. A inviabilidade desse projeto foi por muitos denunciada a começar por Silvestre Pinheiro Ferreira, conforme vimos acima, um dos

---

[509] *Idem*, p. 295.
[510] *Idem*, p. 81.
[511] *Idem*, p. 345-346.

poucos autores por ele referido em seu rol bibliográfico. Pimenta Bueno foi veemente contrário a que as decisões do Supremo tivessem eficácia obrigatória, insinuando que a interpretação doutrinal vinculante seria uma prática do sistema absolutista, em que se autorizara a Casa de Suplicação a editar assentos[512]. No entanto, ele defendeu que as decisões do Supremo se revestiriam de "autoridade moral" e muito deveriam concorrer para a uniformidade da aplicação da lei ainda que não fossem regras imperativas[513].

É que a decisão no caso singular, se fosse obrigatória para os demais, tomaria o conteúdo e a função da lei criando direitos e obrigações, prerrogativa esta exclusiva do legislador. Em conclusão, admitir ao Supremo Tribunal de Justiça editar julgados com efeitos abrangentes, para Pimenta Bueno, configuraria uma "delegação legislativa e ilimitada" fazendo com que coexistissem no sistema constitucional dois Poderes Legislativos. E o Supremo Tribunal de Justiça se transformaria em "um poder temivel capaz de pôr-se em luta com os outros poderes; suas decisões serião leis que abaterião todas as barreiras"[514].

Ainda sobre o Poder Judiciário, Pimenta Bueno apontou que as duas maiores garantias para a administração da justiça residiriam na existência de juízes sábios e independentes. Juízes conhecedores da lei somente a ela prestariam contas e temeriam em caso de violação dos deveres funcionais. A independência do magistrado consistiria na "faculdade que elle tem, e que necessariamente deve ter de administrar a justiça, de applicar a lei como elle exacta e conscienciosamente entende, sem outras vistas que não sejão a propria e imparcial justiça, a inspiração do seu dever sagrado"[515]. Seria fruto de sua livre consciência de julgar livremente as lides sem que passem por sua cabeça dúvidas, receios, esperanças ou temores relativos aos efeitos de sua decisão.

Pimenta Bueno tinha uma posição bem sintonizada com a da Constituição que previu a independência judicial, mas, na prática, não evitou as interferências do Executivo sobre o Judiciário. Ele justificou a legitimidade da suspensão dos juízes que, em sua visão, seria medida de extrema

---

[512] *Idem*, p. 81.
[513] *Idem*, p. 375 e ss.
[514] *Idem*, p. 379.
[515] *Idem*, p. 332.

gravidade com o objetivo de evitar a impune violação das leis pelos juízes tendo em vista a própria independência judicial[516], mas não comentou os abusos cometidos pelo Executivo. O então senador do Império defendeu a nomeação dos juízes pelo Poder Executivo, que estaria melhor habilitado a prover com acerto os cargos. Ainda nesse tópico, Pimenta Bueno defendeu que a incompatibilidade dos juízes seria o elemento mais importante para assegurar a independência judicial pois os magistrados deveriam estar afastados das paixões e das lutas administrativas e políticas, que terminavam por afetar a imparcialidade das decisões e a própria delimitação e separação dos poderes[517].

Em suma, o *Direito Publico* de Pimenta Bueno representou uma obra marcante e inovadora sob alguns aspectos no âmbito do pensamento constitucional brasileiro, seja por agregar à reflexão teórica a experiência institucional especialmente em relação ao controle judicial da legalidade dos atos executivos, seja por trazer uma consistente e sistemática reflexão sobre a Constituição do Império.

No entanto, sua concepção teórica não significou a antecipação do controle judicial da constitucionalidade das leis. Primeiro, ele se limitou a uma tímida e insuficiente defesa da independência judicial nos mesmos termos estampados na Constituição, em um contexto que se revelava francamente opressor ao magistrado. Segundo, no âmbito da interpretação das leis, ele defendeu uma teoria com contradições em face do receio de que a maior projeção institucional do Judiciário ameaçasse as prerrogativas legislativas e imperial, o que repercutiu na própria concepção do Supremo Tribunal de Justiça. Terceiro, conforme acentuou Tobias Barreto, a premissa do pensamento de Pimenta Bueno era que "o imperador preexiste às atribuições que a carta lhe confere; ele tem uma essência própria"[518].

Assim, nem o Poder Judiciário poderia ser alçado à condição de guardião da Constituição nem tampouco houvera a deterioração da imagem da preeminência do imperador como ente metafísico e transcendental de legitimação da ordem constitucional, de modo que Pimenta Bueno

---

[516] *Idem*, p. 212-213.
[517] *Idem*, p. 334-335.
[518] Cf. BARRETO, Tobias. *Direito público...*, p. 144-145.

terminou por reforçar o modelo constitucional de referência positivado pela Constituição de 1824.

A *"Constituição Politica do Imperio do Brasil"*, publicada pelo então acadêmico de São Paulo José Carlos Rodrigues em 1863, trouxe alguma contribuição para a reflexão constitucional à luz da experiência institucional. Trata-se de uma obra simples, objetiva e estruturada sob a forma de comentários e anotações à Constituição de 1824. O tom elogioso à Constituição foi convenientemente exposto, havendo o autor manifestado uma ou outra opinião crítica à Constituição ou a interpretações doutrinárias predominantes. No entanto, o livro conta com ampla e atualizada referência à legislação decorrente dos dispositivos constitucionais bem como a catalogação e a sistematização das decisões judiciais e administrativas pertinentes, conferindo-se interessante equilíbrio teórico e prático ao escrito.

De todo modo, o jovem acadêmico não se apartou do pressuposto da preeminência imperial que marcava o pensamento constitucional. Nos diversos comentários, a metafísica constitucional se fazia presente: o imperador estaria em melhor condição de apreciar desapaixonadamente os interesses nacionais; ele não poderia nunca fazer o mal, o que justificaria a atribuição do veto[519]; o direito imperial de perdoar estaria justificado, já que o imperador seria o menos suscetível às paixões e o mais idôneo a avaliar a justiça ou injustiça do julgamento[520].

Quanto ao Poder Judiciário, José Carlos Rodrigues seguiu a posição de Silvestre Pinheiro Ferreira. Ao juiz, caberia unicamente aplicar a lei aos casos particulares. Seria conveniente que sua aplicação fosse literal, pois o magistrado que, interpretando-as, afastasse-se de sua letra, terminaria por usurpar as atribuições dos outros poderes e fatalmente atentaria contra a liberdade individual, visto que não haveria julgamento segundo a lei, mas segundo o homem[521].

---

[519] Caso pudesse admitir-se o "tão irrealisavel pensamento" de que o imperador agiria contra os interesses da nação representados pelos senadores e deputados, o veto imperial não seria "absoluto" mas "relativo". Cf. RODRIGUES, José Carlos. *Constituição Politica do Imperio do Brasil*. Rio de Janeiro: Eduardo & Henrique Laemmert, 1863, p. 48.

[520] *Idem*, 76-77.

[521] *Idem*, p. 120-124.

A independência judicial seria crucial para a boa administração da justiça; ela não teria seu fundamento apenas na previsão normativa da Constituição mas também se apoiaria no livre exercício das funções, o que dependeria da efetiva garantia da inamovibilidade dos juízes e do pagamento de ordenado suficiente à sua dignidade. Quanto à nomeação dos juízes realizada pelo imperador, José Carlos não identificou qualquer ameaça à independência; ao contrário, consideradas suas qualidades inerentes, não haveria pessoa mais adequada para a escolha dos melhores e mais capacitados magistrados.

José Carlos Rodrigues criticou duramente o sistema judicial recursal do Império. As relações, que julgavam em segunda e última instância, causariam gravíssimos inconvenientes, inviabilizando a tutela jurisdicional na prática: demoras prejudiciais ao direito das partes; traslados dos processos; constituição de (novos) procuradores; custos novos para as partes; acumulação de processos em poucos tribunais[522]. Tudo isso contribuiria negativamente para a administração da justiça.

O Supremo Tribunal de Justiça completaria a ineficiência do sistema judicial sem conseguir cumprir sua missão institucional de manter a uniformidade da jurisprudência. Para exercer a função de "centro commum judicial", a lei constitutiva do Supremo deveria ser modificada, pois ele era um mero "tribunal de apparato" investido da competência de conceder ou denegar revista. .

Joaquim Rodrigues de Sousa escreveu o primeiro volume de *"Analyse e Commentario da Constituição Politica do Imperio do Brazil"* em 1867 e concluiu o segundo em 1870[523]. Mais do que um defensor, o magistrado foi um entusiasta da Constituição de 1824, uma obra-prima a ser preservada por todas as gerações[524]. Ele criticou a reforma constitucional de 1834

---

[522] *Idem*, p. 125-132.

[523] Na avaliação de Nelson Saldanha, cuida-se de obra de qualidade e reveladora de seu vasto conhecimento das ciências políticas e jurídicas. Cf. SALDANHA, Nelson. *História das idéias...*, p. 115-118.

[524] Acima de tudo, Joaquim de Sousa reivindicou o respeito e cumprimento da Constituição que jamais poderia ser a causa das mazelas políticas e sociais enfrentadas, sendo sempre a vítima de práticas nefastas e cínicas em detrimento dos deveres constitucionais. Com efeito, ele lamentou: "Neste paiz porém reduz-se tudo á meras formalidades constitucionaes com preterição de preceitos". Cf. SOUSA, Joaquim Rodrigues de. *Analyse e commentario da Constituição Politica do Imperio do Brazil*. Vol. I. S. Luiz: Typ. B. de Mattos, 1867, p. XXXIV.

(Ato Adicional) e o arremedo de federalismo, que se tentou implementar através dela, revelando suas inclinações à centralização do poder. A exemplo de Pimenta Bueno, sua retórica foi fortemente utilizada para reforçar a legitimidade da Constituição e do governo monárquico imperial.

O pensamento constitucional de Joaquim Rodrigues desenvolveu-se sob a influência de sutil mas significante viés teológico, o que naturalmente resvalou na legitimação do poder imperial e de sua intangível preeminência. A sabedoria dos "Paes da Patria", iluminada pelas luzes da "Providência", criou a Constituição do Império, grande, perfeita e a mais bela dentre as monárquicas[525]. Esse dom celeste teria sido coroado com mais um ingrediente ausente nas demais: o Poder Moderador.

A separação dos poderes seria, ao lado das eleições, o elemento central das Constituições dos sistemas representativos[526]. À exceção de Benjamin Constant, os demais teóricos políticos e constitucionais teriam sido insuficientes na concepção desse princípio ao vislumbrarem apenas o Executivo, o Legislativo e o Judiciário. Nos regimes monárquicos, a divisão tripartite seria incompleta e não ofereceria garantia de harmonia e de independência, faltando nessa estrutura o "poder essencial da coroa para chamar ao circulo de suas attribuições qualquer dos ditos poderes que o transponha"[527]. A Constituição de 1824 distinguiu-se ao instituir o Poder Moderador, que estaria presente em todas as Constituições ainda que não explicitamente[528], seria inseparável da coroa e figuraria como "o mantenedor da acção legítima dos poderes politicos"[529].

Encarnado no imperador cuja legitimidade constitucional foi aclamada pelo povo brasileiro, o Poder Moderador se revestiria de uma "puresa soberana", afirmou Joaquim Rodrigues tangenciando o processo histórico de elaboração da Constituinte. Suas funções seriam as mais benéficas e menos capazes de qualquer mal positivo, já que o soberano

---

[525] Em suas palavras: "Que ella é um facto providencial, ou que, só de muita sabedoria e summo desejo de dotar o paiz com a mehor constituição politica, podia, com o auxilio da Providencia, sahir obra tão admiravel". *Idem*, p. XIV.

[526] Cf. Sousa, Joaquim Rodrigues de. *Analyse e comentário...* Vol. II, p. 78-83; Sousa, Joaquim Rodrigues de. *Analyse e commentario...*, Vol I, p. 55 e ss.

[527] Cf. Sousa, Joaquim Rodrigues de. *Analyse e commentario...* Vol II, p. 83.

[528] Cf. Sousa, Joaquim Rodrigues de. *Analyse e commentario...* Vol I, p. 56 e ss.

[529] Cf. Sousa, Joaquim Rodrigues de. *Analyse e commentario...* Vol II, p. 84.

seria a própria alma da sociedade e gozaria da veneração pelo povo. Ainda sobre o Poder Moderador, amparado na metafísica constitucional, Joaquim Rodrigues[530] comentou que nossa Constituição colocou o gênio do imperador na "mais eminente posição, isenta das nuvens das paixões, que escurecem a verdade, e o bem, e cercando-o das luzes do conselho de estado". O imperador chegara ao lugar aonde ninguém jamais chegaria de modo que todo prestígio lhe acompanharia e toda homenagem lhe seria devida e tributada.

Outro aspecto extremamente interessante e inovador na reflexão de Joaquim Rodrigues residiu na comparação entre as funções do Poder Moderador e da Suprema Corte dos Estados Unidos, que até então quase não recebera a atenção dos juristas pátrios[531]. Lá, foi possível obter-se o mesmo resultado conquistado por meio da monarquia constitucional e do Poder Moderador, porque, na divisão tripartite dos poderes, somente seriam políticos os Poderes Executivo e Legislativo, enquanto que o Judiciário, não intervindo na ação governativa, poderia exercer a missão moderadora.

Nos Estados Unidos, a Suprema Corte seria o elemento de harmonia entre os poderes e exerceria a função moderadora entre o Executivo e o Legislativo bem como entre os membros da federação e estes e a união. A autoridade máxima judiciária teria por missão institucional velar pela manutenção das leis e encaminhar o povo aos princípios da Constituição. A Suprema Corte constituiria a instância de apelo do Executivo para resistir às invasões do Legislativo e, de igual modo, o foro de proteção do Legislativo contra as arbitrariedades do Executivo. À união auxiliaria para impor a obediência aos estados e, inversamente, aos estados protegeria a respectiva autonomia ante as ameaças provenientes da união. Na cúpula do Judiciário, em suma, repousaria a paz e a prosperidade da democracia constitucional norte-americana.

No entanto, sua análise do Poder Judiciário foi exposta nos moldes tradicionalmente apresentados pela literatura constitucional brasileira, não obstante fosse ele magistrado e estudioso de outas experiências constitucionais, em particular da norte-americana e inglesa. Com o Poder Exe-

---

[530] *Idem*, p. 84-90.
[531] *Idem*, p. 84-85; SOUSA, Joaquim Rodrigues de. *Analyse e commentario...* Vol I, p. 60-61.

cutivo, o Judiciário manteria relação "natural e necessaria, procedente da semelhança e analogia de sua missão", pois ambos seriam poderes executores das leis, só que o Judiciário seria o responsável pela estabilidade e ordem do Estado no âmbito das relações entre indivíduos (interesses privados)[532].

Ainda que tenha reconhecido na introdução do livro que o Judiciário seria o poder incumbido de efetivar a Constituição e evitar sua redução a um inexpressivo fingimento incapaz de pô-la em prática, para Joaquim Rodrigues[533], a missão institucional do magistrado consistiria em proceder à aplicação da lei, pronunciando-se sobre a lei e o fato de acordo com sua consciência e razão. A independência, portanto, seria o elemento chave da atividade judicial.

Contudo, denunciava o desembargador da Relação do Maranhão, contra o Judiciário assistia-se a recorrentes violações por parte do governo, de modo que a independência constitucional fora reduzida à letra morta, mediante a prática de atos abusivos e escandalosos de remoção, aposentação e desrespeito do foro privilegiado dos juízes além da remuneração aviltada[534].

Destacou Joaquim Rodrigues[535] que, mesmo havendo a Constituição instituído a independência do Judiciário, foi sob sua vigência que esse Poder mais teria sofrido atentados. Dentre outros atos normativos, especialmente decretos, ele citou a Lei nº 40, de 3 de outubro de 1834[536], que

---

[532] Cf. SOUSA, Joaquim Rodrigues de. *Analyse e commentario...* Vol I, p. 73.

[533] Cf. SOUSA, Joaquim Rodrigues de. *Analyse e commentario...* Vol II, p. 363-364; SOUSA, Joaquim Rodrigues de. *Analyse e commentario...* Vol I, p. XXXIV.

[534] O magistrado enumerou os seguintes decretos inconstitucionais, que teriam determinado a aposentação de juízes: de 3 de abril de 1831; de 3 de janeiro de 1833; de 14 de outubro de 1842; de 5 de setembro de 1856; de 9 de novembro de 1856; de 30 de dezembro de 1863. Todos eles suscitaram debate na Assembleia Geral e na imprensa. Cf. SOUSA, Joaquim Rodrigues de. *Analyse e commentario...* Vol II, p. 381.

[535] Cf. SOUSA, Joaquim Rodrigues de. *Analyse e commentario...* Vol II, p. 378.

[536] O art. 5º, § 8º, da Lei nº 40, de 1834, dispunha: "Art. 5º. Ao Presidente, além das atribuições marcadas na Lei da Reforma Constitucional, e nas demais Leis em vigor, compete: (...) § 8º. Suspender a qualquer empregado por abuso, omissão, ou erro commettido em seu officio, promovendo immediatamente a responsabilidade do mesmo, observando-se a respeito dos Magistrados o que se acha disposto no art. 17 da Lei de 14 de Junho de 1831, que marcou as attribuições da Regencia".

conferiu aos presidentes provinciais o direito de suspender os magistrados bem como o Ato Adicional que, no art. 11, VII, atribuiu às assembleias das províncias a faculdade de suspendê-los e demiti-los[537].

Quanto ao Supremo Tribunal de Justiça[538], Joaquim Rodrigues não apresentou argumento inovador algum, não sugeriu nenhuma proposta de alteração ou ampliação institucional nem se apropriou da experiência institucional da Suprema Corte dos Estados Unidos, limitando-se à justificação das funções e atribuições do Supremo do Império, restritivamente.

Certo, em sua concepção, o Supremo do Império formaria o vértice da pirâmide judicial, teria sido instituído para o bem da justiça e do direito coletivo e sua finalidade institucional seria manter a fiel e uniforme observância das leis[539]. No entanto, o desembargador foi contrário a que o Supremo, em sede de revista, decidisse em definitivo as questões apreciadas, já que suas decisões teriam "autoridade moral", e não deveriam revestir-se de força obrigatória[540]. O problema, a nosso ver, residia na tensão que geraria com as atribuições do Poder Legislativo, fiel representante do povo, além da limitação e interferência que o Judiciário poderia acarretar na ação do Poder Executivo.

De fato, muito embora não tenha desenvolvido a contento o assunto, Joaquim Rodrigues tratou superficialmente do controle judicial da legalidade dos atos executivos ao cuidar do tópico dos decretos governamentais. Em um parágrafo, ele mencionou que os decretos que exorbitem as atribuições constitucionais do governo (*v.g.*: aposentação de magistrados ou de membros do parlamento) ou que alterem ou invertam as disposições da lei não deveriam ser obedecidos. No primeiro caso, o cumpri-

---

[537] O art. 11, VII, do Ato Adicional previa: "Art. 11. Também compete às Assembléias Legislativas provinciais: (...)
7º) Decretar a suspensão e ainda mesmo a demissão do magistrado contra quem houver queixa de responsabilidade, sendo ele ouvido, e dando-se-lhe lugar à defesa."

[538] A Lei de 18 de setembro de 1828, que instituiu o Supremo Tribunal de Justiça, teria sido bem elaborada, ao decretar a incompatibilidade com outros cargos, ressalvado exercício de mandatos políticos, a fim de concentrar-lhes a atenção no estudo e contemplação da jurisprudência, de manter o zelo de sumos sacerdotes da jurisprudência e de velar na guarda de sua pureza e uniformidade de execução. Cf. SOUSA, Joaquim Rodrigues de. *Analyse e commentario...* Vol II, p. 404-405.

[539] *Idem*, p. 403-404.

[540] Cf. SOUSA, Joaquim Rodrigues de. *Analyse e commentario...* Vol II, p. 414.

mento de um tal decreto implicaria violação à Constituição; no segundo, à lei[541].

A *Analyse*, portanto, evidencia que a prática do controle judicial da constitucionalidade das leis e atos normativos já era conhecida e circulava no Brasil, na década de sessenta. Joaquim Rodrigues não pretendeu sua implantação no Brasil; ao contrário, ele se serviu retórica e estrategicamente do direito constitucional norte-americano para legitimar e justificar princípios e institutos da Constituição do Império a partir do paralelo monarquia constitucional (do Brasil) x democracia constitucional (dos Estados Unidos).

Importante percebermos que, não obstante o conhecimento da prática do controle judicial por juristas brasileiros, ainda não se havia configurado um ambiente institucional ou momento oportuno para sua recepção.

Seu livro data de 1867, precedendo em mais de vinte anos a Proclamação da República. A monarquia ainda vivia sua fase áurea embora os primeiros sinais de declínio e queda se avizinhassem. A imagem do imperador ainda inspirava admiração e veneração simbolizando sua hegemonia e pujança no regime monárquico, fortalecido institucionalmente pelo Poder Moderador.

O imperador seria ele próprio o elemento chave de contenção do arbítrio e do abuso de poder e o ponto de equilíbrio e de harmonização das forças políticas antagônicas. Ele não conheceria qualquer limite nem mesmo na Constituição. O monarca precederia a Constituição pairando por cima dela a partir de uma lógica política quase teológica: ele seria inviolável e sagrado e, por seus atos, somente responderia perante os princípios da moral e de Deus[542]. Desse modo, em sua concepção, a semântica da separação dos poderes permanecia inalterada tal qual positivada na Constituição de 1824.

5.3.1. A doutrina do direito administrativo e o pensamento constitucional

Outra novidade que a década de 1850 trouxe para o direito brasileiro foi a instituição da disciplina de direito administrativo nos cursos jurídi-

---

[541] Cf. Sousa, Joaquim Rodrigues de. *Analyse e commentario...* Vol II, p. 194.
[542] Cf. Sousa, Joaquim Rodrigues de. *Analyse e commentario...* Vol II, p. 94.

cos[543]. Até então o direito administrativo era muito pouco estudado no Império, não lhe sendo dada a devida atenção. Após sua efetiva introdução, surgiram os primeiros estudos sobre o direito administrativo que guardavam estrita conexão com o direito constitucional e a organização dos poderes políticos.

O pensamento constitucional se beneficiou com a produção jurídica dos administrativistas que se ocuparam das engrenagens e do funcionamento do Império à luz da realidade constitucional brasileira. O acúmulo de aprendizado institucional com seus erros e acertos começaria a repercutir diretamente na produção científica do direito administrativo e constitucional.

Do discurso do direito administrativo, observamos duas temáticas essenciais à manutenção do pressuposto metafísico do pensamento constitucional que reforçava a preeminência imperial. A primeira é a centralização do poder político. Defendê-la implicava ser favorável ao fortalecimento do poder imperial, à manutenção da jurisdição administrativa (dualismo da justiça) e à defesa da Constituição e do modelo de referência nela positivado. A segunda temática refere-se aos conflitos existentes na prática institucional entre o Poder Executivo e os Poderes Judiciário e Legislativo bem como à discussão constitucional em torno da extensão e dos limites da competência dos poderes políticos.

Nesse contexto, Vicente Pereira do Rego contribuiu para a formação do pensamento constitucional brasileiro com a publicação de *"Elementos de Direito Administrativo Brasileiro"* em 1857[544], inserindo-se na tradição de reafirmar e legitimar a Constituição de 1824, especialmente em relação

---

[543] Com a edição do Decreto nº 1.386, de 28 de abril de 1854, que regulamentou a Lei de 16 de agosto de 1851, a disciplina de direito administrativo foi implantada no currículo jurídico das faculdades de direito. Registramos que as primeiras nomeações para essa disciplina foram livremente realizadas pelo governo, independentemente da realização de concurso nos termos do art. 155 do Decreto nº 1.386, de 28 de abril de 1854, cuja redação previa: "No primeiro provimento das cadeiras de Direito administrativo e de Direito Romano, o Governo poderá livremente nomear os Lentes. Fica-lhe tambem reservado o mesmo direito para as vagas que se derem dentro do prazo de hum anno, sem prejuizo dos actuaes Substitutos". Cf. Brasil. *Colleção das leis do Imperio do Brasil de 1854*. Parte II. Rio de Janeiro. Typographia Nacional, 1854, p. 192.

[544] A grande repercussão de sua obra explica-se pelo pioneirismo e pela didática de exposição, pois, de acordo com Clóvis Beviláquia, os livros de Antonio Joaquim Ribas e

à concentração de poderes na figura do imperador. Ele lecionava que um dos princípios fundamentais da administração pública seria a unidade, que pressuporia a centralização do poder e a subordinação das autoridades locais à autoridade central[545].

O Poder Executivo, cuja missão institucional seria aplicar as leis, compunha-se de dois elementos: administrativo e judiciário. O elemento administrativo trataria dos interesses públicos, de promover o desenvolvimento da sociedade e a felicidade. O Judiciário lidaria com os interesses privados[546] e somente atuaria diante das contestações surgidas em face de um direito na relação entre privados, não interessando o caso diretamente à sociedade, mas apenas indiretamente enquanto condição para manutenção da ordem e da estabilidade.

A composição dúplice do Executivo justificaria o dualismo da justiça, isto é, a existência da contencioso administrativo e judicial. Vicente do Rego acreditava nos benefícios do contencioso administrativo, deixando-se para o Poder Judiciário as matérias relacionadas ao direito privado e penal. Quanto às outras que envolveriam os interesses governamentais e de ordem pública, argumentava que a instância mais apropriada para julgá-las seria a autoridade administrativa, o que era um lugar-comum entre os defensores do contencioso administrativo.

Naturalmente, essa concepção importava uma argumentação desfavorável à ampliação institucional do Poder Judiciário porque se fundamentava em opiniões que reforçavam sua imagem deficitária e institucionalmente acanhada. Com efeito, dentre outros males, o lente de direito administrativo da Faculdade de Direito do Recife ressaltou que os processos judiciais causariam sofrimento por sua demora, pelo alto custo e pela insatisfação das partes envolvidas, gerando revolta social.

Quanto ao princípio da separação dos poderes (art. 9º da Constituição), ele concebia que a jurisdição pertenceria à autoridade administrativa em todas as matérias envolvendo obrigações do governo fixadas pela legislação; os tribunais não poderiam anular, explicar ou modificar atos

---

Paulino José Soares de Sousa lhe seriam superiores. Cf. BEVILÁQUIA, Clóvis. *História da Faculdade...*, p. 480.

[545] *Idem*, p. 19-20.

[546] Cf. REGO, Vicente Pereira do. *Elementos de direito administrativo brasileiro*. 2. ed. Recife: Typographia Commercial de Geraldo Henrique de Mira & C, 1860, p. 6.

administrativos. Além disso, no julgamento do contencioso administrativo, a autoridade responsável poderia exercer o juízo administrativo de conveniência pública em face da dúvida sobre a inteligência da lei ou lacuna legal[547], faculdade essa que não socorreria às autoridades judiciárias, que deveriam julgar com o auxílio da equidade em tais casos.

A estrutura hierarquizada da jurisdição administrativa – em cujo ápice se encontrava o Conselho de Estado, "Supremo Tribunal da Administração" – garantiria a justiça e a correção do julgamento administrativo e a imparcialidade das decisões, evitando-se o julgamento em causa própria pela administração com prejuízo aos cidadãos e aos interesses particulares. Inadmissível seria submeter o governo a todo tipo de ingerência do Judiciário caso ele fosse competente para julgar as matérias relacionadas aos interesses públicos e gerais, pois se criaria o risco de inviabilizar as atividades do governo diante da independência do Judiciário[548]. Vejamos, pois, o receio que existia (o qual de algum modo já vinha anunciado em Avellar Brotero) de sujeitar-se o Executivo ao Poder Judiciário e como o dualismo da justiça representaria um pilar a obstar a jurisdição dos magistrados sobre os atos administrativos e, por derivação, a impedir a redefinição da autoridade para dizer o direito em última instância, que residia no imperador.

O Poder Judiciário seria mero ramo do Executivo. Dentre os princípios gerais de sua organização, Vicente Pereira do Rego destacou que "toda a Justiça dimana do Imperador, em cujo Nome é administrada por magistrados que Elle nomeia e institue (Const. art. 102, § 3º)"[549], numa típica alusão à forma de organização judiciária do Antigo Regime em que

---

[547] *Idem*, p. 85-87.

[548] Na defesa do contencioso administrativo, Vicente Pereira manifestou a seguinte posição que nos mostra como a centralização do poder interferia na concepção institucional do Poder Judiciário: "Importa ao Interesse publico que a acção administrativa não seja entorpecida em sua marcha, como aconteceria, se fosse outorgado ao poder judiciario (cujo caracteristico é a independencia) o direito de ter a espada e a balança alçadas sobre a cabeça do Governo, chamá-lo todos os dias a Juizo, e atacá-lo de frente". *Idem*, p. 84 e p. 109-117.

[549] É curioso observarmos que, na Constituição do Império, não existe qualquer dispositivo que estabeleça ser a justiça realizada em nome do monarca. O art. 102, III, da Constituição, por sua vez, limitava-se a definir a competência do Poder Executivo, por seu imperador e ministros, de nomear os juízes. *Idem*, p. 71.

os Poderes Judiciário e Executivo eram inseparáveis e se reconduziam à figura do monarca.

Quanto ao Supremo Tribunal de Justiça, ele reforçou a tradição predominante segundo a qual sua função precípua seria assegurar a uniformidade da jurisprudência e a restrita execução das leis, cassando decisões que as violassem. Faltou-lhe, entretanto, explicar de que forma o Supremo cumpriria tais funções por meio do recurso de revista, considerada a crítica de Silvestre Pinheiro já referida. Vicente Pereira pensava que o recurso de revista por si só atingiria tal desiderato. Tal medida processual não configuraria nem uma segunda nem uma terceira instância recursal, mas um instrumento extraordinário para combater violações da lei sem poder discutir de novo o mérito da questão[550].

Sem problematizar devidamente a sensível questão dos regulamentos ilegais editados pelo governo imperial, Vicente Pereira acabou por legitimar sua utilização sob o argumento de que se destinariam a completar o conteúdo e o sentido das disposições gerais e abstratas da lei. A lei não poderia tudo regular razão pela qual "a Administração é *Substituto* do Legislador" nesse ponto específico[551]. O problema é que, no contexto institucional, com essa posição ele terminava por legitimar a atuação governamental de desrespeito à independência judicial pois, conforme demonstraram Antonio Joaquim Ribas e Pimenta Bueno, era comum a edição de atos governamentais que extrapolavam a competência regulamentar e vinculavam indevidamente o Poder Judiciário em matérias da competência judicial. Portanto, ao não tratar (e implicitamente excluir) de qualquer prerrogativa de controle judicial da legalidade dos atos administrativos, Vicente Pereira do Rego parecia consentir com a práxis habitual, contribuindo para o enfraquecimento do Poder Judiciário.

Foi igualmente importante para o pensamento constitucional brasileiro o *"Ensaio sobre o Direito Administrativo"*, de Paulino José Soares de Sousa, publicado em 1862. O visconde do Uruguay, por meio de seu estudo do direito administrativo, empreendeu intensos esforços na cen-

---

[550] *Idem*, p. 71-72.
[551] *Idem*, p. 9.

tralização política e na reafirmação da legitimidade da Constituição, revigorando a tradição do pensamento constitucional[552].

Com a premissa de que "a centralisação politica he essencial", Paulino José Soares de Sousa defendeu que o Poder Executivo deveria "ter concentrada em si quanta força fôr indispensavel para bem dirigir os interesses communs confiados á sua guarda e direção"[553]. O modelo constitucional de referência, adotado em 1824, estava enraizado na cultura jurídica brasileira e ia-se perpetuando no pensamento constitucional imperial.

Na condição de árduo apologista da centralização política, combateu a implantação dos modelos inglês e norte-americano no Brasil, que seriam essencialmente descentralizados e somente se manteriam nos Estados Unidos e na Inglaterra devido a uma soma de fatores não encontráveis no Brasil. Por outro lado, a centralização política seria o "sinal de força e grandeza", seria o destino natural para onde caminham todas as nações inclusive os Estados Unidos, onde a mais magnífica obra da descentralização moderna estaria se dissolvendo[554].

Sua estratégia retórica consistia em defender a legitimidade constitucional e a própria figura do imperador mediante o elogio e a promoção da centralização política imperial, além de expor os sucessivos conflitos federativos enfrentados pelos Estados Unidos que sinalizariam os graves problemas suportados pela descentralização. Inclusive, em 1862, ano de

---

[552] Na trilha dos juristas defensores do Império, ele não poupou elogios à Constituição de 1824: "O estudo das nossas instituições tem-me convencido de que, felizmente, as largas e liberaes bases em que assentão são excelentes. Quantas nações se darião por muito felizes, possuindo a metade daquillo com que nos favoreceu a mão amiga da Providencia". Cf. URUGUAY, Visconde do. *Ensaio sobre o direito administrativo*. Tomo I. Rio de Janeiro: Typographia Nacional, 1862, p. XV.

[553] Há algo em sua defesa da centralização política do Império que nos faz recordar as recomendações de dom Pedro I à Constituinte de 1823 para que elaborasse uma Constituição na qual fosse reconhecida ao Executivo toda a força necessária. Cf. URUGUAY, Visconde do. *Ensaio...* Tomo II, p. 167-168.

[554] Cf. URUGUAY, Visconde do. *Ensaio...* Tomo II, p. 166. O visconde do Uruguay chegou a admitir fossem paulatinamente introduzidos elementos de *self-government* nas instituições administrativas, que poderiam ser intensificados à proporção que a cultura brasileira se habituasse com o uso da liberdade prática e desde que fosse preservado o elemento monárquico da Constituição. A monarquia, afinal de contas, seria a melhor forma de governo para assegurar uma liberdade sólida e duradoura. *Idem*, p. 267.

PENSAMENTO CONSTITUCIONAL À LUZ DA CONSTITUIÇÃO DE 1824

publicação do seu *Ensaio*, a Guerra de Secessão já irrompera e completaria seu primeiro ano de existência, o que, sem dúvida, era um poderoso exemplo contra aquele modelo de descentralização política.

A centralização resumia-se à própria condição de existência do Império. Sendo um dos principais expoentes do Partido Conservador e confessando a relação intrínseca entre centralização e Império[555], Uruguay não poderia ser senão um dos maiores críticos do Ato Adicional, fruto da "acção democratica" dos liberais que se seguiu à abdicação de dom Pedro I. Para o visconde, a descentralização política empreendida pela reação liberal fracassara integralmente, já que a correta estratégia para lidar com as dificuldades e as contradições existentes entre os princípios adotados pela nova ordem constitucional e as leis, costumes, práticas e instituições coloniais secularmente herdadas seria a estruturação de uma administração pública hierarquizada com regras claras, atribuições e garantias definidas, e não a simples adoção de sistema eletivo para compor boa parte dos cargos e funções públicas[556].

Também falhara o Ato Adicional porque, ao atribuir maior autonomia às províncias a pretexto de descentralizar o poder político, ele suprimira toda a autonomia municipal, o que iria de encontro à necessidade de descentralização administrativa cuja nota característica seria deixar as questões de interesses locais e particulares nas esferas municipais e locais. Desse modo, o Ato Adicional teria enfraquecido o Império e sua unidade, atentando contra a centralização política e favorecendo a anarquia. Concomitantemente a reforma constitucional teria suprimido a autonomia municipal e a descentralização administrativa[557], que seria um elemento chave para o atendimento dos interesses e necessidades da população local.

---

[555] O visconde do Uruguay sintetizou objetivamente: "Em uma palavra, sem a centralisação não haveria Imperio". *Idem*, p. 178.

[556] *Idem*, p. 264-265.

[557] Sobre a diferença entre centralização administrativa e política (ou governamental), vide: URUGUAY, Visconde do. *Ensaio...* Tomo I, p. 67 e ss. Sobre o cerceamento da autonomia municipal, confira: URUGUAY, Visconde do. *Estudos praticos sobre a administração das provincias no Brasil*. Tomo I. Rio de Janeiro: B. L. Garnier, 1865, p. III-LI.

Na leitura de Uruguay, o Ato Adicional fizera muitíssimo mal ao país, ameaçando o poder central e o próprio "principio Monarchico da Constituição", que "ficava nullificado, destituido de acção e de meios"[558].

Afora a defesa da centralização e do Poder Moderador, que expressam o esforço movido pelo visconde do Uruguay em prol das prerrogativas imperiais, havia outro tópico por ele suscitado e que, embora não gozasse de análise mais sistemática e detalhada, fornece-nos indícios da tensa relação entre o imperador e seu ministério, que se fortalecia através da ampliação nem sempre legítima de seus poderes. Trata-se da crítica, já presente em Pimenta Bueno e em outros juristas, que denunciou o expansionismo do Poder Executivo em detrimento do poder imperial[559]. Uruguay reprovou a práxis institucional de ministros interpretarem, anularem e suspenderem leis e resoluções por simples ordem ou instrumento normativo secundário[560]. A questão do Poder Moderador, que examinamos em detalhes no próximo item, refletiu esse contexto de ampliação indevida das atribuições executivas.

O *Ensaio* apresentou elementos interessantíssimos para avaliarmos o Poder Judiciário e seu papel institucional. Em primeiro lugar, Uruguay foi dono de uma visão extremamente tradicional e rígida dos três poderes. Além de ter sua competência reduzida à apreciação das questões de direito civil e criminal[561], o Poder Judiciário não seria um poder propriamente político[562], ainda que tenha sido constituído independente do Executivo nos termos da Constituição do Império.

---

[558] Cf. URUGUAY, Visconde do. *Ensaio...* Tomo II, p. 266.

[559] O visconde do Uruguay mencionou que leis e decretos ampliaram a competência do Poder Executivo, ao proceder à "desclassificação" e retirar da apreciação do Poder Judiciário matérias que, por sua natureza, deveriam ser julgadas pela magistratura. Ele criticou o contencioso administrativo por não ser estabelecido em uma legislação apropriada de modo que boa parte dos regulamentos aplicáveis nem sempre deteria a respectiva e necessária base legal, nos termos do art. 102, § 12, da Constituição do Império. Cf. URUGUAY, Visconde do. *Ensaio...* Tomo I, p. 135 e ss.

[560] *Idem*, p. 295.

[561] Cf. URUGUAY, Visconde do. *Ensaio...* Tomo II, p. 275.

[562] Cf. URUGUAY, Visconde do. *Ensaio...* Tomo I, p. 29-36.

Segundo, Uruguay deixa escapar ao longo de sua obra a percepção desfavorável à magistratura brasileira, associada à morosidade, aos formalismos desnecessários e à falta de competência[563].

Terceiro, e relacionado com a imagem pouco lisonjeira dos juízes, a falta de independência em decorrência do envolvimento político-partidário dos magistrados e a confusão de interesses entre as instâncias executiva e judiciária. A exemplo da administração em geral, o Judiciário sofria em sua composição e funcionamento pelos cálculos políticos cujo resultado dependeria da máquina das eleições[564]. Tudo seria política no Brasil, contrariava-se Uruguay. Nomeações de presidentes, de funcionários e até de juízes. Por conseguinte, a construção de um Poder Judiciário desinteressado, imparcial e livre da ação política e das eleições, o que seria indispensável para o efetivo cumprimento de suas atribuições institucionais[565], não se concretizaria como realidade palpável ao menos a curto prazo.

Essa situação teria sido agravada por força do Ato Adicional, que conferiu às assembleias provinciais a prerrogativa de decretar a suspensão e até mesmo a demissão dos magistrados[566]. Com efeito, o visconde observou que, em trinta anos, não teria visto nenhuma condenação de magistrados realizada com justiça e imparcialidade pelas assembleias provinciais[567].

Quarto, dada sua visão extremamente rígida e estática do princípio da separação dos poderes, de acordo com o qual o Judiciário seria mero aplicador das leis civis e criminais, o visconde do Uruguay paradoxalmente manifestou sua insatisfação com o papel institucional do Supremo Tribunal de Justiça: "O nosso Supremo Tribunal de Justiça será, como está, tudo quanto quizerem, menos um meio de uniformar a jurisprudencia, e de conservar tradições judiciarias"[568]. A falta de êxito no cumprimento de suas atribuições institucionais devia-se, em grande medida, à própria lei

---

[563] *Idem*, p. 104-105 e p. 118.

[564] *Idem*, p. 24-25.

[565] Cf. URUGUAY, Visconde do. *Ensaio...* Tomo II, p. 260-261.

[566] *Idem*, p. 265-266.

[567] Cf. URUGUAY, Visconde do. *Estudos praticos...* Tomo II, p. 232.

[568] Cf. URUGUAY, Visconde do. *Ensaio...* Tomo I, p. 257.

criadora do Supremo Tribunal de Justiça, que consagrou a tradição jurídico-cultural lusitana[569] de que o Supremo seria uma corte de cassação.

Quinto, o visconde do Uruguay conhecia a organização e o funcionamento do Poder Judiciário norte-americano[570], inclusive a prática do controle judicial da constitucionalidade[571]. E mais: na relatoria da Resolução de 14 de julho de 1860 do Conselho de Estado[572], reconheceu o direito de o juiz não aplicar decreto ou ordem do governo ao apreciar o caso concreto "por julgal-o contrario a Constituição, ás Leis". Em sua opinião seguida pelos demais conselheiros, o visconde do Uruguay mencionou que o juiz nos Estados Unidos, sendo "Fiscal e Superior ás Legislaturas", poderia declarar as leis inconstitucionais e, na França, a jurisprudência do Conselho de Estado já admitiria o controle de legalidade dos atos administrativos infralegais, adotando por parâmetro de validade tanto as leis quanto a Constituição.

No entanto, no *Ensaio*, o visconde do Uruguay preferiu não abordar diretamente o tema do controle judicial da legalidade dos atos administrativos e da constitucionalidade das leis, embora tenha cuidado dele nos *Estudos Praticos sobre a Administração das Provincias*, conforme analisaremos no Capítulo 6. Por causa do mecanismo de limitações recíprocas entre poderes, no *Ensaio*, ele foi da opinião de que – em casos de comprovado excesso de poder – caberia ao Poder Judiciário tão somente processar por

---

[569] Ainda segundo Uruguay, o legado português foi responsável por transmitir-nos uma legislação na qual estava estabelecida a confusão do poder administrativo com o judicial, o que seria típico de um governo absoluto e destituído de separação dos poderes. Cf. URUGUAY, Visconde do. *Ensaio...* Tomo II, p. 202.

[570] Tanto que chegou a realizar uma detida análise do Poder Judiciário dos Estados Unidos, ainda que não tenha aprofundado o tópico específico sobre o controle judicial ou o papel político por ele exercido. Cf. URUGUAY, Visconde do. *Ensaio...* Tomo II, p. 254 e ss. Dentre outros autores norte-americanos de direito constitucional, Paulino José citou Joseph Story ("*Commentaries on the Constitution of the United States*") e James Kent ("*Commentaries on American law*"), que escreveram sobre a prerrogativa do Poder Judiciário de rever os atos legislativos, além do próprio Tocqueville ("*A Democracia na América*").

[571] Cf. URUGUAY, Visconde do. *Ensaio...* Tomo I, p. 34.

[572] Nessa Resolução do Conselho de Estado, o visconde do Uruguay expressamente mencionou a existência da prática do controle judicial das leis nos Estados Unidos, o que fazia de seu Judiciário um "Grande Poder Politico". Para inteiro teor da resolução, ver: CAROATÁ, José Prospero Jehovah da Silva. *Imperiaes resoluções tomadas sobre consultas da seção de justiça do Conselho de Estado*. Rio de Janeiro: B. L. Garnier, 1884, p. 885-889.

abuso de autoridade o agente público responsável, mas jamais que desse processo e julgamento pudesse acarretar a revogação daqueles atos ilegítimos e ilegais em face da rígida separação dos poderes e da preservação da independência[573]. Ao sustentar essa posição, parece-nos que Uruguay recuou de seu anterior entendimento, manifestado no Conselho de Estado.

Poderíamos obviamente nos perguntar o porquê de ele sustentar uma tal opinião na qual o papel institucional do Poder Judiciário se manteria em âmbito tão restrito. Talvez o conhecimento da literatura constitucional norte-americana responda a questão, por haver-lhe aberto os olhos sobre a natureza política e o protagonismo dos magistrados nas decisões do governo americano, o que certamente traria um profundo impacto no princípio da centralização política, que lhe era tão caro. Afinal, o fortalecimento do Poder Judiciário envolveria o intrínseco risco de ameaçar a centralização política e o Poder Executivo, sujeitando-o ao controle do Poder Judiciário com todos os inconvenientes possíveis[574].

Essa hipótese nos parece bem plausível, pois Uruguay não chegou a disfarçá-la. Antes, ele verbalizou seu receio de eventual subordinação do Executivo ao Judiciário[575]. Por conseguinte, a independência do Poder Executivo seria suprimida sem o contencioso administrativo[576].

Isso nos faz acreditar que a teoria e a prática do controle judicial das leis e atos normativos já estariam em circulação dentre os juristas e estadistas brasileiros, só que ainda não haviam encontrado condições favoráveis para se estabelecerem. Eram, pois, pensadas e discutidas já no início da década de 1860, mas rejeitadas no modelo constitucional imperial em função do receio em termos de redefinição da tormentosa questão sobre a

---

[573] Cf. URUGUAY, Visconde do. *Ensaio...* Tomo I, p. 97-99.

[574] Cf. URUGUAY, Visconde do. *Ensaio...* Tomo I, p. 135 e ss; URUGUAY, Visconde do. *Ensaio...* Tomo II, p. 274-275.

[575] Eis suas palavras: "Se o Poder judicial pudesse conhecer dos actos da administração, poderia annulla-los, porque de outro modo seria inutil a sua intervenção; poderia sujeitar o Poder Executivo, do qual faz parte a mesma administração, a uma fiscalisação geral e illimitada; feri-lo de inercia: contrariar a cada passo as suas vistas geraes, e a sua acção, que deve ser uniforme e prompta, e sómente sujeita aos correctivos da responsabilidade, dos recursos, da fiscalisação da imprensa, da opinião, e das Camaras Legislativas". Cf. URUGUAY, Visconde do. *Ensaio...* Tomo I, p. 120.

[576] Cf. URUGUAY, Visconde do. *Ensaio...* Tomo I, p. 120-124.

quem pertenceria a legitimidade e a autoridade para dar a última palavra em matéria de dizer o significado do direito. Cogitar da transferência ou compartilhamento da autoridade de definir o direito pareceria ser uma opção inexistente contra o que conspiravam a metafísica constitucional e a preeminência imperial com seu caráter sagrado e inviolável.

Ainda no rastro dos administrativistas que contribuíram para a formação do pensamento constitucional imperial, destacamos Francisco Maria de Souza Furtado de Mendonça que publicou *"Excerpto de Direito Administrativo Patrio"* em 1865.

O *Excerpto* foi produto de considerável esforço para apresentar a legislação complementar ou regulamentar dos institutos de direito público abordados, revelando o desenvolvimento da prática institucional. Furtado de Mendonça preocupou-se com o fundamento jurídico-normativo de cada um dos temas expostos, apontando os respectivos dispositivos da Constituição e da legislação em geral. Deu considerável ênfase à Constituição atribuindo-lhe incomum função no processo de criação e de aplicação do direito, o que constituiu uma perspectiva inovadora para seu tempo. A especial significação da Constituição deixou-se revelar na própria formulação do conceito de "inconstitucionalidade dos regulamentos", que poderia configurar-se por vício formal ou material[577].

O conselheiro Furtado analisou três tipos de remédios contra a inconstitucionalidade dos regulamentos[578]. Dentre eles, o apelo à proteção aos tribunais que se destinaria à responsabilização legal do infrator do regulamento. Se o ato governamental fosse inconstitucional, o tribunal absolveria o acusado; se constitucional, o tribunal o condenaria. Desse modo, preocupando-se com a autonomia do Executivo e das atribuições imperiais, não se destruiria a independência da administração pois o Judiciário nem declararia a nulidade do regulamento inconstitucional nem o reformaria, apenas se absteria de aplicá-lo ao caso concreto. Mesmo havendo opiniões contrárias à prerrogativa judicial, Furtado de Mendonça adver-

---

[577] Cf. MENDONÇA, Francisco Maria de Souza Furtado de. *Excerpto de direito administrativo patrio*. São Paulo: Typographia Allemã de Henrique Schroeder, 1865, p. 60-61.

[578] Os outros dois remédios seriam: dirigir-se uma petição à Câmara dos Deputados para responsabilização dos ministros respectivos, pela edição de regulamento inconstitucional; e realizar uma exposição ao imperador do ato inconstitucional, para que ele providenciasse a solução adequada na qualidade de chefe do Poder Executivo.

tiu que a centralização extrema inibiria essa função do Judiciário, produziria graves inconvenientes e ocultaria verdadeiros perigos para os direitos e liberdades individuais.

Apesar de ter aventado solução judicial de combate aos regulamentos inconstitucionais, não poderíamos concluir que o administrativista da Faculdade de São Paulo tenha sido um precursor do controle judicial da constitucionalidade dos atos normativos. Conforme ressaltamos acima, ele pactuava da tradicional classificação das funções estatais entre Poder Executivo e Legislativo e afirmava a existência de uma aliança entre ambos os poderes, que, no plano legislativo, reciprocamente se complementariam. Destarte, o surgimento de dúvidas na aplicação das leis tanto autorizaria recorrer-se ao auxílio do Legislativo quanto do Poder Moderador[579], o que consequentemente geraria intervenções recorrentes na autonomia e na independência judicial.

Reforçando a preeminência imperial segundo a tradição do pensamento constitucional brasileiro, o Moderador exerceria a suprema inspeção em substituição da nação que não poderia exercer por si mesma. Ele seria a mais elevada força social, o órgão político mais ativo e influente, além de ser único, permanente e superiormente situado aos demais poderes ativos, como expectador e juiz. Sendo o chefe do Poder Executivo, o imperador, com o auxílio de seus ministros, teria a missão de influir sobre todos os grandes interesses do Estado.

Na incumbência da alta direção da política e superior administração do Império, Furtado de Mendonça defendeu que o monarca estaria autorizado a desenvolver o pensamento legislativo desde que não abusasse do direito de editar "leis secundárias". Isso, na prática, significava que o governo – como condição necessária para administrar o Império – teria uma delegação legislativa permanente para exercer a interpretação autêntica. O problema, contudo, residia no fato de que o exercício da competência regulamentar pelo Executivo vinha suscitando delicados conflitos entre os poderes. Logo, sua defesa de uma perene delegação legislativa implicava legitimar e autorizar amplamente que o Executivo dispusesse de matérias da alçada do Poder Legislativo[580]. A faculdade de

---

[579] *Idem*, p. 28.

[580] A "experiência dos tempos", segundo Furtado de Mendonça, recomendaria a prerrogativa executiva de interpretar autenticamente as leis, o que, como sabemos, era uma

interpretação, em sua visão permissiva, seria objeto de delegação ordinária para atingir os objetivos da administração.

Quanto ao Poder Judiciário, Furtado de Mendonça afirmou que a administração da justiça pressuporia uma organização distinta e separada dos demais poderes, para que fosse independente de fato. No entanto, reconhecia caber ao governo dispor sobre a organização e o funcionamento do Poder Judiciário a fim de prover pela pronta e rápida administração da justiça[581], ou seja, dispor sobre o funcionamento e a organização judiciária. Essa função não poderia implicar intervenção no próprio exercício da atividade, isto é, nenhuma das autoridades poderia reformar, desobedecer ou negar os atos ou as medidas dos outros poderes. Destarte, a autoridade judiciária seria proibida de reformar ou modificar os regulamentos e os demais atos da administração pública.

Se o ato administrativo fosse ilegítimo, o juiz não estaria obrigado nem deveria dar-lhe cumprimento, consoante vimos em relação aos remédios contra os regulamentos inconstitucionais. Nessa hipótese, o magistrado recusaria a aplicação do ato administrativo já que não estaria sujeito à sua cega obediência: o juiz seria depositário da justiça, e não delegado da administração. E isso não configuraria usurpação das prerrogativas alheias, porque o magistrado, ao recusar-se a aplicar o ato administrativo ilegítimo, não o reforma, anula ou invalida[582].

Essa função judicial se justificaria por sua aptidão de interpretar (doutrinariamente) as leis e os atos administrativos. A jurisdição do juiz não se resumiria à mera aplicação das leis e atos administrativos, mas constituiria um juízo por meio do qual se compararia o conjunto dos fatos e das circunstâncias com as disposições legais pertinentes para decidir o caso concreto, por meio da interpretação doutrinal, sem o que não se formaria sentença[583].

A doutrina constitucional e administrativa teve em Antonio Joaquim Ribas outro pensador e interlocutor que escreveu *"Direito Administra-*

---

competência constitucional do Legislativo: "não convem retirar absolutamente ao poder executivo a faculdade de interpretar, deixando a lei convertida em leito de Procusto". *Idem*, p. 29.

[581] *Idem*, p. 30.

[582] *Idem*, p. 33.

[583] *Idem*, p. 33-34.

tivo Brasileiro", publicado no ano de 1866[584]. No prefácio, o conselheiro Ribas tentou afastar qualquer conotação política de que eventualmente pudesse a obra revestir-se, ao enfatizar que fora confeccionada sob os pilares da reflexão científica sobre o direito administrativo; não seria, pois, "obra de política, menos ainda de política cambiante e incompreensível dos partidos"[585].

Dono de admirável formação cultural, o conselheiro Ribas foi considerado um dos grandes juristas de sua época[586]. Seu *Direito Administrativo* contém reflexões fundamentais de direito constitucional que, além de fornecerem elementos para compreensão dos conceitos, instituições e modelos de referência, trouxeram importantes considerações sobre o Poder Judiciário e suas atribuições.

---

[584] A elaboração de *Direito Administrativo* iniciou-se no ano de 1855-1856, quando Ribas foi designado para ministrar a disciplina de direito administrativo. Em 1860, ele teria finalizado o texto e entregue ao editor, mas somente o publicou em 1866. A obra foi aprovada e premiada pela resolução imperial de 9 de fevereiro de 1861, para servir de uso para as Faculdades de Direito do Recife e de São Paulo. Cf. BLAKE, Sacramento. *Diccionario bibliográfico...*, p. 203-205.

[585] Cf. RIBAS, Antonio Joaquim. *Direito administrativo brasileiro (1866)*. Brasília: Ministério da Justiça, 1968, p. 16-17. É difícil indagarmos do maior ou menor pendor político do livro, pois Ribas foi nomeado pelo governo sem a prévia realização de concurso para o cargo de lente substituto, quando exercia o mandato parlamentar de deputado provincial de São Paulo pelo Partido Conservador, de 1851 a 1863. Além disso, ele foi condecorado com o título de conselheiro concedido "a aprazimento do Governo" e integrou diversas comissões governamentais, a exemplo da comissão revisora do projeto do código civil, o que nos indica a existência de laços estreitos com o governo imperial. O art. 158 do Decreto nº 1.386, de 1854, facultava ao governo imperial distinguir os lentes catedráticos que continuassem em atividade e contassem com mais de vinte e cinco anos de serviço com o "Titulo de Conselho".

[586] Antonio Joaquim Ribas formou-se em direito em 1840 e obteve o grau de doutor no ano seguinte, quando assumiu a função de professor de história universal no curso anexo à academia de São Paulo. Ele entrou na Faculdade de São Paulo em 1854 e ensinou diversas disciplinas (*v.g.*: economia política, direito administrativo, direito público e direito civil). Em 1860, foi nomeado lente catedrático de direito civil, disciplina que ministrou até 1870, quando foi jubilado. Cf. LACOMBE, Américo Jacobina. *Apresentação*. In: RIBAS, Antônio Joaquim. *Direito administrativo brasileiro (1866)*. Brasília: Ministério da Justiça, 1968, p. 5-10; BARROS JR, Carlos S. de. *Antonio Joaquim Ribas (o conselheiro Ribas)*. *Revista da Faculdade de Direito*: v. 69, n. 2, 1974, p. 239-253.

O imperador seria o chefe do Poder Executivo e do Moderador; ele imperaria, governaria e administraria ao mesmo tempo[587], sustentou Ribas, em posição que o aproximava do visconde do Uruguay. Na qualidade de titular do Poder Moderador, o monarca seria o detentor da autoridade suprema, o chefe supremo da nação, o primeiro grau da hierarquia administrativa e também o supremo magistrado administrativo.

A centralização política foi também uma importante bandeira ostentada por Ribas. Em face da inspiração divina e popular dos atos imperiais e de o imperador consubstanciar o "símbolo da nacionalidade, da idealização do governo e da administração", ele não poderia submeter-se à inspeção de qualquer outra instituição ou órgão[588]. Destarte, o conselheiro Ribas reafirmava os pressupostos do pensamento constitucional, que conformavam a interpretação do princípio da separação dos poderes. A preeminência imperial se configuraria não só por suas qualidades pessoais e divinas mas também pelo próprio modelo de centralização política preconizado[589].

Segundo a tradição do pensamento constitucional brasileiro, o conselheiro Ribas classificou o poder político em dois grupos: o poder legislativo incumbido de prescrever as normas; e o poder executivo encarregado de tornar efetiva a realização dessas normas. O poder executivo se subdividiria em governamental (ou administrativo) e em judicial, a depender da natureza pública/geral ou privada dos interesses envolvidos[590].

Ele enfrentou o tema da excessiva edição de atos executivos ilegais bem como a relação entre os Poderes Executivo e Judiciário nesse contexto de uma já rica experiência institucional. O Executivo detinha a prerrogativa constitucional de regulamentar a lei para conferir-lhe boa execução, porém, a pretexto de exercer tal competência, ele terminaria por extrapolar sua própria esfera de atuação em violação da independência do Poder Judiciário e dos direitos individuais definidos na Constituição.

Alguns juristas e estadistas, segundo apontou Ribas, defenderiam a prerrogativa executiva de interpretar as leis, derivação necessária da competência de regulamentá-las, bem como da própria impossibilidade de o

---

[587] *Idem*, p. 52-54.

[588] *Idem*, p. 124.

[589] *Idem*, p. 69-114.

[590] Cf. RIBAS, Antonio Joaquim. *Direito administrativo...*, p. 47 e ss.

Legislativo responder as dúvidas legais e normativas em tempo razoável por estar envolvido em complexas questões de política. Alegaram ainda os defensores de tais prerrogativas que os diversos e sucessivos órgãos judiciários do Império não se teriam firmado, e a aplicação das leis teria sido irremediavelmente embaraçada se não fossem os atos executivos de interpretação e integração das leis pelo governo[591].

O conselheiro Ribas, entretanto, sustentou posicionamento diferente, criticando a prática governamental que, na realidade, usurparia a competência constitucional da Assembleia Geral de interpretar autenticamente as leis (art. 15, VIII). Ele entendeu que os regulamentos administrativos que dispusessem sobre matérias da competência judiciária não obrigariam os juízes. A autoridade judiciária não ficaria em hipótese alguma obrigada "a antepor tais regulamentos, exorbitantes da faculdade constitucional, à inteligência da lei, qual a sua consciência lhe inspira"[592].

Advertia Ribas que a prática governamental, que violaria a independência judicial e a Constituição, foi regulamentada pelo governo imperial a fim de emprestar a aparência de legitimidade, mediante a edição da Circular de 7 de fevereiro de 1856[593]. Os atos executivos configurariam um tipo de interpretação geral e obrigatória exclusivamente pertencente ao Legislativo, o que caracterizaria a ilegalidade deles. Somente por meio de autorização legislativa, sabidamente inexistente (a exemplo da Casa de Suplicação), é que se poderia permitir ao Executivo editar atos infralegais estabelecendo a interpretação doutrinal das leis com força geral e obrigatória, inclusive para a autoridade judiciária.

Sem delegação do Poder Legislativo, não poderia o Poder Executivo fixar interpretação doutrinal com força obrigatória em matéria de direitos privados. Mesmo quando houvesse eventuais conexões entre matérias administrativas e de direitos individuais, insistia Ribas, a interpretação doutrinal do governo somente vincularia as autoridades administrativas, jamais os membros do Poder Judiciário.

---

[591] *Idem*, p. 150-151.

[592] *Idem*, p. 156.

[593] A circular determinava que cabia ao governo "decidir por modo geral e regulamentar sobre as dúvidas, obstáculos e lacunas, que as autoridades judiciarias encontrarem na execução das leis relativas ao direito civil ou penal". Desenvolveremos esse tópico no Item 6.3.

À semelhança de Pimenta Bueno e de Furtado Mendonça, mas em divergência com o visconde do Uruguay, o conselheiro Ribas defendeu, ainda que comedidamente, a competência dos juízes para recusarem a aplicação de ordens executivas contrárias à lei ou que dispusessem de matéria da competência judiciária. Além da responsabilização legal dos ministros pela edição dos decretos ilegais bem como dos agentes executores, ele vislumbrou o direito de as autoridades competentes (inclusive as judiciárias) absterem-se de aplicar os aludidos atos executivos, ou seja, de exercerem o controle judicial da legalidade dos atos administrativos desde que dispusessem de assuntos da alçada do Poder Judiciário. A autoridade judiciária não ficaria em hipótese alguma obrigada "a antepor tais regulamentos, exorbitantes da faculdade constitucional, à inteligência da lei, qual a sua consciência lhe inspira"[594].

Nessa temática sobre a competência regulamentar administrativa e a interpretação doutrinal e autêntica, Ribas explicou que somente uma única autoridade poderia ser investida da competência para interpretar obrigatoriamente as disposições legislativas no âmbito do direito privado. Somente ao Supremo Tribunal de Justiça, a "autoridade mais elevada na hierarquia judiciária", é que se poderia constitucionalmente autorizar a "interpretação doutrinal-obrigatória", isto é, realizar a interpretação obrigatória a juízes e tribunais das leis privadas a fim de "uniformizar a inteligência prática das leis". Jamais esse direito deveria ser confiado ao Executivo[595] sob pena de afrontar-se a autonomia e a independência do Judiciário.

Não obstante as fortes ingerências do Executivo sobre o Judiciário e sua defesa do fortalecimento institucional do Supremo Tribunal, o conselheiro Ribas deixou transparecer, por uma ou duas oportunidades, alguns desconfortos com a independência do Poder Judiciário, que poderia apresentar tendências ambiciosas e coativas dos agentes administrativos bem como ameaçar o regular exercício das funções administrativas[596]. Ele também se manifestou contrariamente ao alargamento das

---

[594] *Idem*, p. 149-156.

[595] *Idem*, 153-4.

[596] Tratando da responsabilização judicial dos agentes administrativos que poderiam ser ameaçados por um "poder judiciário independente, fortemente organizado, e que pode apresentar tendências ambiciosas", Antonio Joaquim Ribas afirmou: "Não é somente

competências estabelecidas para o Poder Judiciário, ocorridas desde a constitucionalização da ordem jurídica brasileira[597].

Antonio Joaquim Ribas mostrou-se muito assertivo quanto à não sujeição ao Poder Judiciário de recursos oriundos do contencioso administrativo, pois os juízes fatalmente se arrogariam de "certa superintendência sobre o executivo", o que anularia a responsabilidade desse poder e sua capacidade de atingir suas missões constitucionais e institucionais. Aconteceria de o Executivo ser "colocado em posição de dependência e subalternidade em relação ao judicial, desde que seus atos estivessem sujeitos à revisão e à confirmação desde poder"[598]. Ademais, os juízes seriam incapacitados, prolixos e inflexíveis, atributos que os desqualificariam por completo da condição de juízes dos interesses públicos e gerais.

A experiência institucional marcou profundamente a produção de direito administrativo do conselheiro Ribas, com forte influência no pensamento constitucional. Sua posição é produto de uma tensão entre contenção dos abusos executivos e não sujeição do Executivo e do imperador ao Judiciário sob pena de emperrar a administração, o que se deve ao fato de seu pensamento ser condicionado pela metafísica constitucional que fazia revigorar a preeminência imperial e não permitiria a sujeição do imperador nem do legislador à fiscalização judicial.

A defesa do controle judicial da legalidade, nesse caso, não significou o prenúncio do controle judicial da constitucionalidade, mas certamente constituiu um passo fundamental no pensamento constitucional que fundamentará o discurso judicial respaldando o fortalecimento institucional que, juntamente com outros fatores, configuraria o ambiente propício à recepção da prática do controle judicial da constitucionalidade das leis.

---

pelas invasões do Poder Judicial que a independência da administração é ameaçada". *Idem*, p. 74-76.

[597] Nesse sentido, elogiou o ato que confirmou a jurisdição administrativa em matéria do Tesouro e Tesourarias, a lei que recriou o Conselho de Estado definindo suas competências do contencioso administrativo, a Lei nº 261, de 3 de dezembro de 1841, que retirou do Poder Judiciário funções criminais atribuindo-as às autoridades administrativas e policiais. *Idem*, p. 104-107.

[598] *Idem*, p. 113-114.

5.3.2. Debate sobre o Poder Moderador: a crítica no pensamento constitucional (1860-1870)

Outra questão jurídica que marcaria significativamente os percursos do pensamento constitucional brasileiro foi o debate em torno da teoria do Poder Moderador, que tomou grande repercussão política no início da década de 1860. Essa acesa polêmica no âmbito da teoria e da práxis constitucional atingiria o âmago da história política e constitucional do Império. Do ponto de vista da história do pensamento, a polêmica sobre o Poder Moderador, impulsionada pela ação (ou "lance") de Zacharias[599], abriu flancos importantes de crítica ao sistema constitucional vigente com desdobramentos que se seguiram até a proclamação da República.

Esse novo momento do pensamento constitucional brasileiro não pode ser bem compreendido fora do contexto em que se insere. A sociedade brasileira passava por rápidas transformações com inegáveis impactos na ordem social, política, cultural e jurídica[600]. A segunda metade do século XIX foi um momento singular, especialmente no campo das ideias. Se desde a independência até meados do século XIX, os intelectuais e o pensamento em geral no Brasil vinculavam-se às elites econômicas e financeiras nacionais compondo um perfil bem homogêneo, conforme nos ensina Lilia Schwarcz[601], o período posterior à década de 1850 experimentou uma transformação profunda na ordem econômica e social com a mudança do eixo econômico do país, oportunizando a diver-

---

[599] A atuação de Zacharias consistiu na publicação de *"Da Natureza e Limites do Poder Moderador"* que impactou profundamente nas estruturas políticas e constitucionais do Império. Segundo Pocock, essa ação política de Zacharias configuraria um *lance* que constituiria um ato de fala por meio do qual o autor atua ou inova sobre determinado contexto linguístico, rompendo com determinada tradição e abrindo perspectivas discursivas novas. Cf. Pocock, John G. A. *O estado da arte*. Trad. Fábio Fernandez. In: *Linguagens do ideário político*. (Org. Sergio Miceli). São Paulo: EDUSP, 2003, p. 39.

[600] Um dos atores da vívida discussão sobre o Poder Moderador, o professor Braz Florentino, chamou a atenção para o contexto em que a sociedade brasileira se achava: "Na epocha dos vapores, das locomotivas, e dos telegraphos electricos todos querem instruir-se, mas sem grande applicação e trabalho". Souza, Braz Florentino Henriques de. *Do poder moderador*. Recife: Typographia Universal, 1864, p. 589.

[601] Cf. Schwarcz, Lilia Moritz. *Entre "homens de sciencia"*. In: *O Espetáculo das Raças*. São Paulo: Companhia das Letras, 1993, p. 31-55.

sificação de várias instituições produtoras de conhecimento de acordo com necessidades regionais e profissionais específicas.

A década de 1870, na célebre caracterização de Sílvio Romero[602], foi testemunha de que "um bando de idéas novas esvoaçou sobre nós de todos os pontos do horizonte". Novas ideias, novas teorias e novos pensamentos marcariam o período de discussão e de crítica das instituições brasileiras, jogando luzes e tematizando questões que simplesmente eram subtraídas a qualquer debate público. O processo acelerado de mudanças sociais e econômicas repercutiu na própria compreensão dos princípios constitucionais sob os quais se assentava o modelo constitucional do Império. O horizonte constitucional já não seria mais o mesmo.

Vimos que o pensamento constitucional brasileiro, com alguma variação, consistiu basicamente na descrição do sistema constitucional vigente a partir de uma exegese estrita da Constituição de 1824 e na implícita ou explícita justificação política desse sistema. A crítica constitucional às instituições ou a seu funcionamento foi inexistente ou, quando muito, tópica e tímida.

Se a discussão aberta por Zacharias Góes e Vasconcellos sobre a responsabilidade ministerial nos atos do Poder Moderador teve ou não a motivação pessoal sugerida pelo visconde do Uruguay[603], isso é bem difícil de apurar-se e até mesmo irrelevante sob nossa perspectiva. No entanto, não restam dúvidas de que a celeuma em torno do Poder Moderador ia muito além da responsabilidade ministerial, que era, por assim dizer, uma questão "menor" para atingir o próprio coração da monarquia.

Da história do autor de *"Da Natureza e Limites do Poder Moderador"*, que era um estadista do Império[604], precisamos divisar dois elementos do complexo quadro político em que se inseria Zacharias. No momento da

---

[602] Cf. ROMERO, Silvio. *Explicações indispensáveis*. In: BARRETO, Tobias. *Varios escriptos (Obras Completas X)*. Aracaju: Estado de Sergipe, 1926, p. XI-LVIII.

[603] Cf. URUGUAY, Visconde do. *Ensaio...* Tomo II, p. 33.

[604] Cecília Helena mostra que a biografia histórico-política de Zacharias foi seletivamente construída, prevalecendo a memória de sua luta pelo Partido Liberal cristalizada na época posterior à publicação de seu livro em 1862. Porém, essa memória não corresponderia integralmente à sua história e sua vivência na política em grande medida sintonizada com a ideologia e com as práticas dos conservadores. Cf. OLIVEIRA, Cecília Helena de Salles. *Da natureza e limites do poder moderador e a memória do conselheiro Zacarias de Góis e Vasconcelos*. In: *Zacarias de Góis e Vasconcelos*. São Paulo: Editora 34, 2002, p. 9-54.

elaboração do opúsculo entre os anos de 1860 e 1862, Zacharias estava na iminência de migrar para o Partido Liberal. A hegemonia exercida pelo Partido Conservador no governo ministerial, por seu turno, estava próxima de sofrer seu primeiro abalo[605].

Do ponto de vista da história do pensamento, o livro de Zacarias cumpria uma destinação política específica: agregar argumentos ao debate político que se fomentava em torno do Poder Moderador. Até então, a grande obra de impacto sobre o tema era o *Direito Publico* de Pimenta Bueno, que, com seu estilo pretensamente imparcial e neutro, reforçava a autoridade do monarca e seus méritos pessoais em plena sintonia com a tradição laudatória do pensamento constitucional.

O Poder Moderador, na célebre definição de Pimenta Bueno, seria "a suprema inspecção da nação" e representaria o "alto direito que ella tem, e que não póde exercer por si mesma, de examinar o como os diversos poderes politicos, que ella creou e confiou a seus mandatarios, são exercidos"[606]. Entendia "o jurista do Império" que a nação somente poderia delegar tal poder a quem estivesse "cercado de todos os respeitos, tradições e esplendor, da força da opinião e do prestigio", ou seja, a quem fosse "superior a todas as paixões, a todos interesses, a toda rivalidade". Somente uma única pessoa reuniria tamanhas qualidades e atributos: o imperador a quem a Constituição reconhecera a inviolabilidade e a irresponsabilidade, atributos "inseparaveis da monarchia" e "dogmas politicos consagrados por justo e irrecusavel interesse publico"[607].

A obra de Zacharias, em certo sentido, rompeu com essa tradição ao atacar a inabalável imagem do imperador, de sua natureza metafísica e de sua majestade suprema. *Da Natureza e Limites do Poder Moderador* foi

---

[605] Em 24 de maio de 1862, já afiliado ao Partido Liberal, Zacharias foi designado presidente do Conselho de Ministros terminando com o jejum de quatorze anos dos liberais. Não obstante, em 30 de maio, após a aprovação de moção contrária ao governo, apresentada por Sales Tôrres Homem, Zacharias foi alijado do seu primeiro gabinete que ficou conhecido por "Gabinete dos Três Dias". Cf. HOLANDA, Sérgio Buarque de. *Do Império à República*. In: *História Geral da Civilização Brasileira (Vol. 7)*. 8. ed. Rio de Janeiro: Bertrand Brasil, 2008, p. 16-19.

[606] Cf. BUENO, José Antônio Pimenta. *Direito publico...*, p. 204.

[607] *Idem*, p. 205-206.

"a grande heresia política do Império"[608] e, em nossa opinião, inovadoramente abriu o caminho para a crítica futura do sistema constitucional e do próprio imperador. Foi precursora na tradição do pensamento constitucional ao questionar o paradigma fundamental em que se assentava o regime do Império, porque Zacharias lançou sementes que permitiriam florescer um vasto campo para a crítica política e constitucional, ao questionar a preeminência imperial e a metafísica constitucional sob a qual se assentava a ordem constitucional[609].

Zacharias iniciou uma reflexão constitucional que, por mais que tenha sido politicamente enviesada[610], fixou elementos de uma inversão na teoria constitucional do Império. O Poder Moderador passou a ser pensado a partir da Constituição, apartando-se da noção implícita de que o imperador estaria acima da Constituição. Esse parece-nos um aspecto decisivo, sobretudo para a época, pois a Constituição de algum modo ainda era refém do imperador, verdadeiro ente metafísico. Ao justificar a responsabilidade ministerial nos atos do Poder Moderador argumentando com respaldo na Constituição e na legislação complementar, Zacharias estabeleceu um marco importante na tradição do pensamento constitucional brasileiro que, no entanto, não foi radical no sentido de ir às bases e fundamentos gerais do modelo constitucional vigente já que ele não chegou ao extremo de explicitamente questionar a existência da figura

---

[608] VEIGA, Gláucio. *História das idéias...* Vol. VII, p. 231. O próprio Zacharias tinha dimensão da repercussão de sua tese, ao se lamentar perante o presidente da Câmara dos Deputados, no discurso de 25 de julho de 1861, que integra a 2ª Parte do seu livro: "Fui, sr. presidente, qualificado pelo nobre ministro da Justiça de pregoeiro do direito revolução; s. exc. deu-me patente de tribuno e de turbulento". Cf. VASCONCELOS, Zacarias de Góis e. *Da natureza e limites do poder moderador (1862)*. In: *Zacarias de Góis e Vasconcelos*. São Paulo: Editora 34, 2002, p. 129.

[609] Zacharias, inclusive, sutilmente se apropriou do argumento da ilegitimidade da Constituição em decorrência de sua outorga, que andava adormecido: "Nem se supunha que, por ter sido o nosso pacto fundamental concessão de um príncipe, e não ato que partisse do povo, talvez o príncipe se reservasse, no Poder Moderador, uma reminiscência do regime antigo, uma parcela daquele poder sem limites, que, supondo ter as raízes no céu, não admitia na terra fiscalização nem responsabilidade". *Idem*, p. 90-91.

[610] Cf. SALDANHA, Nelson Nogueira. *História das idéias...*, p. 124 e ss.

do imperador ou do sistema monárquico[611]. Essa tarefa caberia a Tobias Barreto quase dez anos depois[612].

Zacharias procurou desnudar a natureza do Poder Moderador a partir de uma leitura da Constituição, evitando (e criticando os que o faziam) a "metafísica constitucional" cuja natureza das coisas tendia a contrariar[613]. Ao discorrer sobre a natureza do Poder Moderador à luz do direito positivo, ele constatou sua natureza "constitucional". É verdade que tal asserção possa parecer redundante ou tautológica, mas certamente não podemos negar que, com tal premissa, Zacharias negava ao Poder Moderador a natureza supraconstitucional ou metafísica afrontando contundentemente os parâmetros sob os quais se concebia tal instituição.

A argumentação de Zacharias, portanto, desenvolveu-se com fundamento jurídico-normativo na Constituição. Ele não se ateve à mera interpretação da "letra da Constituição" por mais que procurasse enquadrar suas razões no marco constitucional e legal positivado. A essência do seu argumento residia no "espírito da Constituição" de modo que as ilações lógicas, os princípios do sistema monárquico (absoluto e constitucional), as discussões parlamentares e as experiências comparadas de outros sistemas de governo eram retomados a todo momento para voltar ao mesmo ponto: a responsabilidade ministerial salvaguardaria o imperador e afastaria o arbítrio do nosso sistema constitucional de monarquia limitada.

O imperador desceria de sua condição de ente metafísico para tornar-se um simples monarca cujas atribuições estariam traçadas na Constituição. Astuciosamente ele distinguiu a monarquia constitucional da monarquia absoluta, onde o monarca tudo poderia fazer, e nem ele nem qualquer outro funcionário seu poderia ser responsabilizado. Zacharias foi além em seu argumento, explorando a própria condição humana do imperador, ou seja, sua falibilidade tendo em vista a possibilidade de ele cometer erros e causar danos como qualquer outra pessoa[614]; então,

---

[611] A tese da responsabilidade ministerial nos atos do Poder Moderador se destinava "a conservar puro o brilho da Coroa". Cf. VASCONCELOS, Zacarias de Góis e. *Da natureza e limites...*, 2002, p. 118.

[612] Cf. SALDANHA, Nelson Nogueira. *História das idéias...*, p. 133 e ss.

[613] Cf. VASCONCELOS, Zacarias de Góis e. *Da natureza e limites...*, p. 85.

[614] Indagava Zacharias seus detratores com a seguinte provocação: "Suponha-se que o príncipe não se distingue nem por grande talento, nem por vasta experiência nos negócios

necessário seria que seus ministros respondessem pelos atos do Poder Moderador que contassem com sua assinatura. Afinal, dizia Zacharias, era plenamente factível que os atos do Moderador se opusessem às leis e aos interesses do Estado, quando a própria concepção e justificação do Moderador, sobretudo a partir do pensamento constitucional brasileiro, não concebia essa possibilidade senão como uma espécie de exemplo hipotético, inimaginável ou *'ad terrorem"* a título meramente especulativo[615].

Embora o próprio Zacharias tenha advertido mais de uma vez que sua pretensão seria resguardar o brilho do Império, não descobrir a coroa e preservar a pessoa do imperador, à conta de quem fatalmente correria a responsabilidade pelas consequências dos atos maléficos e indesejados do Poder Moderador, percebemos que, até por meio de ironias sutis, sua real intenção parecia sugerir a limitação do poder imperial que se manifestava através do Poder Moderador. Vejamos o caso da nomeação de senadores[616].

Os eleitores formariam a lista tríplice para o Senado. Dela, o imperador escolheria o senador, independentemente de haver sido o mais votado. Para Zacharias, embora não se pudesse falar de responsabilidade legal nessa hipótese, subsistiria certamente a responsabilidade moral pois, diante da lista, "não é livre à Coroa designar indiferentemente um dos três, mas de sua obrigação tirar dos três o melhor"[617], de acordo com os critérios do saber, da capacidade, das virtudes e dos serviços prestados. Se os ministros não fossem responsáveis por esse ato, os efeitos maléficos do ato de preterição do melhor candidato ou mais bem votado seriam da

do Estado. Esta suposição não é imaginária: a história vem em seu apoio. Em tal hipótese o imperante, (...), não é um perigo para as instituições e grandes interesses do país?". E, replicando o visconde do Uruguay que defendia a tese da irresponsabilidade ministerial, Zacharias sustentava: "A teoria do *Ensaio* é a dos governos absolutos, em que a segurança e felicidade do povo dependem do acidente do nascimento de príncipes de coração bem formado e de inteligência vigorosa". *Idem*, p. 250-251.

[615] Além de outros males, a irresponsabilidade geraria o inconveniente de "descobrir a Coroa" pois ela própria, ao fim, é que seria a responsável pelos efeitos danosos do ato praticado. *Idem*, p. 86 e ss, p. 114 e ss e p. 162-3.

[616] *Idem*, p. 103-106.

[617] *Idem*, p. 104.

exclusiva responsabilidade do imperador, o que seria inconstitucional em face de sua inviolabilidade (art. 99).

Observemos que, a título de preservar a coroa, a justificação pública dos motivos da escolha imperial terminaria, invariavelmente, por impor limites e amarras ao imperador que fatalmente seriam apropriados no jogo político inclusive para serem utilizados contra o próprio imperador. A preocupação de Zacharias em preservar o imperador ou em não gerar o "desar" aos eleitores provinciais, talvez, escondesse outros objetivos[618].

A primeira reação mais consistente ao texto de Zacharias veio do seu ainda correligionário Paulino José Soares de Sousa no *Ensaio sobre o Direito Administrativo*. Já examinamos o esforço do visconde do Uruguay para legitimar as instituições brasileiras, ressaltando que, à medida que as estudava, mais se convencia de que suas "largas e liberaes bases" eram excelentes devido aos favores da "mão amiga da Providencia"[619]. Nenhuma novidade, pois aqui ele retomava a tradição do pensamento constitucional de justificação da Constituição.

Em relação ao Poder Moderador, o visconde tentou recompor a fissura aberta por Zacharias, que trouxe o imperador ao mundo da realidade, à dimensão terrena, quando defendeu sua falibilidade e a possibilidade de causar danos a terceiros por seus atos. Uruguay rechaçou com vigor essa hipótese já que o Moderador (em consequência, o próprio imperador) seria incapaz de usurpar competências alheias ou prejudicar liberdades públicas ou dos cidadãos[620].

Se Zacharias se esforçou por manter-se lastreado na argumentação jurídico-constitucional, Paulino José sentiu-se mais à vontade com a criticada mas tradicional *metafísica constitucional*, reafirmando as concepções

---

[618] Recalques, ressentimentos e amarguras poderiam ter motivado seu discurso já que dois anos antes, mesmo sendo o candidato baiano ao Senado eleito com mais votos, seu nome foi preterido pelo de Nabuco de Araújo. Cf. URUGUAY, Visconde do. *Ensaio...* Tomo II, p. 33; OLIVEIRA, Cecília Helena de Salles. *Da natureza e limites...*, p. 43-44.

[619] Cf. URUGUAY, Visconde do. *Ensaio...* Tomo I, p. XV.

[620] Inegável, pois, que suas premissas reafirmavam a natureza do imperador como ente metafísico acima do bem e do mal, concebido em um estado de quase absoluta perfeição: "o Poder Moderador, pela natureza e alcance de suas attribuições, separadas do Executivo, não póde ser invasor, não póde usurpar. Póde embaraçar o movimento, não o póde, por si só, empreender e levar a effeito: o mais que póde effectuar he a conservação do que está, por algum tempo". Cf. URUGUAY, Visconde do. *Ensaio...* Tomo II, p. 48 e ss.

do Poder Moderador construídas ao longo do processo de elaboração e de construção do Estado brasileiro conforme a história dos debates no parlamento demonstraria[621]. Ainda que não tenha ignorado a Constituição, sua análise guiou-se em grande medida por suas posições políticas e ideológicas, assumindo os argumentos jurídicos função secundária.

A linha argumentativa do visconde, que em tudo se afinava com a defesa do sistema constitucional, deixa-se sentir através de sua superficial e simplista abordagem sobre os fins do Poder Moderador. Um dos pontos enfatizados pelo visconde do Uruguay foi naturalizar a existência do Poder Moderador seja por sua essencialidade a qualquer organização política, seja por sua presença em quase todas as Constituições existentes[622].

Mas o aspecto central de Uruguay não estaria na fundamentação lógica que tentou imprimir a seus argumentos que, de resto, foram bem contraditados na vigorosa réplica de Zacharias. O aspecto central, como dizíamos, residiu na sua ingênua, melhor talvez fosse dizer, intencional defesa da coroa, assumindo a preeminência imperial a qual seria indigna de causar qualquer mal ao povo brasileiro: afinal, o imperador seria o primeiro representante e chefe supremo da nação.

Através da seleção de discursos e manifestações de parlamentares do Império, o visconde do Uruguay enriqueceu seu texto usando seletivamente a história institucional para comprovar a primazia do imperador e a inexistência de responsabilidade ministerial nos atos do Moderador[623].

---

[621] *Idem*, p. 1 e ss.

[622] Primeiramente o visconde do Uruguay afirmou que as "attribuições do Poder Moderador são essenciaes em qualquer organisação política. Não podem deixar de existir n'ella, em maior ou menor gráo, mais ou menos extensas ou restrictas, distribuidas pelos differentes Poderes, ou reunidas em um". Em seguida, ele arguiu: "Na maior parte das finadas Constituições, e não são poucas, tem sido as attribuições neutras ou moderadoras accumuladas no Poder Executivo, e he isso, na minha opinião, uma das causas da sua pouca solidez e duração". Cf. Uruguay, Visconde do. *Ensaio...* Tomo II, p. 43-45.

[623] Uruguay implicitamente se apropriou da tese do senador Alves Branco: "A lei elevou este poder tão alto, encheu-o de tantos bens da fortuna, fê-lo guarda de tão rico patrimonio a transmitir a sua sucessão, pô-lo tão inacessivel á ambição e ás vicissitudes da vida, que não he possivel, em boa razão, que se acredite que essa personagem ponha em risco tudo isto para ter o gosto de subverter a sociedade, ou praticar actos illegaes". Cf. Uruguay, Visconde do. *Ensaio...* Tomo II, p. 23-24.

De igual modo, ele adotou expressamente a premissa de que o monarca seria infalível e bom por natureza[624], o que nos sugere a retomada da metafísica constitucional tão criticada por Zacharias.

Outra e talvez mais vigorosa contestação confrontou as ideias de Zacharias. Cuidava-se da obra *"Do Poder Moderador"*, escrita por Braz Florentino Henriques de Souza em 1864, quem percebeu e efetivamente denunciou as reais intenções de Zacharias.

Tratava-se de um livro por "dever" dedicado ao imperador, seu "tão Alto e tão Augusto Protector", de quem Braz Florentino se considerava "muito amante e fiel subdito", como "um fraco mas solemne testemunho do profundo respeito e decidida adhesão". Não obstante o autor tenha advertido o leitor que se manteve distante do "espirito ignobil de servilismo" e da política do dia e que tomou o "partido da Constituição"[625], seu livro constituiu um ato da mais inequívoca defesa do sistema monárquico constitucional e da defesa do imperador em detrimento do agigantamento do Poder Executivo, isto é, do poder ministerial.

Braz se via na posição de defensor oficial do Império, entendendo caber a si próprio combater as doutrinas "manifestamente inconstitucionaes" que aportavam no país. Gláucio Veiga não perdoou o súdito de sua majestade: "Braz Florentino vai revelar desnudamente o próprio aulicismo e reforçar a posição que lhe é peculiar de teórico máximo da Ordem"[626]. Com efeito, o tom elogioso e de enaltecimento à Constituição e ao imperador soa quase como veneração, uma secularizada adora-

---

[624] "O Poder Moderador dissolve uma Camara. Exerce uma attribuição que a Constituição lhe dá. Não invadio, não usurpou. Está no seu direito. Não póde haver responsabilidade pelo exercicio de um direito que a lei confere sem condições". Cf. URUGUAY, Visconde do. *Ensaio...* Tomo II, p. 71. Para a réplica de Zacharias, nesse ponto específico, vide: VASCONCELOS, Zacarias de Góis e. *Da natureza e limites...*, p. 171 e ss.

[625] Cf. SOUZA, Braz Florentino Henriques de. *Do poder moderador*. Recife: Typographia Universal, 1864, p. VI-XV.

[626] Não seria de estranharmos sua atitude. Ao lado do conservadorismo político e religioso que dele fazia ser um partidário radical da realeza, por força da reforma do ensino jurídico de 1855, o "Dr. Braz", conforme era conhecido, foi nomeado pelo imperador lente da Faculdade de Direito do Recife sem concurso, de modo que sua obra se tornou uma espécie de gratidão ao imperador, no dizer de Clóvis Beviláqua. E, em 1869, ele foi designado presidente da Província do Maranhão. Cf. VEIGA, Gláucio. *História das idéias...* Vol. VII, p. 223; BEVILÁQUIA, Clóvis. *História da Faculdade de Direito...*, p. 470-480.

ção imperial: "o poder dos reis vem originariamente de Deos, que sua pessôa é santa, e que não é permittido tocar-lhes ou attentar contra a sua segurança"[627]. Consoante apontou Nelson Saldanha[628], Braz Florentino não inovou tanto na discussão na medida em que não trouxe novos argumentos ou autores, apenas reforçando com forte carga ideológica os argumentos do debate, especialmente os de Benjamin Constant. O mestre recifense apropriou-se significativamente da teoria da separação dos poderes ao ponto de concluir que o próprio Montesquieu já teria intuído a necessidade do Poder Moderador, ao explicar que todos os poderes deveriam andar em concerto e em mútua ação e cooperação[629].

De igual modo, Braz Florentino empreendeu sobre-humano esforço para naturalizar o Poder Moderador ao fundamento de que todo governo monárquico constitucional e representativo, para ser digno desse nome, necessariamente teria de explícita ou implicitamente instituir esse poder supremo em sua própria Constituição. O Moderador não seria uma "criação fantástica" ou "devaneio de imaginação", mas decorreria de uma "grande necessidade governativa" por ser a "mola principal nos governos monarchicos", sua *ultima ratio*[630].

Apesar de haver escrito uma obra científica, consistente e de densa estrutura reflexiva sobre a responsabilidade ministerial, Braz Florentino tinha clara a dimensão política contida nessa questão sobre o Poder Moderador: a causa pública, o interesse e o bem da nação estariam em perigo[631]. Como ele próprio afirmou, "bem ou mal, tivemos a infelicidade de ver gravemente comprommettida a causa da *verdadeira* monarchia, a causa da monarchia *real* na famosa questão da responsabilidade dos ministros pelos actos do *Poder Moderador*"[632].

---

[627] Souza, Braz Florentino Henriques de. *Do poder moderador...*, p. 75.

[628] Cf. Saldanha, Nelson. *História das idéias...*, p. 129-132.

[629] Cf. Souza, Braz Florentino Henriques de. *Do poder moderador...*, p. 12.

[630] *Idem*, p. 7-12.

[631] Referindo-se a Zacharias, Braz Florentino foi ao âmago da questão: "todas as opiniões do nosso illustrado adversario, tendentes á sustentação da sua doutrina sobre a responsabilidade ministerial nos actos do Poder Moderador, parecendo á primeira vista opiniões muito monarchicas, são na realidade as mais olygarchicas opiniões que dar-se podem, sob o imperio ou antes sob a capa da Constituição". *Idem*, p. 527.

[632] *Idem*, p. XII.

A discussão reaberta por Zacharias, anos antes, tinha uma dimensão muito mais profunda do que a simples responsabilidade ministerial: ela significava restabelecer as relações de força da monarquia, redefinindo as posições do imperador e dos ministros/parlamentares[633]. A dura crítica à monarquia punha em xeque não mais essa que, para ele, seria uma questão meramente secundária no sistema constitucional monárquico (responsabilidade ministerial nos atos do Poder Moderador), mas principalmente a própria sobrevivência da monarquia. A controvérsia constitucional sobre o Poder Moderador teria aberto um delicado flanco no coração da monarquia[634].

O Dr. Braz[635] acusou Zacharias de tentar aniquilar o princípio monárquico e de instaurar a "olygarchia ministerio-parlamentar". Submeter o Poder Moderador à referenda dos ministros a fim de configurar a responsabilidade ministerial – tal qual articulado por Zacharias – implicaria dividi-lo entre o imperador e os ministros, algo contrário à basilar concepção da monarquia ("o mando supremo da sociedade confiado as mãos de um só homem")[636]. A agravar o quadro de vulneração da monarquia, Braz Florentino[637] externou sua inquietação com a crescente onipotência do Poder Executivo, o que, de resto, era um sentimento compartilhado por vários publicistas a exemplo de Pimenta Bueno e do visconde do Uruguay[638].

---

[633] *Idem*, p. 591.

[634] *Idem*, p. 50.

[635] *Idem*, p. 533-538.

[636] *Idem*, p. 27-28.

[637] O citado professor expôs que o Poder Executivo, extrapolando sua esfera de legítima atuação, havia se tornado "um poder quase – omnipotente – a respeito de tudo e de todos", isto é, um "poder verdadeiramente arbitrario". *Idem*, p. 590.

[638] Pimenta Bueno criticou o Poder Executivo (isto é, o poder ministerial) que pretenderia arrogar-se da competência do Poder Legislativo quanto à interpretação autêntica das leis, com base no argumento de diminuir ou limitar os poderes da coroa. Cf. BUENO, José Antônio Pimenta. *Direito publico...*, p. 71-74. Na mesma linha, o visconde do Uruguay condenou tais práticas ministeriais: "um Ministro por uma simples ordem interpreta a lei, nullifica Resoluções do Estado, coarcta a competencia de uma das mais altas Corporações do Estado, e do proprio Poder Executivo! Tal he o estado de confusão em que vão as nossas cousas!". Cf. URUGUAY, Visconde do. *Ensaio...* Tomo I, p. 295.

Em consequência, porque deles ficaria dependente para exercer o controle sobre os demais poderes[639], o Poder Moderador se inviabilizaria de realizar a *"suprema inspecção da nação"*. O parlamento dominaria o país, que se arranjaria na pior de todas as formas de oligarquia: uma oligarquia burocrática sob o nome do monarca. Seria ainda o pior de todos os despotismos, porque os desmandos se ampaprariam nas câmaras populares[640].

Contra a possibilidade de aniquilamento do elemento monárquico do sistema constitucional brasileiro, Braz Florentino[641] voltou-se enfaticamente à metafísica constitucional e à preeminência imperial na defesa do Poder Moderador. A monarquia seria o mais apropriado sistema de representação da sociedade: "O rei garante e defende os direitos e as liberdades da nação com mais constancia, e de uma maneira mais immediata, do que o faz e póde fazer o parlamento".

E se alguém duvidasse da possibilidade de abuso de poder pelo imperador, perguntando-se sobre a existência de garantias para que o Poder Moderador não viesse a conspirar contra os direitos dos cidadãos, mais uma vez, a premissa metafísica estaria presente na resposta do Dr. Braz: "Conhecida a pessoa a quem foi delegado o Poder Moderador, já não póde ser difficil a resposta á semelhante objecção". O imperador, verdadeiro ente metafísico, a mais alta expressão da soberania nacional, quem a todos controla e poda, "acautelando-se sabiamente contra seus proprios desvios"[642], jamais poderia ser fonte de algum abuso ou violação a direitos.

Um quarto personagem ingressou na discussão sobre a responsabilidade ministerial nos atos do Poder Moderador. Foi Tobias Barreto com a publicação de *"A Questão do Poder Moderador"*, em 1871[643]. Se, como de práxis, não poderíamos dele esperar senão a mais ácida e contundente

---

[639] Ele explicou, em resumo, que os ministros poderiam paralisar a ação do Poder Moderar, ao negarem sua assinatura aos atos que jugassem inconvenientes, perdendo-se a harmonia do governo. Cf. SOUZA, Braz Florentino Henriques de. *Do poder moderador...*, p. 364.

[640] *Idem*, p. 592.

[641] *Idem*, p. 38-44.

[642] *Idem*, p. 16.

[643] O ensaio foi elaborado em momentos diferentes. Os itens I a III foram originalmente publicados no jornal *"O Americano"* em 1871. Os demais (itens IV a VI) foram escritos mais de dez anos depois e publicados na primeira edição de *"Questões Vigentes"* em 1888.

crítica a seus predecessores, também não vemos, a partir de suas ideias, a definitiva resolução dessa delicada questão constitucional[644].

Apesar de haver considerado a questão do Poder Moderador "frivolidades do dia", um sinal "da pobreza e do atraso em que vivemos", "alguma coisa de fútil e mesquinho", fruto de "velhas lutas improfícuas" e de longos arrazoados "destituídos de seiva e de valor científico"[645], dentre outros qualificativos não menos pejorativos a indicarem a suposta irrelevância da questão, Tobias tinha consciência da extensão política e constitucional do tema, razão por que entrara na discussão mais de dez anos depois de iniciada.

A questão do Poder Moderador representaria "o ponto central do pensamento político brasileiro"[646], a que se achariam reduzidos quase todos os problemas do direito público, embora não tenha ainda sido submetida à "análise severa". Era à metafísica constitucional e à preeminência imperial a que se referia Tobias Barreto, pressupostos implícitos da teoria do Poder Moderador que precisavam ser postos à prova, à crítica severa.

Tobias denunciou que "prejuízos teológicos e metafísicos" impregnavam inteiramente a teoria do Poder Moderador. Em seus principais expositores, Zacharias, Braz Florentino e Paulino José, havia "um sedimento de ortodoxia, uma dose de fé católica nos milagres da Constituição e na superioridade moral da realeza"[647], que contaminaria uma reflexão minimamente científica sobre o assunto.

Seria necessário que a "mão profana" tocasse "a arca santa da aliança eterna" que faz do imperador "um penhor inestimável da proteção divina", "uma outorga da Providência", "símbolo das venturas e grandezas nacionais" e dono de "altas virtudes" e "predicados de coração e de cabeça". Que os pensadores brasileiros deixassem de se deliciar no mundo das entidades e que banissem da organização social os preconceitos da "velha

---

[644] De acordo com Clóvis Beviláqua, Tobias se deixava seduzir pelas ideias gerais e pelos princípios dominantes mas "nunca enfeixou, numa síntese completa, essas ideias fundamentais". Cf. BEVILÁQUIA, Clóvis. *História da Faculdade...*, p. 537-538.

[645] Cf. BARRETO, Tobias. *A questão do poder moderador (1871)*. In: *Estudos de Direito (Vol. I)*. Rio de Janeiro: Solomon; Sergipe: Diário Oficial, 2012, p. 96-97.

[646] *Idem*, p. 117.

[647] *Idem*, p. 97.

filosofia teológica", isso seria o ponto de partida para a crítica constitucional. Enfim, faltaria ao espírito brasileiro "coragem intelectual".

Tobias Barreto vislumbrou a questão de fundo subjacente à polêmica sobre a responsabilidade ministerial e, por isso mesmo, encolerizava-se com a hipocrisia dos juristas e políticos que não assumiam suas opiniões e preferiam esconder-se sob o manto da covardia política. Na sua visão, a questão do Poder Moderador se converteria na seguinte problemática: "se temos ou não, se é ou não possível entre nós um governo parlamentar"[648].

Empreendendo análise do surgimento da monarquia parlamentar na Inglaterra, a conclusão de Tobias Barreto foi que não se poderia transplantar modelos estrangeiros como se fossem teoremas ou axiomas universais para a realidade brasileira, sem que antes fossem examinados todos os fatores sociais, culturais, políticos, jurídicos, geográficos envolvidos[649]. A única salvação para o Brasil seria extrair de sua própria história a partir de "um estudo mais profundo da nossa gênese" os remédios de que se necessitava e os rumos a serem seguidos.

Assentadas essas premissas iniciais, abstraído o anacronismo do Poder Moderador, Tobias iniciou as críticas às teorias. O primeiro contra quem se voltou foi Zacharias de Góes, que seria um notável orador "mas não um escritor"; autor de um livro "sem seiva, pálido, inanido de ideias"[650].

Ao destacar a mudança em curso pela força dos novos tempos, Tobias advertiu seu leitor de que também as ideias teriam sua própria biografia. A teoria do Poder Moderador nascera numa época em que o constitucionalismo francês experimentara alguns dissabores com o processo revolucionário: "as forças morais da nação começaram a reagir contra tudo que se havia feito, pensado e dito, depois de 89"[651]. Os criadores da teoria do Poder Moderador tinham sofrido na pele os efeitos danosos da revolução

---

[648] *Idem*, p. 119.

[649] Afirmou ironicamente Tobias Barreto: "É um tema sofrivelmente banal [*governo parlamentar brasileiro*], que ocupa, todos os anos, a sagacidade e a ilustração de honrados estadistas, para quem a solução de todas as questões depende de um fato único e simples. Eis o caso: o Brasil tornar-se inglês em assunto de governo, continuando, porém, a ser ele mesmo em religião, ciência, indústria, comércio, e o demais pontos e relações da vida social!...". *Idem*, p. 99.

[650] BARRETO, Tobias. *A questão do poder...*, p. 107.

[651] *Idem*, p. 111.

e, em consequência, estavam procurando uma terceira via entre a república e a monarquia absoluta.

A dimensão histórica do tema foi solenemente ignorada por Zacharias, que, além de tudo, teria pretendido fazer do parlamentarismo britânico o modelo obrigatório e o princípio político absoluto aplicável a todas as monarquias, em particular à brasileira. Confundindo condições histórico-sociais distintas, nas quais foram concebidas as teorias francesa do Poder Moderador e inglesa do parlamentarismo, Zacharias teria inferido axiomas universais dos governos monárquicos e representativos a fim de defender a instauração da monarquia parlamentar inglesa no Império como se fosse a mais pura decorrência lógica dos princípios da política. "Petição de princípio", "paralogismo", "pobreza de ideias" e "fraqueza pueril" foram alguns dos problemas apontados por Tobias na obra de Zacharias que, no fundo, pretendia "provar que o imperador não é o imperador, superior e preexistente a todos os poderes políticos, como fê-lo a Constituição", e sim "um grande nada"[652]. Como vimos, essa dimensão da argumentação não passou despercebido pelo Dr. Braz, que também criticara Zacharias pela tentativa inequívoca mas velada de destruir o elemento monárquico do governo a título de preservá-lo.

Não obstante haver veementemente contestado *Da Natureza e Limites do Poder Moderador*, Tobias Barreto reconheceu algo que nos parece extremamente importante e mencionado anteriormente ao nos referirmos à "heresia constitucional" desse opúsculo. Zacharias teria iniciado, vaticinou Tobias, uma crítica ao sistema monárquico imperial confrontando direta e pessoalmente o imperador, por mais que tenha ostentado a sincera intenção de protegê-lo ou cobri-lo[653].

A obra de Zacharias, portanto, constituiu um importante marco na história constitucional brasileira, um verdadeiro *lance*, porquanto rompeu com a tradição do pensamento constitucional brasileiro de enalteci-

---

[652] *Idem*, p. 118.

[653] Apesar de ser um importante ator nesse debate, Tobias conseguiu observar criticamente o direcionamento que seria dado com esse movimento iniciado em 1860 com a obra de Zacharias: "Não obstante, importa reconhecer que o livro referido, se por si só não constitui, marca ao menos uma fase na marcha lenta e difícil de nossas ideias governamentais. Provocando a contradição, deu lugar à luta, e pela luta, à descoberta da fofa liça em que pisam os combatentes de ambos os lados. Isto é pouco? Pois é tudo". *Idem*, p. 108.

mento e apologia imperial, além de haver posto em xeque a tão intocável preeminência do imperador e a própria metafísica constitucional. Nesse ponto, devemos reconhecer, seu significado e seu mérito foram subavaliados por Tobias Barreto.

A crítica a Braz Florentino foi áspera. Acusou-o Tobias de haver escrito uma obra cuja "abundância mais estéril" não poderia existir. É verdade que era volumosa e apresentava sólidos argumentos jurídicos, porém o Dr. Braz seria vítima da incapacidade de "aguentar o peso do século", do incômodo do "ideal dos tempos modernos, que ele não compreendia"[654]. Segundo Tobias, o professor de direito civil da Faculdade do Recife, inimigo do progresso, daria testemunho de sua pouca ciência ao defender vigorosamente o Poder Moderador.

Pretendera o Dr. Braz, de acordo com Tobias, derivar a existência do Moderador das fontes da razão e da lógica, supostamente inerentes ao sistema de governo monárquico. Contudo, Braz Florentino fora longe demais nesse desiderato chegando a "derivar a ignorância de sua fonte mais elevada" e de esquecer que toda razão e toda lógica não poderiam ser consideradas "à parte do espírito que a concebeu, nem do meio social que produziu"[655]. O Poder Moderador surgiu, comentou Tobias, da "necessidade dos tempos" que muitos inadvertidamente costumam denominar a "força da lógica". Assim "os pensadores consideram verdades impessoais, objetivas, o que é muitas vezes um modo de perceber da razão individual, que se generaliza arbitrariamente"[656]. Nesse sentido, por motivos diferentes, Zacharias e Braz Florentino incorreram no mesmo erro.

A crítica de Tobias ao visconde do Uruguay foi menos austera. Paulino José, para ele, pretendera encerrar a discussão sobre o Poder Moderador apresentando argumentos em tom decisivo e inflexível. Legista que era o seu *Ensaio* revelou-se um estudo caracterizado pelo "dogmatismo, atitude magistral e pouca ambição de descer ao fundo".

Viu Tobias que a questão do Poder Moderador seria uma questão intrinsecamente dependente das "situações políticas", que adormeceria no governo dos liberais mas se ergueria prontamente no domínio dos conservadores da administração governamental. Ela revelaria, por outro

---

[654] *Idem*, p. 110.

[655] *Idem*, p. 111.

[656] *Idem*, p. 115-116.

ângulo, que o liberalismo brasileiro não passaria de "uma escatologia política" e que a questão do Poder Moderador permaneceria insolúvel como uma velha questão metafísica que nada teria a ver com o espírito científico, e sim com o "espírito de partido" e com a "chicana oposicionística" sempre presentes "no jardim da retórica parlamentar"[657].

Da discussão sobre o Poder Moderador percebermos a emergência de uma forte tensão no seio da monarquia que, no âmbito do pensamento constitucional, viria a confrontar os próprios postulados da Constituição do Império[658]. Abria-se o caminho para o desenvolvimento da vertente teórica e crítica na qual se enquadravam Zacharias Góes e Tobias Barreto, o qual revolveria as estruturas fundantes de todo o sistema imperial sem prejuízo do prosseguimento hegemônico da tradicional vertente conservadora do pensamento constitucional que defendia as instituições, o imperador além de propugnar pela maior centralização do poder na pessoa do monarca.

Mesmo o visconde do Uruguay que, em alguma medida, defendeu a descentralização administrativa, para que o cidadão efetivamente se beneficiasse dos efeitos da atuação estatal em sua vida concreta, reclamava maior centralização política do poder e acusava os excessos do poder ministerial. Braz Florentino, ainda mais ortodoxo, apelou calorosa e abertamente à metafísica constitucional impregnada de teologismos[659]

---

[657] É interessante notarmos que, a todo momento, a metafísica constitucional se revela na linguagem de Tobias, nas imagens por ele formuladas e nos termos por ele utilizados. Complementando a crítica ao liberalismo brasileiro, ele disse que única coisa ele conseguiria passar seria uma vaga e distante esperança, "pois só faz ouvir as suas promessas de melhoramento, os seus gritos proféticos de abalo e renovação social quando apraz ao imperador arredá-lo dos conselhos da coroa e distribuir o pão da vida governativa". *Idem*, 117-118.

[658] Gláucio Veiga foi muito feliz em sua observação sobre as consequências desse debate: "pedimos a atenção para o historiador das idéias: não caminhamos para República, apenas pelos condutos dos clubes e jornais republicanos. Lento e insidioso foi o caminhar para a República, através do modelo inglês, onde sempre os republicanos ou liberais brasileiros acentuaram os aspectos antimonárquicos, principalmente, com o recrudescimento, a partir da crise de 68, da discussão do princípio – o Rei reina mas não governa – cujos ecos alcançaram até o Conselho de Estado". Cf. VEIGA, Gláucio. *História das idéias...* Vol. VII, p. 230.

[659] De fato, não há como negarmos que, para o Dr. Braz, política e religião dificilmente se separariam: "Ha alguma cousa de religioso no respeito que se deve ao monarcha (...); e é por isso que o principe dos apostolos justamente nos recommenda, que honremos

para reerguer ao topo do edifício social, político e constitucional a figura do imperador, a "sublime expressão da soberania nacional"[660].

E, a considerar uns e outros defensores do regime imperial, ratificando os valores e as premissas do modelo constitucional consagrado pela Constituição de 1824, parece-nos que a possibilidade do controle judicial da constitucionalidade não encontraria seu lugar nem vez no sistema imperial brasileiro.

No entanto, é importante percebermos que se iniciaram abertamente as discussões sobre novos modelos e alternativas constitucionais. Que o país estava se desenvolvendo. Que a coroa não mais conseguiria dar respostas adequadas e desejadas às demandas sociais e econômicas, presentes na agenda das novas elites em formação e em ascensão. Que novas ideias estavam em trânsito e circulação no país. Que, enfim, o tempo da crítica e da crise estava por perto[661].

5.4. Terceira fase do pensamento constitucional (1870-1889): crítica à Constituição

Apesar de a questão do Poder Moderador anunciar a chegada de novos tempos, de tempos de crítica e de crise, ela não marcou uma linha divisória clara e delimitada no pensamento constitucional brasileiro. Ela não representou uma ruptura radical na forma de produção científica constitucional.

Nesse debate, camuflavam-se os temas do federalismo, da centralização política e do imperialismo que ganharam maior destaque e desenvolvimento em momentos variados. Não houve uma ação coordenada e harmônica iniciada nas décadas de 1860-1870 que desembocou na proclamação da República com seu sistema federal e de controle judicial da constitucionalidade das leis. Ao contrário, juristas e políticos travaram

---

ao rei, logo depois de nos haver recommendado que temamos a Deos. Os reis christãos, assim como os pontifices do christianismo, são sagrados, isto é, ungidos com o oleo santo, e a Escriptura, em mais de um lugar, geralmente nos prohibe que toquemos nos *ungidos* do Senhor: *Nolite tangere christos meos*". Cf. Souza, Braz Florentino Henriques de. *Do poder moderador...*, p. 442.

[660] *Idem*, p. 516-517.

[661] Cf. Koselleck, Reinhart. *Crítica e crise*. Trad. Luciana Villas-Boas Castelo Branco. Rio de Janeiro: EDUERJ: Contraponto, 1999, *passim*.

debates prolongados posicionando-se uns pela defesa do regime constitucional imperial, enquanto outros saíram na discussão de propor novos modelos constitucionais para o Brasil.

Dissemos anteriormente que a crítica à legitimidade da Constituição foi forçosamente silenciada, porém a década de 1860-1870 iria reencontrar-se com ela. Políticos e juristas se apropriariam da alegada ilegitimidade originária da Constituição para reforçar a crítica ao sistema constitucional vigente ou para, refutando-a, defender a vigência e legitimidade da Constituição do Império.

O ensaio de Francisco Ignacio Marcondes Homem de Mello[662] ensejou acirrada e enriquecedora disputa historiográfica com José de Alencar[663] sobre a história da Constituinte de 1823, representando um marco sobre a mudança de rumos que começava a dar seus primeiros sinais[664]. É que a reescrita da história por ele empreendida implicou resgatar as virtudes e as qualidades da Constituinte e de seus membros bem como seus princípios constitucionais e liberais que vinham sendo ofuscados pelo discurso histórico oficial. Por conseguinte, a conclusão desse processo histórico foi a ilegitimidade e a violência do ato de dissolução que não se justificaria politicamente, o que se opunha à historiografia oficial.

5.4.1. A luta pela Constituição do Império e seu sistema de governo
Em inequívoca apologia à Constituição de 1824 e reafirmando os pressupostos da metafísica constitucional e da preeminência imperial, Poly-

---

[662] Cf. MELLO, F. I. Homem de. *A constituinte perante a historia*. Rio de Janeiro: Typographia da Actualidade, 1863.

[663] Cf. ALENCAR, José de. *A constituinte perante a historia (1863)*. In: *A Constituinte de 1823 (Org. Octaciano Nogueira)*. Brasília: Senado Federal, 1973, p. 109-125 e p. 149-152.

[664] Manoel Duarte Moreira de Azevedo, professor de história do Colégio Pedro II e membro do Instituto Histórico e Geográfico do Brasil, em 1868, na sede desse Instituto, proferiu a palestra "*A Constituição do Brasil: noticia historica*", na qual fez um contraponto ao texto de Homem de Mello, ressaltando as origens democráticas da Constituição de 1824 e do imperador dom Pedro I. No mais, tudo foram elogios à Constituição, "esse livro monumental", "escripto por um principe magnanimo e por dez conselheiros", que, inspirados por "espiritos mais levantados e intelligencias mais robustas", correspondiam "aos desejos do monarcha e da nação". Cf. AZEVEDO, Manoel Duarte Moreira de. *A Constituição do Brasil: noticia historica. Revista Trimensal do Instituto Historico, Geographico e Ethnographico do Brasil*: Tomo XXXII, Parte Segunda, 1869, p. 71-112.

PENSAMENTO CONSTITUCIONAL À LUZ DA CONSTITUIÇÃO DE 1824

carpo Lopes de Leão publicou *"Considerações sobre a Constituição Brasileira"* em 1872[665].

Sobre a teoria do Poder Moderador, Polycarpo Leão afirmou que o imperador o exerceria sozinho na condição de chefe supremo da nação, prescindindo da intervenção dos demais poderes. Os ministros não responderiam por esses atos imperiais sob pena de desnaturar-se o Moderador, que deixaria de ser a chave da organização política e o elemento de harmonia e equilíbrio dos poderes para sujeitar-se às mercês do Poder Executivo[666]. Ele ressaltou que a Constituição não estabelecera um governo parlamentar nem "o governo da nação pela nação". À luz da Constituição de 1824, o Estado seria governado por quatro poderes incumbindo-se ao imperador velar pelo equilíbrio de todos.

Nesse contexto, Polycarpo Lopes de Leão[667], que exerceu diversos cargos no governo imperial, dentre eles o de presidente das Províncias de São Paulo (1860) e do Rio de Janeiro (1863-1864), marcou sua posição contrária à ascendente exorbitância do Poder Executivo, pródigo em reiteradas práticas de violação às leis tais como cobrança de impostos, realização de despesas e criação de cargos, além das inúmeras e ilegais remoções, suspensões e demissões de juízes[668].

No âmbito da separação dos poderes, argumentou que a falta de independência dos poderes entre si constituiria um crônico problema no Império. O Poder Legislativo influenciaria no Executivo, na medida em que deputados e senadores eram nomeados ministros; e a recíproca seria igualmente verdadeira. O Judiciário, por sua vez, teria sua independência comprometida porque, para além das suspensões, remoções e demissões, os juízes não eram (quando deveriam ser) incompatíveis para exercício de cargos no Poder Executivo nem mandatos no Legislativo, o

---

[665] No início do livro, Polycarpo Lopes advertiu o leitor de que não se espelharia no direito comparado nem mesmo no português, porque a monarquia constitucional brasileira seria única dentre todas as demais no mundo não tendo reconhecido qualquer elemento de aristocracia ou nobreza. Cf. LEÃO, Polycarpo Lopes de. *Considerações sobre a constituição brasileira*. Rio de Janeiro: Typographia Perseverança, 1872, p. 5-6.

[666] *Idem*, p, 7-8.

[667] Cf. BLAKE, Sacramento. *Diccionario...* Vol. 7, p. 80-81.

[668] *Idem*, p. 36.

que sujeitaria a administração da justiça às contingências e aos interesses político-partidários[669].

Ironizava, por fim, Polycarpo Leão que os estadistas brasileiros seriam amigos das práticas inglesas; mas, não as seguiriam. Devido ao desrespeito dos brasileiros às disposições constitucionais (*v.g.*: imposto de guerra, cobrado mesmo após o fim de guerra do Paraguai), ele clamou para que se observasse fielmente a Constituição do Império, que seria "inatacavel"[670].

Nicolao Rodrigues dos Santos França e Leite também saiu em defesa da Constituição do Império em seu livro *"Considerações Politicas sobre a Constituição do Imperio do Brazil"*[671]. O estilo elogioso e de enaltecimento ao sistema constitucional predomina no texto: não sendo perfeita, porque produto de mãos humanas, a Constituição do Império lograra fornecer os "elementos necessarios para fazer a felicidade de um povo". A análise das disposições relativas à organização dos poderes, "que nos eleva acima de todos os outros povos civilizados", faria perceber o grau de (quase) perfeição por ela atingido, diferentemente das demais Constituições pelo mundo afora. A Constituição do Império – cujo exame para França e Leite geraria sentimentos de prazer, alegria e orgulho – seria o "código que faz a nossa gloria"[672].

Nesse contexto de apologia constitucional, o autor serviu-se de ligeiro aporte histórico para ressaltar a "proeminência da monarchia constitucional", que foi o modelo escolhido pelo povo brasileiro ao estabelecer seu sistema de governo. A opção pela monarquia representativa e hereditária bem como do imperador na pessoa de Pedro I, constituiria ato de alta sabedoria e prudência, pois evitara os riscos e as ameaças que vinham assolando outros sistemas políticos, inclusive monárquicos[673].

---

[669] *Idem*, p. 40.

[670] *Idem*, p. 38-45.

[671] Cf. BLAKE, Sacramento. *Diccionario...* Vol. 6, p. 314.

[672] Cf. LEITE, Nicolao Rodrigues dos Santos França e. *Considerações politicas sobre a Constituição do Imperio do Brazil*. Rio de Janeiro: Typographia de J. M. A. A. de Aguiar, 1872, p. XI-XII.

[673] O autor, em diversos momentos, insistiu no acerto do modelo político governamental escolhido para o Brasil: "Assim nós estamos convencidos que foi com sabedoria e prudencia que os sabios compiladores da nossa Constituição consignárão nella não só principio monarchico como tão bem o principio dynastico". *Idem*, p. 8-14.

França e Leite exaltou a "justa divisão de poderes", garantia elementar da liberdade, empreendida pelos sábios legisladores brasileiros[674]. Ao Poder Moderador[675], ele reservou suas melhores notas e considerações. A Constituição teria conferido ao imperador o poder supremo e culminante, que mal utilizado seria tirânico. Porém, tal poder não seria absoluto ou ilimitado em si, mas se destinaria à guarda e à manutenção das instituições e a prover a felicidade do povo. Seria, ainda, neutro e supremo, para evitar que a vontade de um ou outro poder predominasse em detrimento dos interesses nacionais[676].

Facilmente podemos identificar a centralidade do monarca no pensamento de Nicolao Rodrigues, em que sobressai a preeminência imperial, sua condição de ente metafísico e sua superioridade na "desigual" divisão dos poderes políticos. Nenhuma missão política seria tão elevada e importante como a do imperador, de modo que ele não estaria sujeito ao alcance das leis ou tribunais. Essa seria uma consequência imediata do axioma básico do sistema brasileiro de que "o Imperador é a fonte de todo o bem e jámais a origem e causa do mal"[677].

A endossar a visão centralizada do poder na figura do imperador, França e Leite justificou o direito (e dever) de o imperador intervir nos negócios de Estado. Em crítica à opinião de que ele seria o mero chefe dos ministros, os quais exerceriam de fato as altas funções do Poder Executivo, o autor afirmou que os constituintes não criaram um "fantasma na pessoa do imperador". A diferença é que, no exercício da chefia do Executivo, pelos seus atos seriam responsáveis os ministros na forma da lei e da Constituição[678]. Os ministros, no entanto, não seriam o Executivo ou parte dele mas seriam "canaes necessarios, pelos quaes o Imperador exerce necessaria e exclusivamente as funcções do executivo"[679].

O Judiciário não teria natureza de um poder propriamente político. Na esteira da opinião predominante dos juristas, o Judiciário seria um ramo do Poder Executivo especificamente encarregado de aplicar as leis aos

---

[674] *Idem*, p. 64 e ss.
[675] *Idem*, p. 221 e ss.
[676] *Idem*, p. 66-67.
[677] *Idem*, p. 223.
[678] *Idem*, p. 258 e ss.
[679] *Idem*, p. 70.

fatos individuais. Contudo, conforme já destacado por Pimenta Bueno, Pedro Autran e outros, para Nicolao Rodirgues, os juízes teriam a prerrogativa de interpretação das leis como condição inerente à execução das leis no caso concreto[680], o que não representaria atribuição de competência política. A Constituição só lhe conferira tratamento de poder político para garantir sua independência já que, conforme as Ordenações, os juízes eram amovíveis *ad nutum* e não tinham independência nem liberdade no exercício de suas funções[681].

A independência judicial seria um ponto delicadíssimo considerada a intensidade dos males históricos a serem destruídos. A despeito da garantia constitucional, o Judiciário ainda seria dependente do Executivo e sujeito a intervenções dos outros poderes tornando-se infenso às liberdades públicas[682].

França e Leite diagnosticou que se configurara uma "magistratura politica" pois os juízes se ocupariam pouco da profissão. Em geral, os magistrados seriam íntegros e justiceiros, entretanto teriam pouco conhecimento teórico e prático do direito pois estariam prioritariamente se dedicando à política, que seria o principal fator responsável pela falta de independência dos juízes[683].

A única solução viável seria, tal qual ocorria na Inglaterra, tornar o cargo de magistrado incompatível com quaisquer outros da administração pública já que a política criaria juízes prevenidos pelo espírito

---

[680] *Idem*, p. 74 e ss.

[681] *Idem*, p. 268.

[682] *Idem*, p. 185.

[683] Ao criticar o Poder Judiciário, França e Leite mudou completamente o tom da escrita: "A politica tem desvairado a nossa magistratura no estudo do direito de maneira que as questões profundas de jurisprudencia são pouco conhecidas por ella em sua maior parte. Tem se visto em quasi todo o Brazil, ella formar as maiorias das Assembléas Provinciaes e da Assembléa Geral, na parte relativa á Camara dos Deputados. O governo a tem distrahido com empregos de mera administração, de sorte que nas alfandegas, e outros empregos de fazenda se encontravão Juizes de Direito; nas presidencias e muitas outras commissões mormente administrativas, e na policia encontrão-se constantemente magistrados distrahidos dos seus lugares em contrario a disposição da Constituição". *Idem*, p. 271 e ss.

PENSAMENTO CONSTITUCIONAL À LUZ DA CONSTITUIÇÃO DE 1824

público e incapazes de administrar a justiça em flagrante violação à Constituição[684].

De suas breves considerações sobre o Supremo Tribunal de Justiça, podemos concluir que França e Leite assumiu posição contrária à atuação institucional proativa daquele tribunal. Ao tratar sobre os efeitos da decisão do Supremo, ele lembrou que o poder de interpretar autenticamente as leis pertenceria à Casa de Suplicação por delegação expressa da Lei de 18 de Agosto de 1769. Só que isso seria uma prática tipicamente caractcrizadora do Antigo Regime, em que o Poder Judiciário não era scparado do Executivo, e a justiça emanava do rei, e não da nação[685].

Sua concepção sobre a natureza do Poder Judiciário era condicionada pela preeminência imperial lastreada na natureza transcendente e metafísica do imperador, o que redundava na sua rígida compreensão do princípio da separação dos poderes[686]. *Considerações Politicas*, portanto, compartilhou dos mesmos pressupostos que reproduziam o modelo constitucional de referência consagrado na Constituição de 1824, no qual o controle da constitucionalidade era exercido por outras instâncias.

Os mesmos pressupostos do pensamento constitucional de França e Leite, a nosso ver, apresentaram-se na opinião perfilhada por Joaquim Pires Machado Portella[687] no livro *"Constituição Politica do Imperio do Brazil"*, publicado em 1876. O autor justificou inicialmente seu estudo com a advertência de que todo cidadão teria o dever de conhecer as leis do próprio país, em especial a Constituição Política, "lei constitutiva do mesmo Estado". Para bem conhecê-la, cumpriria examiná-la não só interna ou isoladamente, mas proceder ao estudo contextualizado da Constituição

---

[684] França e Leite ressalvou que algumas leis teriam ajudado a combater a politização do Poder Judiciário, a exemplo da lei da antiguidade dos magistrados, que excluiu da contagem de efetivo exercício da função o tempo empregado em outras comissões, e da lei das eleições, que impedia ao juiz de concorrer ao pleito eleitoral na mesma região onde exercia suas funções. Seriam medidas insuficientes, embora válidas por já acenarem para o triunfo da justiça e da razão.

[685] *Idem*, p. 94-95.

[686] Afirmou França e Leite: "Todos os poderes políticos pela nossa Constituição são independentes, seus actos dentro de suas attribuições não podem ser revogados, e cassados ou annullados por nenhum outro poder: nenhum poder politico póde annullar as leis, cassal-as, ou destruil-as". *Idem*, p. 237.

[687] Cf. Blake, Sacramento. *Diccionario bibliographico...* Vol. 4, p. 229-230.

nacional com as de outros países, de modo a formar, com maior grau de propriedade, uma opinião consistente sobre as inferioridades, as melhorias, as imperfeições e as vantagens relativas.

A experiência profissional de quem exerceu altos cargos na administração pública (*v.g.*: presidência provincial em Minas Gerais, Pará e Bahia) e mandatos legislativos, e o inusitado interesse no estudo científico-comparado da Constituição indicam o que esperar de seu livro, nada além do que a defesa do sistema constitucional vigente. A obra de Joaquim Portella revestia-se de certa particularidade, consistente no uso extremamente seletivo do direito comparado deixando de lado as Constituições dos Estados Unidos e da Inglaterra. O próprio autor laconicamente tentou justificar-se pela omissão: além da dificuldade da língua inglesa, a Constituição norte-americana não se enquadraria no seu plano de trabalho que somente contemplaria as Constituições "mais homogeneas de paizes regidos pelo sistema monarchico"; nem a da Inglaterra onde a rigor não existiria uma Carta Constitucional, mas a consolidação de leis escritas e costumes[688].

A *Constituição Política* de Joaquim Portella, portanto, constituiu um esforço sutil e retórico de defesa da legitimidade constitucional pois, ainda que desprovida de maiores reflexões e críticas, aqui e acolá, podem ser observados comentários elogiosos "das diversas disposições de tão sabia Lei".

A mesma pretensão retórica de enaltecimento constitucional apresentou-se em "*Constituição Politica do Imperio do Brazil*", de 1881, escrita por Manoel Godofredo de Alencastro Autran[689], que seguiu de perto a metódica de seu pai Pedro Autran, oferecendo ao público obra de comentários constitucionais concisos e diretos sem maior aprofundamento ou considerações críticas. De início, ele enfrentou convenientemente e defendeu o tópico da legitimidade originária da Constituição[690].

---

[688] Cf. PORTELLA, Joaquim Pires Machado. *Constituição Politica do Imperio do Brazil confrontada com outras constituições e annotada.* Rio de Janeiro: Typographia Nacional, 1876, p. V-X.

[689] Cf. BLAKE, Sacramento. *Diccionario bibliographico...* Vol. VI, p. 92-96.

[690] Após a supostamente despretensiosa advertência inicial, em que preveniu seu leitor que pretenderia apenas ser útil a seu país proporcionando aos "compatriotas um incentivo para maiores commettimentos no estudo de nossa lei fundamental" e "tornar ao alcance de todos a sciencia do nosso direito constitucional", Godofredo Autran expôs genericamente

O apego de Godofredo Autran ao "elemento monarchico" também se deixa inferir no tema do poder legislativo que era compartilhado entre o Poder Legislativo e o imperador. Se o Legislativo representava a nação inteira, disse ele, "o *chefe do estado* deve occupar nelle o logar que no corpo pertence á cabeça, isto é, o logar supremo e determinante"; afinal, *"Rex est caput, principum et finis parliamenti"*. As bases de seu pensamento constitucional assentado na metafísica constitucional e imperial podem ser extraídas de sua justificativa ao bicameralismo do Poder Legislativo. Além de servir de corretivo à Câmara de Deputados, o Senado representaria o próprio "elemento *monarchico* ou interesses permanentes" por ser uma "necessidade de primeira ordem"[691], um instrumento a mais na defesa das prerrogativas da coroa.

Com apoio nas lições do Dr. Braz, a quem recorrentemente se referia, Godofredo afirmou que o imperador praticaria em nome da nação *"verdadeiros actos de vontade soberana*, que exigem a mais perfeita obediencia da parte dos outros poderes"[692]. O enaltecimento à Constituição com a reafirmação da preeminência imperial se manifestariam na análise do Poder Moderador, "a mais alta expressão da soberania nacional acautelando-se sabiamente dos seus proprios desvios; é a vontade suprema da sociedade,

que a monarquia hereditária no Brasil fora "admitida". Na publicação do livro de seu pai *Elementos de Direito Publico*, em 1882, de cuja reedição se encarregou, Godofredo Autran foi mais explícito quanto à legitimidade da Constituição dizendo que "em virtude da solemne promessa feita pelo Imperador D. Pedro I por occasião da dissolução da assembléa constituinte, foi submettida á approvação dos povos, que, juntos em camaras, pedirão fôsse ella desde logo jurada, o que effectivamente se fez naquella mesma data". Cf. ALBUQUERQUE, Pedro Autran da Matta. *Direito publico positivo brasileiro (Melhorado pelo autor e annotado para uso das escolas e instrucção popular por Manoel Godofredo de Alencastro Autran)*. Rio de Janeiro: H. Laemmert & Cia, 1882, p. 14-15. Ele, de igual modo, posicionou-se sobre as maiores vantagens da monarquia hereditária em relação aos demais sistemas de governo com base na história dos povos que comprovaria serem as eleições um campo de batalha onde os mais fortes política e economicamente sempre venceriam. Cf. AUTRAN, Manoel Godofredo de Alencastro. *Constituição Politica do Imperio do Brazil*. Rio de Janeiro: H. Laemmert & C., 1881, p. 12-19.

[691] Cf. AUTRAN, Manoel Godofredo de Alencastro. *Constituição Politica...*, p. 20.

[692] *Idem*, p. 19.

querendo antes de tudo a sua existencia e conservação; é, em uma palavra, a realeza ou monarchia"[693].

Quanto aos demais poderes, ele seguiu as ideias de Montesquieu conforme se evidencia no comentário ao art. 10 da Constituição: "O poder *legislativo* formúla a regra ou lei, o *executivo* a põe em pratica, o *judicial* a applica ás especies, e o moderador mantem a independencia e harmonia entre estes poderes"[694]. Ele mantinha visão extremamente tradicional do Poder Judiciário; sua missão institucional seria punir crimes e regular interesses privados[695]. A interpretação das leis não lhe caberia (art. 15, VIII), embora Godofredo Autran tenha ressalvado a interpretação doutrinal pelos juízes na esteira de Paula Baptista[696]. A regra, contudo, seria a aplicação das leis: "ao juiz incumbe tornar effectivo o direito, não devendo julgar contra lei expressa sob pretexto de equidade", conforme Aviso de 4 de fevereiro de 1835[697].

Em decorrência de sua concepção do Judiciário, Godofredo Autran entendeu conveniente a prerrogativa de suspender juízes que constituiria um elemento limitador da perpetuidade no cargo. Tal possibilidade não fragilizaria a independência dos magistrados, mas antes serviria para reforçar a autoridade da justiça pública, ameaçada por juízes caprichosos, corruptos e vingativos[698].

Do Supremo Tribunal de Justiça, Godofredo Autran afirmou ser indispensável um tribunal com autoridade superior investido da missão de administrar a justiça, a fim de "conservar a uniformidade da jurisprudência" e a "unidade da legislação"[699]. Nada além, salvo a alusão ao Decreto nº 2.648, de 23 de outubro de 1875, e ao Decreto nº 6.142, de 4 de março de 1876[700], legislação que autorizara o Supremo Tribunal a tomar assentos.

---

[693] Cf. ALBUQUERQUE, Pedro Autran da Matta. *Direito publico... (annotado por Manoel Godofredo de Alencastro Autran)*, p. 38.

[694] *Idem*, p. 19.

[695] *Idem*, p. 103.

[696] Cf. AUTRAN, Manoel Godofredo de Alencastro. *Constituição Politica...*, p. 22.

[697] *Idem*, p. 109.

[698] *Idem*, p. 110-111.

[699] *Idem*, p. 116.

[700] Cf. ALBUQUERQUE, Pedro Autran da Matta. *Direito publico... (annotado por Manoel Godofredo de Alencastro Autran)*, p. 110.

Por outro lado, o tema do controle judicial, em prática no direito norte-americano, não lhe era estranho pois, dentre as fontes utilizadas por Godofredo Autran, havia autores que se detiveram sobre a prerrogativa judicial de declarar leis contrárias à Constituição nulas e sem efeito a exemplo do Lord Brougham em *"Of Democracy"*, de 1861. Há mais. A ideia de controle foi especificamente considerada por Godofredo Autran ao questionar-se se uma "lei *inconstitucional*" devidamente promulgada poderia deixar de ser cumprida. Sua resposta foi negativa[701].

Mais uma vez, notamos que o controle da constitucionalidade, mecanismo de salvaguarda da Constituição e certificação do direito, envolvia uma definição política prévia sobre a quem atribuir-se a autoridade de dizer o direito por último. O controle judicial naturalmente implicaria conferir tal autoridade ao Poder Judiciário, o que sequer lhe mereceu maior atenção. No entanto, a exclusão dessa espécie de controle era suplantada por outros mecanismos constitucionais que se prestariam ao mesmo fim, isto é, assegurar a inviolabilidade da Constituição e da prerrogativa imperial.

Quando tratou da prerrogativa imperial de sancionar ou vetar as leis, Godofredo Autran explicou-a em termos do controle da constitucionalidade: "A *sancção*, sobre ser um complemento da lei, é um penhor de sua fiel execução e uma garantia contra os excessos da assembléa geral legislativa"[702]. O direito de dissolver a Câmara dos Deputados, nesse contexto, seria complementar à prerrogativa do veto, quando a recusa aos projetos de lei já não mais fosse capaz de conter, por si só, os abusos legislativos.

---

[701] Em face do art. 179, IV, da Constituição de 1824, Godofredo Autran fez o seguinte comentário: "Questão. – Uma lei *inconstitucional*, desde que é *promulgada*, poderá deixar de ser cumprida? Não, porque o legislador resume o estado inteiro, do qual as outras autoridades não são senão orgãos particulares. Esta regra apoia-se na necessidade de manter a *harmonia* e *unidade* do organismo politico, e é reconhecida por todas as nações da Europa. Entretanto, a Constituição dos Estados Unidos autoriza os tribunaes a recusarem applicação a uma lei que julgarem inconstitucional quanto ao seu objecto. Blunstichli entende ser o systema europeu preferivel ao americano". Cf. AUTRAN, Manoel Godofredo de Alencastro. *Constituição Politica...*, p. 128.

[702] *Idem*, p. 71.

Professor da Faculdade de São Paulo desde 1879[703], José Rubino de Oliveira escreveu *"Epitome de Direito Administrativo Brasileiro"*, publicado em 1884, enquadrando-se na tradição do pensamento de afirmação da legitimidade constitucional e monárquica. José Rubino associava-se à tradicional concepção da separação dos poderes segundo a qual o poder político se dividiria, basicamente, em duas funções: legislativa e executiva[704]. A função executiva seria especificada entre dois poderes: o Executivo e o Judiciário; ambos estariam encarregados da execução da lei. Em regra, ao Poder Judiciário tocariam as matérias afetas à ordem privada e criminal ao passo que ao Executivo, as de ordem pública e interesse geral. Esses poderes se distinguiriam em função do modo de atuar: o Executivo procederia por medidas de caráter geral; o Judiciário, por decisões especiais limitadas às partes litigantes do processo[705].

José Rubino não conseguiu desvencilhar-se da metafísica constitucional nem da preeminência imperial. Chave de toda a organização política, o Moderador fora privativamente delegado ao imperador porque ele era perpétuo no cargo, era o chefe de uma dinastia hereditária e seria a condição última de garantia da harmonia entre os poderes políticos e da ordem social, considerado seu "incontestavel interesse na conservação e prosperidade da sociedade brasileira". O imperador, melhor do que ninguém, conheceria os limites das suas próprias funções, teria força suficiente para conter os demais poderes e seria "incapaz de attentar contra a sua independencia"[706].

O professor paulista defendeu uma competência mais ampla em favor do poder regulamentar do Executivo em face de sua alegada natureza "quase legislativa". O Poder Executivo teria a atribuição de regulamentar a execução das "leis em geral", cujo significado tanto abrangeria as leis ordinárias quanto as leis constitucionais. Destarte, a ausência de lei regulamentadora da Constituição não impediria ao Executivo expedir decretos regulamentares, porquanto, em todo caso, tais normas se respalda-

---

[703] José Rubino de Oliveira sucedeu o mestre Furtado de Mendonça na cátedra de direito administrativo em 1882. Cf. BLAKE, Sacramento. *Diccionario...* Vol. V, p. 171-172.

[704] Cf. OLIVEIRA, José Rubino de. *Epitome de direito administrativo brasileiro*. São Paulo: Leroy King Bookwalter, 1884, p. 25 e ss.

[705] *Idem*, p. 48-51.

[706] *Idem*, p. 29-30.

riam em disposição de lei (constitucional). A edição, pois, de decretos administrativos sobre matérias novas, isto é, não reguladas previamente por lei, não se indisporia com os princípios constitucionais[707].

Em opinião que o aproximava do visconde do Uruguay, José Rubino foi partidário de uma moderada centralização política. Ele pressupunha que a centralização política seria condição essencial ao exercício da função executiva, mas era contrário à centralização administrativa absoluta. Desse modo, mantida a boa ordem administrativa, ele entendia que caberia às autoridades locais, dotadas de autonomia e independência, promoverem os interesses locais e prover as necessidades específicas de cada região. Isso caracterizaria a "centralização moderada ou relativa", voltada para o melhor desempenho das funções administrativas do governo[708].

Porque o Ato Adicional promovera excessivamente a autonomia provincial afrontando o sistema constitucional monárquico, José Rubino de Oliveira voltou a insistir na centralização moderada e na necessária restauração da centralização política e da unidade da ordem administrativa, quebradas com a descentralização da reforma constitucional. Com o mesmo pensamento dos administrativistas que lhe antecederam, ele reforçava a metafísica constitucional que dava sustentação à preeminência imperial e ao modelo de referência da Constituição de 1824.

Uma das últimas vozes do direito constitucional imperial foi a do lente das Arcadas, José Maria Correia de Sá e Benevides, que publicou "*Analyse da Constituição Politica do Imperio do Brazil*"[709], em 1890, mais de um ano após a proclamação da República e com os trabalhos da Constituinte republicana já iniciados.

Seu livro, assistemático e prolixo, constituiu um vívido manifesto contra o governo provisório republicano e a "Constituição Provisória" instituída pelo Decreto nº 510, de 22 de junho de 1890. Muito embora publicado no ano de 1890, quando não mais estava em vigor a Constituição de 1824, o espírito de Sá e Benevides estava completamente enraizado nas estruturas políticas e constitucionais do Império. Ele era um apologista do Império, um dom Quixote da metafísica constitucional e da preemi-

---

[707] *Idem*, p. 42-44.
[708] *Idem*, p. 55-61.
[709] Cf. BLAKE, Sacramento. *Diccionario bibliográfico...* Vol. V, p. 41-42.

nência imperial; consequentemente, não aceitou a "sedição militar" que derribara o governo monárquico[710].

O conservadorismo e o catolicismo marcaram profunda e extensamente seu pensamento constitucional[711]; de Nelson Saldanha, por isso, mereceu o título de haver sido "o comentarista mais conservador" da Constituição do Império[712]. Sá e Benevides não conseguiu pensar o Estado nem a soberania sem religião[713]. Bastaria lembrarmos uma de suas críticas à *Constituição Provisória*, motivada pelo fato de não constar a invocação a Deus no texto constitucional, o que romperia com a tradição cristã e patriótica do povo brasileiro[714]. Ou, ainda, a origem divina do princípio da soberania, que seria racionalmente demonstrável, inclusive com o auxílio de inúmeras citações das Escrituras Sagradas[715].

Sá e Benevides foi entusiasta do sistema monárquico, a melhor forma de governo disponível[716], e contestou fervorosamente o movimento republicano sob as bases doutrinárias do catolicismo político, negando o direito de revolução às sociedades cristãs que seria sempre um ato ilegítimo de força e violência. A Constituição exprimiria os princípios superiores que deveriam dominar a vida nacional; e "o que é fundamental nas Constituições politicas não pode ser legitimamente revogado"[717].

---

[710] Sá e Benevides chegou a afirmar que o "Brazil é um estado soberano, homogeneo e unitario". Cf. BENEVIDES, José Maria Corrêa de Sá e. *Analyse da Constituição Politica do Imperio do Brazil*. São Paulo: Typographia King, 1890, p. 27. Noutra passagem da obra, ele afirmou que a graça de Deus e a aclamação nacional são os títulos de legitimidade da realeza. *Idem*, p. 7-8.

[711] Embora se entendesse partidário à "politica verdadeiramente liberal", ele afirmou que a "soberania do Brazil é divina e humana", o que fora evidenciado pelo próprio preâmbulo e p art. 69 da Constituição que continha a invocação "por graça de Deus". *Idem*, p. 20-23 e p. 37.

[712] Cf. SALDANHA, Nelson. *História das idéias...*, p. 118-120.

[713] Para Sá e Benevides, soberano seria Deus; a sociedade seria "um facto natural creado por Deus". E, ainda, ele afirmou: "Incontestável que a ordem religiosa é fundamento da ordem social". Cf. BENEVIDES, José Maria Corrêa de Sá e. *Analyse da Constituição...*, p. 115 e p. 281.

[714] *Idem*, p. 12-15.

[715] Conforme ele próprio concebia, a Bíblia seria a base da ciência, e Deus seria o princípio da soberania. *Idem*, p. 43-53.

[716] *Idem*, p. 127 e ss.

[717] *Idem*, p. 61.

O lente argumentou que o Brasil era uma monarquia democrática e, portanto, teria atingido a forma ideal de governo[718]. Para a mudança do regime, seria necessário que se observassem os canais jurídicos e políticos apropriados, e não por meio da violência e da força ilegítimas. O povo excepcionalmente poderia exercer seu direito de proceder à reforma constitucional, observando as formas prescritas na Constituição desde que não houvesse violência nem se arriscasse a independência nacional[719]. Por conseguinte, a república somente poderia ter sido legitimamente instaurada com observância ao art. 176 da Constituição de 1824[720]. Este, porém, não era o caso da *sedição militar* de 15 de novembro, que, pelo uso da força ilegítima, derrubou a monarquia e modificou a Constituição e o sistema de governo à margem do procedimento constitucional prescrito[721].

Crente nos efeitos benéficos da centralização, Sá e Benevides foi um crítico contumaz do Ato Adicional já que sua tendência federalista ameaçaria o imperador como "centro de gravidade da politica" e, por consequência, a estabilidade política e o progresso social[722]. Outra ameaça à preeminência imperial adviria dos abusos do Poder Legislativo (e do povo) e do Poder Executivo, razão por que a soberania deveria ser limitada. Nesse contexto, ele explicou existirem alguns mecanismos institucionais para limitação do poder político, tais como Bolívia, Equador, Venezuela e Estados Unidos, países que introduziram em suas Constituições o controle da constitucionalidade das leis por via judicial. Ele ainda esclareceu que, no regime constitucional francês de 1814, 1830 e 1848, embora não se tenha instituído o controle judicial das leis, admitia-se que o Poder Judiciário deixasse de aplicar os decretos do Poder Executivo contrários à Constituição[723]. Entretanto, ele não desenvolveu o tópico.

---

[718] *Idem*, 100-120.

[719] *Idem*, p. 54-74.

[720] *Idem*, p. 25-26.

[721] Sá e Benevides denunciou o sistema republicano instaurado no Brasil "imposto pela força publica". O governo tem arrasado as instituições católicas e seguido política contrária ao espírito nacional, não conseguindo assegurar a ordem social nem o progresso. *Idem*, p. 177.

[722] *Idem*, p. 131-136.

[723] *Idem*, p. 58-69.

No entanto, fica-nos cada vez mais claro que o controle da constitucionalidade pode encontrar uma interessante narrativa histórica sob a perspectiva do problema de definir-se qual autoridade pode dizer por último o que o direito efetivamente significa. E, no caso de Sá e Benevides, a resposta para o Brasil imperial de suas reflexões residia no imperador, que, ungido por Deus, garantiria os direitos individuais contra os excessos legislativos e executivos. Em suma, sua *Analyse da Constituição Politica do Imperio* representou um grito derradeiro e temporão em prol do sistema constitucional monárquico cuja centralidade convergia para o imperador.

5.4.2. Crítica e Crise: pensando e propondo novas bases para o direito constitucional

Se muitos juristas ocuparam-se em desenvolver um pensamento constitucional brasileiro assentado numa metafísica constitucional que se voltava à centralização política, à defesa da preeminência imperial e à defesa da legitimidade da Constituição, outra parcela se dedicaria a apontar as fragilidades do modelo constitucional de referência, a ilegitimidade da Constituição e, sobretudo, a insustentabilidade da preeminência imperial, insurgindo-se contra a intangibilidade do poder concentrado nas mãos do monarca. O fato, contudo, é que o pensamento constitucional brasileiro adotaria percursos distintos e variados, moldando e preparando o ambiente institucional para mudanças, ao mesmo tempo em que também era moldado pela própria realidade política subjacente[724].

---

[724] Hermenegildo Militão de Almeida, um acadêmico do quarto ano da Faculdade de São Paulo, deu seu testemunho de como esse bando de ideias novas estaria afetando o direito e contribuindo para minar os pressupostos tradicionais em que se assentava o pensamento constitucional brasileiro: "Opera-se uma grande revolução, e nova era, de lucta constante e interminavel, mostra-se ao espirito do genero humano. Ella accentua--se, de modo que notavelmente frisante, na sciencia do direito, que, depois de haver tido uma phase theologica ou ficticia e um periodo metaphysico ou abstracto, entrou já n'uma época denominada positivista ou scientifica. E tão grande é o progresso, operado pela escola positivista, que, além de não haver mais o perigo de degenerar o direito em uma crença, não dirá quem, profundamente estudar a historia humana, que todos os homens têm o sentimento de justiça, não affirmará, censurando os que não encontravam utilidade na pratica da justiça, que seja o direito principio constitutivo da personalidade humana, não sustentará ainda que, na sciencia juridica, haja principio absoluto, transcendental,

Nesse contexto de inovação, Aureliano Cândido de Tavares Bastos foi um dos maiores opositores ao sistema monárquico imperial e, na defesa de suas ideias e convicções, escreveu "*A Província: Estudo sobre a Descentralização no Brasil*", obra publicada em 1870 que ganharia especial atenção na Constituinte republicana de 1890-1891. Ao lado de Tobias Barreto, Tavares Bastos protagonizou um momento significativo da crítica brasileira, que, até então, ainda não conseguira atingir as estruturas, expor os problemas por suas raízes nem desenvolver soluções para o país, segundo Nelson Saldanha[725]. Se é certo que Tavares Bastos não tinha a profundidade filosófica de Tobias[726], compensou-a mediante a formulação de propostas concretas de reformas, cujo esteio fundamental firmava-se na noção de "liberdade pela descentralisação"[727].

Com ele, foi retomada a crítica quanto à ilegitimidade originária da Constituição em face da outorga por dom Pedro. Perguntava-se Tavares Bastos "como havemos nós acatar supersticiosamente a carta outorgada em 1824?". *A Província* constituiu contundente manifesto contra a Constituição do Império e contra o governo imperial, tendo por finalidade "interromper o período de somnolencia que começou com o segundo reinado!"[728].

Não havia espaço em sua reflexão para alimentar a visão platônica e paternalista do imperador, que a tudo provia. Seu programa de reformas envolvia a adoção de mecanismos claros de limitação do poder imperial e descentralização governamental. *A Província* contribuiu significativamente com a crítica à metafísica constitucional e à preeminência impe-

---

abstracto ou metaphysico". Cf. ALMEIDA, Hermenegildo Militão de. *Estudo de algumas questões constitucionaes*. Rio de Janeiro: Typographia do Cruzeiro, 1880, p. IX.

[725] Cf. SALDANHA, Nelson. *História das idéias...*, p. 214 e ss. Vale salientar que Tobias Barreto não poupou críticas a Tavares Bastos. Cf. BARRETO, Tobias. *A província e o provincialismo (1872)*. In: *Estudos de Direito (Vol. I)*. Rio de Janeiro: Solomon; Sergipe: Diário Oficial, 2012, p. 149-169.

[726] Uma das mais decisivas influências recebidas por Tavares Bastos foi a de Tocqueville, em *Democracia na América*. Cf. VIANA, Luís Werneck. *Aureliano Candido Tavares Bastos: os males do presente e as esperanças do futuro*. In: *Dicionário do Pensamento Brasileiro: obras políticas do Brasil Imperial* (Org. Maria Emilia Prado). Rio de Janeiro: Revan, 2012, p. 49-52.

[727] Cf. BASTOS, Aureliano Cândido de Tavares. *A província: estudo sobre a descentralização no Brasil*. Rio de Janeiro: L. Garnier, 1870, p. 30.

[728] *Idem*, p. V-VII.

rial, na medida em que o imperador se tornaria um agente secundário do sistema monárquico (federalizado e descentralizado). Um novo conceito da linguagem política – "imperialismo"[729] – foi por ele apropriado para designar a hipertrofia do poder do imperador fruto da excessiva centralização.

Tavares Bastos propunha outro modelo constitucional de governo por meio do qual fosse possível assegurar o respeito aos direitos individuais e implementar a autonomia das províncias. Em sua visão, seria preciso fornecer ao Estado maior capacidade de resposta às demandas locais, o que representaria um fortíssimo golpe contra o governo imperial; golpe desferido com muita proficiência em *A Província*.

Já no prefácio, o autor mostrou a que veio ao elogiar o "verdadeiro liberalismo" da "robusta geração de 1831": o livro não se destinaria aos que "desejam a eternidade para as constituições e o progresso lento para os povos", pois "não foi escripto na intenção conservadora". *A Provincia* era uma obra de reflexão e de crítica das estruturas políticas e constitucionais do Império com uma proposta muito clara: descentralização política e autonomia provincial. A "paixão centralizadora" seria a fonte principal das mazelas políticas brasileiras[730].

Deputado da Assembleia Geral pela Liga Progressista[731], Tavares Bastos tinha um objetivo mais imediato: oferecer uma resposta ao livro de Paulino José Soares de Sousa, uma das mais autorizadas vozes do Partido Conservador, defensor da centralização política imperial e fervoroso crítico do Ato Adicional, que, anos antes, escrevera "*Estudos Praticos sobre a Administração das Provincias no Brasil*". Em *Estudos Praticos*, o visconde do Uruguay culpou o Ato Adicional pelos abusos cometidos pelas assembleias provinciais e pelo aniquilamento da autonomia das municipa-

---

[729] Para uma breve recapitulação da história conceitual de "imperialismo", vide: HOLANDA, Sérgio Buarque de. *Do Império...*, p. 76-79.

[730] Cf. BASTOS, Aureliano Cândido de Tavares. *A província...*, p. 203.

[731] Aos 22 anos, Tavares Bastos tornou-se o mais jovem deputado do Império. Inicialmente, ligado ao Partido Conservador migrou para a *Liga Progressista*, partido sob cuja bandeira exerceu dois novos mandatos. Com a retomada dos conservadores ao poder em 1868, Tavares Bastos protagonizou uma das mais ostensivas oposições ao partido governamental escrevendo diversos artigos, panfletos e livros. Cf. BLAKE, Sacramento. *Diccionario bibliográfico...* Vol. I, p. 370-371.

lidades. A descentralização, que Tavares Bastos pretendia promover, portanto, correspondia ao alvo a ser abatido e destruído de acordo com Uruguay[732].

Atentemos, contudo, que a proposta de descentralização defendida por Tavares Bastos[733] não se confundia com a de instauração de um Estado federal ou republicano. As inúmeras remissões e comparações às instituições políticas norte-americanas não visavam à cópia pura e simples daquele modelo constitucional para o brasileiro. Claro, a república fedcrativa poderia vir a ser uma consequência. O importante mesmo seria a descentralização do poder governamental que tudo consumiria[734]. O quanto bastava para o Império brasileiro, a descentralização, poderia ser conquistada através da monarquia, uma "monarquia federal com presidentes eleitos"[735] que viria em continuidade àquele espírito revolucionário da geração de 1831, exigindo, pois, reformas profundas.

O que Tavares Bastos mais venerava no sistema norte-americano não era o regime republicano mas a descentralização que permitia fazer aflorar a diversidade de acordo com as peculiaridades locais, sem sufocar nem oprimir. O futuro da monarquia, desse modo, dependeria de sua capacidade de flexibilização e de atendimento às exigências do progresso. Tanto que, após longa descrição do regime jurídico-político das colônias inglesas, em que elogiou a monarquia inglesa e seu sistema de governo monárquico mas altamente descentralizado, ele concluiu pelo absoluto contraste entre a monarquia inglesa e a brasileira, que se enraizava numa política centralizadora[736]. E mais: chegou inclusive a observar que as colônias inglesas da América do Norte gozavam de maior autonomia política e administrativa do que as províncias do Império do Brasil.

---

[732] Tavares Bastos combateu bravamente a ideia assente no discurso político e constitucional conservador, segundo a qual o Ato Adicional teria sido uma obra da precipitação, filho do acaso e resultado das paixões do dia. *Idem*, p. 83-84.

[733] *Idem*, p. 31-36.

[734] A forma de governo, consoante Tavares Bastos, seria uma questão secundária: "Abstrahindo de instituições que efficazmente assegurem a liberdade, monarchia e republica são puras questões de fórma". *Idem*, p. 61.

[735] *Idem*, p. 38.

[736] *Idem*, p. 61-74.

Tavares Bastos apresentou os pontos principais que a reforma profunda das instituições brasileiras monárquicas deveria abranger, a fim de o Império ser colocado definitivamente nas vias do progresso e da liberdade: eleição popular para os presidentes das províncias, que exerceriam mandato periódico e fixo; organização do Poder Judiciário; sistema tributário e critério de repartição de receitas; instrução pública; efetivar e aprofundar a descentralização política e administrativa promovida pelo Ato Adicional.

A centralização seria a raiz de todos os males do Brasil e precisava ser eliminada urgentemente para romper o ciclo vicioso, que se processaria por meio de uma política paternalista inteiramente dependente do governo central da seguinte maneira: centralizadas as decisões no poder central, não se observariam a multiplicidade e a diversidade das necessidades e dos interesses locais; em consequência, seriam oprimidos os direitos e as liberdades em jogo; por inutilidade ou inefetividade, a participação política cidadã se restringiria; o povo permaneceria alheio à política e não desenvolveria suas virtudes cidadãs; inerte e passivo, o povo se ocuparia com seus afazeres cotidianos e aguardaria a tomada de decisões pelo governo central, que normalmente seria indiferente a cada uma das diferentes realidades locais e privilegiaria medidas gerais e uniformes.

Tavares Bastos acrescentou que o governo central seria a autoridade competente para nomear os presidentes provinciais, que não teriam preparação técnica e seriam inexperientes, quando não fossem corruptos. Caso se revelassem minimamente preparados para a função, o que seria raro, por pouco tempo se manteriam no respectivo cargo em decorrência de posteriores designações para outra função ou simplesmente de exoneração para novas acomodações político-partidárias da hora[737], de modo que os negócios e as obras governamentais ou não seriam executados, ou o seriam em marcha lentíssima. Afora tudo isso, subsistiriam as demandas de interesses locais que jamais ou dificilmente seriam atendidas[738].

---

[737] Vejamos um dos exemplos elencados pelo autor, na Província do Maranhão: "No espaço de 45 annos (1824-1869) o Maranhão conta 73 administrações, exercidas por 53 cidadãos diversos. O meio termo é 7 mezes e 11 dias para cada uma. (...). O mesmo se póde repetir de quasi todas as provincias". *Idem*, p. 131 e ss.

[738] Para que tenhamos ideia do abandado da administração provincial pelo governo central, segundo Tavares Bastos, transcrevemos o pequeno trecho a seguir, em que ele questionou

Resultado: morosidade, ineficiência, violação a direitos constitucionais e retardamento do progresso.

Em sua linguagem constitucional, na qual o termo "novo" abunda, alguns conceitos foram agrupados num mesmo campo semântico de idealização contrapondo-se, por assimetria, a outros. Destarte, democracia, descentralização, federalismo, liberdade, autonomia provincial e progresso seriam conceitos sinônimos ou intrinsecamente associados, que se opunham à centralização, absolutismo, corrupção e conservadorismo, os quais se alinhavam semanticamente e denunciavam resquícios do Antigo Regime, do retrocesso e do atraso social.

Quanto ao Poder Judiciário, a principal queixa de Tavares Bastos residia na falta de independência dos magistrados em relação ao governo central do que decorreriam seus problemas e deficiências: enquanto "a ordem judiciaria descender das mãos do imperador, nem confiança ao povo, nem receio ao poder, ha de ella inspirar jamais"[739]. Estudioso do direito constitucional dos Estados Unidos, sua crítica ao Judiciário brasileiro elegeria por parâmetro às instituições judiciais norte-americanas. Não que intencionasse imitar o Judiciário norte-americano na linha seguida por algumas repúblicas americanas, mas limitou suas aspirações a dois pontos elementares: magistratura independente do Poder Executivo e garantias à liberdade individual[740].

Ainda que bem intencionada tivesse sido a Constituição do Império[741], a efetivação da independência dos magistrados exigiria importan-

---

e denunciou os efeitos maléficos da centralização: "Não será tempo de rever as leis e os decretos parasitas que amputaram a reforma de 1834, renovando a centralisação contra a qual se insurgiram as provincias? Será justo que nenhum kilometro de caminho de ferro se possa construir na mais remota parte do imperio, sem que o autorise, sem que o embarace, o demore ou o condemne o governo da capital? Será razoavel que o Pará, ha mais de 14 annos, solicite uma ponte para a alfandega; Pernambuco, desde 1835, a construcção do seu porto; e o Rio-Grande do Sul, desde a independencia, um abrigo na costa?". *Idem*, p. 22. Ainda sobre o tema, veja o capítulo o Capítulo V de seu livro. *Idem*, p. 303-330.

[739] *Idem*, p. 198.

[740] *Idem*, p. 196-197.

[741] Tavares Bastos não poupou críticas à Constituição de 1824: "(...) cumpre fazer realmente do juiz o sacerdote da lei, e do tribunal o asylo do direito. São radicalmente falsas as instituições que se afastam deste ideal. Nossa constituição, cumpre confessal-o, cahe debaixo desta censura: propondo-se formar da justiça poder independente, commetteu

tes modificações legislativas: incompatibilidade absoluta dos juízes com os cargos eletivos; separação entre polícia e justiça; extinção do (ilusório) contencioso administrativo e dos juízes municipais, considerados "juízes commisarios do poder executivo"; estabelecimento de regras criminais para assegurar a "verdadeira liberdade" do cidadão contra prisões e outras medidas coercitivas, abusivas e arbitrárias; criação de relações em todas as províncias; revisão urgente da Lei nº 261, de 3 de dezembro de 1841[742]; majoração dos vencimentos dos juízes. A "escola conservadora", acusou-a Tavares Bastos, ao abandonar o caminho do Ato Adicional que descentralizara e dividira o Poder Judiciário em nacional e provincial, teria enfraquecido a magistratura sem conseguir emancipá-la do Executivo, tornando-a inapta a assegurar os direitos e a liberdade dos cidadãos.

Crítico que era da centralização, Tavares Bastos não deixaria passar em vão o Conselho de Estado, a instituição "mais funesta ás liberdades civis" e responsável pela rigorosa e conservadora aplicação da Lei de Interpretação ao Ato Adicional que foi editada em forte reação ao federalismo da "corajosa geração de 1831". É interessante notar o paralelo por ele tecido entre o Conselho de Estado e a Suprema Corte dos Estados Unidos, que,

o erro de reproduzir a organisação da monarchia absoluta, onde a judicatura, em todas as escalas dessa ordem do funccionalismo, é feitura do rei ou dos seus representantes". Vício esse, continuou Tavares Bastos, agravado pelas leis orgânicas e pelas práticas governamentais a exemplo das remoções e das aposentações. *Idem*, 206 e ss.

[742] Quanto à última medida, Tavares Bastos foi bastante incisivo: "Rever a lei de 3 de dezembro de 1841 é sem duvida das mais urgentes reformas, aquella que primeiro invocam liberaes, aquella porque derramaram sangue". Ela teria aniquilado, em parte, a organização judiciária do Império não só porque centralizara nas mãos do ministro de justiça desde a nomeação dos presidentes provinciais até a dos inspetores de quarteirão mas também porque retirou a competência dos juízes de paz (juízes eleitos) de julgar os crimes menos graves para atribuí-la aos delegados, nomeados pelo ministro, que, dentre outras competências, foram incumbidos da formação da culpa, decretação de prisão etc. Ademais, a Lei de 1841 transformara o juiz municipal, escolhido e nomeado através da deliberação local, em um "juiz comissário" do Poder Executivo; suas funções foram estendidas em detrimento das do juiz de direito, a exemplo dos julgamentos das questões cíveis nas quais o juiz de direito se limitaria a uma espécie de supervisão do julgamento proferido pelos juízes municipais. *Idem*, p. 165-182. Para uma visão panorâmica das alterações efetuadas pela Lei de 3 de dezembro de 1841, vide: KOERNER, Andrei. *O judiciário e a cidadania na constituição da república brasileira (1941-1920)*. 2. ed. Curitiba: Juruá, 2010, p. 35-39.

no entanto, não lhe inspirou propor reforma do Supremo Tribunal de Justiça[743].

Em todo caso, o modelo norte-americano do controle judicial da constitucionalidade das leis não despertou tanto o interesse de Tavares Bastos que se animara mais com o dualismo da organização judiciária e de sua independência do que propriamente com um sistema de controle da validade das leis pelo Judiciário.

E voltamos a Tobias Barreto cuja crítica ao Poder Moderador e ao direito constitucional imperial foi arrebatadora. Em mais uma de suas sutis ironias, Tobias Barreto, o homem para quem "nenhum ramo do conhecimento humano pode hoje subtrair-se ao predomínio da crítica"[744], em sua breve análise sobre a Constituição de 1824, intitulada *"Prelecções de Direito Constitucional"*, iniciou pela ilegitimidade da Constituição: o "Principe outhorgante"[745]. Seria ridículo, contestou o mestre sergipano, que uma Constituição consignasse a invocação à Santíssima Trindade, que não seria uma categoria de direito público. A Constituição deveria ser um "legado de liberdades", ainda que outorgada.

Havia, no entanto, uma explicação para esse fato segundo Tobias Barreto: um problema central da teoria constitucional brasileira adviria da ausência de reflexão científica, que não adentrara o recinto imperial. O imperador estaria fora da crítica, da reflexão científica e jurídica. E, pior do que isso, instigava Tobias, o monarca estaria fora ou acima da própria Constituição: "o Imperador é um sêr preexistente á Constituição,

---

[743] A Suprema Corte, para Tavares Bastos, seria uma instituição independente e se destinaria a preservar a inviolabilidade da Constituição, opondo-se tanto às exorbitâncias das assembleias estaduais quanto às invasões do Congresso Nacional; já "o nosso conselho de estado, creatura do principe, dedicou-se á missão de ageitar as instituições livres ao molde do imperialismo". *Idem*, p. 90-91. Tavares Bastos retornaria mais uma vez ao confronto entre Suprema Corte norte-americana e Conselho do Estado do Império, só que pelo caminho "inverso". Quando aludiu ao caráter político do Poder Judiciário dos Estados Unidos, cuja função principal seria a defesa da Constituição, arrematou que tal instituição seria "o grande poder moderador da sociedade", embora não tenha advogado explicitamente essa atribuição para o Supremo Tribunal de Justiça do Império. *Idem*, p. 50 e ss.

[744] Cf. BARRETO, Tobias. *O artigo 32 do Ato Adicional (1871)*. In: *Estudos de Direito (Vol. I)*. Rio de Janeiro: Solomon; Sergipe: Diário Oficial, 2012, p. 132-139.

[745] Cf. BARRETO, Tobias. *Prelecções de direito constitucional (1882)*. In: *Estudos de Direito (Vol. II)*. Aracaju: Ed. Estado de Sergipe, 1926, p. 55.

que ficou independente della e superior a ella. Em vez de ser o Imperador a creação do Brasil, o Brasil é a creação do Imperador"[746]. Eis sua "crítica severa".

A completa ausência do domínio do pensamento científico em matéria política e constitucional era denunciada por Tobias Barreto. "Os nossos grandes homens", observou, "vivem de todo alheios ao progresso das ciências". Sob esse pressuposto, partiram suas críticas contumazes à questão do Poder Moderador. Também, por essas razões, atacou a obra de Pimenta Bueno, que lhe parecia um "armazém jurídico", um "biblicismo constitucional" destituído de fundo científico e uma mera repetição daquilo que aprendera "nos velhos e pobres tempos de Olinda ou S. Paulo" ou ainda fruto de "alguma relíquia da estupidez coimbrã"[747].

A falta de cientificismo, de igual modo, esteve na base de sua crítica a *A Província*, de Tavares Bastos, não obstante tenha reconhecido algum mérito em seu escrito, que padecia de dois males: "americanização" e parcialidade político-partidária[748]. A americanização se revelaria na premissa implícita à exposição de Tavares Bastos segundo a qual, ao tratar das instituições e da Constituição dos Estados Unidos, ele estaria a sugerir que todos os males brasileiros seriam remediados por meio da descentralização governamental.

A falta de caráter científico da obra de Tavares Bastos, devido à sua visão política interessada e parcial, decorreria justamente de não demonstrar suas afirmações: "descrições estéreis" que se destinariam mais a alimentar "as aspirações de um partido" do que a "achar e proclamar verdades", atitude típica do espírito científico e desinteressado. Ou seja, sua obra seria um "produto de ocasião", composta de frases preparadas e notas compendiadas que cairiam muito melhor num discurso parlamentar.

No entanto, haveria um mérito a ser reconhecido em *A Província*. Seu livro "marca um progresso" na forma como se vinha escrevendo sobre política, pois "respira-se novo ar". Seria uma obra que, ao menos, convidaria o leitor à meditação, comentou elogiosamente Tobias em momento

---

[746] Cf. Barreto, Tobias. *Prelecções de direito constitucional (1882)*. In: *Estudos de Direito (Vol. II)*. Aracaju: Ed. Estado de Sergipe, 1926, p. 55.

[747] Cf. Barreto, Tobias. *Direito publico brasileiro...*, p. 144-145.

[748] Cf. Barreto, Tobias. *A província e o provincialismo...*, p. 149-169.

de rara oportunidade. Porém, a obra não convenceria sentenciou o mestre voltando-se a si.

Por isso, Tobias Barreto se mostrava tão cético no que tange ao crescente debate sobre a melhor ou mais apropriada forma de governo para o povo brasileiro, monarquia ou república. Esse não seria o verdadeiro problema a ser enfrentado. Sob esse aspecto, ele foi bastante ambíguo pois tanto se manifestou contra a república quanto contra a monarquia: "Se nada aproveitam os clamores de uns certos messianistas políticos, que cantam as maravilhas da república vindoura, também não merecem crédito as soluções pouco sérias, as velhas frases ambíguas dos *aúlicos liberais*"[749]. Enfim, um pessimismo antropológico parecia acompanhar-lhe a convicção sobre o tema, que infelizmente a morte meses antes da proclamação da República privou-o de novas reflexões sob e sobre novos contextos.

De toda esta análise, concluímos com a observação de que a crítica possibilitou a realização do pensamento constitucional brasileiro sob novos pressupostos. Desde a outorga da Constituição de 1824, a metafísica constitucional sustentava tranquilamente a preeminência imperial, que se assentava em pilares centrais do regime monárquico: Poder Moderador, centralização política e irresponsabilidade imperial. Contudo, a metafísica constitucional foi denunciada e posta em xeque.

A crítica constitucional permitiu aos juristas e aos políticos pensarem distintos modelos constitucionais de referência para introduzi-los, trans-

---

[749] Cf. BARRETO, Tobias. *A questão do poder moderador...*, p. 100. No ensaio *O Artigo 32 do Ato Adicional*, Tobias voltou a manifestar-se sobre o sistema de governo: "Eu não comungo, espero que me creiam, não comungo no banquete dos que brindam a república, atacando a pessoa e só a pessoa do monarca. Desagradam certos raciocínios donde seria fácil inferir que uma simples mudança de figura soberana nos revelaria o melhor dos mundos possíveis". E complementou essa reflexão, com a seguinte afirmação: "A realeza me parece anacrônica, inaceitável". Cf. BARRETO, Tobias. *O artigo 32...*, p. 133. Em *Prelecções de Direito Constitucional*, Tobias manteve sua indefinição. Se num primeiro momento, pareceu elogiar a república, pois ela "com sua morphologia mais simples, mais desenvolvida, produz incontestavelmente funcções completas e rápidas". Logo após, reconheceu que a nossa Constituição "andou bem" ao proclamar a monarquia, por haver respeitado a continuidade histórica. As demais repúblicas americanas, à exceção dos Estados Unidos, complementava, não respeitaram a continuidade histórica e, por isso, o Brasil teria sido mais feliz do que elas. Cf. BARRETO, Tobias. *Prelecções de direito constitucional...*, p. 59-60.

plantá-los ou apropriá-los à realidade brasileira. Nesse contexto, é que a prática institucional do controle judicial da constitucionalidade das leis se apresentou como opção válida para o sistema brasileiro, embora não tenha sido uma bandeira ampla nem consensualmente defendida.

Isso se explica porque o pensamento constitucional brasileiro crítico, por si só, não poderia possibilitar uma mudança tão profunda nas estruturas de poder do Império. Ele atuou como uma das forças que contribuíram para a ruptura constitucional, que se iniciou em 1889 e se prolongou até 1891, quando se promulgou a Constituição da República. Outros fatores concorreram na configuração de um ambiente institucional favorável à introdução do controle judicial da constitucionalidade, o que nos remete ao próximo capítulo.

O pensamento constitucional, portanto, representou uma dimensão vital do longo processo histórico e de amadurecimento institucional, porque ele semeou as condições de possibilidades para se pensar o regime constitucional brasileiro sob perspectivas diversas sem os limites transcendentais e metafísicos que se impunham por força da preeminência imperial, acenando a novos desenhos institucionais.

Capítulo 6

O Controle da Constitucionalidade das Leis no Império

6.1. O controle da constitucionalidade

Havíamos destacado no início desta obra (Item 1.2) que o conceito de controle da constitucionalidade é mais abrangente do que o de controle judicial. Em sentido amplo, o controle constitui uma prática institucional de defesa da Constituição, por meio da qual se atribui a um órgão (judicial ou político) a prerrogativa de verificar os requisitos constitucionais de validade formal e material das leis e demais atos normativos, isto é, a relação de compatibilidade entre a norma constitucional e a norma infraconstitucional. O controle judicial da constitucionalidade, por óbvio, configura-se quando uma das modalidades ou formas de instrumento dessa prática institucional é atribuída ao Poder Judiciário, privativa ou compartilhadamente.

Ao interessar-se quase que exclusivamente pelo controle judicial, a historiografia constitucional brasileira tem deixado escapar uma rica e complexa estrutura normativa, teórica e prática do controle da constitucionalidade, que se desenvolveu sob o império da Constituição de 1824 e apresentou diversas dimensões que nos ajudam a melhor compreender nossas instituições políticas e os problemas da atualidade. Um inexplicável desperdício da experiência!

Já podemos entender o porquê de não ter sido introduzido o controle judicial na Constituição de 1824: o modelo constitucional de referência e a imagem negativa dos juízes redundaram em uma visão estrita do princípio da separação dos poderes e da atividade judicial. No entanto, veremos que também o controle da constitucionalidade não foi específica nem originalmente previsto pela Constituição tampouco teve sua prática, desde logo, iniciada após a outorga da Carta.

Certo, poderíamos apontar alguns dispositivos da Constituição que supostamente remeteriam a uma prática difusa do controle da constitucionalidade. Dentre as atribuições do Poder Moderador, poderíamos enumerar o veto imperial (art. 101, III), a dissolução da Câmara dos Deputados (art. 101, V) ou o perdão e a moderação das penas (art. 101, VIII). Esses mecanismos de calibração institucional, contudo, tinham uma significação muito mais ampla e geral do que o exercício do controle da constitucionalidade; eles foram previstos para que o imperador mantivesse a harmonia entre os poderes políticos e a estabilidade política do Império. Mesmo o veto imperial, cuja essência encerrava um juízo sobre os projetos de lei, no dizer de Pimenta Bueno[750], constituía, acima de tudo, "um grande elemento de aperfeiçoamento das leis" e "de ordem contra os perigos ou abusos", além de ser "attributo inseparavel da monarchia constitucional" dada a vulnerabilidade e a onipotência legislativas.

Outra norma da Constituição de 1824, que tem sido fonte de equívocos, é a prevista no art. 15, IX[751], segundo a qual era reservada à Assembleia Geral a competência de "velar na guarda da Constituição". Aos olhos de hoje, esse dispositivo explicaria o porquê de não existir a prática do controle judicial da constitucionalidade, na vigência da Constituição do Império: cabia à Assembleia guardá-la, protegê-la. Entretanto, esta leitura de nossa história constitucional soa-nos demasiadamente marcada pelas compreensões e conceitos do presente, isto é, pela semântica que hoje atribuímos à expressão consagrada no art. 102[752] da Constituição

---

[750] Cf. Bueno, José Antônio Pimenta. *Direito publico brazileiro e analyse da Constituição do Imperio.* Rio de Janeiro: Typographia Imp. e Const. de J. Villeneuve e C., 1857, p. 140-141. No mesmo sentido, ver: Sousa, Joaquim Rodrigues de. *Analyse e commentario da Constituição Politica do Imperio do Brazil.* Vol. II. S. Luiz: Typ. B. de Mattos, 1867, p. 123-125.

[751] Art. 15, IX: "E' da attribuição da Assembléa Geral: (...)
IX. Velar na guarda da Constituição, e promover o bem geral da Nação".

[752] Art. 102, *caput*, da Constituição de 1988 prevê: "Compete ao Supremo Tribunal Federal, precipuamente, a guarda da Constituição, cabendo-lhe: (...)".

de 1988, o que induz à precipitada conclusão de que o Supremo Tribunal Federal seria o intérprete único e guardião exclusivo da Constituição.

Para Carl Schmitt[753], a demanda por um protetor, por um defensor da Constituição ligava-se a momentos críticos da Constituição. Com a obra de James Harrington, *The Oceana*, de 1656, e de outros contemporâneos da época, difundiram-se os termos "defensor da liberdade" ("*Conservators of liberty*") e "defensor da Constituição" ("*Conservator of the Charter*"), com o dever de declarar nulas todas as medidas contrárias à Constituição. Sieyès, por seu turno, inspirara-se em Harrington ao conceber o júri constitucional, com base no qual se moldou a instituição do Senado Conservador (*Sénat Conservateur*) na Constituição do Ano VIII (1799)[754], que deveria guardar a Constituição contra atos do Poder Executivo ou do próprio Poder Legislativo[755].

Comentando a cláusula de defesa da Constituição, prevista em Constituições da monarquia alemã, Schmitt constatou que ela esteve mais atrelada à preocupação com a segurança política e com a salvaguarda do bem-estar da nação. Não se revestia, portanto, de um rigoroso sentido técnico ou jurídico de controle da constitucionalidade das leis, ainda que realizado por instituições político-legislativas.

Quanto à Constituição do Império do Brasil, compartilhamos a opinião de Schmitt. A cláusula "velar na guarda da Constituição" não amparou a prática do controle da constitucionalidade das leis.

Já em 1829, Lourenço José Ribeiro[756] explicava que o art. 15, IX, da Constituição era um dos seus dispositivos mais notáveis: "fertilíssimo em

---

[753] Cf. SCHMITT, Carl. *La defensa de la constitucion*. Trad. Pedro de Vega. Madrid: Tecnos, 1983, p. 27-29.

[754] O art. 21 da Constituição do Ano VIII (1799) previa: "Mantendrá o anulará todos los actos que le sean deferidos como inconstitucionales por el Tribunado o por el gobierno;". Cf. FRANÇA. *Las Constituciones de Francia* (Org. José Manuel Vera Santos). Valencia: Tirant lo Blanch, 2004, p. 208-209.

[755] Otacílio Alecrim, um dos autores que mais aprofundou a temática entre nós, registrou que a cláusula "velar na guarda da Constituição" (art. 15, IX) se inspirou em Sieyès, de modo que a Assembleia Geral funcionaria como uma espécie de *jurie constitutionnaire*. Cf. ALECRIM, Otacílio. *Idéias e instituições no império: influências francesas*. Brasília: Senado Federal, 2011, p. 165-171.

[756] Cf. RIBEIRO, Lourenço José. *Análise da Constituição política do império do Brasil (1829)*. *Arquivo do Ministério da Justiça*. Rio de Janeiro: Ano 34, n. 142, p. 1-155, Abr./Jun., 1977, p. 61.

HISTÓRIA DO CONTROLE DA CONSTITUCIONALIDADE DAS LEIS NO BRASIL

resultados" e "mil vezes bem fundado". Contudo, ele não enxergou nesse artigo o fundamento para o controle das leis, mas a fonte de um vago direito de adotar "todos os meios que forem necessários" a fim de cumprir suas missões institucionais, diante dos "males e abusos imprevistos, e que nela não fossem expressos". Para o lente de *Análise* do Curso Jurídico de Olinda, o dispositivo encerrava um "princípio cognoscitivo, por onde se pode julgar legais ou não todas as medidas ordinárias ou extraordinárias, que tomarem os representantes da Nação segundo as circunstâncias ocorrentes, uma vez que não vão de encontro à divisão dos Poderes e aos outros princípios constitucionais". De certa forma, seria uma norma destinada a contrabalançar as amplas e genéricas atribuições do Poder Executivo, previstas no art. 102, §§ XII e XV, da Constituição[757].

Observemos, no entanto, que essa cláusula, consoante alertou o próprio Lourenço José, não ensejava uma onipotência parlamentar ou concedia à Assembleia uma carta em branco, já que as medidas dos representantes da nação se pautariam pelos princípios constitucionais. A norma teria seu sentido e seu alcance definidos pela própria Constituição com base no conjunto de todas as suas disposições normativas.

A mesma interpretação parece ter prevalecido no parlamento brasileiro conforme registro de debate havido na sessão de 15 de junho de 1840. Para o deputado Teófilo Ottoni[758], o art. 15, IX, por si só, não daria

---

[757] Art. 102, XII e XV: "O Imperador é o Chefe do Poder Executivo, e o exercita pelos seus Ministros de Estado. São suas principaes attribuições: (...)
XII. Expedir os Decretos, Instrucções, e Regulamentos adequados á boa execução das Leis. (...)
XV. Prover a tudo, que fôr concernente á segurança interna, e externa do Estado, na fórma da Constituição".

[758] Cf. OTTONI, Teófilo Benedito. *Pelas prerrogativas das assembleias provinciais (1840)*. In: *Discursos Parlamentares (Org. Paulo Pinheiro Chagas)*. Brasília: Câmara dos Deputados, 1979, p. 138-157, p. 149. Com efeito, a manifestação do deputado foi bastante elucidativa quanto ao conteúdo da cláusula: "Os modos por que a Assembléia Geral vela na guarda da Constituição e das Leis, e promove o bem geral da Nação estão marcados na Constituição; cada um dos ramos do Poder Legislativo vela na guarda da Constituição e das leis pelos modos que lhe são próprios, consignados na Constituição: a Câmara dos Deputados vela na guarda da Constituição – acusando os Ministros de Estado que houverem aberrado da vereda traçada pela Constituição e pelas leis; mas por que procede desta maneira? (...) há um artigo que diz que a Câmara vela na guarda da Constituição, acusando os ministros; há outro artigo que diz que o Senado vela na guarda da Constituição, processando os

à Assembleia o direito de suprema inspeção, autorizando-a fazer tudo quanto entendesse necessário para promover o bem geral da nação. Caso assim fosse, "bastaria dizer-se a Assembléia Geral é instituída para promover o bem geral da Nação, para velar na guarda da Constituição e das Leis...". A cláusula deveria ser entendida nos estritos termos da Constituição, que fixaria os modos específicos e concretos de como velar em sua guarda.

Similar interpretação conferiu-lhe Pimenta Bueno[759]. Conceitualmente, "velar na guarda da Constituição" significaria que o Poder Legislativo deveria interpretar, observar e cumprir a Constituição. A guarda da Constituição impunha o dever de respeitá-la e fazer respeitá-la da maneira por ela estabelecida, afirmava Pimenta Bueno[760] à luz do direito comparado. Da cláusula extraía-se, ainda, o dever de examinar e de fiscalizar o cumprimento da lei pelo governo, representando uma grande força contra eventual arbitrariedade do Poder Executivo.

Concretamente diversos seriam os meios de exercer o direto dessa inspeção geral e permanente, a depender das exigências e circunstâncias: um, por meio de disposições legislativas que obrigassem a administração e seus agentes a darem publicidade de certos atos; dois, por meio de comissões ou inquéritos que apurassem detalhadamente a gestão administrativa, em especial quanto aos aspectos financeiros; três, por ocasião da discussão dos orçamentos e da fixação das forças ânuas; quatro, o direito de interpelação ou de pedir esclarecimentos ou detalhes de um ato ou serviço público; cinco, a prerrogativa de acusação contra os ministros.

Enfim, a cláusula "velar na guarda da Constituição" era interpretada como uma genérica prerrogativa da Assembleia, destinada a inspecionar

---

membros da Família Imperial, Senadores e Deputados. (...), segue-se que este artigo que determina que a Assembléia Geral deve velar na guarda da Constituição e das leis, deva ser subentendido pelos outros artigos da Constituição – velar na forma e maneira por que a Constituição prescreveu".

[759] Cf. BUENO, José Antonio Pimenta. *Direito publico brazileiro...*, p. 38-39.

[760] O art. 25 da Constituição da Bélgica previa que "os poderes politicos devem ser exercidos pela maneira estabelecida pela constituição". *Idem*, p. 39.

e a examinar se as leis eram fielmente observadas[761], não significando, propriamente, a previsão normativa para o exercício do controle da constitucionalidade das leis.

A ideia de fiscalização da constitucionalidade poderia remeter-nos a norma do art. 179, XXX, da Constituição[762], que disciplina, segundo Pedro Autran, o direito de petição e o direito de requerer contra as infrações à Constituição. Sendo direito individual, qualquer cidadão poderia requerer ao Legislativo e ao Executivo a "reforma de um abuso, ou a adopção de uma medida de utilidade publica"[763].

Pimenta Bueno[764] analisou mais detidamente o conteúdo do art. 179, XXX, e vislumbrou três garantias individuais distintas: direito de simples requerimento (ou reclamação); direito de queixa; e direito de petição. O primeiro consistia na faculdade de suplicar alguma coisa em proveito

---

[761] Cf. Bueno, José Antonio Pimenta. *Direito publico brazileiro...*, p. 105-108. Similarmente, o desembargador Joaquim Rodrigues de Sousa opinou que, na guarda da Constituição, a Assembleia poderia nomear comissões internas "para examinarem como tem sido a constituição observada, e propor medidas contra os abusos"; cada deputado ou senador teria direito de interpelar o governo, na forma do regimento, e de pedir informações acerca dos negócios e serviços do governo; ainda, os parlamentares poderiam acusar os ministros, conforme art. 39 da Constituição. Cf. Sousa, Joaquim Rodrigues de. *Analyse e comentário...* Vol. I, p. 110-112. Do mesmo modo, manifestou-se Nicolao França e Leite sobre a função de velar na guarda da Constituição, embora não tenha desenvolvido a contento o assunto. Ele genericamente aludiu à necessidade de revestirem-se os parlamentares com imunidades, em face da existência de interesses contraditórios e conflitivos entre si, mas não desenvolveu especificamente o conteúdo dessa prerrogativa, o que nos fornece mais um indício de que – em tal época – a disposição tinha o caráter simbólico e usual, significando o uso e o exercício livre e autônomo das próprias atribuições institucionais, nos moldes previstos pela própria Constituição. Cf. Leite, Nicolao Rodrigues dos Santos França e. *Considerações politicas sobre a Constituição do Imperio do Brazil*. Rio de Janeiro: Typographia de J. M. A. A. de Aguiar, 1872, p. 128-129.

[762] Art. 179, XXX: "A inviolabilidade dos Direitos Civis, e Politicos dos Cidadãos Brazileiros, que tem por base a liberdade, a segurança individual, e a propriedade, é garantida pela Constituição do Imperio, pela maneira seguinte. (...)
XXX. Todo o Cidadão poderá apresentar por escripto ao Poder Legislativo, e ao Executivo reclamações, queixas, ou petições, e até expôr qualquer infracção da Constituição, requerendo perante a competente Auctoridade a effectiva responsabilidade dos infractores".

[763] Cf. Albuquerque, Pedro Autran da Matta. *Elementos de direito publico*. Recife: Typ. Imparcial, 1849, p. 93.

[764] Cf. Bueno, José Antonio Pimenta. *Direito publico brazileiro...*, p. 433-4337.

O CONTROLE DA CONSTITUCIONALIDADE DAS LEIS NO IMPÉRIO

particular, com base em algum interesse lícito, ainda que o direito não tenha se configurado perfeita e plenamente. Fosse um direito perfeito, não mais seria um simples requerimento, mas reclamação. O direito de queixa, exercitável administrativa ou judicialmente, surgiria quando se tratasse de uma ofensa gravíssima ao cidadão ou com infração à Constituição. Ia além da simples petição, porque, aqui, deveria haver a abertura de ação reparadora da ofensa e a repressão ao ofensor. Diferente dos anteriores, o direito de petição tinha natureza e fim diversos. Era um direito político, "uma especie de intervenção no governo do paiz" motivada por algum interesse geral, e não exclusivamente ditada pelo interesse particular ou privado. Essa garantia política individual, a que se referia Pimenta Bueno, envolvia "a faculdade legitima que o cidadão activo tem de apresentar por escripto aos poderes publicos suas opiniões, suas idéas, interesses que partilha e seus votos sobre os negocios sociaes de legislação ou da administração do Estado".

Observamos, pois, que também o art. 179, XXX, da Constituição não induzia de modo direto nem específico a uma prática do controle da constitucionalidade das leis.

Poderíamos, ainda, indagar se o art. 173[765], que estabeleceu uma inspeção periódica pela Assembleia Geral da fiel observância da Constituição do Império, haveria introduzido alguma forma de controle das leis no sistema monárquico brasileiro. Sobre ela, Pimenta Bueno[766] afirmou: "A constituição considerou este exame periodico tão importante ou indispensavel, que o classificou no seu titulo 8º, á testa das garantias dos direitos civis e politicos dos cidadãos brasileiros". Entretanto, o constitucionalista do Império lamentava: "Cumpre porém confessar que as camaras brazileiras ha tempo que pouco, ou nenhum exercicio dão a esta sua attribuição". Godofredo Autran[767], por sua vez, viu nesse dispositivo uma norma concernente à mudança e à reforma constitucional. Do art. 173

---

[765] Art. 173: "A Assembléa Geral no principio das suas Sessões examinará, se a Constituição Politica do Estado tem sido exactamente observada, para prover, como fôr justo".
[766] Cf. BUENO, José Antônio Pimenta. *Direito publico...*, p. 108.
[767] Ao comentar a disposição em comento, Godofredo observou: "Toda a Constituição deve acompanhar o progresso intellectual dos povos, pois que, supposto sejão immutaveis os seus principios fundamentaes, é susceptível de aperfeiçoamento o desenvolvimento destes principios ou a sua applicação. Dahi a necessidade de reforma para prove-la, como

da Constituição não se extraía qualquer fundamento jurídico que autorizasse o controle da constitucionalidade das leis, mas apenas uma norma que dispunha em favor do dever geral de zelar por sua fiel observância, ainda que ao custo de emendá-la para atender as exigências do progresso.

Já o desembargador Joaquim Rodrigues de Sousa[768] entendeu a inspeção periódica do art. 173 um complemento ao art. 15, IX, da Constituição, tendo em vista que a "defeza da constituição é o mais sagrado dever e direito do povo". Ele explicava que o parlamento entendia lhe caber cumprir este dever por dois modos: na discussão do voto de graças ou das leis ânuas, depois de apresentados e considerados os relatórios ministeriais. No entanto, Joaquim Rodrigues se opunha a esse entendimento por entender que nenhum dos dois casos configuraria o momento oportuno para o legislador revelar seu pensamento e dar-lhe fiel execução. Tanto o voto de graças quanto a discussão das leis anuais prescindem de uma análise detida de observância da Constituição. Enfim, concluiu o então desembargador da relação de São Luís, o art. 173 exigia um cumprimento específico por parte da Assembleia, um "[a]cto especial é preciso á seu cumprimento, começando pela nomeação de uma commissão ad hoc com a maioria de membros da opposição".

Independentemente de considerarmos ou não esses dispositivos da Constituição efetivos mecanismos jurídicos idôneos à proteção da supremacia constitucional e do controle da constitucionalidade das leis, a reforma constitucional implementada pelo Ato Adicional de 1834 (Lei nº 16, de 12 de agosto de 1834) introduziu um procedimento específico de tutela constitucional, que funcionou razoavelmente enquanto a Constituição vigeu.

O Ato Adicional foi um dos produtos gerados pela reação liberal, ou "revolução de abril"[769], contra o imperador dom Pedro I, que resultou em sua abdicação ao trono em 1831. Diante da mácula da outorga da Constituição, o Ato Adicional conseguiu "legitimá-la" e, mais do que isso, promover a descentralização política e governamental, inspirando-se no

---

fôr mister". Cf. Autran, Manoel Godofredo de Alencastro. *Constituição Politica do Imperio do Brazil*. Rio de Janeiro: H. Laemmert & C., 1881, p. 124.

[768] Cf. Sousa, Joaquim Rodrigues de. *Analyse e comentário...* Vol. II, p. 441-443.

[769] Cf. Uruguay, Visconde do. *Estudos praticos...* Tomo I, p. XXXVI.

O CONTROLE DA CONSTITUCIONALIDADE DAS LEIS NO IMPÉRIO

modelo federal norte-americano[770], bem como apaziguar os espíritos liberais mais radicais[771]. Não foi à toa que Sá e Benevides reconheceu que o Ato Adicional "tornou o Brazil um imperio semi-federal"[772].

O projeto inicial do Ato Adicional, denominado "Constituição de Pouso Alegre"[773], acaso integralmente aprovado, representaria uma mudança substancial no sistema constitucional vigente. Ele faria do Império uma monarquia federativa, extinguiria o Poder Moderador e acabaria com a vitaliciedade dos senadores. Esses itens da reforma constitucional não prosperaram, no entanto foram exitosos aqueles relativos ao fim do Conselho de Estado e à transformação dos conselhos gerais de província, previstos nos art. 71 e seguintes da Constituição, em assembleias legislativas provinciais[774], que, por conseguinte, foram agraciadas com a competência legislativa (arts. 10 e 11).

Ao conferir competência legislativa às assembleias provinciais, o Ato Adicional instituiu um complexo mecanismo de controle da constitucionalidade das leis provinciais, de modo a preservar as competências constitucionais da Assembleia Geral e a evitar os excessos e abusos legislativos[775]. Esse mecanismo foi previsto nos artigos 16[776],

---

[770] Nesse sentido, vide: BASTOS, A. C. Tavares. *A província...*p. 351; URUGUAY, Visconde do. *Estudos praticos...* Tomo I, p. 1 e ss.

[771] Tem toda a pertinência a observação de Joaquim Nabuco, segundo a qual "a compreensão da Constituição variou fundamentalmente de geração em geração". Cf. NABUCO, Joaquim. *Um estadista do Império*. Vol. I. 5. ed. Rio de Janeiro: Topbooks, 1997, p. 88.

[772] Cf. BENEVIDES, José Maria Corrêa de Sá e. *Analyse da Constituição Politica do Imperio do Brazil*. São Paulo: Typographia King, 1890, p. 136.

[773] Cf. BASTOS, A. C. Tavares. *A província...*p. 79 e ss; BONAVIDES, Paulo & ANDRADE, Paes de. *História constitucional do Brasil*. 8. ed. Brasília: OAB, 2006, p. 117 e ss; URUGUAY, Visconde do. *Estudos praticos...* Tomo II, p. 433-434.

[774] "Art. 1º O direito reconhecido e garantido pelo art. 71 da Constituição será exercitado pelas Camaras dos Districtos e pelas Assembléas, que, substituindo os Conselhos Geraes, se estabelecerão em todas as Provincias com o titulo de Assembléas Legislativas Provinciaes".

[775] Cf. ALBUQUERQUE, Pedro Autran da Matta. *Elementos de direito publico*. Recife: Typ. Imparcial, 1849, p. 74.

[776] "Art. 16. Quando porém o Presidente negar a sancção, por entender que o Projecto offende os direitos de alguma outra Provincia, nos casos declarados no § 8º do art. 10; ou os Tratados feitos com as Ações Estrangeiras; e a Assembléa Provincial julgar o contrario, por dous terços dos votos, como no artigo precedente será o Projecto, com as razões allegadas

17^{777}, 20^{778}, 24, § 3^{o779}, e 25^{780} do Ato Adicional e, posteriormente, explicitado pelo art. 7° da Lei de Intepretação do Ato Adicional[781], a Lei nº 105, de 12 de maio de 1840, fruto da atuação conservadora que iniciara sua reação às conquistas liberais pós-abdicação.

À luz do novo marco constitucional, posteriormente esmiuçado pela Lei de Interpretação, estabeleceram-se três procedimentos específicos de controle da constitucionalidade das leis[782].

A primeira modalidade ocorreria por ato do presidente da província caso se recusasse a sancionar o projeto de lei por ofensa à Constituição. O segundo modo de controle ensejaria o encaminhamento do projeto de lei vetado, diante da irresignação da Assembleia Provincial, ao governo geral e à Assembleia Geral, a quem tocaria decidir definitivamente sobre a questão constitucional. O terceiro procedimento de controle se verificaria quando constatada a inconstitucionalidade da lei provincial já sancionada e publicada, possibilitando à Assembleia Geral cassá-la.

Com o desenvolvimento deste tópico, perceberemos que a maioria dos casos nos quais se exerceu o controle da constitucionalidade estava relacionada com a preservação da competência legislativa da Assembleia Geral. No entanto, houve situações nas quais a deflagração da incons-

---

pelo Presidente da Provincia, levado ao conhecimento do Governo e Assembléa Geraes, para esta definitivamente decidir se elle deve ser ou não sanccionado".

[777] "Art. 17. Não se achando nesse tempo reunida a Assembléa Geral, e julgando o Governo que o Projecto deve ser sanccionado, poderá mandar que elle seja provisoriamente executado, até definitiva decisão da Assembléa Geral".

[778] "Art. 20. O Presidente da Provincia enviará á Assembléa e Governo Geraes copias authenticas de todos os Actos Legislativos Provinciaes que tiverem sido promulgados, a fim de se examinar se ofendem a Constituição, os impostos geraes, os direitos de outras Provincias ou os Tratados; casos unicos em que o Poder Legislativo Geral os poderá revogar".

[779] "Art. 24. Além das attribuições, que por Lei competirem aos Presidentes das Provincias, compete-lhes tambem: (...)

§ 3º Suspender a publicação das Leis Provinciaes, nos casos, e pela fórma marcados nos arts. 15 e 16".

[780] "Art. 25. No caso de duvida sobre a intelligencia de algum artigo desta reforma, ao Poder Legislativo Geral compete interpretal-o".

[781] "Art. 7º. O art. 16 do Acto Addicional comprehende implicitamente o caso, em que o Presidente da Provincia negue a Sancção a um Projecto por entender que offende a Constituição do Imperio".

[782] Cf. URUGUAY, Visconde do. *Estudos praticos...* Tomo II, p. 261 e ss.

titucionalidade da lei decorreu de sua incompatibilidade material com o conteúdo da norma constitucional. Nesse sentido, leis provinciais do Rio Grande do Norte e Minas Geral foram declaradas inconstitucionais, porque, ao concederem privilégios para indústria de fabricação de louças, teriam tolhido a liberdade constitucional de exercer qualquer gênero de trabalho ou indústria[783]. Após, foi reafirmado pelo Conselho de Estado que "a liberdade da industria não póde ser restricta por leis provinciaes"[784]. O juízo de inconstitucionalidade material motivou a suspensão de impostos provinciais considerados "excessivos"[785], os quais poderiam ameaçar a indústria e direitos gerais. Em outra situação, foi reconhecida a inconstitucionalidade de lei da Província do Piauí com base no art. 6º, § 1º, c/c art. 179, §§ 13, 14 e 16, da Constituição do Império[786], por fixar uma distinção étnica entre brancos e pardos/libertos para ingresso numa irmandade religiosa daquela Província[787].

Ora, essas decisões parecem reforçar nosso argumento de que o controle da constitucionalidade das leis constitui um mecanismo de proteção da Constituição cuja competência para exercê-lo é condicionada pela definição da autoridade para dizer em última instância o que o direito (e a Constituição) efetivamente significaria. Não se pode, pois, considerá-lo um instituto imanente às funções e às prerrogativas judiciais.

---

[783] Cf. URUGUAY, Visconde do. *Estudos praticos...* Tomo II, p. 98-99.

[784] Cf. URUGUAY, Visconde do. *Estudos praticos...* Tomo II, p. 112.

[785] Cf. URUGUAY, Visconde do. *Estudos praticos...* Tomo I, p. 306-308.

[786] "Art. 6. São Cidadãos Brazileiros:

I. Os que no Brazil tiverem nascido, quer sejam ingenuos, ou libertos, ainda que o pai seja estrangeiro, uma vez que este não resida por serviço de sua Nação. (...)

Art. 179. A inviolabilidade dos Direitos Civis, e Politicos dos Cidadãos Brazileiros, que tem por base a liberdade, a segurança individual, e a propriedade, é garantida pela Constituição do Imperio, pela maneira seguinte. (...)

XIII. A Lei será igual para todos, quer proteja, quer castigue, o recompensará em proporção dos merecimentos de cada um.

XIV. Todo o cidadão pode ser admittido aos Cargos Publicos Civis, Politicos, ou Militares, sem outra differença, que não seja dos seus talentos, e virtudes. (...)

XVI. Ficam abolidos todos os Privilegios, que não forem essencial, e inteiramente ligados aos Cargos, por utilidade publica".

[787] Cf. URUGUAY, Visconde do. *Estudos praticos...* Tomo II, p. 143-144.

6.1.1. Controle da constitucionalidade pelo presidente de província

Os presidentes provinciais eram "sentinelas" do governo geral, que "devem ver tudo, e sobre tudo velar como guardas da paz publica"[788]. De fato, eles exerciam dupla função: tanto eram delegados da administração geral na Província, quanto chefes da administração provincial[789]. Na qualidade de representantes do governo imperial, de onde emanavam o pensamento e a ação governamental, cabia-lhes, dentre outras atribuições, exercer o controle dos projetos de lei adotados pelas assembleias provinciais mediante a suspensão de sua publicação[790].

A previsão genérica dessa competência estava contida no art. 24, § 3º, do Ato Adicional, que autorizava o presidente provincial a "suspender a publicação das Leis Provinciaes, nos casos, e pela fórma marcados nos arts. 15 e 16". Os arts. 15 e 16 previam duas hipóteses e, consequentemente, procedimentos específicos de controle.

De acordo com o art. 15 do Ato Adicional, o presidente poderia recusar-se a sancionar a lei ou a resolução da assembleia suspendendo sua publicação, quando entendesse que ela não convinha aos interesses da Província. Observemos que, nessa situação, não havia controle da constitucionalidade, mas apenas o juízo de conveniência e de oportunidade da medida legislativa. Em seguida, ele devolveria o ato legislativo à Assembleia que, derrubando o veto presidencial, por dois terços dos votos, novamente o encaminharia ao Presidente, que, dessa segunda vez, deveria sancioná-lo e publicá-lo (art. 19)[791] sem qualquer outro recurso. Segundo observado por Uruguay[792], os autores do Ato Adicional, quando a controvérsia se limitava à conveniência dos interesses provinciais, pri-

---

[788] Cf. Rego, Vicente Pereira do. *Elementos de direito administrativo brasileiro*. 2. ed. Recife: Typographia Commercial de Geraldo Henrique de Mira & C, 1860, p. 34.

[789] Cf. Ribas, Antonio Joaquim. *Direito administrativo brasileiro (1866)*. Brasília: Ministério da Justiça, 1968, p. 126-127.

[790] Cf. Albuquerque, Pedro Autran da Matta. *Elementos de direito publico*. Recife: Typ. Imparcial, 1849, p. 72-73.

[791] "Art. 19. O Presidente dará ou negará a sancção, no prazo de dez dias, e não o fazendo ficará entendido que a deu. Neste caso, e quando, tendo-lhe sido reenviada a Lei, como determina o art. 15, recusar sanccionala, a Assembléa Legislativa Provincial a mandará publicar com esta declaração; devendo então assignala o Presidente da mesma Assembléa".

[792] Cf. Uruguay, Visconde do. *Estudos praticos...* Tomo II, p. 274 e ss.

O CONTROLE DA CONSTITUCIONALIDADE DAS LEIS NO IMPÉRIO

vilegiaram o elemento do *self-government*, isto é, a vontade soberana da Assembleia Provincial.

O art. 16 do Ato Adicional esmiuçava a segunda opção de controle, prevista no art. 24, § 3º, do próprio Ato. Houve, inicialmente, uma discussão quanto ao sentido e ao alcance do art. 16, a fim de determinar-se se as ofensas à Constituição estariam implicitamente ou não contidas em seu teor que apenas instituía as hipóteses de ofensa a "direitos de alguma outra Província" ou a "Tratados feitos com as Ações Estrangeiras". A celeuma acabou resolvida pela Lei de Interpretação do Ato Adicional, que, no art. 7º, expressamente reconheceu que o art. 16 do Ato também contemplaria o caso de negativa de sanção por ofensa à Constituição[793].

Recusada a sanção ao projeto de lei pelo presidente de província por contrariedade à Constituição, voltaria o projeto à assembleia provincial[794]. Se, por maioria de dois terços, ela derrubasse o veto presidencial, ainda nos termos do art. 16 do Ato Adicional, o presidente deveria submeter o projeto, juntamente com as razões do veto por inconstitucionalidade, ao conhecimento do governo geral e da Assembleia Geral, momento em que se distinguem os procedimentos do art. 15 e 16 do Ato[795]. A decisão

---

[793] Cf. RODRIGUES, José Carlos. *Constituição Politica do Imperio do Brasil*. Rio de Janeiro: Eduardo & Henrique Laemmert, 1863, p. 191.

[794] A recusa, por sua vez, poderia fundamentar-se em sua própria convicção ou, ainda, numa determinação do governo imperial, a qual, via de regra, era imediatamente cumprida. Considerada a natureza ambivalente da função do presidente da Província, que era delegado do governo imperial, segundo o conselheiro Ribas, "é incontestavel que o Governo Imperial está no seu direito quando ordena aos presidentes de província que não sancionem certas leis provinciais". Cf. RIBAS, Antonio Joaquim. *Direito administrativo...*, p. 127. Conforme demonstrou Uruguay, muitas foram as situações em que o governo, por meio de avisos ou resoluções imperiais, recomendava aos presidentes provinciais não sancionarem determinadas leis. O Aviso nº 135, de 7 de abril de 1857, reconhecendo a inconstitucionalidade do imposto de exportação criado pela Província de Goiás, recomendou "ao Presidente daquella Provincia, que quando leis e resoluções semelhantes fossem enviadas para a sancção, expusesse á Assembléa as razões pelas quaes não podia ella legislar senão sobre os objectos que forem de suas restrictas e expressas attribuições, e a conveniencia de serem por ella revogadas as leis que, como as supramencionadas, são prejudiciaes ás imposições do Estado, e aos interesses geraes do Imperio". Cf. URUGUAY, Visconde do. *Estudos praticos...* Tomo I, p. 295-296.

[795] O visconde do Uruguay mencionou a resolução do Conselho do Estado, de 1858, na qual podemos perceber as diferentes consequências procedimentais geradas pela inconve-

final sobre se o presidente sancionaria ou não o projeto de lei caberia à Assembleia Geral, quando a questão cuidasse de matéria constitucional e, portanto, de interesse geral[796]. Nesse ínterim, a suspensão da publicação da lei seria mantida, não teria eficácia a lei em questão salvo decisão excepcional do governo que permitisse sua execução provisória até a decisão definitiva da Assembleia (art. 17)[797].

Esse procedimento de verificação da constitucionalidade era razoavelmente observado, inclusive porque constituía um precioso instrumento a ser utilizado pelo governo imperial para inspecionar os excessos e os abusos das assembleias provinciais. Era rotineira a prática de, através de Avisos, ordenar-se aos presidentes para não sancionarem projetos de lei diante de sua inconstitucionalidade[798]. Evidentemente, em muitos casos o controle escapava à vigilância do governo, sendo necessário lançar mão de outras modalidades de fiscalização, inclusive de formas não previstas na Constituição[799].

---

niência e inconstitucionalidade da lei. O Conselho de Estado reconheceu a inconveniência de lei provincial que dispunha sobre vitaliciedade para os empregos administrativos, mas não a sua inconstitucionalidade. Conclusão, a Assembleia seria inteiramente livre para dispor de matérias de sua peculiar competência, e o Conselho somente poderia limitar-se a recomendar ao presidente que tratasse "por todos os meios ao alcance do Presidente, da sua revogação pela Assembléa provincial". Cf. URUGUAY, Visconde do. *Estudos praticos...* Tomo I, p. 445-447.

[796] Para uma visão sucinta do completo funcionamento do controle da constitucionalidade na prática, vide: URUGUAY, Visconde do. *Estudos praticos...* Tomo I, p. 118.

[797] Alguns abusos foram cometidos pelo governo geral, de modo que, apreciada a questão pelo Conselho de Estado, foi editado Aviso de 28 julho de 1841: "Ainda que o governo esteja autorisado para mandar suster a execução de leis provinciaes decretadas com falta de jurisdicção, comtudo, estando reunido o corpo legislativo, é mais seguro e razoavel reccorrer a elle". Cf. RODRIGUES, José Carlos. *Constituição Politica...*, p. 195.

[798] Essa prática foi identificada por José Carlos Rodrigues, que, enumerando dezenas de Avisos, observou: "Todos os dias vemos as Assembléas provinciaes legislar sobre objectos de sua inteiramente estranha competencia e todos os dias o Poder executivo expede avisos communicando a seus delegados nas provincias que taes e taes leis das respectivas Assembléas não estão no caso de ser executadas por sua inconstitucionalidade". Cf. RODRIGUES, José Carlos. *Constituição Politica...*, p. 183 e ss.

[799] Cf. URUGUAY, Visconde do. *Estudos praticos...* Tomo II, p. 411-418.

6.1.2. Controle da constitucionalidade pela Assembleia Geral

A superioridade normativa da Constituição era um ponto de comum acordo. Pimenta Bueno[800] afirmava que a "Constituição é a lei das leis", demandava "maior inspecção" do que as demais e sua observância deveria ser religiosa. No entanto, o sistema de controle previsto no art. 24, § 3º, do Ato Adicional, com base no qual o presidente provincial suspenderia a publicação da lei, era insuficiente. Seja por ignorância ou por espírito de partido, a tênue expectativa de proteção e de inviolabilidade constitucional se frustraria, caso ficasse exclusivamente em suas mãos o remédio.

O mecanismo ideal de preservação constitucional, adequado às instituições imperiais, seria justamente aquele previsto no art. 20 do Ato Adicional, que permitiria à Assembleia Geral cassar as leis provinciais contrárias à Constituição. Sobre esse dispositivo, Pimenta Bueno esclareceu a tamanha responsabilidade depositada sobre a Assembleia:

> A assembléa geral deve cassar toda a lei provincial que directa ou indirectamente offender a constituição, os limites traçados pelos arts. 10 e 11 do acto addicional, os interesses, ou as imposições geraes da nação, os tratados e os direitos de outras provincias.

A advertência de Pimenta Bueno sobre o efetivo exercício da função do controle da constitucionalidade era importantíssima, pois as assembleias provinciais eram pródigas na edição de leis excessivas e exorbitantes de sua própria competência, enquanto que a Assembleia Geral não conseguia responder à altura e com a mesma intensidade às violações legislativas das províncias.

Por força do art. 20 do Ato Adicional, a Assembleia Geral e o governo seriam cientificados de todas as leis editadas pelas assembleias provinciais. Porém, somente a Assembleia foi investida na qualidade de "Juiz da offensa", a ser cometida pelas assembleias provinciais[801]; consequentemente, apenas ela poderia anular as leis abusivas e excessivas das províncias, através do exercício do direito de revogação da lei incompatível com a Constituição.

---

[800] Cf. BUENO, José Antônio Pimenta. *Direito publico...*, p. 103-105.
[801] Cf. URUGUAY, Visconde do. *Estudos praticos...* Tomo I, p. 309.

O governo geral não foi contemplado com essa competência. É bem verdade que, conforme demonstrou o visconde do Uruguay[802], o Conselho de Estado firmou posicionamento inicial que autorizava o governo geral a sustar a execução de leis provinciais inconstitucionais. No entanto, cuidou-se de uma orientação a que o próprio Conselho de Estado posteriormente renunciou[803]. Portanto, a única autoridade constitucionalmente autorizada a obstar a produção dos efeitos de leis já sancionadas e publicadas seria a Assembleia Geral.

Tanto a Câmara dos Deputados quanto o Senado instituíram a Comissão das assembleias provinciais, encarregadas de procederem à análise jurídica da (in)constitucionalidade das leis provinciais. A depender do parecer da Comissão, cada uma das casas legislativas apreciaria e votaria o projeto de resolução anulatória, que tinha por objeto revogar a lei provincial considerada inconstitucional. A regra geral era afetar a questão da constitucionalidade da lei provincial à Assembleia Geral, que, por meio da interpretação autêntica, solucionaria os conflitos existentes, editando resolução anulatória da lei provincial inconstitucional[804].

Conforme apontou Vicente Pereira do Rego[805], o Poder Legislativo nacional exercia a inspeção e a fiscalização sobre atos das assembleias

---

[802] Cf. URUGUAY, Visconde do. *Estudos praticos...* Tomo II, p. 377-391 e p. 413-415.

[803] Tanto que, superado esse entendimento de que o poder geral poderia legitimamente determinar a suspensão dos efeitos de lei sancionada e publicada, a quase totalidade das consultas do Conselho de Estado, em sua conclusão, recomendava fosse a questão afetada à Assembleia Geral a quem tocava decidir definitivamente. Assim, nos litígios envolvendo a constitucionalidade das leis provinciais, que instituíam impostos de importação e exportação, o Conselho, em regra, encaminhava, com seu parecer conclusivo, a matéria para Assembleia Geral, que deveria dar a última palavra. Cf. URUGUAY, Visconde do. *Estudos praticos...* Tomo I, p. 254-305.

[804] A título meramente exemplificativo, fazemos referência à consulta do Conselho de Estado, de 7 de dezembro de 1845, que, considerando inconstitucionais duas leis da Província do Mato Grosso, determinou sua remessa à Assembleia Geral para deliberação e eventual revogação: "por não ser sua matéria da competência das Assembléas provinciaes, devendo por isso serem remettidas á Assembléa Geral, a fim de serem competentemente revogadas". Cf. URUGUAY, Visconde do. *Estudos praticos...* Tomo I, p. 45. Sobre casos em que a Assembleia Geral editou resolução anulatória, vide: URUGUAY, Visconde do. *Estudos praticos...* Tomo II, p. 419-423.

[805] Cf. REGO, Vicente Pereira do. *Elementos de direito administrativo brasileiro.* 2. ed. Recife: Typographia Commercial de Geraldo Henrique de Mira & C, 1860, p. 43.

provinciais. Esse mecanismo de controle da constitucionalidade, para Uruguay[806], era "meio em si muito efficaz, porque está nas mãos de um poder muito forte", porém a experiência "demonstra de um modo irrecusável a sua inefficácia na pratica". Essa, aliás, foi uma das razões que o motivou a escrever *"Estudos Praticos sobre a Administração das Provincias no Brasil"*, publicado em 1865. Nela, criticou as radicais tendências do Ato Adicional que terminaram por fazer das assembleias provinciais instituições useiras e vezeiras no ofício de editar leis abusivas e inconstitucionais, violando competências da Assembleia Geral e dos municípios.

Em *Estudos Praticos,* Paulino José juntou rico e extenso acervo documental que lhe permitiu descrever com detalhes a prática política das instituições imperais. E um dos pontos que mais lhe chamou a atenção foi o excesso de leis inconstitucionais provinciais sancionadas e publicadas que não encontravam a resistência por parte da Assembleia Geral, única autoridade competente para conter a ameaça à unidade política e à inviolabilidade constitucional nos termos do art. 20 do Ato Adicional.

Às vezes, denunciava Uruguay, as leis provinciais eram editadas, passavam-se anos e anos, e a Assembleia Geral não se pronunciava. Falou, por exemplo, da controvérsia constitucional em torno dos impostos de importação e exportação. Fazia mais de trinta anos que a questão fora afetada à Assembleia Geral, e até 1865 não havia sido resolvida. A Assembleia vinha sendo completamente omissa[807].

Em outras situações, a Assembleia apreciava intempestivamente as questões que lhe eram submetidas, o que, de igual modo, comprometia a efetividade do controle da constitucionalidade. Destarte, Lei da Província do Mato Grosso, de 1835, estendeu aos deputados estaduais os privilégios dos deputados gerais e senadores, previstos nos arts. 27 e 28 da Constituição. Essa lei foi examinada pela Seção do Império do Conselho de Estado, em 1843, que a considerou inconstitucional por ofensa aos arts. 174 a 177 da Constituição e aos arts. 10 e 11 do Ato Adicional. Remetida a consulta à Assembleia Geral, a Comissão das Assembleias Provinciais da Câmara pronunciou-se por sua inconstitucionalidade e, em agosto de 1850, aprovou a resolução anulatória da lei. Chegando ao Senado, a

---

[806] Cf. URUGUAY, Visconde do. *Estudos praticos...* Tomo II, p. 419.
[807] Cf. URUGUAY, Visconde do. *Estudos praticos...* Tomo I, p. 254-305.

resolução não passou porque a lei inconstitucional, que vigera por quinze anos, fora revogada[808]. Outra questão de relevo, segundo Uruguay, dizia respeito à competência das províncias para legislar sobre aposentadoria de seus próprios empregados. A questão foi afetada à Assembleia Geral e, por mais de trinta anos, ficou sem resolução[809].

A relativa ineficiência do mecanismo de controle da constitucionalidade, que ensejou o exercício inconstitucional do controle pelo Poder Executivo, conforme veremos no próximo item, em parte, é que justificou uma das propostas do visconde do Uruguay para uma alteração pontual do Ato Adicional. Seria ela a permissão ao governo geral, se fosse o caso, e sempre provisoriamente (enquanto a Assembleia Geral não se manifestasse definitivamente), para suspender a eficácia das leis provinciais, uma vez ouvido o Conselho de Estado.

Sua proposta se apoiaria na necessidade de preencher-se o vácuo institucional do mecanismo de controle da constitucionalidade, tendo em vista as falhas e as insuficiências do presidente da província que exercia satisfatoriamente sua prerrogativa de veto bem como as falhas da Assembleia Geral que não era capaz de dar conta do expressivo quantitativo de leis provinciais inconstitucionais editadas. Ao permitir-se que o Governo tivesse a faculdade de suspender provisoriamente as leis provinciais já sancionadas até decisão definitiva da Assembleia Geral, Uruguay afirmava que essa proposta, além de manter o "direito de suprema e definitiva inspecção" da Assembleia, contribuiria para o aperfeiçoamento do mecanismo de preservação da Constituição, cuja experiência e prática demonstravam sérias dificuldades[810].

6.1.3. Controle da constitucionalidade pelo governo imperial

Vimos que a Assembleia Geral exercia um papel fundamental no controle da constitucionalidade das leis provinciais, que era o poder de inspeção sobre as assembleias provinciais[811]. A depender da situação, a formação do juízo de inconstitucionalidade ou solucionaria definitivamente a con-

---

[808] Para mais detalhes sobre esse e outros casos, ver: URUGUAY, Visconde do. *Estudos praticos...* Tomo I, p. 110 e ss.

[809] Cf. URUGUAY, Visconde do. *Estudos praticos...* Tomo II, p. 33 e ss.

[810] Cf. URUGUAY, Visconde do. *Estudos praticos...* Tomo II, p. 427-428.

[811] Cf. BUENO, José Antônio Pimenta. *Direito publico brazileiro...*, p. 103.

trovérsia anteriormente surgida, mediante a suspensão da publicação da lei pelo presidente provincial (art. 16 do Ato), ou acarretaria a revogação da lei provincial (art. 20).

O Poder Executivo (geral e provincial) tinha alguma participação nesse procedimento do controle da constitucionalidade, porém não lhe cabia adotar qualquer decisão definitiva nos termos da Constituição. Anotaram alguns publicistas que o Poder Executivo não poderia expedir portarias, ordens ou avisos com força para suspender, modificar ou revogar resoluções imperiais, tampouco decretos legislativos ou leis; também não estaria autorizado a proceder à interpretação autêntica das leis ou da Constituição[812].

Não obstante, nem a falta de previsão normativa nem a teoria constitucional desenvolvida foram suficientes para impedir que o governo imperial interviesse indevidamente na seara dos demais poderes constitucionais, suspendendo a execução das leis ou as revogando. Era uma prática inconstitucional, não havia dúvidas[813]. Mesmo assim, ela foi exercida com relativa intensidade e, às vezes, com o beneplácito do próprio Conselho de Estado.

Tavares Bastos, com sua peculiar eloquência, denunciou-a: simples avisos ministeriais interpretavam e corrigiam o Ato Adicional e revogavam leis expressas; nenhum poder mais restaria ao governo usurpar[814].

No entanto, parece-nos adequado apontar algumas causas que estiveram relacionadas à prática ilegítima de controle da constitucionalidade exercido pelo Poder Executivo[815]. A causa mais frequente decorria da

---

[812] Cf. RIBAS, Antonio Joaquim. *Direito administrativo...*, p. 141 e p. 151 e ss.

[813] Sobre essa prática governamental, Paulino José Soares de Sousa deu seu parecer: "O Governo Geral é que muito inconstitucionalmente tem suspendido, nullificado leis provinciaes sanccionadas, publicadas, unicamente dependentes então do Poder Legislativo Geral". Cf. URUGUAY, Visconde do. *Estudos praticos...* Tomo I, p. XLVI.

[814] Esse comentário de Tavares Bastos se opunha especificamente ao Aviso de 4 de janeiro de 1860, que, invocando uma lei ordinária sobre a navegação fluvial, restringiu a lei constitucional posterior, isto é, o Ato Adicional. Cf. BASTOS, Aureliano Cândido de Tavares. *A província: estudo sobre a descentralização no Brasil*. Rio de Janeiro: L. Garnier, 1870, p. 308-309.

[815] As decisões não vinham apenas do imperador ou do Conselho de Estado. Não raro, eram oriundas de outros órgãos do Poder Executivo a exemplo do Tesouro Público ou do presidente provincial. O visconde do Uruguay mencionou, dentre outros casos, que a Ordem do Tesouro Público Nacional, de 9 de setembro de 1842, determinou ao presi-

morosidade ou omissão da Assembleia Geral. Dez, vinte, trinta anos passavam, e a Assembleia não resolvia questões de extrema relevância política e econômica para as províncias, a exemplo das referentes a impostos de importação e de exportação, à aposentadoria dos empregados provinciais, dentre outras[816]. Segundo o visconde do Uruguay, isso era "anarchico e desmoralizador" pois, além de sinalizar a falta de limites efetivos às assembleias provinciais, enviesaria a prática do controle de tal modo, que a única forma cabível de contê-las seria a suspensão (indevida) de suas leis pelo governo geral[817].

Em segundo lugar, a decisão governamental de suspender a eficácia da lei já sancionada e publicada somente poderia justificar-se em casos

dente da Província do Maranhão que " fizesse desde já suspender a execução dessa lei ['*que creou um Banco de circulação e determinou que suas notas fossem recebidas*'], por usurpar uma das attribuições privativas da Assembléa Geral Legislativa". Noutro caso similar, o Tesouro Público determinou ao presidente provincial sobrestar a execução da lei até ulterior decisão da Assembleia Geral. Cf. URUGUAY, Visconde do. *Estudos praticos...* Tomo I, p. 325 e ss. Noutro caso, Uruguay relatou que uma lei provincial foi sancionada e, posteriormente, foi suspensa pelo mesmo presidente. Cf. URUGUAY, Visconde do. *Estudos praticos...* Tomo II, p. 300. Desnecessário dizer ser pacífico o entendimento da época que, uma vez publicada a lei, nada mais poderia o presidente fazer para suspendê-la; entretanto, abusos de toda ordem eram cometidos. Uruguay era enfático: publicada a lei, o presidente não pode mais inovar, o "contrario é desordem, confusão e anarchia". *Idem*, p. 360 e ss.

[816] A Assembleia Geral foi omissa em relação ao imposto de importação e de exportação. Tal foi sua inércia na matéria, que, além falta de uniformidade no tratamento jurídico do imposto, houve o caso emblemático da Província de Alagoas que, depois de quase vinte anos sem cobrar o imposto de importação sobre a madeira, devido à suspensão promovida pelo Aviso de 26 de janeiro de 1841, restabeleceu a cobrança por lei, em 1860, com efeito retroativo à data da suspensão. Cf. URUGUAY, Visconde do. *Estudos praticos...* Tomo I, p. 301-305. Outro caso sem resolução pela Assembleia Geral dizia respeito à possibilidade de as assembleias provinciais concederem aposentadoria aos empregados provinciais. Passaram-se mais de trinta anos, mas a questão não foi resolvida. Cf. URUGUAY, Visconde do. *Estudos praticos...* Tomo II, p. 33 e ss.

[817] Foi editado o Decreto imperial, de 14 de julho de 1846, que, procedendo a uma interpretação geral, declarou que as causas da fazenda provincial fossem processadas no foro comum ou perante os juízes privativos criados pelas leis gerais. Apesar de Uruguay achar que o referido decreto era "usurpação pelo Poder Executivo do direito de interpretar o acto addicional, que unicamente pertence á Assembléa Geral", ele teria "o fundamento louvável" de "remover difficuldades que a Assembléa Geral não removia". Cf. URUGUAY, Visconde do. *Estudos praticos...* Tomo I, p. 360.

O CONTROLE DA CONSTITUCIONALIDADE DAS LEIS NO IMPÉRIO

excepcionais, em que se verificasse ser seu objeto "de tanta transcendencia que não se possa esperar, quando seja inconstitucional, que seja revogada pelo Corpo Legislativo"[818].

Esse era um critério vago, indeterminado e casuístico, o que nos leva à crença de que um terceiro fator se revelava determinante nas ingerências governamentais. Ao lado da contumaz omissão e morosidade da Assembleia Geral, razões econômicas[819] e políticas[820] nem sempre explicitadas permeavam as decisões.

O controle da constitucionalidade pelo Executivo gerava um imenso desconforto institucional. Era contrário à Constituição e à doutrina dos publicistas, revelava a inércia do Poder Legislativo, conduzia ao agigantamento do governo imperial e expunha a fragilidade dos vínculos nacionais e constitucionais. Pimenta Bueno, advertindo que a Constituição era a "lei das leis", ensinava que não bastava à Assembleia Geral ter o direito e o dever de cassar toda e qualquer lei provincial que ofendesse a Constituição, mas era de "summa necessidade que não se olvide de cumprir tão importante obrigação, que as respectivas commissões da camara dos deputados e do senado não deixem vigorar e permanecer esses actos ille-

---

[818] Cf. URUGUAY, Visconde do. *Estudos praticos...* Tomo I, p. 447-448.

[819] Lembremos, além da questão já referida sobre os impostos de importação e exportação, a discussão sobre a concessão de privilégios para a indústria em geral. A quem competia concedê-los: à Assembleia Geral ou às assembleias provinciais? De acordo com Uruguay, o governo imperial admitiu que esse assunto competia à Assembleia resolver, "entretanto resolveu-a o Governo", já que se cuidava de "questão da mais alta importancia". Cf. URUGUAY, Visconde do. *Estudos praticos...* Tomo II, p. 102-108.

[820] O Conselho de Estado determinou ao presidente provincial a imediata suspensão da lei de Minas Gerais, de 1848, que declarava perpétuos e vitalícios cargos da guarda nacional, até que a Assembleia Geral se manifestasse definitivamente. Nessa hipótese, conforme elucidou o visconde do Uruguay, a lei foi elaborada às pressas a fim de assegurar a hegemonia de um partido que deixaria o poder. Ainda, lei paulista, que alterava a forma de nomeação de alguns postos da guarda nacional, foi submetida ao Conselho de Estado, que, na Consulta de 28 de novembro de 1844, reconheceu sua inconstitucionalidade e recomendou ao governo revogá-la na primeira sessão da Assembleia Geral. Porém, relatou Uruguay, a referida consulta não teve consequência alguma, pois "poderia isso desgostar as influencias progressistas que governavão fóra do Ministerio, e as da Camara que ia substituir a dissolvida". Cf. URUGUAY, Visconde do. *Estudos praticos...* Tomo I, p. 408-413.

gitimos, não só pelo pessimo precedente, como por suas consequencias tanto mais nocivas quanto mais inveteradas"[821].

Uruguay, como outros, julgava que esse instrumento de preservação e de defesa da Constituição era necessário e coerente com as instituições políticas do Império. Mais do que isso, reconhecia suas qualidades intrínsecas. Porém, péssima e ineficiente foi a prática que se seguiu à sua instituição[822]: uma verdadeira "anarchia legislativa" se instaurara. Ele relatou que, nos quatorze primeiros anos (1834-1848), a Assembleia Geral anulou vinte e uma leis provinciais; nos dezesseis anos seguintes (1848-1865), não revogou uma única lei provincial sequer[823]. Sua ineficiência dava azo ao mal sempre crescente da incontrolável edição de leis provinciais que usurpavam as competências da Assembleia Geral, impunemente[824].

Considerado esse delicado quadro, o que mais nos impressiona não é a proposta de resolução de Paulino José Soares de Sousa. Inicialmente ele sugeriu a formação de uma "comissão de homens illustrados e practicos", que revisaria as leis de todas as províncias e recomendaria a revogação daquelas consideradas exorbitantes. O Conselho de Estado reavaliaria esse estudo e, aprovando-o, encaminharia ao Poder Legislativo para decisão final[825].

Essa solução, contudo, não remediaria o futuro. O Ato Adicional sofria de uma lacuna que, acaso suprida, tornaria a prática do controle da constitucionalidade eficiente, conferindo-lhe nova dinâmica e feição. Sua sugestão consistia em "legitimar", ou melhor, em "constitucionalizar" a prática abusiva do governo geral mediante pontual alteração do Ato Adicional. Em outras palavras, para o visconde, o governo deveria ser contemplado com a faculdade de poder suspender provisoriamente, até decisão definitiva da Assembleia Geral, as leis provinciais já sancionadas e publicadas, de modo a acautelar os casos urgentes e de dano irreparável. Além do mais, essa medida em nada afetaria a competência

---

[821] Cf. BUENO, José Antônio Pimenta. *Direito publico brazileiro...*, p. 103-104.

[822] Cf. URUGUAY, Visconde do. *Estudos praticos...* Tomo II, p. 394 e p. 414 e ss.

[823] Cf. URUGUAY, Visconde do. *Estudos praticos...* Tomo I, p. XL e ss; *Estudos praticos...* Tomo II, p. 419 e ss.

[824] Cf. URUGUAY, Visconde do. *Estudos praticos...* Tomo I, p. 316.

[825] Cf. URUGUAY, Visconde do. *Estudos praticos...* Tomo I, p. XLIV.

da Assembleia Geral, que manteria seu "direito de suprema e definitiva inspecção"[826].

A surpresa, que dizíamos acima, veio com a seção *"Correctivo adoptado pelos Estados Unidos"*, que encerrava o segundo e último volume de *Estudos Praticos*, em análise superficial mas sugestiva do controle judicial da constitucionalidade das leis nos Estados Unidos[827]. Uruguay mencionou que os americanos não confiaram ao Congresso Nacional o direito de revogar as leis estaduais exorbitantes; e sim, "fizerão do seu Poder judiciario um grande poder politico", atribuindo-lhe a função de não aplicar as leis inconstitucionais ao caso concreto.

Destaquemos dois aspectos de suas observações. Primeiro, ele afirmou, com alguma imprecisão histórica, que "entregarão-o *[o direito de revogar as leis exorbitantes dos Estados]* ao Poder judiciario, que comtudo conservarão no circulo em que costuma mover-se", pois, no sistema deles, era o próprio Judiciário que, interpretando a Constituição, definia os limites e os poderes do congresso e dos estados; considerado certo grau de desenvolvimento institucional do Judiciário, tornou-se inerente à atividade dos juízes realizar a interpretação constitucional. Ainda em relação ao controle judicial, o visconde do Uruguay esclareceu que o "emprego deste correctivo é proprio das federações, como a dos Estados--Unidos, e o nosso, embora estonteado o tivessem querido, não é federal"; havia, portanto, em sua visão, uma definição política da forma de exercer o controle, porquanto alguém decidiu que o juiz teria a última palavra em matéria constitucional.

Vejamos que, ao tratar do "correctivo" norte-americano, ele utilizou os termos "confiarão", "fizerão" e "entregarão" que nos induzem a identificar um sujeito ativo (povo americano), que realizou a escolha por certo modelo de defesa constitucional. Não podemos conceber a formação do controle judicial da constitucionalidade, perdendo de vista a construção histórica e política dessa importante dimensão. Portanto, havia um ato de vontade que, diante das opções de modelos existentes, escolhera aquele que melhor se amoldaria ao modelo constitucional vigente em determinado contexto.

---

[826] Cf. URUGUAY, Visconde do. *Estudos praticos...* Tomo II, p. 427-428.
[827] Cf. URUGUAY, Visconde do. *Estudos praticos...* Tomo II, p. 428-430.

Ao mesmo tempo, essa dimensão volitiva, por assim dizer, relacionava-se intimamente com uma outra dimensão, a institucional, que permitia ao visconde defender o modelo imperial de preservação da Constituição de 1824: "Entre nós, coerentemente com o nosso systema, pertence a interpretação do acto adicional á Assembléa Geral Legislativa". E foi além:

> O acto addicional adoptou os correctivos que nos erão mais applicaveis, e que são mais conformes á nossa organisação. Creio que o adoptado pelos Estados-Unidos não assentaria e jogaria muito mal entre nós. Demais, teria sido preciso não só modificar todo o nosso systema administrativo, como tambem alterar profundamente a organisação do nosso Poder Judiciario, para o que não tinha poderes a Legislatura que decretou o acto addicional.

Uruguay, conforme podemos observar, acenava para a existência de um ambiente institucional historicamente formado, em que os juízes não eram acostumados com a interpretação, menos ainda com interpretação constitucional que resultasse a limitação de outros poderes. Nem poderiam ser.

Não nos esqueçamos, por outro lado, de que Uruguay tinha forte receio de ver certos assuntos do poder geral submetidos ao Judiciário, razão pela qual ele foi um dos grandes defensores do contencioso administrativo, conforme exposto em *Ensaio sobre o Direito Administrativo*. Ademais, submeter os atos normativos legislativos e executivos à apreciação de sua validade constitucional pelo Poder Judiciário significaria fragmentar a centralização política, pôr em risco a "machina centralizadora".

Não por outra razão, Tavares Bastos, muito acertadamente, intuíra que o governo imperial fazia um uso ilegítimo do controle da constitucionalidade das leis, a fim de assegurar o próprio poder político e sua centralização[828].

---

[828] A indagação inconformada diante dos abusos governamentais é bastante assertiva, em termos de definição da autoridade de dizer o direito: "O que serão no Brazil, porém, essas despejadas violações constitucionaes que o governo central e os seus presidentes commettem, ou suspendendo leis provinciaes já promulgadas, ou inventando casos de inconstitucionalidade em outras, depois de segunda vez votadas por dous terços das assembléas? Cá é o crime grosseiro, que nem se pune, nem se defende". Cf. BASTOS, A. C. Tavares. *A província...*, p. 66-67.

Destarte, a análise de Uruguay sobre o modelo judicial de proteção da Constituição dos Estados Unidos parece comprovar o argumento de que, no fundo, o controle da constitucionalidade é uma questão de definição política da autoridade competente para dar a "última palavra" em matéria de direito constitucional, do que propriamente uma qualidade intrínseca supostamente decorrente da essência ou da natureza da Constituição.

Concluindo o presente tópico, reafirmamos que o controle da constitucionalidade, como técnica de salvaguarda da Constituição, existia no Brasil, tanto quanto existia nos Estados Unidos. A diferença era que, aqui, ele se processava por mecanismo diferenciado através do qual se o atribuía aos presidentes e à Assembleia Geral, ou, ainda, de modo desvirtuado, tolerava-se a atuação do Poder Executivo. Lá, ele era exercido pelo Poder Judiciário, tendo por árbitro último a Suprema Corte. A questão era, pois, de definição da autoridade de dizer o direito, e aqui a opção adotada foi não atribuir ao Poder Judiciário.

6.2. O controle judicial no Império

Antes de iniciar o presente tópico, precisamos fazer mais uma distinção elementar. Classificamos o controle da constitucionalidade em controle judicial e controle não judicial, a depender da natureza jurídica da autoridade competente. O controle judicial, por sua vez, a considerar o tipo de norma a ser verificada, leis ou atos normativos inferiores, classifica-se em controle da constitucionalidade das leis ou, na hipótese de ter por objeto de análise atos normativos secundários (decretos, resoluções, instruções etc.) hierarquicamente inferiores à lei, em controle judicial da legalidade dos atos normativos infralegais. Nesse último caso, a rigor, não teríamos controle da constitucionalidade salvo indireta e reflexamente, tendo em vista que a norma parâmetro da fiscalização não seria a Constituição, mas a própria lei que teria sido violada por ato normativo secundário de autoria do Poder Executivo. Nesse contexto, a soberania popular nem a liberdade do legislador estariam em xeque, já que o objeto do controle judicial é justamente assegurá-las, efetivar a vontade da lei.

A diferença guarda relevância e foi apropriada por juristas do Império. Destarte, dividimos o presente tópico em dois subitens, nos quais aprofundaremos a análise do controle judicial da constitucionalidade e da legalidade.

6.2.1. Controle judicial da constitucionalidade das leis

A opinião do visconde do Uruguay[829] sobre o sistema norte-americano de preservação da Constituição chamou-nos a atenção; o fato de ele, aparentemente, ter razoável conhecimento do controle judicial dos Estados Unidos e de ter afirmado que tal modelo não se adequaria às instituições brasileiras constitui um elemento bem característico a autorizar-nos afirmar que o debate sobre o controle judicial da constitucionalidade no Brasil, ainda que incipiente, precedeu em décadas sua introdução formal em nosso sistema jurídico-constitucional. Ademais, na linha que ora discutimos, reitera-se a ideia de que ter ou não ter o controle judicial seria uma questão de definir a autoridade legitimada a dizer o direito por último. Um ato de decisão, de escolha.

A adoção do controle judicial das leis, de acordo com o visconde, exigiria "modificar todo o nosso systema administrativo" e "alterar profundamente a organisação do nosso Poder Judiciario". Ele imaginou que o controle judicial "jogaria muito mal entre nós". Isso não é tudo.

Há outra razão por ele não declinada. Em *Estudos Praticos*, o mesmo argumento central – centralização política –, exposto no *Ensaio sobre o Direito de Administrativo*, foi reafirmado. Esse postulado de seu pensamento não se resumia à crítica da excessiva voracidade legislativa das assembleias provinciais. A centralização política também se prestava à preservação da coroa como "centro director" do poder, para usar a imagem de Pimenta Bueno, convergindo em um *locus* comum e único às decisões políticas.

Mesmo criticando a supressão da autonomia municipal e o abuso das prerrogativas legislativas provinciais, a única resposta que o visconde ofereceu, em *Estudos Praticos*, foi uma singela alteração no Ato Adicional para que o governo geral, ouvido o Conselho de Estado, pudesse provisoriamente suspender a eficácia das leis provinciais já sancionadas e publicadas, até ulterior e definitiva manifestação da Assembleia Geral. Porém, a dar crédito aos números que ele próprio apresentou, referentes ao período de 1834 a 1864, somente vinte e uma leis provinciais teriam sido revogadas, sendo que, nos últimos quatorze anos, não teria havido qualquer cassação. Portanto, sua proposta de modificação do sistema de

---

[829] Cf. URUGUAY, Visconde do. *Estudos praticos...* Tomo II, p. 428-430.

controle, na prática, implicaria conferir mais uma atribuição ao imperador (ou governo geral), consistente na prerrogativa de emitir um juízo precário mas com eficácia suspensiva sobre a constitucionalidade das leis provinciais, que seria definitivo.

O controle judicial da constitucionalidade não se adequaria ao modelo constitucional do Império, porque iria de encontro a uma das premissas em torno da qual orbitava seu pensamento constitucional. Reconhecer a legitimidade do controle das leis pelo Poder Judiciário acarretaria dividir o centro decisório único, implicaria compartilhar horizontalmente o poder. Ele conhecia a realidade norte-americana do controle judicial, particularmente a projeção política que a Suprema Corte dos Estados assumira, desde os momentos iniciais de sua atuação.

A Suprema Corte sujeitava os Poderes Executivo e Legislativo, mediante a prerrogativa da fiscalização e da invalidação dos respectivos atos e decisões políticas, com base na Constituição. O poder central, lá, era fragmentado. E o visconde do Uruguay, em 1862, no *Ensaio*, já tinha manifestado receio em relação à possibilidade de sujeitar-se o Poder Executivo ao Judiciário[830]. Nesse ponto específico, residia um dos argumentos a favor do contencioso administrativo, alegando adicionalmente que o Judiciário era moroso, não poderia tratar das questões de política constitucional e de interesse geral tampouco era preparado para os juízos flexíveis de acordo com a conveniência política de dada situação, afora os entraves e os embaraços que traria para o desempenho das atividades administrativas e para a promoção do interesse público.

Frisemos: Uruguay tinha conhecimento do controle judicial dos Estados Unidos. Em abrangente análise da prática institucional dos americanos, ele descartou sua introdução no sistema constitucional brasileiro. Foi além e chegou a comentar uma decisão em que a Seção de Negócios do Império do Conselho de Estado censurou o juiz municipal da Província de São Pedro que, diante do conflito entre duas leis (uma provincial, outra geral), deixou de observar a lei local, devido à sua inconstitucionalidade, e aplicou a lei geral ao caso concreto[831]. Eis o teor parcial do

---

[830] Cf. URUGUAY, Visconde do. *Ensaio sobre o direito administrativo.* Tomo I. Rio de Janeiro: Typographia Nacional, 1862, p. 115 e ss.
[831] Cf. URUGUAY, Visconde do. *Estudos praticos...* Tomo II, p. 407-409.

HISTÓRIA DO CONTROLE DA CONSTITUCIONALIDADE DAS LEIS NO BRASIL

Aviso nº 48, de 30 de janeiro de 1865, expedido em consonância com a Resolução do Conselho de Estado, de 24 de dezembro de 1864[832]:

> (...) Houve por bem Mandar declarar que irregularmente procedeu o Juiz Municipal supplente, recusando-se a executar a Lei Provincial de que se trata, pela razão, que allegou, de exceder esta lei a competencia das Assembléas Provinciaes.
>
> Não cabe nas attribuições do Poder Judiciario negar-se a cumprir Leis Provinciaes por entender que excedem tal competencia, ou são inconstitucionaes, visto que a sua missão é applicar as leis aos casos occorrentes, podendo sómente para este fim interpretal-as doutrinalmente no empenho de descobrir seu verdadeiro sentido. À Assembléa Geral compete revogal-as nos termos do art. 20 do Acto Addicional.

Uruguay discordou em parte dessa decisão por um aspecto específico. No âmbito do caso concreto analisado pelo Conselho de Estado, a decisão foi acertada. Entretanto, ele ponderou que haveria situações na quais "de um lado está a lei geral, de outro a provincial, que se destroem mutuamente", de modo que o magistrado não "póde cumprir ambas simultaneamente". Diante de tal impasse, ele não foi ao extremo de admitir o controle judicial da constitucionalidade, mas se limitou a defender a regra de que o juiz deveria sempre cumprir a lei mais forte, isto é, a lei geral[833]; quer dizer, centralização política.

Posição similar foi defendida pelo visconde do Uruguay à frente do Conselho de Estado. Na qualidade de conselheiro, ele foi o relator da consulta que fundamentou a Resolução de 14 de julho de 1860. Em tal questão, o Conselho de Estado appreciou ofício encaminhado pelo juiz

---

[832] BRASIL. *Collecção das decisões do governo do Imperio do Brasil de 1865*. Rio de Janeiro: Typographia Nacional, 1865, p. 43-44.

[833] Seu argumento era consistente, pois, não raro, o conflito normativo levava necessariamente à escolha entre uma das duas leis contrastantes, ou geral, ou provincial: "Na collisão de duas leis oppostas, emanadas de diversos poderes, dos quaes um é superior e fiscal do outro, o Juiz que não póde cumprir ambas, ha de cumprir a mais forte, porque emana de poder superior". Porém, advertia, essa faculdade não transformaria o Judiciário em "Juiz de competencias e de attribuições legislativas. Não se vai elle envolver de caso pensado nessas pendencias. Não se póde envolver nellas por modo algum como politicas ou administrativas". Cf. URUGUAY, Visconde do. *Estudos praticos...* Tomo II, p. 408-409.

316

O CONTROLE DA CONSTITUCIONALIDADE DAS LEIS NO IMPÉRIO

de direito da 2ª vara da Corte, Venâncio José Lisbôa, que discordou do teor do Decreto nº 2.438, de 6 de julho de 1859, por entendê-lo incompatível com os ditames do Código de Processo Criminal e da Lei de 3 de dezembro de 1841, bem como com a Constituição que tinha consagrado a divisão dos poderes políticos. O citado Decreto foi editado para resolver a "anarchia judiciaria", surgida em torno do número de testemunhas a serem ouvidas em certas infrações penais. Ao tomar conhecimento do citado ofício, o imperador solicitou ao Conselho de Estado exame e parecer da matéria, tendo em vista que a conduta do juiz "perscindio dos seus deveres, desconhecendo direitos incontestáveis do Governo, e praticando de modo reprovado por todos os principios de Direito Administrativo".

A resposta governamental representou dura manifestação contra o "inconveniente" juiz e, em dimensão mais ampla, inequívoca restrição à pratica do controle judicial. O Conselho, de início, pontuou a faculdade de o ministro de justiça expedir atos normativos para a boa execução da lei[834]. Em seguida, reforçou a competência regulamentar do Poder Executivo, especialmente porque não existia órgão judiciário investido da função de "conformizar" decisoes judiciais e eliminar o dissídio jurisprudencial[835]. Ao fim, proposta e acatada pelo imperador, determinou-se a aplicação de pena de advertência ao magistrado, o qual, acaso insis-

---

[834] O trecho a seguir dá-nos uma ideia sobre o grau acentuado de intervenção do Executivo no Poder Judiciário: "o Ministro da Justiça tem o inquestionável direito de dirigir-se aos Juizes, dando-lhes explicações sobre o modo de executar as Leis, e de admoestal-os quando as não executam devidamente, sem que por isso fique ferida a independência do Poder judiciário". Cf. CAROATÁ, José Prospero Jehovah da Silva. *Imperiaes resoluções tomadas sobre consultas da Seção de Justiça do Conselho de Estado*. Rio de Janeiro: B. L. Garnier, Livreiro Editor, 1884, p. 889.

[835] Vale a pena a leitura das razões expendidas pela Seção: "a Secção observará de passagem que as disposições do referido Decreto são perfeitamente juridicas, e encerram-se aos limites da attribuição que, pela Constituição, tem o Governo de expedir Decretos e Regulamentos para bôa execução das Leis, attribuição da qual com tanto mais razão devia lançar mão no caso sujeito, porque não temos Tribunal algum judiciario ao qual a Lei incumba regularisar-se e conformisar a Jurisprudencia, e fazer desaparecer a confusão e a anarchia que soem produzir no fóro intelligencias e decisões tão desencontradas, como aquellas que ficam expostas". *Idem*, p. 887-888.

tisse em não cumprir o decreto governamental, deveria ser legalmente responsabilizado[836].

Há duas considerações importantes nesse caso: uma cinge-se ao controle judicial da legalidade dos atos do Poder Executivo; a outra, ao controle judicial da constitucionalidade das leis. Nesse último caso, o visconde do Uruguay referiu-se ao controle judicial dos Estados Unidos das leis[837], embora a intenção fosse apenas mencionar que, mesmo nesse tipo de sistema, em que o Poder Judiciário tinha atribuições notadamente políticas, o juiz somente poderia pronunciar-se no processo, diante de um caso concreto, quando da aplicação do direito ao fato. Jamais, como fizera o Juiz de Direito da 2ª Vara, poderia um magistrado instar, fora do processo e por ofício, o Ministério de Justiça para questionar o teor de um ato normativo governamental ou suscitar sua inconstitucionalidade.

De todo modo, a posição de Uruguay era contrária ao controle judicial da constitucionalidade e foi reafirmada, alguns anos após, em *Estudos Praticos*. Tenhamos em mente, contudo, que a referência ao modelo constitucional dos Estados Unidos de controle da constitucionalidade das leis já não era algo isolado. Alguns dos publicistas pátrios, ainda que para negá-lo, trataram dele.

Com efeito, ao pensamento constitucional o controle judicial das leis tornava-se mais familiar, ao menos como parâmetro negativo de comparação ou para reafirmar a própria legitimidade do Poder Moderador. É que havia quem entendesse que a bem-sucedida atuação da Suprema Corte dos Estados Unidos nada mais seria do que uma atribuição moderadora, a qual, no caso de nosso sistema imperial, pertenceria ao imperador, na qualidade de titular do Poder Moderador.

---

[836] Esse caso, inclusive, dá-nos noção da influência que o Poder Executivo exercia não só sobre a independência dos juízes mas também no modo de exercer suas funções, determinando como certas leis e atos normativos deveriam ser interpretados sob as penas da lei: "Que o referido Juiz em attenção a ser um Juiz activo, intelligente e honesto, deve por ora ser simplesmente advertido da inconveniência da redacção e modo de seus Officios, da sua insistência e do seu protesto, pelas razões expostas, sendo porém responsabilisado no caso de não dar cumprimento ao Decreto de 6 de Julho de 1859, e Aviso de 14 de Novembro do mesmo anno". *Idem*, p. 889.

[837] Lá, o Conselho ressaltou, o Poder Judiciário "é um grande Poder Politico, e tem o direito de declarar as Leis Inconstitucionaes. É assim Fiscal e Superior ás Legislaturas". *Idem*, p. 889.

O CONTROLE DA CONSTITUCIONALIDADE DAS LEIS NO IMPÉRIO

Compartilhou dessa opinião, entre outros, o desembargador Joaquim Rodrigues de Sousa, em sua obra *Analyse e Commentario da Constituição Politica*, de 1867. Ele, inicialmente, explicou que a Suprema Corte configuraria o elemento de harmonia entre os poderes e os membros da Federação[838]. De igual modo, a corte funcionaria como o apelo do Poder Executivo para resistir às invasões e ameaças oriundas do Poder Legislativo; e vice-versa, ou seja, de instância asseguradora das competências constitucionais do Poder Legislativo contra os ataques do Executivo. Em favor da União faria os Estados obedecerem às leis federais; e, em prol dos Estados, podaria os excessos normativos cometidos pela União.

Nas democracias constitucionais, pensava o desembargador Joaquim de Sousa[839], bastaria para organização do poder separá-los em três: Legislativo, Executivo e Judiciário. Por não se envolver o Poder Judiciário em negócios ou questões políticas, serviria de órgão moderador entre os Poderes Executivo e Legislativo, tal qual ocorria nos Estados Unidos, com a Suprema Corte. Amparando-se na doutrina de Tocqueville, o desembargador afirmou que, nessa corte suprema, repousava a paz e a existência da prosperidade da União, tendo o tribunal por fim velar na manutenção das leis e dos costumes e encaminhar o povo aos princípios da Constituição.

No outro extremo da democracia constitucional, figuraria a monarquia constitucional cuja natureza não se compatibilizaria com a comum divisão tripartite dos poderes, já que faltaria justamente, nessa tradicional visão, o elemento que garantiria a harmonia e a independência entre os poderes. Estaria, pois, ausente o "poder essencial da coroa para chamar ao circulo de suas attribuições qualquer dos ditos poderes que o transponha"[840].

E o Poder Moderador seria "o mantenedor da acção legítima dos poderes politicos". Nos Estados Unidos, segundo expôs o desembargador Joaquim Rodrigues, a harmonia entre os poderes obtinha-se porque, sendo políticos apenas os Poderes Executivo e Legislativo, o Judiciário exerceria de bom grado a missão moderadora, sem intervir na ação gover-

---

[838] Cf. Sousa, Joaquim Rodrigues de. *Analyse e commentario da Constituição Politica do Imperio do Brazil.* Vol. I. S. Luiz: Typ. B. de Mattos, 1867, p. XXIII.

[839] *Idem*, p. 59-61.

[840] Cf. Sousa, Joaquim Rodrigues de. *Analyse e commentario...* Vol. II, p. 83-84.

nativa. Porém, esse modelo não seria compatível com a alta dignidade da coroa e sua missão constitucional, além de macular a "puresa soberana", que atribuiu ao imperador o poder soberano máximo, tendo em vista o "conhecimento provado de seus verdadeiros interesses". O soberano é a alma da sociedade; ele goza da veneração do povo.

Por isso, nas monarquias constitucionais, a "funcção, ou poder moderador, intima e inseparavelmente ligada á corôa, constitue seu mister essencial"[841]. A coroa, em sua visão, seria o "centro de attracção", que conservaria os demais poderes políticos no círculo de suas atribuições institucionais, mantendo o equilíbrio e a harmonia entre os poderes, razão por que seria a chave de toda a organização política.

Nesse modelo, segundo Joaquim Rodrigues, o Poder Legislativo inspecionava o Executivo, e a coroa inspecionava e vigiava a ambos[842]. Era a metafísica constitucional a impedir o reconhecimento do controle judicial da constitucionalidade.

Já mencionamos que Tavares Bastos foi um dos grandes críticos do governo imperial e de sua centralização política, inclusive do uso do controle da constitucionalidade como instrumento para manter a "machina centralizada". No entanto, ainda que não tenha defendido explicitamente uma mudança radical do sistema do controle da constitucionalidade, Tavares Bastos analisou comparativamente o Conselho de Estado e a Suprema Corte dos Estados Unidos.

Sendo "incarregado principalmente da defeza da Constituição", o Poder Judiciário "é o grande poder moderador da sociedade, preservando a arca da alliança de aggressões, ou venham do governo federal ou dos governos particulares"[843]. Porém, conforme já expusemos, Tavares Bastos divisava uma característica essencial entre ambos: a independência judicial em face das intervenções do Poder Executivo. Enquanto a Suprema Corte norte-americana e o Judiciário em geral eram livres e independentes tornando-se instituições aptas a preservar a inviolabilidade da Constituição; no Império do Brasil, o Conselho de Estado era

---

[841] Cf. SOUSA, Joaquim Rodrigues de. *Analyse e commentario...*,Vol. I, p. 60-61.
[842] Cf. SOUSA, Joaquim Rodrigues de. *Analyse e commentario...* Vol. I, p. 72.
[843] *Idem*, p. 51.

"creatura do príncipe" e dedicava-se à "missão de ageitar as instituições livres ao molde do imperialismo"[844].

Mesmo sendo um defensor radical do federalismo (monárquico ou republicano), do dualismo da organização judiciária e, sobretudo, da independência judicial em relação ao poder imperial, Tavares Bastos não defendeu a adoção do modelo norte-americano do controle judicial da constitucionalidade das leis. Achava que o sistema imperial era satisfatório, apesar de criticável em alguns pontos e do esforço empreendido por Uruguay para depreciá-lo[845].

No entanto, Tavares Bastos acreditava que os tribunais superiores poderiam exercer um papel mais ativo no quadro da organização política dos poderes, como "guardas do pacto fundamental"[846]. Era preciso nova organização estrutural na qual os Estados pudessem dispor de uma justiça própria de primeira instância e efetivar a independência judicial.

Um outro aspecto interessante é que Tavares Bastos, ao longo de sua obra, fez referências a outras Constituições sul-americanas, destacando a profunda similaridade entre elas e a dos Estados Unidos. Enfatizou que, tanto na Constituição da Argentina quanto na da Colômbia, entendeu-se indispensável à boa administração da justiça organizar o Poder Judiciário, a partir dos princípios estabelecidos no sistema judicial norte-americano[847]. Esse paradigma de comparação teria um efeito importante na mudança de nosso modelo constitucional de referência.

Observemos que esse novo aceno do pensamento constitucional que sinalizava para o modelo constitucional de referência, seja em relação ao sistema federal, seja em relação ao sistema judicial de administração da justiça e da defesa da Constituição, não se confinou, digamos, ao discurso científico do pensamento constitucional, atingindo outro *locus*: o parlamento.

---

[844] *Idem*, p. 90-91.

[845] Em tom irônico, Tavares Bastos contestou o *Estudos Praticos*, do visconde do Uruguay: "Um dos chefes da reacção iniciada em 1836 allega, para justifical-a, dous motivos principaes: a insufficiencia de recursos contra os abusos das assembléas provinciaes, e extensão dos excessos que commeteram até promulgar-se a lei de 1840 e ainda depois. Exageração, exageração fatal, em ambos os casos". *Idem*, p. 88 e ss.

[846] *Idem*, p. 200.

[847] *Idem*, p. 195-196.

HISTÓRIA DO CONTROLE DA CONSTITUCIONALIDADE DAS LEIS NO BRASIL

Ganhou especial ressonância no Senado na voz do parlamentar Cândido Mendes de Almeida, que, em pronunciamentos proferidos durante a discussão da reforma judiciária no ano de 1871, protestava contra o amesquinhamento institucional do Judiciário na ordem constitucional brasileira e defendia que ele se tornasse, de fato, um poder em condição de garantir as liberdades dos povos.

Cândido Mendes, senador do Partido Conservador, ao longo dos debates, incitou a todos aprofundada reflexão constitucional sobre o Poder Judiciário, espelhando-se, sobretudo, na experiência institucional da Inglaterra e dos Estados Unidos.

O Poder Judiciário, no Brasil, não teria sido constituído convenientemente nem poderia ser o garantidor das liberdades individuais, porque quando foi estabelecido na Constituição de 1824 "ainda não se tinha realizado nos outros países que tinham como espelhos, e cujas constituições copiaram, uma organização judiciária típica, que se houvesse constituído o antimural da liberdade dos cidadãos"[848]. Na elaboração da Constituição, o parâmetro constitucional disponível era o da França, da Espanha e de Portugal, dos quais, segundo Cândido Mendes, fora copiada a Constituição do Império e, por consequência, a respectiva estrutura do Poder Judiciário consagrada.

O Judiciário – embora nominalmente definido como poder independente pela Constituição de 1824 – constituiria, na realidade, uma "ordem judiciária", pois "seria uma emanação ou dependência do Poder Executivo"[849]. Ele seria um poder inferior aos demais, já que não representaria a nação; seria um "poder nulificado", cuja ação dependeria do Executivo[850].

Essa primeira constatação conduzia a outra quanto à independência judicial. Cândido Mendes afirmou que o Judiciário só seria "um defensor

---

[848] Cf. ALMEIDA, Cândido Mendes de. *Pronunciamentos parlamentares (1871-1873)*. Vol. I. Brasília: Senado Federal, 1982, p. 100-101.

[849] *Idem*, p. 236-239.

[850] Eis sua observação: "A nossa Constituição começou dizendo que havia quatro poderes: o Moderador, o Legislativo, o Executivo, e o Judiciário; mas de que forma apresentou o Judiciário? Não representando a nação, e por consequência em uma posição inferior aos outros poderes; começou logo anulando-o, não lhe dando a importância devida". *Idem*, p. 100-101.

valioso da Constituição" se estivesse "preparado para resistir a quaisquer embates, a quaisquer violências que os outros dois poderes coligados lhe façam"[851]. Isso significava que – sem efetiva independência judicial – não haveria como desenvolver sua principal missão institucional, o de garantidor das liberdades individuais dos cidadãos e o de defensor do pacto fundamental[852].

Essa independência, advertia ele, não significava aquilo que estava expresso na Constituição ("dever ser"), mas o que se deveria implantar na realidade ("ser"). O senador não se satisfazia com os termos da Constituição e das leis constitutivas da magistratura, uma vez que eram tais normas que concediam ao governo o direito de nomear, de remover, de promover, de suspender e de aposentar magistrados. Evidentemente, havia abusos em sua aplicação, contudo nem sempre tais atos eram capitaneados por interesses escusos, o que comprovaria a insuficiência na constituição orgânica desse poder[853].

Para Cândido Mendes, em países onde se estivesse habituado a reconhecer no príncipe um poder ditatorial amplo e indefinido, o Poder Judiciário dificilmente atingiria a plenitude de suas funções, tendo em vista que, em face da indistinção entre os poderes, o Judiciário não teria como constituir-se em "força de resistência contra os outros poderes" nem resistir aos abusos e às invasões dos demais poderes[854]. Ou seja, em tais contextos em que se enquadrava o caso brasileiro, a vacilante independência do Judiciário decorria da superioridade dos demais poderes, especialmente daqueles ligados ao imperador.

Em sua concepção, que era verdadeiramente inovadora para época, o Poder Judiciário seria "o mais sincero sustentáculo das liberdades de qualquer povo"[855]. A experiência histórica e política o demonstrariam que, em todos os tempos e em todas as partes (*v.g.*: Atenas, Esparta, Ingla-

---

[851] *Idem*, p. 102.

[852] *Idem*, p. 251-252.

[853] Tamanha foi sua preocupação com a independência judicial, que, avaliando a interferência imperial na magistratura, por meio desses atos (nomeação, promoção, aposentação e suspensão), propôs fosse realizado concurso para ingresso na carreira de juiz. *Idem*, p. 105-106.

[854] *Idem*, p. 103-104.

[855] *Idem*, p. 246-247.

terra, Estados Unidos), o Judiciário teria sido "o genuíno e leal defensor das instituições adotadas pelos habitantes de qualquer país". Cândido Mendes chegou a ponto de sustentar sua primazia em face do Poder Moderador[856].

Desse modo, deixado em pé de igualdade com os demais poderes, deveria ser reconhecida sua prerrogativa de julgar as leis com base na Constituição, isto é, velar na guarda da Constituição, como fazia a Suprema Corte dos Estados Unidos, visto que o Legislativo e o Executivo, "poderes da opinião móvel", "podem, de mãos dadas, fazer leis em contradição e em menosprezo dos princípios constitucionais sem corretivo real".

Cândido Mendes defendia, ainda, que o Poder Judiciário "tem o direito de interpretar doutrinariamente a Constituição poder que os outros, a meu ver, não possuem"[857], embora tal atribuição não fosse claramente definida na Constituição. E, quase em tom de advertência, destacava que esse poder de interpretar e de aplicar as leis não configuraria uma intromissão ou participação judicial na elaboração das leis, no entanto concorreria ao aperfeiçoamento das instituições da nação[858].

Godofredo Autran foi outro publicista da época que compactuava da inadequação do controle judicial norte-americano ao sistema constitucional brasileiro. Ao comentar o art. 179, § 2º, da Constituição do Império, conforme vimos anteriormente, perguntou-se: "Uma lei *inconstitucional*, desde que é *promulgada*, poderá deixar de ser cumprida?"[859]. Respondeu que não: "Não, porque o legislador resume o estado inteiro, do qual as outras autoridades não são senão órgãos particulares. Esta regra apoia-se na necessidade de manter a harmonia e unidade do organismo político, e é reconhecida por todas as nações da Europa".

---

[856] Cândido Mendes partia da premissa de que a genuína função do Judiciário era a salvaguarda dos direitos individuais e da Constituição. À mingua de um Poder Judiciário efetivamente independente, tal importante função terminava se perdendo: "Tudo isto é até certo ponto inútil, porque não há aquele poder que, com mais eficácia que o Moderador, possa resistir aos desvios dos outros, que seja a âncora em que se apoie a constituição de um país que aspira a conquista da verdadeira liberdade". *Idem*, p. 100.

[857] *Idem*, p. 102.

[858] *Idem*, p. 251.

[859] Cf. Autran, Manoel Godofredo de Alencastro. *Constituição Politica do Imperio do Brazil.* Rio de Janeiro: H. Laemmert & C., 1881, p. 128.

Godofredo Autran conhecia o direito constitucional norte-americano e não deixou de fazer-lhe uma menção, ainda que para descartá-lo: "Entretanto, a Constituição dos Estados Unidos autoriza os tribunaes a recusarem applicação a uma lei que julgarem inconstitucional quanto a seu objecto. Blunstchli entende ser o systema europeu preferivel ao americano".

Um aspecto comum nesse diálogo era que, independentemente das opiniões de cada um, seus partícipes pareciam concordar com a inaplicabilidade do sistema judicial norte-americano de proteção constitucional ao sistema de governo monárquico adotado no Brasil. Mesmo o senador Cândido Mendes[860], que defendia um Poder Judiciário similar ao dos Estados Unidos, em que o Supremo Tribunal de Justiça se tornasse o defensor da Constituição, admitia ser necessária uma reforma constitucional para alterar a organização judiciária do Império.

Naturalmente, essa concordância não se estendia às motivações ou razões sustentadas. Estava em jogo a questão da centralização política do poder, que seria comprometida caso o sistema de controle judicial fosse adotado: daí em diante, muito provavelmente, não mais se poderia assegurar a exclusividade da coroa como único (ou prioritário) *locus* decisório político. O grande óbice ao controle judicial seria sujeitar os Poderes Executivo, Moderador e Legislativo ao crivo constitucional do Poder Judiciário, logo o Judiciário, aquele poder que histórica, jurídica e culturalmente era inferiorizado em relação aos demais poderes políticos.

No entanto, se esses receios e a precompreensão estiveram a impedir o aprofundamento da reflexão sobre o tipo de sistema de proteção constitucional, isto é, sobre a possibilidade e a eventual adoção do controle judicial da constitucionalidade no Império, diferente postura manifestaram os publicistas imperiais no que tange ao controle judicial da legalidade dos atos normativos do Poder Executivo.

Com isso, seguimos à segunda consideração importante, pertinente à manifestação do Conselho de Estado relativa à competência para exercer o controle judicial da legalidade. O Conselho de Estado afirmou-a categoricamente, autorizando o magistrado diante de um caso concreto a proceder à aplicação do direito e verificar se há conflito entre a lei e o

---

[860] Cf. ALMEIDA, Cândido Mendes de. *Pronunciamentos parlamentares...*, p. 252-253.

decreto (a resolução ou qualquer outro ato normativo secundário) editado no propósito de regulamentar a lei em questão.

E isso nos remete ao próximo ponto. Antes, porém, é bom que digamos que esse singular entendimento, sem dúvida alguma, representou um acréscimo em termos do reconhecimento institucional do Poder Judiciário e de seu papel de guardião das leis em geral, o que, assim pensamos, contribuiu na reconstrução da concepção da magistratura, transformando aquela imagem negativa, que estava presente desde a Constituinte de 1823.

6.2.2. Controle judicial da legalidade das normas infralegais

Na Consulta de 3 de abril de 1860, que fundamentou a Resolução de 14 de julho de 1860, destacada anteriormente, a Seção de Justiça do Conselho de Estado – mesmo aplicando sanção disciplinar ao magistrado que contestara o teor do Decreto n° 2.438, de 6 de julho de 1859 – reconheceu aos juízes a competência de exercerem o controle da legalidade dos atos normativos[861]. O parecer do Conselho foi inequívoco:

> O Poder Judiciario está no seu direito, quando chamado assim a pronunciar-se sobre uma hypothese especial, quando assim provocado a julgar um caso pelas partes e mesmo ex officio, não applica um Decreto ou ordem do Governo, por julgal-o contrario a Constituição, ás Leis. Mas sómente póde fazer isso no Tribunal; no acto de julgar; dado um caso que tem de resolver, sómente pode enunciar-se por despachos e sentenças, e aberta a colisão, em que oppõe por um lado a sua razão e a sua consciencia, o seu dever de Magistrado e uma Lei mais forte, e por outro o acto do Poder Executivo.

É bem verdade que não se formara qualquer consenso em torno dessa prerrogativa do Poder Judiciário. Houve quem se manifestasse contrariamente à possibilidade de os juízes exercerem o controle da legalidade de atos executivos, deixando de aplicá-los no caso concreto em face de sua ilegalidade. Foi o caso do lente de direto administrativo da Faculdade de Direito do Recife, Vicente Pereira do Rego[862], que não vislumbrou a possibilidade de os tribunais anularem ou modificarem atos administrativos

---

[861] CAROATÁ, José Prospero Jehovah da Silva. *Imperiaes resoluções...*, p. 888.
[862] Cf. REGO, Vicente Pereira do. *Elementos de direito administrativo brasileiro*. 2. ed. Recife: Typographia Commercial de Geraldo Henrique de Mira & C, 1860, p. 83-85.

(v.g.: decretos, resoluções, instruções), tendo em vista a rígida estruturação do princípio constitucional da separação dos poderes.

Diferente opinião sustentou seu colega de cátedra, Furtado de Mendonça, em *Excerpto de Direito Administrativo*. O regulamento administrativo, conforme ensinava aos seus alunos, poderia padecer de inconstitucionalidade, formal ou material: "Sua inconstitucionalidade procede da materia quando dispõe em casos alheios á competencia do poder regulamentar; e da fórma quando faltão os requisitos externos que a lei exige em sua formação"[863].

Dentre os remédios existentes para combater possível vício de inconstitucionalidade dos regulamentos administrativos, Furtado de Mendonça apontou o recurso à proteção dos tribunais, que se destinaria à responsabilização legal do infrator do regulamento na hipótese de o ato governamental ser constitucional. O professor explicava que a ação judicial seria proposta contra quem deveria observar as disposições do Executivo; porém, se o ato administrativo fosse inconstitucional, o destinatário não seria responsabilizado; caso contrário, sofreria as sanções legais por seu descumprimento.

Observemos que Furtado de Mendonça, à semelhança de outros publicistas, não reconhecia a prerrogativa judicial de anular o regulamento inconstitucional ou declará-lo nulo; tinha em mente que as restrições constitucionais impostas pela separação dos poderes obstariam eventuais afrontas à autonomia e à independência da administração pública. Destarte, o Judiciário apenas se limitaria a não aplicar o regulamento inconstitucional no caso concreto e a não punir "o desobediente". Essa, a seu ver, seria uma solução de compromisso entre, de um lado, a centralização administrativa, que levada ao extremo produziria inconvenientes delicados em desfavor da sociedade, e, de outro, a necessidade de proteção dos direitos e das liberdades individuais.

O conselheiro Antonio Joaquim Ribas era refratário à contumaz prática governamental de editar atos executivos ilegais. Se era certo que ao Executivo cabia regulamentar as leis para lhes proporcionar boa execução, tal prerrogativa, contudo, não poderia servir de escudo para afrontar

---

[863] Cf. MENDONÇA, Francisco Maria de Souza Furtado de. *Excerpto de direito administrativo patrio*. São Paulo: Typographia Allemã de Henrique Schroeder, 1865, p. 60-61.

a independência do Poder Judiciário ou para atingir os direitos individuais dos cidadãos.

No *Direito Administrativo Brasileiro*, o conselheiro Ribas pontificou que os atos administrativos, supostamente editados no exercício da competência prevista no art. 102, XII, da Constituição, mas que, em verdade, violassem a independência judicial ou os direitos constitucionais, não obrigariam ao Poder Judiciário, que estaria dispensado de aplicá-los diante de um caso concreto[864]. A situação era delicada, pois muitos foram os atos do Executivo que, a pretexto de regulamentar leis, reescreviam-nas e fixavam interpretação oficial em matéria de direitos privados ou criminais, dispondo em seara alheia à competência e à jurisdição administrativas.

O mestre da Faculdade de São Paulo, desse modo, consentia com que os juízes se abstivessem de aplicar ao caso concreto atos executivos, desde que contrários à lei ou invasores da competência judiciária, coagindo os magistrados a aplicarem as leis em determinando sentido nas questões de direito privado ou penal[865]. Em outras palavras, ele fundamentou teoricamente uma prática do controle judicial da legalidade dos atos administrativos, ainda que limitada, quanto ao objeto, a algumas matérias e, quanto ao alcance, à não aplicação do ato executivo ilegal, não abrangendo a faculdade de reformar ou de anular o ato administrativo.

Em todo caso, ele advertia, em tom de alerta, tomando por base a jurisprudência francesa do Conselho de Estado, que o juiz somente poderia deixar de aplicar um regulamento se suas disposições administrativas fossem inequivocamente conflitantes com a lei. Em casos duvidosos ou cuja antinomia não fosse clara e evidente, seria dever da autoridade judiciária cumprir suas normas, a fim de preservar a unidade e coerência do "maquinismo administrativo"[866].

---

[864] Cf. RIBAS, Antonio Joaquim. *Direito administrativo brasileiro (1866)*. Brasília: Ministério da Justiça, 1968, p. 156.

[865] *Idem*, p. 149-150.

[866] Citando a jurisprudência francesa, Ribas escreveu: "O mesmo entre nós se deve entender, quando a antinomia entre a lei e o regulamento é manifesta, de sorte que a autoridade executora se ache colocada na alternativa de executar a lei e violar o regulamento, ou executar o regulamento e violar a lei. Deve ela então demorar a execução para representar a este respeito, e em último caso deixar de executá-lo". *Idem*, p. 155-156.

Pimenta Bueno foi outro defensor da prática de um controle judicial da legalidade dos atos normativos, cujos efeitos deveriam ser sempre limitados ao caso concreto em julgamento. Esse controle teria por objeto uma resolução ministerial ou ato normativo infralegal, cujo conteúdo deveria ser contrastado com o da lei, que lhe é superior.

O "constitucionalista do Império" também se preocupou com a dimensão atingida pelos abusos cometidos no exercício do direito regulamentar pelo Poder Executivo. Em consequência, seria admissível que o juiz estivesse autorizado a "controlar" os atos administrativos do Poder Executivo em face da lei e, diante do conflito normativo entre a lei e o ato executivo, fizesse prevalecer a lei[867].

O direito do governo de expedir regulamentos não lhe assegurava a prerrogativa de regulamentar leis da ordem civil, para fixar-lhes a inteligência e consequente detalhes da execução, impondo-a por modo obrigatório aos tribunais[868]: "Dar regulamento não é poder alterar os preceitos da lei e forçar os juizes a viola-la". Por outro lado, o que estava inclusive expresso na Constituição, os juízes eram obrigados, isso sim, a aplicar a lei, observá-la religiosamente: "Certamente, os juizes têm por primeiro e sagrado dever observar religiosamente as leis, essas normas permanentes que segurão os direitos da sociedade e dos individuos"[869].

Opinião similar foi manifestada por Joaquim Rodrigues de Sousa em *Analyse e Commentario da Constituição Politica*, ao defender que os decretos ou os regulamentos executivos considerados inconstitucionais não deveriam ser obedecidos. Tais normas constituiriam ou violação à Constituição, ou violação às leis cujo pensamento estariam supostamente a desenvolver[870]. É interessante percebermos, nesse caso específico, que o autor,

---

[867] Cf. Bueno, José Antônio Pimenta. *Direito publico brazileiro...*, p. 82-83.

[868] Sobre isso, ainda afirmou Pimenta Bueno: "Sem duvida, facilitar a execução da lei não é fazer lei ou interpreta-la obrigatoriamente, o que vale o mesmo; a intelligencia legal que, como meio ou por via de consequencia, é estabelecida pelo acto regulamentar, comquanto ponderosa, não passa de uma opinião ou doutrina commum, como a dos sabios". *Idem*, p. 83.

[869] *Idem*, p. 82.

[870] Vale a pena transcrevermos sua explicação: "Versando os decretos sobre assumptos da atrribuição do governo – poder executivo – e não alterando os regulamentos a disposição da lei, exactamente devem ser observados; e a falta é punida com a pena do art. 154 do cod. crim. Decretando porèm o governo fóra de suas attribuições constitucionaes, por exemplo, aposentando magistrados, ou membros das camaras legislativas, invertendo ou

ainda que confinado ao exame do ato normativo secundário (decreto ou regulamentos), e não à lei em sentido estrito ou formal, já prenunciava certa inovação, pois o controle judicial desses atos infralegais poderia ter por parâmetro de validade não apenas a lei mas também a própria Constituição diretamente.

Dessa análise, resta-nos fazer, ao menos, três observações finais. Primeiro, a prática do controle judicial da legalidade dos atos do Poder Executivo contribuiu gradualmente para transformar aquela imagem negativa do Poder Judiciário, conferindo-lhe, se não a função de guardião da Constituição, ao menos a de guardião das leis. Esse aspecto é fundamental porque consolidava, no imaginário social e na cultura jurídica e política nacional, uma nova dimensão e projeção do Poder Judiciário como instrumento de combate ao arbítrio do poder político e de defesa da ordem jurídica, reforçando seu papel institucional e constitucional.

Segundo, o controle judicial da legalidade dos atos normativos infralegais, aos poucos, foi habituando o Poder Judiciário à prática jurídica de uma atividade judicante crítica e reflexiva que, por premissa necessária de seu próprio exercício, deveria, antes de aplicar as normas infralegais, examinar sua validade formal e material, isto é, seu fundamento jurídico, para só então proceder à aplicação ao caso concreto. Se a lei não era, em regra[871], objeto desse tipo de julgamento, posteriormente, veremos, a reformulação do sistema jurídico de proteção da Constituição, introduzindo o controle judicial da constitucionalidade das leis, foi facilitada em face da experiência adquirida nos tempos imperiais.

Terceiro, mesmo sendo admitida essa espécie de controle judicial, havia o receio de uma expansão judicial incontrolável e de a autoridade governamental ser submetida às ingerências do Poder Judiciário,

---

alterando em um regulamento a disposição da lei, creando direitos ou deveres novos, ou deduzindo consequencias diversas, estabelecendo excepções, importa a observancia – no primeiro caso violação da constituição, no segundo da lei.". Cf. SOUSA, Joaquim Rodrigues de. *Analyse e commentario da Constituição Politica do Imperio do Brazil*. Vol. II. S. Luiz: Typ. B. de Mattos, 1867, p. 194.

[871] Houve casos esporádicos em que juízes e tribunais deixaram de aplicar leis ao caso concreto, em face de sua incompatibilidade com a Constituição de 1824. Cf. MAFRA, Manoel da Silva. *Jurisprudencia dos tribunaes*. Rio de Janeiro: B. L. Garnier Livreiro-Editor/A Durand e Pedone Lauriel, 1868, p. 65-70.

O CONTROLE DA CONSTITUCIONALIDADE DAS LEIS NO IMPÉRIO

sofrendo todos os tipos de embaraços e de inconveniências. Isso justifica, por exemplo, o porquê de o conselheiro Ribas somente defender o controle judicial dos atos infralegais em casos extremos, nos quais fosse explícita e manifesta a extrapolação do ato administrativo em face da margem de conformação estabelecida pela lei.

6.3. Discurso de afirmação do Poder Judiciário

A reconstrução histórica do pensamento constitucional brasileiro até então empreendida, conforme podemos observar, não nos deu elementos suficientes que permitissem explicar o porquê ou exatamente por quais razões o controle judicial da constitucionalidade das leis foi introduzido em nosso sistema constitucional, embora a discussão em torno desse modelo alternativo de salvaguarda constitucional já estivesse presente na reflexão de diversos autores em maior ou menor grau.

Diferentemente do que achavam alguns, e talvez o visconde do Uruguay foi quem mais explicitamente expôs tais ideias, a estruturação de um sistema de proteção da Constituição não era apenas uma questão de definir o modelo constitucional de referência. A opção por determinado modelo constitucional associava-se com outros fatores que se influenciariam mutuamente e permitiriam redefinir práticas e transformar a cultura jurídica brasileira.

Tais fatores, que se desenvolveram paralelamente e em um longo período de tempo, e sem os quais o controle judicial da constitucionalidade não encontraria um ambiente institucional favorável entre nós, configuraram o que ora denominamos de discurso de afirmação do Poder Judiciário, cuja análise faremos à luz das nossas chaves de leitura propostas: independência, interpretação e semântica da separação dos poderes.

Falávamos que a peculiar experiência do controle judicial da legalidade representou um reforço na posição constitucional do Judiciário, que, desde sua concepção, não conseguiu se desvencilhar da influência e da dependência do Poder Executivo. O controle, nesse contexto, significou um passo importante para a emancipação do Judiciário, já que passava a verificar a validade dos atos do seu principal opressor e a (re)afirmar sua competência de interpretação jurídica.

De todo modo, tenhamos sempre em mente que esse foi um processo extremamente descontínuo, fragmentado e imprevisível, já que, a todo momento, diferentes visões de mundo conflitavam, e, principalmente, os embates quanto ao sistema de governo e à centralização política implicitamente definiam as opiniões defendidas pelos publicistas do Império. Ainda, o pensamento constitucional científico, isto é, aquele produzido no esforço de explicar, descrever e refletir sobre a Constituição do Império, não chegou a inovar ou propor rupturas substanciais nas estruturas constitucionais; antes, andou a reboque das modificações políticas, particularmente a Proclamação da República, com todas as suas consequências, em especial a introdução do novo sistema de governo com a mudança do modelo constitucional de referência.

Com isso, já podemos preliminarmente concluir que a introdução do controle judicial da constitucionalidade não foi fruto de um processo evolutivo contínuo e linear, mas de um processo aleatório e imprevisível que conjugou diversos fatores, possibilitando sua recepção em nossa ordem constitucional e consolidação em nossa cultura jurídico-constitucional com contínuos avanços e retrocessos que se perpetuam até hoje.

6.3.1. Independência judicial

Como poderia o juiz, sentindo-se com a espada de Dâmocles por sobre sua cabeça, julgar a constitucionalidade de uma lei ou outro ato normativo qualquer, receando contrariar interesses governamentais[872]? Como deixaria o magistrado de aplicar uma lei ao caso concreto por ele sinceramente considerada inconstitucional, sob o risco de ser processado criminalmente por julgar em manifesta contrariedade à letra da lei[873]?

Premissa essencial ao exercício do controle da constitucionalidade, a independência judicial assegura ao magistrado julgar imparcialmente um caso concreto e a própria validade da lei ou ato normativo nele envolvido, em face da Constituição. Difícil seria encontrar um juiz que, sem se

---

[872] A indagação foi do magistrado Leonidas Lessa: "Arma perigosa, como a espada de Damocles, ella traz ameaçada a cabeça do Juiz. Assim, o vulto omnipotente do Governo antepõe-se ao Juiz em todo o decurso de sua ardua carreira. O bem e o mal delle vêm. O Juiz espera e teme". Cf. LESSA, Leonidas Marcondes de Toledo. *A reforma judiciaria. O Direito: Revista Mensal de Legislação, Doutrina e Jurisprudência*: Anno III, Vol. 6, 1875, p. 380.

[873] Conforme observou o conselheiro Joaquim Ribas, "o magistrado que profere uma sentença manifestamente contraria ás leis é, por este acto, responsavel criminal e civilmente". Cf. RIBAS, Antonio Joaquim. *Direito internacional. O Direito: Revista Mensal de Legislação, Doutrina e Jurisprudência*: Anno III, Vol. 6, 1875, p. 17-20.

sentir livre para decidir o caso à luz dos fatos e do direito, julgasse uma lei ou ato normativo qualquer contrário à vontade política preponderante, assumindo o risco de sofrer os mais diversos tipos de retaliação. Embora textualmente expressada na Constituição de 1824, a práxis institucional e o pensamento constitucional do Império demonstravam que a efetivação da independência judicial tornou-se um dos grandes desafios para os que acreditavam na instituição do Judiciário.

A história do Poder Judiciário foi, em grande medida, a história da construção efetiva de sua independência em face do Poder Executivo. Desde então, verificamos que juristas, políticos, advogados e acadêmicos denunciaram vários abusos, desmandos e intervenções do Executivo no Judiciário, o que alimentou por muito tempo a má imagem da magistratura a que já nos referimos.

Essa percepção negativa dos juízes permeava o imaginário de boa parte dos legisladores desde a Constituinte de 1823. Quando se apresentou à Assembleia Geral o projeto de lei que criava o Supremo Tribunal de Justiça em 1826 e ao longo de sua deliberação no parlamento, a imagem desfavorável da classe judicante foi reiteradas vezes citadas para justificar as futuras disposições da lei. Mesmo cientes da morosidade e provável inefetividade a que estaria condenado o recurso de revista, os legisladores justificavam-no ao argumento de "servir de freio aos maus juízes"[874] ou "para fazer responsáveis os magistrados"[875].

O deputado Paula Cavalcanti, no calor do debate, ironicamente disparou: "pelo que diz o ilustre Deputado, os membros do Tribunal Supremo de Justiça são uns anjos. É muito bom dizer-se: há injustiça; mas esta injustiça vai ser examinada por ladrões, porque esses membros hão de ser tirados das Relações, que são compostas de ladrões"[876].

---

[874] Cf. BRASIL. *O legislativo e a organização do Supremo Tribunal no Brasil*. Rio de Janeiro: Fundação Casa Rui Barbosa, 1978, p. 29.

[875] *Idem*, p. 189.

[876] *Idem*, p. 95. A má impressão se reafirmou em diversos pontos, dentre eles, a votação sobre a fixação de alçada para interposição dos recursos de revista. O deputado Luís Cavalcanti justificou seu voto contrário à alçada, porque, para ele, a revista poderia "servir de freio aos maus juízes" e de primoroso instrumento de combate à "corrupção geral dos juízes". *Idem*, p. 29-30.

Embora houvesse deputados mais comedidos que ponderavam não poder acusar-se a toda a classe da magistratura por aqueles homens maus nela infiltrados, a preocupação com a "boa escolha de magistrados e efetiva reponsabilidade destes", em nenhum momento, deixou de estar presente nos debates[877].

Anos depois, em 1835, o jornalista e advogado Justiniano José da Rocha escreveu ensaio sobre a justiça criminal, cujo objetivo foi criticar a instituição do júri, fornecendo-nos valiosa contribuição sobre a imagem da magistratura brasileira. Ao considerar a justiça a alavanca da vida social e ao pensar o juiz como "conservador da Sociedade, defensor de seus interesses, protector dos direitos de seus concidadãos", Justiniano Rocha surpreendeu-se "como o patronato nos tem por vezes dado Juizes indignos"[878]. Ele lamentou a situação de integrarem a classe dos magistrados pessoas inadequadas para a função de julgar: "Nesta Côrte mesmo, e em suas visinhanças, quanta prepotencia, quanta vexação escandalosa não temos presenciado: quanta queixa não temos ouvido das arbitrariedades daqueles a quem foi confiado o poder julgar!"[879].

À semelhança de muitos outros observadores e críticos das instituições judiciárias do Império, o advogado recomendou o quanto possível apartar os juízes da vida político-partidária[880], já que dessa medida, ele insistia, dependeria a efetiva existência da imparcialidade e da independência dos juízes.

Em *Memoria* oferecida ao Instituto da Ordem dos Advogados Brasileiros, em 7 de setembro de 1847, o advogado Francisco Ignacio de Carvalho

---

[877] *Idem*, p. 142 e p. 184-185.

[878] Cf. ROCHA, Justiniano José da. *Considerações sobre a administração da justiça criminal no Brazil*. Rio de Janeiro: Typ. Imp. e Const. de Seignot-plancher e C., 1835, p. 9.

[879] *Idem*, p. 11.

[880] Justiniano José Rocha preocupou-se, particularmente, com as formas de acesso à carreira da magistratura como uma das condições mais importantes para assegurar-lhe à independência: "Escolhamos pois nossos Juizes: não attendamos nem á influencia de partidos, porque o Juiz não he homem dos partidos; nem a influencias de familias, nem a empenhos: escolhamos entre os que derem prova de prudencia, de discrição, de honradez, de inflexibilidade no cumprimento do dever; não confiemos a espada da justiça ás mãos da venalidade, da impericia, e muito menos ás mãos do acaso". *Idem*, p. 9-10.

Moreira[881] elaborou dura crítica à organização judiciária da monarquia brasileira, em que o esplendor da justiça estava ameaçado pelas forças irresistíveis das paixões e dos acontecimentos políticos.

Se bem que examinasse especificamente o Supremo Tribunal de Justiça, Carvalho Moreira apontou que a incompatibilidade dos juízes deveria estender-se para os mandatos eletivos[882], livrando-os das "influencias das ambições politicas". O risco que sofria a administração da justiça era altíssimo, pois "os interesses politicos, a luta das opiniões partidarias, o jogo das ambições os levão insensivelmente a huma dependencia real quer do Poder, quer do povo", o que desnaturava a instituição judicial e sua imparcialidade e independência. Em sua opinião, a elegibilidade dos juízes afetaria "o seu caracter de superioridade moral e de independencia".

Portanto, manter o Supremo Tribunal de Justiça e o Poder Judiciário apartados da política e dos interesses político-partidos seria imprescindível, a fim de assegurar a independência dos juízes e de formar uma magistratura técnica e profissional idônea a exercer sua missão institucional com imparcialidade e autonomia[883].

Mesmo Pimenta Bueno[884], a seu modo, não se furtou de censurar as indevidas intervenções do Poder Executivo no Judiciário, em seu *Direito Publico*. Sem adentrar em minúcias, expôs que a administração não deveria usurpar as competências do Judiciário; quando o fizesse, como de fato já o fizera, segundo ele próprio observara, tais atos indevidos não poderiam passar impunes.

O magistrado José Antonio de Magalhães Castro[885] endossou a crítica da falta de independência judicial no marcante livro "*Decadência da Magistratura Brasileira*" publicado em 1862, no qual investigou as causas que conduziram a magistratura brasileira à completa desgraça. Não obstante

---

[881] Cf. Moreira, Francisco Ignacio de Carvalho. *Do Supremo Tribunal de Justiça: sua composição, organisação e competencia*. Rio de Janeiro: Typographia Nacional, 1848, p. 3-34.

[882] O art. 1º da Lei de 18 de setembro de 1828, que "crêa o Supremo Tribunal de Justiça", previa que seus juízes "não poderão exercitar outro algum emprego, salvo de membro do Poder Legislativo".

[883] Cf. Moreira, Francisco Ignacio de Carvalho. *Do Supremo Tribunal...*, p. 42-45.

[884] Cf. Bueno, José Antônio Pimenta. *Direito publico brazileiro...*, p. 35.

[885] Cf. Castro, José Antonio de Magalhães. *Decadencia da magistratura brasileira: suas causas, e meios de restabelecel-a*. Rio de Janeiro: Typographia de N. L. Vianna e Filhos, 1862, p. 5 e ss.

o marco constitucional e legal da organização judiciária, para ele, seria evidente a falta de independência dos juízes e a calamidade em que se achava a administração da justiça[886].

Concordou que os vencimentos eram baixos, mesquinhos mesmos. Entretanto, o baixo ordenado não justificaria as injustiças e as imoralidades que se perpetravam em nome da justiça, conforme alguns quiseram fazer crer. O maior de todos os problemas seria a falta de integridade e de independência moral dos magistrados, o que somente poderia ser revertido pelas virtudes do ministro de justiça ou da moralidade dos governos. O primeiro passo a ser dado para reverter esse quadro pouco lisonjeiro à magistratura passaria pela mudança de atitude do ministro da justiça, que deveria oferecer provas concretas de seu respeito pelos magistrados probos e rigidez com os réprobos, mediante responsabilização e punição respectiva.

De suas ideias, podemos inferir que a independência dos juízes, na realidade, não existia em face da omissão consciente de uma política governamental e de uma moralidade administrativa, tendo em vista que o governo se beneficiava com a forma concreta de funcionamento da justiça, por meio da qual ele exerceria certo controle sobre o Judiciário e suas decisões. O Judiciário, em suma, permanecia como sub-ramo do Executivo.

A magistratura brasileira foi também criticada pelo presidente do Instituto da Ordem dos Advogados Brasileiros, Agostinho Marques Perdigão Malheiro[887], no discurso proferido em 7 de setembro de 1864. O advogado, filho de ministro do Supremo Tribunal de Justiça, era sensível à relevância da função judicial e ressaltou as conexões recíprocas entre os juízes e as garantias dos direitos individuais. Ele reclamou da mão pesada

---

[886] Com a autoridade de quem integrava a classe de magistrados, Magalhães Castro apontou a insuficiência das disposições constitucionais em relação à efetivação da independência dos juízes: "Juizes dependentes, juizes venaes, sem liberdade, sem integridade moral, são estes os brados, que partem de todos os pontos do imperio. Não contesto as accusações; facto inconcusso é, sem dúvida, a decadência da magistratura, no Brasil, e em quanto, de facto, forem os magistrados do Brasil, dependentes e temporareos, tambem a justiça fugirá de nós". *Idem*, p. 9-10.

[887] Cf. MALHEIRO, Agostinho Marques Perdigão. *Discurso. Revista do Instituto da Ordem dos Advogados Brasileiros*: n. 1-3, jan./out., 1865, p. 43-52.

O CONTROLE DA CONSTITUCIONALIDADE DAS LEIS NO IMPÉRIO

do Executivo, que esvaziaria as garantias institucionais da magistratura, com consequências funestas para a liberdade dos cidadãos[888].

Perdigão Malheiro denunciou, ainda, a prática abusiva do Executivo de editar instruções, regulamentos e portarias voltados à "boa execução das leis", supostamente lastreados no art. 102, XII, da Constituição Imperial[889], mas que, na realidade, extrapolariam as prerrogativas constitucionais governamentais. Tal prática configuraria evidente abuso de poder, porquanto o imperador e seus ministros se arrogariam indevidamente das atribuições legislativas, seja por meio da regulamentação das leis, seja por meio de sua interpretação. Com isso, algumas das competências judiciais teriam sido suprimidas, em especial a de interpretar as leis quando de sua aplicação, já que muitos dos atos executivos infralegais teriam por objetivo orientar a atuação dos juízes de modo vinculante, em situações específicas.

A crítica do presidente do Instituto dos Advogados não parou por aí. Atacou, de igual maneira, o passivismo do Poder Legislativo em relação ao Executivo, a quem aquele Poder favoreceria com continuadas delegações de competência, inclusive em assuntos da mais delicada importância, abdicando de suas prerrogativas institucionais e permitindo a concentração de poderes nas mãos do imperador e a completa desconsideração do princípio constitucional da separação dos poderes.

Também França e Leite, em *Considerações Políticas sobre a Constituição do Brazil*[890], reclamou que os juízes se ocupavam muito pouco do pró-

---

[888] O argumento de Perdigão Malheiro, como percebemos, era similar aos demais e revelava a assimetria entre o texto constitucional e as práticas governamentais: "A independencia, v.g., do Poder Judicial é garantida e reconhecida como um dos melhores e mais seguros meios de guardar a inviolabilidade dos direitos civis e politicos dos cidadãos. Igualmente é decretada a perpetuidade dos Magistrados, como condição essencial dessa independencia. E no entanto por mais de uma vez a mão violenta do Poder Executivo tem infringido esses preceitos, verdadeiros dogmas da nossa organisação politica". *Idem*, p. 51.

[889] O art. 102, XII, da Constituição previa: "O Imperador é o Chefe do Poder Executivo, e o exercita pelos seus Ministros de Estado. São suas principaes attribuições: (...) XII. Expedir os Decretos, Instrucções, e Regulamentos adequados á boa execução das Leis".

[890] Diante da polivalência dos juízes, difícil era dedicarem-se a seus deveres com a justiça: "A politica tem desvairado a nossa magistratura no estudo do direito de maneira que as questões profundas de jurisprudencia são pouco conhecidas por ella em sua maior parte.

prio ofício e se dedicariam prioritariamente à política, o que teria causado sérios desvirtuamentos: "A politica tem desvairado a nossa magistratura no estudo do direito de maneira que as questões profundas de jurisprudência são pouco conhecidas por ella em sua maior parte". Se os juízes, em regra, eram pessoas íntegras e sensatas; sob o ponto de vista do conhecimento técnico-jurídico, poucos se destacariam, porque poucos aprofundavam a literatura jurídica ou se tornavam verdadeiros jurisconsultos. A política lhes consumiria todo o tempo, a disponibilidade e a energia.

Efeito dessa confusão entre direito e política, os juízes ocupavam funções públicas em todos os rincões da administração imperial em detrimento obviamente de sua essencial função de fazer justiça. Eis por que França e Leite, a fim de combater a politização da magistratura política, defendeu que os cargos de juiz se tornassem incompatíveis com quaisquer outros. Era imprescindível que os juízes fossem unicamente juízes, como ocorria na Inglaterra onde eram respeitabilíssimos por sua dignidade e por seu conhecimento do direito.

O visconde do Uruguay[891] recriminou a remoção de juízes pelos presidentes das províncias, atribuição prevista nas respectivas leis locais que se fundamentariam na competência instituída pelo Ato Adicional de 1834. A razão de se atribuir aos presidentes essa competência, explicou Uruguay, residira na má reputação de que gozava a magistratura entre os parlamentares, quando da elaboração do Ato. Daí, o rigor contra eles[892].

Tem se visto em quasi todo o Brazil, ella formar as maiorias das Assembléas Provinciaes e da Assembléa Geral, na parte relativa á Camara dos Deputados. O governo a tem distrahido com empregos de mera administração, de sorte que nas alfandegas, e outros empregos de fazenda se encontravão Juizes de Direito; nas presidencias e muitas outras commissões mormente administrativas, e na policia encontrão-se constantemente magistrados distrahidos dos seus lugares em contrario a disposição da Constituição". Cf. LEITE, Nicolao Rodrigues dos Santos França e. *Considerações politicas sobre a Constituição do Imperio do Brazil.* Rio de Janeiro: Typographia de J. M. A. A. de Aguiar, 1872, p. 271-273.

[891] Cf. URUGUAY, Visconde do. *Estudos praticos...* Tomo I, p. 436-439.

[892] Eis sua opinião: "Na época em que foi feito o addicional era mal vista a Magistratura. Com raras excepções erão seus membros considerados como regressistas e como outros tantos obstaculos ao progresso. Era preciso que as Assembléas pudessem decepar as cabeças da hydra". Cf. URUGUAY, Visconde do. *Estudos praticos...* Tomo II, p. 207.

O CONTROLE DA CONSTITUCIONALIDADE DAS LEIS NO IMPÉRIO

Afora isso, havia a competência expressa de a assembleia provincial decretar a suspensão e, até mesmo, a demissão do magistrado[893].

Em um e outro casos, o resultado foi o mesmo. A independência do magistrado foi minada, tornou-se uma falácia. Sobretudo, porque, conforme apontou Uruguay, a coloração política preponderava em muitos desses julgamentos. Ao longo de trinta anos, ele afirmou não conhecer um único julgamento de nenhuma assembleia provincial, nos termos do Ato Adicional, que haja "condemnado um Magistrado justa e desapaixonadamente"[894].

No ano de 1870, Joaquim Rodrigues de Sousa[895] reagiu aos abusos governamentais contra a independência da magistratura: "não há administração da justiça sem magistrados independentes". A magistratura, dizia o então desembargador no Maranhão, deveria ser uma profissão vantajosa e garantida, porém os abusos cometidos pelo governo contra o Judiciário eram inúmeros, abrangendo "desde a menor ordem até as aposentações"[896]. Em detrimento da Constituição do Império, que, no art. 155, previa que somente por sentença os juízes perderiam seus cargos, o governo abusara do próprio poder e arbitrariamente determinara fossem dezenas de magistrados aposentados.

Tristão de Alencar Araripe, em 1874, escreveu *"Relações do Imperio: compilação juridica"*, em que defendeu o aperfeiçoamento da justiça nacional como elemento imprescindível ao atingimento da felicidade social. Nesse contexto, os estudos sobre a melhor forma de constituição da magistratura deveriam voltar-se para o elemento histórico nacional e para as especificidades jurídicas e sociais brasileiras[897].

---

[893] De acordo com o art. 11, § 7º, do Ato Adicional, competia às assembleias legislativas provinciais: "Decretar a suspensão e ainda mesmo a demissão do magistrado contra quem houver queixa de responsabilidade, sendo ele ouvido, e dando-se-lhe lugar à defesa.".

[894] Cf. URUGUAY, Visconde do. *Estudos praticos...* Tomo II, p. 221-232.

[895] Cf. SOUSA, Joaquim Rodrigues de. *Analyse e commentario...* Vol. II, p. 372 e ss.

[896] Uma das práticas preferidas do governo era a remoção. Sobre ela, afirmou Joaquim Rodrigues: "Por vinganças politicas removia-se um juiz de direito para comarca longinqua; e apenas chegava á esta, feitas as despezas de diploma e da viagem, era logo mudado para comarca mais remota ainda; e para terceira, senão renunciava o lugar". Cf. SOUSA, Joaquim Rodrigues de. *Analyse e commentario...* Vol. II, p. 381.

[897] Cf. ARARIPE, Tristão de Alencar. *Relações do Imperio: compilação juridica.* Rio de Janeiro: Typographia Theatral e Commercial, 1874, p. 3-10.

Alencar Araripe pensou que a situação ainda frágil da magistratura brasileira se deveria à falta de convencimento dos estadistas brasileiros para confiar-lhe inteiramente sua missão constitucional[898]. De sua narrativa, extraímos claramente o tratamento vil e desrespeitoso desferido pelo Poder Executivo ao Judiciário[899]; os princípios constitucionais, que estavam na base da organização judiciária, eram tranquila e sobejamente violados pelo governo.

No entanto, ele parece ir ao ponto que, de certo modo, sempre esteve a obstar a reconfiguração do Poder Judiciário, tornando-o um poder efetivamente independente, apto a ser guardião dos direitos individuais: "No Brazil havemos feito quanto convem para elevar a magistratura á dignidade de poder independente, qual o formulou a nossa constituição politica? A resposta é negativa"[900]. E por que seria negativa essa resposta?

Com a experiência de um homem público experimentado, que futuramente se tornaria ministro do Supremo Tribunal de Justiça, Alencar Araripe arriscou sua explicação: "E para exprimir-nos com franqueza, cabe dizer, que presente-se nos homens politicos do nosso paiz certa desconfiança contra a ação da magistratura". Ao que nos parece, havia um certo clima de insegurança quanto à criação de uma instituição que tivesse condição de, no futuro, "capturar" a todos, isto é, sujeitar ao império da lei e da Constituição todos os atos e ações do Estado.

Sua análise sugere-nos a convicção de que o cálculo político em relação à magistratura era bem feito, tendo em mira o objetivo de mantê-la subserviente e controlável pelo governo imperial. Isso explicaria, em parte, a demora ou, até mesmo, a inexistência de medidas legislativas para implementar a independência judicial, formalmente presente no texto constitucional.

---

[898] *Idem*, p. 365.

[899] Tratamento impróprio de longa data, notou Alencar Araripe: "Começavamos apenas a organização da magistratura nacional, conforme as normas constitucionaes, e ja ella sofria um golpe violento". Os princípios constitucionais, destarte, não passariam de "uma trinxeira de papel". *Idem*, p. 374.

[900] Tal receio levava à indecisão e à morosidade que, muitas vezes, convertia-se na própria inação: "Temem por ventura o dezenvolvimento da sua energia, ou descrêem da sua eficacia? Não sei. Basta porém um lance d'olhos pelos actos oficiaes para reconhecer a indecizão das idéas sobre a organização definitiva da magistratura nacional". *Idem*, p. 363.

O desembargador Raymundo Cavalcanti[901] também não guardou em silêncio a difícil situação da magistratura, que deveria ser soberana e independente e nada poderia esperar ou temer do poder político. Fazendo críticas à inconstitucionalidade da Lei de 3 de dezembro de 1841, que criou a figura dos juízes temporários, ou seja juízes municipais, explicou que, na Inglaterra, os juízes somente teriam chegado ao seu estágio atual de sublime veneração pelo povo devido à sua absoluta independência, imparcialidade e desenvoltura para resistir a todos os atos arbitrários cometidos pelo poder.

Diante do sombrio diagnóstico que fizera da realidade brasileira, em nada comparável com a inglesa, propôs as seguintes medidas que, a seu ver, contribuiriam para a almejada efetivação da independência judicial: a supressão do juiz municipal; a nomeação de novos juízes por meio de critérios meritórios; a incompatibilidade com cargos eletivos e governamentais, para que o magistrado pudesse efetivamente abraçar sua profissão; a decretação da inamovibilidade salvo a pedido do próprio juiz ou nas hipótese de interesse público, previstas no Decreto de 1850; o direito à aposentadoria integral.

Lafayette Rodrigues Pereira[902], então ministro de justiça, ao encaminhar à Câmara dos Deputados o seu projeto de "Reorganisação da Magistratura", elaborou negativo diagnóstico do Poder Judiciário brasileiro. Em seu discurso, o ministro mencionou que os países legisladores têm procurado dar ao Poder Judiciário uma "organização larga e forte", já que as instituições, os órgãos e os agentes do Estado se destinariam a garantir o livre exercício dos direitos individuais, e a administração da justiça exerceria a principal função para o respeito dos direitos de cada um.

Porém, quanto ao Império do Brasil, ele lamentou: "Senhores, dir-vos-hei com toda a franqueza: entre nós a magistratura não tem sabido ainda elevar-se á altura do seu papel no Estado". A magistratura brasileira foi por ele descrita como uma instituição que vivia em um "estado de prostração", de "fraqueza" e de "profundo desalento", devido a três causas:

---

[901] Cf. CAVALCANTI, Raymundo Furtado de Albuquerque. *Administração da justiça. Reforma judiciaria. Condições necessarias à independencia dos juizes. O Direito: Revista Mensal de Legislação, Doutrina e Jurisprudência*: Vol. 16, 1878, p. 215-235.

[902] Cf. PEREIRA, Lafayette Rodrigues. *Reorganisação da magistratura. Gazeta Juridica: Revista Mensal de Doutrina, Jurisprudencia e Legislação*: Anno VII, Vol. XXII, n. 195,1879, p. 395-410.

falta de independência pessoal dos juízes[903], modicidade de vencimentos e pouco rigor nas condições para a primeira investidura.

Aristides Augusto Milton[904], futuro constituinte republicano, em seu sugestivo ensaio *"Os Magistrados Brazileiros e seus Inimigos"*, iniciou o texto com uma exclamação depreciadora de um parlamentar em detrimento dos magistrados, ocorrida na sessão da Câmara dos Deputados de 15 de fevereiro de 1881: "si o peticionario não serve para magistrado, ou para frade, não póde servir para mais nada...". Explosões de gargalhadas seguiram-se. Era o sinal da "formal condenação" da classe judicial.

Ele falou que, não obstante os magistrados tivessem grandes serviços prestados ao país, seus ordenados seriam inferiores aos de muitos empregados subalternos de repartições públicas, o que envolveria um sério risco para a administração da justiça: "a exiguidade de ordenados fere a magistratura de morte". Lastimou, ainda, a existência de "magistrados, altamente protegidos", que sempre seriam designados para bons e rendosos lugares, além de serem agraciados com distinções honoríficas.

E, por fim, Aristides Milton culpou os estadistas brasileiros pela atual situação, já que faltaria empenho político e boa vontade para conduzir-se seriamente a necessária reforma judiciária, porém sobrariam retórica e meios de iludir o público com promessas vazias. Seria uma contradição inexplicável, inconformou-se, tais políticos se mirarem na Inglaterra para buscar normas de governo, mas desprezarem teimosa e completamente o tratamento conferido pelos ingleses à sua magistratura.

O desembargador Olegário Herculano de Aquino e Castro[905], juntamente com o senador Lafayette e o deputado Leandro Ratisbona, compôs uma comissão de reforma do judiciário, criada pelo governo imperial

---

[903] Especificamente quanto à falta de independência judicial, o ministro registrou: "Collocar o magistrado fora do contacto das influencias politicas, fora da acção dos interesses particulares, fora da acçao do poder e da riqueza, é dar um grande passo para a consolidação das fôrmas livres de Governo". *Idem*, p. 398.

[904] Cf. MILTON, Aristides A. *Os magistrados brasileiros e seus inimigos. O Direito: Revista Mensal de Legislação, Doutrina e Jurisprudência*: Anno X, Vol. 29, 1882, p. 12-21.

[905] O desembargador Aquino e Castro, que seria nomeado ministro do Supremo Tribunal em 1886, antes mesmo de apresentar o projeto de reforma, já indicara quais seriam suas principais diretrizes para reformulação da organização judiciária, em artigo publicado no periódico *O Direito*. Todas elas relacionadas a providências que visavam à efetivação da independência judicial, que não passaria de uma promessa no texto da Constituição.

em 1881. Na exposição de motivos do projeto de reforma, elaborada pelo magistrado na linha discursiva que tomava força e se fortalecia cada vez mais, o Poder Judiciário era concebido como condição essencial para o progresso e para o desenvolvimento da sociedade[906].

Sua reforma se resumiria a seis pontos cardeais que teriam o condão de efetivar a independência do Poder Judiciário e afastá-lo de todas as influências e intervenções: (a) a jurisdição de primeira instância seria exercida pelos juízes de direito e a de segunda instância, pelas relações; (b) a supressão dos juízes municipais; (c) as condições para criação de comarcas; (d) a primeira nomeação do juiz de direito seria feita mediante concurso público; (e) a adoção do princípio de antiguidade absoluta para regular as remoções e promoções; (f) a supressão das custas em favor dos juízes e o aumento de vencimentos.

É interessante observarmos que, passados quase sessenta anos desde a vigência do texto constitucional, juristas e políticos ainda se ocupavam com os mesmos problemas relativos ao Poder Judiciário, os quais, ao fim, centravam-se em torná-lo um poder efetivamente independente e livre das intervenções do Poder Executivo. Segundo Aquino e Castro, o objetivo central seria "firmar a independencia do Poder judiciario, segregando-o inteiramente do executivo, até hoje soberano arbitro de seus destinos"[907].

A dependência começaria pela nomeação do bacharel ao cargo de juiz pelo Poder Executivo mas se prolongaria por toda a vida funcional do magistrado. Seja pela suspensão, remoção, promoção, aposentação ou designação de outras funções ou cargos, o magistrado sofria com a imprevisibilidade de sua situação, que a qualquer momento poderia ser modificada por uma decisão de sua lavra que desagradasse certos grupos de poder ou pelo simples realinhamento das forças políticas, decorrente do processo eleitoral. Essa falta de independência, além de prejudicar o juiz individualmente, vulnerava a própria administração da justiça em geral, já que desfalcava as comarcas de seus magistrados frequentemente.

Cf. CASTRO, O. H. de Aquino e. *Reforma judiciaria. O Direito: Revista Mensal de Legislação, Doutrina e Jurisprudência*: Anno X, Vol. 28, 1882, p. 481-501.

[906] Cf. CASTRO, O. H. de Aquino e. *Reforma judiciaria. O Direito: Revista Mensal de Legislação, Doutrina e Jurisprudência*: Vol. 31, 1883, p. 162.

[907] Cf. CASTRO, O. H. de Aquino e. *Reforma judiciaria*. Vol. 31, 1883, p. 181.

Por fim, em nome da comissão de reforma judiciária, Aquino e Castro acreditava que o Poder Judiciário deveria ser reconstituído no máximo interesse da sociedade para cumprir sua verdadeira função de "palladio das liberdades"[908].

Em 1884, Leonidas Lessa voltou a criticar a intervenção do Poder Executivo, de modo que a sorte do magistrado, "em todo decurso de sua carreira, desde a nomeação até a aposentadoria", estaria entregue às "fantasias do poder executivo"[909].

Já a exposição de motivos da proposta de emenda à reforma judiciária, de 1870, pelos deputados Antonio Ferreira Vianna e Francisco Xavier Pinto Lima[910], somente veio à tona em 1888. O tema, porém, ainda era atual: todos reconheciam a necessidade de reforma judiciária, coroa, parlamento, chefes dos partidos políticos e opinião pública, cujo fim seria "restabelecer a magistratura na condição de independencia em que a Constituição politica a collocou, de maneira que, fóra de todo o temor e superior á todas as esperanças, não se preste mais a ser instrumentum regni, como infelizmente tem succedido". Os deputados afirmavam ser admirável que essa mesma reforma ainda não se tivesse realizado. E sugeriam uma razão: "Dir-se-hia que todos esses projectos e tentativas de reformas têm sido feitos com o unico intuito de manter em suspenso as legitimas esperanças do cidadão".

As visões múltiplas e variadas de atores políticos com papeis institucionais e sociais distintos, coligidas em diferentes momentos da vida do Império, mostram-nos que a garantia da independência judicial era frequentemente ameaçada, restringida ou simplesmente ignorada e violada sob diferentes prismas. Deles, dois que nos chamaram mais a atenção foram o abuso político dos institutos de remoção[911], de suspensão, de

---

[908] Cf. Castro, O. H. de Aquino e. *Reforma judiciaria.* Vol. 31, 1883, p. 215-216.

[909] Cf. Lessa, Leonidas Marcondes de Toledo. *Variedade da jurisprudencia brasileira. O Direito: Revista Mensal de Legislação, Doutrina e Jurisprudência*: Anno XII, Vol. 33, 1884, p. 20-27.

[910] Cf. Vianna, Antonio Ferreira e Lima, Francisco Xavier Pinto. *Exposição de motivos.* In: *A Reforma Judiciaria do Conselheiro Dr. Antonio Ferreira Vianna.* Rio de Janeiro: Imprensa Nacional, 1888, p. 32-33.

[911] Thomas Flory, em seu minucioso estudo sobre o Judiciário brasileiro, observou que, em 1844, quando os liberais retornaram ao poder, cerca de 52 juízes de direito, espalhados nas 116 comarcas do Império, foram transferidos em função das eleições parlamentares

aposentação e de demissão de magistrados, além da excessiva politização e falta de profissionalização dos juízes.

Quanto ao primeiro deles, em que as intervenções do Poder Executivo mostravam o seu maior peso contra o Judiciário, algumas conquistas foram obtidas no campo da independência judicial. Foram editados o Decreto nº 560, de 28 de junho de 1850, e o Decreto nº 559, de 28 de junho de 1850.

O primeiro deles instituiu a gratificação de efetivo exercício no cargo em favor dos juízes de direito, procurando estimulá-los a permanecerem e a atuarem em seus ofícios. O objetivo era deixar mais atrativo o efetivo exercício do cargo de juiz, diminuindo o poder sedutor que suscitavam nos magistrados os cargos e as funções oferecidas pelo governo central, o que trazia sérios prejuízos para a administração da justiça nas províncias[912]. Ao mesmo tempo, esse diploma normativo ajudava a combater o crônico problema dos baixos vencimentos dos juízes[913].

Já o Decreto nº 559, cuja finalidade era colocar o "juiz de direito ao abrigo do despotismo e influencia do Poder Executivo"[914], estabeleceu a divisão judiciária das províncias em entrâncias, classificando-as em três classes (primeira, segunda ou terceira entrância). Em seu art. 2º[915], o Decreto citado proibiu a prática da remoção de magistrados para comar-

---

que se realizariam proximamente. Cf. FLORY, Thomas. *Judicial politics in nineteenth-century Brazil. The Hispanic American Historical Review*: Vol. 55, n. 4, November, 1975, p. 670.

[912] O presidente da Província da Bahia, em 1841, reclamou ao governo central que, nas quinze comarcas de sua província, contavam-se apenas dois ou três juízes de direito, pois o restante estava no exercício de mandato parlamentar na Câmara dos Deputados ou em gozo de licença no Rio de Janeiro. *Idem*, p. 689.

[913] Posteriormente, a Lei nº 647, de 7 de agosto de 1852, determinou que os ministros do Supremo Tribunal de Justiça e os desembargadores das relações venceriam uma parcela fixa (ordenado) e parcela variável (gratificação de exercício), condicionada ao efetivo exercício do cargo. Cf. ARARIPE, Tristão de Alencar. *Relações do Imperio...*, p. 383.

[914] Cf. LEAL, Aurelino. *História judiciária do Brasil*. In: *Dicionário Histórico Geográfico Etnográfico do Brasil*. Vol. 1. Rio de Janeiro: Imprensa Nacional, 1922, p. 1149-1150.

[915] Essa importante limitação estava prevista no art. 2º do Decreto nº 559: "Art. 2º. Os Juizes não poderão ser removidos, sem requerimento seu, para Comarca de classe anterior; e na mesma classe, senão nos casos seguintes: § 1º. Se tiver apparecido rebellião, guerra civil ou estrangeira, ou mesmo sedição ou insurreição dentro da Provincia, ou conspiração dentro da Comarca; § 2º. Se o Presidente da Provincia representar sobre a necessidade da sua remoção, com especificadas razões de utilidade publica".

cas longínquas, inóspitas ou indesejáveis, o que implicava uma relevante restrição ao poder do governo de remover juízes livremente. A nova regulamentação inibiu significativamente a prática, mas não conseguiu abolir definitivamente o abuso governamental contra os juízes[916]. Tornaram-se menos frequentes, porém mais sutis; um exemplo pode ser extraído dos desvios cometidos por meio das promoções de magistrados, utilizadas como pretexto para removê-los, conforme atestou Aquino e Castro[917].

Isso porque a prática intervencionista contava com seus defensores. A Comissão de Justiça Criminal da Câmara dos Deputados, que examinou esse decreto, ao reconhecer que suas disposições preservariam o juiz da influência do Executivo, ressalvou que o decreto ainda reservaria ao Executivo "a accção essencial contra o magistrado que abusa da sua posição e a perverte". Mais radicalmente, no entanto, manifestaram-se os opositores do Decreto, que proibia as remoções. Os deputados Sousa Franco e Sayão Lobato se destacaram, defendendo este último que algum arbítrio ao governo na remoção dos juízes seria indispensável[918].

Godofredo Autran, por sua vez, entendeu conveniente a prerrogativa de suspender juízes, uma vez que constituiria um elemento limitador da perpetuidade no cargo. Tal possibilidade não fragilizaria a independência dos magistrados, mas, antes, serviria para reforçar a autoridade da justiça pública, sempre ameaçada por juízes caprichosos, corruptos e vingativos[919].

---

[916] Joaquim Rodrigues enumerou decretos de aposentação ou remoção de magistrados, editados em 1831, 1833, 1842, 1856 e 1863, e registrou que todos suscitaram grande debate no parlamento e na imprensa local. Verifiquemos, contudo, que o Decreto nº 560 e o Decreto nº 559 não extirparam por completo as intervenções indevidas do Executivo. Cf. Sousa, Joaquim Rodrigues de. *Analyse e commentario...* Vol. II, p. 381. José Honório Rodrigues mencionou o Decreto de 30 de dezembro de 1863, que aposentou o ministro do Supremo Tribunal de Justiça, José Antonio de Siqueira e Silva, que se opôs ao cumprimento de atos de aposentação perpetrados pelo ministro da justiça. Cf. Rodrigues, José Honório. *O centenário da Morte de Pimenta Bueno, 1803-1878. Revista de História de América*: n. 87, jan./jun., 1979, p. 186.

[917] Cf. Castro, O. H. de Aquino e. *Reforma judiciaria. O Direito: Revista Mensal de Legislação, Doutrina e Jurisprudência*: Anno X, Vol. 28, 1882, p. 494-499.

[918] Cf. Leal, Aurelino. *História judiciária...*, p. 1149-1150.

[919] Cf. Autran, Manoel Godofredo de Alencastro. *Constituição Politica...*, p. 110-111.

Quanto à incompatibilização política dos juízes, desde a década de 1840 houve algumas inciativas que foram barradas na Assembleia Geral devido, em grande medida, à força do corporativismo dos juízes parlamentares que nela atuavam em número expressivo[920]. Torná-los politicamente incompatíveis com as eleições e com a política em geral seria imprescindível para profissionalizar a magistratura, já que permitiria apartá-los da política e das questões partidárias, que tanto interferiam na sua atuação técnico-jurídica.

Conforme apontou o visconde do Uruguay[921], a incompatibilidade eleitoral dos juízes de direito e municipais somente foi estabelecida por meio do Decreto legislativo nº 842, de 19 de setembro de 1855[922], denominado de "Lei dos Círculos"[923]. Posteriormente, a incompatibilidade foi

---

[920] Joaquim Nabuco referiu-se à proposta de reforma do Judiciário elaborada por Nabuco de Araújo e apresentada na Câmara dos Deputados na sessão de 26 de maio de 1854. Dentre os temas abrangidos, figurava o das incompatibilidades dos magistrados que naufragou diante dos interesses e dos votos dos magistrados deputados. Cf. NABUCO, Joaquim. *Um estadista do Império*. Vol. I. 5. ed. Rio de Janeiro: Topbooks, 1997, p. 186 e ss. Nesse sentido, veja-se a opinião de Alencar Araripe que criticou a proibição de o magistrado candidatar-se após o advento da lei de 1850. Ele, que era magistrado, perguntava-se quais seriam os desvios da magistratura ao exercer mandato político que gerariam tanto temor. Em seu sentir, não haveria motivos para fundamentar a incapacidade política dos juízes. Enumerando dezenas de estadistas que foram dignos magistrados (Nabuco de Araújo, Bernardo Pereira Vasconcelos, visconde do Uruguay, Pimenta Bueno etc.), justificou que a classe estaria adequadamente habilitada para cuidar dos interesses da nação. Cf. ARARIPE, Tristão de Alencar. *Relações do Imperio: compilação juridica*. Rio de Janeiro: Typographia Theatral e Commercial, 1874, p. 364-366. Ver também: FLORY, Thomas. *Judicial politics...*, p. 690; CARVALHO, José Murilo de. *A construção da ordem: a elite imperial. Teatro das sombras: a política imperial*. 5. ed. Rio de Janeiro: Civilização Brasileira, 2010, p. 175 e ss.

[921] Cf. URUGUAY, Visconde do. *Estudos praticos...* Tomo I, p. 39-40.

[922] O art. 1º, § 20, da Lei dos Círculos estabelecia: "Os Presidentes de Provincia, e seus Secretarios, os Commandantes de Armas, e Generaes em Chefe, os Inspectores de Fazenda Geral e Provincial, os Chefes de Policia, os Delegados e Subdelegados, os Juizes de Direito e Munucipaes, não poderão ser votados para Membros das Assembléas Provinciaes, Deputados ou Senadores nos Collegios Eleitoraes dos Districtos em que exercerem authoridade ou jurisdicção. Os votos que recahirem em taes Empregados serão reputados nullos".

[923] A reforma eleitoral foi importante porque conseguiu alcançar seu objetivo de diminuir a influência do governo, em particular dos juízes, na Câmara. Essa reforma já mostrou seu impacto na eleição de 1856 quando o número de burocratas foi reduzido. Cf. CARVALHO, José Murilo. *A construção da ordem...*, p. 399.

estendida aos juízes de órfãos e seus substitutos, através da Lei 1.082, de 18 de agosto de 1860, e aos desembargadores, por força do Decreto nº 2.342, de 6 de agosto de 1873[924], editado pelo Poder Legislativo.

Outras medidas normativas importantes para a consolidação da independência do Poder Judiciário e para sua profissionalização foram adotadas[925]. Dentre elas, citamos a Lei nº 2.033, de 20 de setembro de 1871, também denominada de "Reforma do Judiciário", que, em seu art. 29, §§ 10 e 11, previu a aposentadoria dos magistrados, o que foi comemorado por juristas da época[926]. Essa lei somente foi regulamentada pelo Poder Executivo em 1877, através do Decreto nº 6.748, de 24 de novembro de 1877, que tratou da aposentadoria dos juízes de direito, desembargadores e membros do Supremo Tribunal de Justiça. Outra norma extremamente relevante para estruturação do Poder Judiciário foi o Decreto legislativo nº 2.114, de 1º de março de 1873, que estabeleceu os critérios para fixação da antiguidade dos magistrados e atribuiu ao Supremo Tribunal de Justiça a competência para julgá-la em relação a todos os atos dependentes da antiguidade, como acesso, remoção e promoção das entrâncias dos juízes de direito.

A despeito desse discurso em prol da independência judicial e da efetiva consolidação do Judiciário, como poder político autônomo e infenso aos demais poderes, não se conseguiu traduzi-lo numa realidade institucional nem mesmo normativa. As mudanças legislativas acima mencionadas foram necessárias à construção do Poder Judiciário independente,

---

[924] Era o que previa seu art. 4º: "Os Desembargadores são incompatíveis, no districto de sua jurisdicção, para os cargos de Senador, Deputado e membro de Assembleia Provincial, considerando-se nullos os votos que ahi obtiverem".

[925] O Decreto nº 5.233, de 24 de março de 1873, definiu regras de substituição dos juízes de direito em comarcas especiais; o Decreto nº 5.456, de 5 de novembro de 1873, criou novas relações, em Porto Alegre, São Paulo, Ouro Preto, Fortaleza e Belém, e, no dia seguinte, foi seguido pelo Decreto nº 5.457, que estruturava as relações, fixando o número, funções e vencimentos dos seus empregados. O Decreto nº 2.684, de 23 de outubro de 1875, estabeleceu a competência do Supremo Tribunal de Justiça para editar assentos com força de lei, e foi regulamentado pelo Decreto nº 6.142, de 10 de março de 1876, editado pelo Executivo. Para uma visão geral sobre o tema, vide: LEAL, Aurelino. *História judiciária...*, p. 1143-1158.

[926] Cf. ARARIPE, Tristão de Alencar. *Relações do Imperio...*, p. 375.

mas não atingiram o resultado pretendido, isto é, foram insuficientes. Outros tantos projetos sequer saíram do papel[927].

Indagar as razões que justificaram a inércia política merece, por certo, uma investigação específica. No entanto, podemos identificar certos rastros que convergem para caracterização de uma vontade política, de uma determinada parcela do poder político, que efetivamente teria condição de fazer a reforma judiciária realizar-se, implementando a independência judicial, mas que preferiu deixar o sistema judicial no estágio em que se encontrava a inovar-lhe as estruturas. Magalhães Castro[928], desse contexto político, sentenciara: havia uma "guerra surda" contra a magistratura devido à "injusta desconfiança dos nossos Estadistas contra os Magistrados, cujo abatimento tem sido sempre o alvo de todos os Partidos politicos no Brazil". A desconfiança, por sua vez, conduziria à restrição institucional do Poder Judiciário e à sua "mesquinha condição de dependencia", que afetaria desde os ministros do Supremo Tribunal de Justiça até os juízes de início de carreira.

E a razão para isso está em que um Poder Judiciário, constituído sob "organização larga e forte" e em "larga base de independência", conforme expressões de Lafayette Pereira, significaria o realinhamento da lógica dos poderes, pois, conforme o próprio ministro antevira e, provavelmente, muitos se não todos parlamentares o sabiam: "Uma magistra-

---

[927] Antonio Ferreira Vianna e Francisco Xavier Pinto Lima aludiram à dificuldade que era implementar uma reforma judiciária: "Desde 1843, que se succedem nas duas casas do parlamento projetos de reforma judiciaria que, remettidos á commisões, sujeitos á dicussão, ou adiados, têm sido todos esquecidos". Destacaram, ainda, os parlamentares que a coroa recomendava constantemente a reforma judiciária; os estadistas do país também, independentemente de serem conservadores ou liberais; a opinião pública lhe favorecia; os chefes de todos os partidos políticos a confessavam. Porém, "realmente admira que se não tenha realizado". Será que todos esses projetos de reforma se destinariam simplesmente a manter "em suspenso as legitimas esperanças do cidadão", perguntavam-se os deputados deixando a dúvida no ar. Cf. VIANNA, Antonio Ferreira. *A reforma judiciaria do conselheiro dr. Antonio Ferreira Vianna*. Rio de Janeiro: Imprensa Nacional, 1888, p. 31-32.

[928] Cf. CASTRO, José Antonio de Magalhães. *Projectos de lei para organisação judiciaria e reforma do art. 13, § 2º, da Lei de 20 de setembro de 1871*. Rio de Janeiro: Typographia Perseverança, 1877, p. 7 e ss.

tura perfeitamente independente, que seja a garantia de todos, tem uma grande influencia no exercicio dos poderes politicos da nação"[929].

6.3.2. Interpretação judicial

A interpretação jurídica, ao lado da independência da magistratura, configura requisito fundamental à adoção e à prática do controle judicial da constitucionalidade. No entanto, o tema da interpretação não é tão simples conforme tem sido majoritariamente retratado pela história constitucional brasileira (Item 1.1).

Não podemos nos limitar a simplesmente reproduzir aquele discurso convencional de que o controle judicial não se verificou no sistema de governo imperial, porque a Constituição, no art. 15, VIII, atribuiu à Assembleia Geral o poder de interpretar as leis e aos juízes outorgou a aplicação das leis (art. 152). A complexidade das relações institucionais, o papel político e social exercido pelo juiz e as lacunas e as contradições da legislação civil brasileira, que sequer codificada fora, não se deixam amoldar a essa narrativa histórica. Foi tudo mais complexo[930].

Diferentemente do sistema jurídico francês, em que o processo de codificação estava bem avançado, em 1824, após a Independência e a outorga da Constituição do Império, o Brasil daria ainda seus primeiros passos em matéria de legislação e de codificação. Os primeiros códigos foram o Código Penal e o Código de Processo Penal, editados em 1830 e 1832, respectivamente. A legislação, especialmente a legislação civil, era caótica, confusa, lacunosa e contraditória. O Código Civil somente seria editado sob a vigência do regime constitucional republicano. O juiz, portanto, via-se na obrigatoriedade de interpretar o direito existente para julgar o caso concreto, especialmente em matéria cível. Mas esse não foi um grande problema.

---

[929] Cf. PEREIRA, Lafayette Rodrigues. *Reorganisação da magistratura...*, p. 398.

[930] Andrei Koerner, em excelente pesquisa sobre o tema, mostrou os paradoxos e as tensões que assolavam o juiz. Além de sua função típica de julgador, o magistrado acumulava a função de articulador político-social, isto é, ele seria investido de uma nítida função política e, nesse sentido, seria um verdadeiro agente político e representativo do governo central imperial nas localidades onde exercesse seu ofício jurisdicional. Cf. KOERNER, Andrei. *Judiciário e cidadania na constituição da república brasileira (1841-1920)*. 2. ed. Curitiba: Juruá, 2010, p. 50 e ss.

O CONTROLE DA CONSTITUCIONALIDADE DAS LEIS NO IMPÉRIO

Do ponto de vista do pensamento constitucional, verificamos a tensão existente no próprio conceito de "interpretar", que, repleto de historicismo, revelava compreensões distintas e não significou, na prática, a absoluta proibição da interpretação das leis pelos juízes. É justamente sob esse aspecto que a tensão entre o modelo constitucional de referência francês e a prática judicial brasileira mais se evidencia.

Juristas, a exemplo de Lourenço José Ribeiro, Avellar Brotero, Silvestre Pinheiro, Ramon Salas e José Paulo Figueiroa Nabuco de Araújo, seguindo à risca a teoria de Montesquieu, defenderam uma rígida e estanque concepção do princípio da separação dos poderes. De acordo com o respectivo modelo constitucional de referência, eles compreenderam que, na organização política do Estado, ao Poder Judicial caberia aplicar as leis, sem tergiversação ou sem descer às dificuldades da prática judicial que, no mínimo, exigiria desses autores explicações complementares.

De outro lado, o amadurecimento institucional e a experiência jurídica conduziram alguns deles e outros tantos juristas, como Pimenta Bueno e Francisco de Paula Baptista, a reconhecerem a possibilidade de os juízes realizarem a interpretação exclusivamente limitada à resolução do caso concreto, isto é, desde que não se tornasse aquela decisão individual uma decisão geral.

Com isso, desponta-nos uma segunda ordem de investigação, essencial ao tema do controle judicial da constitucionalidade. Aceita a premissa de que o juiz poderia interpretar as leis para julgar o caso concreto, não se toleraria, contudo, que sua decisão tivesse efeito geral, estendendo-se a casos futuros. A questão se tornaria delicada quando, decidida, a causa fosse submetida à apreciação do Supremo Tribunal de Justiça, em grau recursal. Instância máxima do Poder Judiciário, o Supremo deveria julgar soberana e definitivamente a questão? Eis aí o problema. Resolver, em definitivo, a questão judicial não implicaria vincular juridicamente os juízes e as relações? Em caso positivo, a interpretação judicial não adquiriria efeitos gerais, substituindo-se à lei preexistente, editada pela Assembleia Geral? Não se constituiria tal prática usurpação das funções do legislador?

Para compreendermos esses dilemas constitucionais, precisamos avaliar melhor, de um lado, como se desenvolveu o pensamento constitucional brasileiro, quanto à interpretação das leis e suas definições conceituais, e, de outro lado, a repercussão institucional que o conceito de interpretação e o pensamento constitucional tiveram na concepção do Supremo Tribunal de Justiça e em suas atribuições.

Anteriormente, ao discutirmos o modelo constitucional de referência consagrado na Constituição de 1824, falamos que foi predominante a influência francesa, particularmente a doutrina de Montesquieu, na Constituinte de 1823 e na Constituição de 1824. A compreensão rígida e pouco flexível do princípio da separação dos poderes, no qual o Poder Judiciário não foi concebido com a mesma distinção política nem relevância institucional que os Poderes Executivo e Legislativo, irradiou-se entre constituintes e autores da Constituição e fincaria raízes profundas[931].

O Poder Judiciário foi estruturado com dependência do Poder Executivo e com a função primordial de aplicar as leis civis e criminais. Em consequência, a organização dos tribunais seguiria essa mesma premissa, de modo que o Supremo Tribunal de Justiça foi concebido em termos tais, que o exercício de suas atribuições jamais extrapolaria as disposições constitucionais e, sobretudo, concorreria com as funções legislativas da Assembleia Geral.

Desse mesmo pensamento não se distanciaram os parlamentares que debateram e elaboraram a Lei de 18 de setembro de 1828, que criou o Supremo Tribunal de Justiça. De uma maneira geral, podemos dizer que eles estiveram presos à tradição judicial portuguesa e tiveram pouca iniciativa quanto à possibilidade de construir um sistema judicial novo, dotado de maior largueza institucional.

No que tange à questão mais específica da interpretação jurídica e das atribuições institucionais, formaram-se duas posições.

De um lado, despontaram aqueles deputados que se inspiraram na experiência do Poder Judiciário norte-americano e inglês, para justificarem a criação do Supremo Tribunal de Justiça com maior projeção ins-

---

[931] Lembremo-nos, dentre outros, do deputado Antônio Carlos Ribeiro de Andrada Machado e Silva, um dos mais notáveis membros da Constituinte, que foi adepto da divisão rígida e compartimentalizada dos poderes políticos, que não permitia ao Judiciário qualquer margem discricionária em face da aplicação da lei ao caso concreto, ainda que a lei sofresse de flagrante injustiça: "Os Magistrados applicão as Leis; se ellas são injustas nós as revogaremos; mas antes executem-nas". Cf. BRASIL. *Diário da Assembléia Geral, Constituinte e Legislativa do Império do Brasil (1823)*. Tomo I. Brasília: Senado Federal, 2003, p. 39.

titucional. Foi o caso do deputado Paula Sousa[932], que, citando a experiência dessas duas nações civilizadas, dotada de um sistema judiciário excelentemente constituído, procurou aprovar uma emenda que vincularia o tribunal inferior ao julgamento do Supremo, quando este decidisse que a sentença fosse nula ou injusta.

Para o deputado Paula Sousa, seria impossível que o Supremo cumprisse sua destinação institucional de instância uniformizadora do direito se, diante da declaração de nulidade ou da injustiça de uma sentença, se permitisse às relações julgarem essa mesma sentença válida ou justa, isto é, contrariar a decisão do Supremo. O objetivo de aquele tribunal "coarctar ou sanar os erros dos tribunais inferiores" seria ilusório[933]. Além do mais, sua proposta de vinculação das relações permitiria apurar a responsabilidade dos magistrados pelo julgamento nulo ou injusto[934].

O deputado Costa Aguiar[935] somava-se ao pequeno grupo dos que pretendiam instituir papel institucional mais relevante para o Supremo Tribunal de Justiça. Para além da discussão daquele projeto, o deputado lembrou que chegaria o tempo em que os legisladores deveriam propor a alteração da própria Constituição, já que as atribuições por ela previstas para o Supremo Tribunal quanto à concessão e à denegação de revistas estariam bem aquém do potencial e dos benefícios que ele poderia produzir. À luz dos valores do bem público e da justiça, ele sustentou que seria "melhor que as sentenças fossem ali mesmo reformadas e revistas, estando nos termos desta concessão".

A vasta maioria, contudo, logo opôs o art. 164, I, da Constituição do Império contra tais propostas. O Supremo Tribunal de Justiça fora concebido com a natureza de corte de cassação. Sua feição institucionalmente

---

[932] Cf. BRASIL. *O legislativo e a organização do Supremo Tribunal...*, p. 188 e ss.

[933] Paula Sousa provocou seus opositores: "Julgando o Supremo Tribunal que a sentença é nula, sendo ela outra vez julgada válida, produzirá o bem a que nos propomos? Depois não será um desprezo feito ao Tribunal Supremo a revogação de sua decisão?". *Idem*, p. 100-103.

[934] Posteriormente, o mesmo deputado Paula Sousa responsabilizaria as falhas da lei, em função do parâmetro constitucional escolhido: "Eu entendo que este Tribunal Supremo de Justiça é uma imitação do Tribunal de Cassação da França, porque este artigo é tirado da Constituição de Lisboa; a Constituição de Lisboa tirou da Constituição de Espanha; e esta tirou da da França". *Idem*, p. 100-101.

[935] *Idem*, 183-187.

HISTÓRIA DO CONTROLE DA CONSTITUCIONALIDADE DAS LEIS NO BRASIL

retraída, segundo alegavam[936], seria uma exigência da própria Constituição, que além de limitar a apreciação do recurso de revista à concessão ou à denegação, estabelecera, no art. 158[937], que as relações tinham a competência de julgar em segunda e última instância. Desse modo, jungir o Supremo Tribunal de Justiça com prerrogativas de julgar direta, definitiva e soberanamente os acórdãos por ele anulados em sede de recurso de revista, por injustiça notória e nulidade manifesta, representaria criar uma terceira instância, o que violaria o princípio consagrado na Constituição do duplo grau de jurisdição[938].

É interessante observarmos, ainda, alguns detalhes das considerações realizadas nesse debate, porque nos revelam elementos sobre a compreensão da intepretação judicial, sobre a dimensão institucional do Supremo Tribunal de Justiça, sobre o recurso de revista, sobre a preeminência imperial e a metafísica constitucional, bem como sobre o esforço de não criar-se um tribunal de cúpula que pudesse fugir ao controle imperial.

Nesse contexto, destacamos a manifestação do deputado Almeida e Albuquerque, que reivindicou a primazia da soberania popular e a limitação da liberdade dos juízes ao estrito teor da lei, com o fim de impedir qualquer margem de discricionariedade judicial: "é do interesse político que se não autorize um juiz a fazer-se superior à lei, e a ordenar o contrário do que a lei ordena"[939]. Com entendimento similar, o deputado

---

[936] O deputado Teixeira Gouveia contestou vigorosamente, dizendo que, nos termos da Constituição, não se admitiria que a revista consistisse em reformar ou declarar nula a sentença, devendo o processo voltar à relação para receber a última decisão, porquanto o Supremo não emitiria juízo definitivo. O deputado Bernardo Pereira de Vasconcelos entrou nessa discussão e afirmou que o Supremo "não pode dar sentença final no caso de revista, porque diz a Constituição conceder ou denegar revistas", mesmo achando que a solução da Constituição não fosse boa. O deputado Almeida e Albuquerque concordou, acrescentando que conferir-se poder ao Supremo para julgar as revistas acarretaria a criação de uma terceira instância, o que seria contra a Constituição. O parlamentar Lino Coutinho atacou a proposta de Paula Sousa, por entendê-la contrária à Constituição; seria uma terceira instância. O deputado Xavier de Carvalho também sustentou a inconstitucionalidade da proposta de o Supremo ser autorizado a julgar as revistas. *Idem*, p. 100-105.
[937] Previa o art. 158 da Constituição "Para julgar as Causas em segunda, e ultima instancia haverá nas Provincias do Imperio as Relações, que forem necessarias para commodidade dos Povos".
[938] Cf. BRASIL. *O legislativo e a organização do Supremo...*, p. 150-151, p. 180-183 e p. 191-194.
[939] *Idem*, p. 36.

O CONTROLE DA CONSTITUCIONALIDADE DAS LEIS NO IMPÉRIO

Custódio Dias sugeriu que se reduzissem, ao máximo, os poderes discricionários dos juízes, quanto ao cabimento do recurso de revista: "quisera até que com eles se acabasse, se é possível, porque temos visto o poder discricionário ir ao infinito"[940].

Revelando as tensões mencionadas acima, o senador marquês de Caravelas proclamou que o Supremo Tribunal de Justiça seria "um Argos vigilante que observa a justa aplicação da lei"[941], o "santuário da justiça", e que o verdadeiro fim do recurso de revista seria "sustentar a harmonia e uniformidade da aplicação das leis"[942]. No entanto, o marquês de Caravelas foi contrário a que o Supremo realizasse a "inspeção do Poder Judiciário"[943] e a que "todas as resoluções deste Poder devem vir a ele para manter a uniformidade da nossa jurisprudência". Em sua visão, o objetivo da lei em votação seria determinar as atribuições constitucionais, em especial as de conceder e denegar revistas. A vigilância geral sobre o Poder Judiciário, essa competência pertenceria ao imperador.

Essa compreensão das funções institucionais do Supremo Tribunal de Justiça, contudo, foi posta em xeque pelo visconde de Alcântara[944]. O ex-chanceler da Casa de Suplicação e ex-constituinte de 1823 aludiu ao caráter manco e contraditório do projeto de lei. Ele propôs que se criassem outros requisitos para o cabimento da revista, tais como "contravenção expressa da lei" e "contrariedade de outra sentença dada em última instância entre as mesmas partes", para que se assegurasse a uniformidade de julgar em todas as causas.

Foi de imediato contraditado pelo visconde de Inhambupe, constituinte de 1823 e um dos redatores da Constituição de 1824[945]. O visconde alegou que tal uniformidade jamais seria atingida, posto que desejável. Primeiro, porque ao Supremo Tribunal não caberia julgar, mas apenas denegar ou conceder revistas. Segundo, e mais importante sob o nosso ponto de vista, porque a interpretação autêntica seria atribuição da com-

---

[940] *Idem*, p. 34.
[941] *Idem*, p. 231-234.
[942] *Idem*, p. 208-213.
[943] *Idem*, p. 213.
[944] *Idem*, p. 232-233.
[945] *Idem*, p. 233-234.

petência do Poder Legislativo, embora o juiz detivesse a competência para realizar a interpretação doutrinal.

Desse modo, é importante observarmos como, desde sua fase gestacional, o debate em torno da projeção institucional do Supremo Tribunal de Justiça suscitava uma sensível tensão jurídica e política. De um lado, na esteira da tradição jurídica luso-brasileira, seriam suas atribuições limitadas ao que a Constituição estritamente dispunha, de modo que se instituiria uma corte de cassação, particularmente competente para conceder ou denegar o recurso de revista e sem julgar o mérito recursal, arriscando-se falhar o cumprimento de sua missão institucional de uniformizar a aplicação do direito. De outro lado, rompendo com a tradição, o Supremo seria transformado em corte de revisão (e não apenas de cassação), o que envolveria o risco de instituir-lhe competências que ou afrontariam a preeminência imperial, sujeitando o Poder Executivo à jurisdição do Judiciário, ou que se tornariam conflitantes com o Poder Legislativo, investido da função de realizar a interpretação autêntica, ou seja, a interpretação com eficácia geral.

Essa concepção parece encaixar-se, ainda, com a posição manifestada pelo visconde de São Leopoldo[946], que defendeu a prerrogativa imperial de nomear os presidentes do Supremo Tribunal. A participação do imperador no Judiciário não afrontaria sua independência conforme demonstraria a experiência da Inglaterra, onde o rei seria o supremo magistrado e a liberdade gozaria de toda proteção e respeito. Tal suposta forma de intervenção, explicou o visconde, seria corolário da forma ideal de constituir-se o Poder Judiciário, segundo a qual suas atribuições tenderiam para um centro comum, o imperador.

Em suma, a preeminência imperial e a metafísica constitucional, a nosso ver, moldaram de tal forma a constituição do Supremo Tribunal de Justiça e o pensamento constitucional da maioria dos deputados e senadores, que nos parece clara a finalidade de conceber esse tribunal como instituição subserviente ao poder político e ao imperador, não lhe podendo, em tempo algum, representar uma ameaça ao exercício do poder.

---

[946] *Idem*, p. 216.

O CONTROLE DA CONSTITUCIONALIDADE DAS LEIS NO IMPÉRIO

É preciso, ainda, aprofundarmos uma distinção feita pelo visconde de Inhambupe, que nos remete à já referida análise conceitual do termo "interpretar", bem como a tensão gerada por esse conceito na concepção de um tribunal de cúpula.

Nossos primeiros comentaristas da Constituição não aprofundaram a temática da interpretação judicial das leis. Estavam mais presos à formulação de Montesquieu, segundo a qual a atividade do juiz se resumiria à mera aplicação da lei. Assim ocorreu com José Paulo Figueirôa Nabuco de Araújo[947], que, repetindo o texto constitucional, limitou-se a afirmar que os juízes teriam por ofício a aplicação das leis, ao passo que à Assembleia Geral caberia fazê-las e interpretá-las.

De forma similar, Lourenço José Ribeiro[948], de acordo com a natureza dos atos do Estado (querer/pensar e obrar/executar), afirmou que, não obstante a Constituição, existiriam apenas os Poderes Legislativo e Executivo[949]. O Judiciário seria um poder secundário, não tendo a mesma estatura e dignidade institucionais.

Em sua visão, os magistrados se limitariam a julgar as ações em conformidade com o teor literal da lei, isto é, simples aplicação da lei. Já o Poder Legislativo teria por principal função fazer as leis, suspendê-las, revogá--las e interpretá-las[950]. A interpretação, que constituiria ato de natureza legislativa, somente teria lugar para explicar a "obscuridade da Lei". Em suma, além de ser um simples ramo vinculado ao Executivo, o Poder Judiciário fora destituído de qualquer atribuição de interpretação das leis.

José Maria de Avellar Brotero não trouxe nenhuma nova contribuição ao tema da interpretação das leis. É certo que sua *A Philosophia do Direito Constitucional* seria mais propriamente uma obra de direito público universal do que de análise da Constituição. No entanto, podemos observar

---

[947] Cf. ARAUJO, José Paulo Figueirôa Nabuco de. *Dialogo constitucional brasiliense*. 2. ed. Rio de Janeiro: s/ed, 1829, p. 9 e p. 189.

[948] Cf. RIBEIRO, Lourenço José. *Análise da Constituição Política do Império do Brasil (1829)*. *Arquivo do Ministério da Justiça*. Rio de Janeiro: Ano 34, n. 142, p. 1-155, abr/jun, 1977, p. 2-6.

[949] Em seu texto, ao utilizar a palavra "arbitrário" para descrever os diversos tipos de organização do poder, Lourenço não pretende caracterizar sua ilegitimidade ou desconformidade com o direito, mas apenas enfatizar a liberdade que o poder soberano, no ato de criação da Constituição, detém para amoldar a divisão dos poderes conforme as particularidades de cada nação.

[950] *Idem*. p. 60.

que ele seguia a tendência geral do pensamento jurídico da época, reservando ao Poder Judiciário posição de inferioridade no cenário institucional, enquanto que ao Executivo e ao Legislativo foi reservado o protagonismo institucional.

Avellar Brotero tinha a convicção de que existiam apenas dois poderes, o Legislativo e o Executivo[951]. O Poder Judiciário, no fundo, seria um mero executor das leis; e os juízes, agentes governamentais cuja missão seria aplicar as leis cíveis e criminais. A influência de Montesquieu em sua concepção da separação dos poderes fica-nos clara em seu exame sobre o poder de agraciar, de conciliar a lei geral com a equidade. Avellar Brotero[952] não aceitou que fosse tal prerrogativa atribuída ao Judiciário: "seria um abuso, pois era torná-lo arbitrário e tirar-lhe a beleza, que existe na obrigação da aplicação da pena". Caberia, segundo o conselheiro Brotero, ao chefe do Executivo o poder de agraciar, que saberia equilibrar a justiça e o interesse de Estado, de maneira independente.

Ramon Salas[953] foi outro publicista de grande influência no direito brasileiro que absorveu as lições de Montesquieu. A missão institucional do Poder Judiciário se reduziria à aplicação da lei aos casos particulares de modo literal e sem qualquer espécie de interpretação ou comentário. Sua natural preocupação era a de que, por meio de eventual interpretação judicial, fossem usurpadas as atribuições do Poder Legislativo e violadas as liberdades individuais.

Silvestre Pinheiro[954], a sua vez, considerou que interpretar as leis seria uma atribuição de natureza legislativa, que somente se justificaria na hipótese de obscuridade da lei[955]. A "lei escura", que daria margem à intepretação, seria "qualquer lei de que se verificar não ter obtido na

---

[951] É bem verdade que as Constituições, tal qual ocorreu com a do Império do Brasil, seriam livres para instituir quantos poderes bem entendessem. Cf. Brotero, José Maria de Avellar. *Filosofia de direito constitucional (1842)*. São Paulo: Malheiros, 2007, p. 44.

[952] *Idem*, p. 58-59.

[953] Cf. Salas, Ramon. *Lições de direito público constitucional para as escolas de Hespanha*. Trad. D. G. L. D'Andrade. Lisboa: Typographia Rollandiana, 1822, p. 150 e ss.

[954] Ferreira, Silvestre Pinheiro. *Observações sobre a constituição do Imperio do Brazil e sobre a Carta Constitucional do Reino de Portugal*. 2. ed. Paris: Rey e Gravier & J. P. Aillaud, 1835, p. 116.

[955] Cf. Ferreira, Silvestre Pinheiro. *Questões de Direito Publico e Administrativo, Philosophia e Litteratura*. (Parte I). Lisboa: Typographia Lusitana, 1844, p. 35-40.

totalidade dos casos, em que della tiverem feito applicação as autoridades administrativas ou judiciaes, uma intelligencia uniforme em dois terços, ao menos, das decisões daquellas duas autoridades, não so conjuncta, mas tambem separadamente supputada"[956].

Ele ainda advertiu que a interpretação legislativa, nos termos da Carta, "não versará sobre o ponto de facto, de qual tinha sido a mente com que a lei foi por seos autores coordenada". Certificada pelas cortes sua obscuridade, a lei em questão seria declarada nula, devendo a interpretação legislativa, que assumiria a forma de nova lei, passar a reger os casos futuros.

Silvestre Pinheiro vislumbrara que o Supremo Tribunal de Justiça[957], cujo paradigma foi a *Cour di Cassation* da França, que representara um dos maiores símbolos revolucionários contra o governo absoluto, tinha dois objetivos fundamentais: oferecer às partes recursos das nulidades dos processos ou das sentenças dos juízes de última instância; assegurar a uniformidade da legislação pela conformidade da interpretação. Para Silvestre, o Supremo mal atendia ao primeiro objetivo e, quanto ao segundo, vaticinou: seria quimérico de fato e "anti-jurídico" em princípio.

Quimérica a pretensão de uniformização do direito por meio da interpretação unificadora, não só porque, no curso do tempo, os membros do Supremo Tribunal seriam substituídos, modificando-se, em consequência, a própria jurisprudência. Antijurídico porque a intenção dos jurisconsultos teria partido de princípio contrário ao direito: ou a lei seria clara e não precisaria de interpretação pelo tribunal, ou a lei seria "escura", cabendo unicamente ao Poder Legislativo interpretá-la ou substituir-lhe por uma clara. Em ambas as situações, o tribunal não atingiria o objetivo de uniformizar o direito.

Silvestre Pinheiro também imaginou a possibilidade de os membros do Supremo Tribunal errarem em seu julgamento ou decidirem por motivação política. Daí, não se admitir que seus julgados vinculassem os juízes. A se conceber que o Supremo Tribunal interpretasse a lei no caso concreto, fixando seu sentido com força vinculante, isso implicaria

---

[956] FERREIRA, Silvestre Pinheiro. *Projectos de Ordenações para o Reino de Portugal*. Tomo I. Paris: Officina Typographica de Cam, 1831, p. 176-177.

[957] Cf. FERREIRA, Silvestre Pinheiro. *Questões de direito publico e administrativo, philosophia e litteratura*. Parte I. Lisboa: Typographia Lusitana, 1844, p. 30-33.

que os juízes "trahiriam o seo juramento, se applicassem a lei n'outro sentido differente d'aquelle que intendem em suas consciencias ser o verdadeiro"[958].

Mesmo que a lei fosse injusta, deveriam os juízes aplicá-las, por mais que isso lhes repugnasse a inteligência. Para tanto, Silvestre apelava para o argumento da autoridade legitimada a dizer o direito por último: seria uma exigência da ordem pública que se fixasse um ponto no qual os recursos chegassem ao fim, um único centro de decisão. E esse lugar residiria no Poder Legislativo, sem prejuízo da faculdade de exercer-se o direito de petição contra a lei injusta, que afinal poderia ser revogada e substituída por outra lei justa.

Pedro Autran, catedrático da Faculdade de Direito do Recife, destacou que ao Poder Legislativo caberia fazer as leis e interpretá-las, quando fossem obscuras[959]. No entanto, ele desenvolveu um pouco mais o argumento, a partir daquela distinção básica entre as duas formas de interpretação, mencionada pelo visconde de Inhambupe: a "autêntica" e a "doutrinal"[960]. A primeira compreenderia o direito de o Poder Legislativo "declarar o sentido de uma lei por meio de outra", pois somente ele poderia estabelecer regras gerais e obrigatórias. Já a doutrinal consistiria "na indagação methodica do verdadeiro sentido da lei, feita pelo jurisconsulto, e motivada com razões", sem efeito vinculante ou obrigatório.

É curioso que ele não tenha explicitado o poder de o juiz realizar a interpretação doutrinal, talvez pelo fato de sua formação jurídica francesa conduzi-lo à pressuposição de um sistema completo e perfeito de regras que tornaria desnecessário tamanho esforço por parte do juiz e, também, por sobrevalorizar a ação de aplicar a lei ao caso concreto como essência da função de julgar. Posteriormente, na segunda edição de *Elementos*, Pedro Autran[961] reforçou a concepção de que o juiz não criaria direito entre as partes, apenas o declararia; o magistrado deduziria do preceito geral da lei o preceito aplicável ao caso concreto: "julgar não he

---

[958] *Idem*, p. 32-33.

[959] Cf. ALBUQUERQUE, Pedro Autran da Matta. *Elementos de direito publico*. Recife: Typ. Imparcial, 1849, p. 22-23.

[960] *Idem*, p. 45.

[961] Cf. ALBUQUERQUE, Pedro Autran da Matta. *Elementos de direito publico universal*. 2. ed. Recife: Ed. Guimarães & Oliveira, 1860, p. 45-47.

fazer a lei". No entanto, passada em julgado, a decisão se faria lei entre as partes.

Diante dessa moldura teórica, Pedro Autran explicava que a finalidade institucional do Supremo Tribunal de Justiça seria remediar eventuais violações à lei ou abusos praticados pelos magistrados. Esse tribunal seria a autoridade judiciária superior, que concederia ou denegaria revistas, sem, contudo, julgar o fato litigioso entre as partes. Essa sua posição provavelmente se pautava no fato de ele não admitir qualquer eventual concorrência entre o Legislativo e o Judiciário no que tange à criação, à suspensão, à revogação e à interpretação das leis. Não estava só.

Pimenta Bueno, em seu *Direito Publico*, analisou detalhadamente o tema da interpretação, revelando claramente a tensão existente entre interpretação judicial e competências do Supremo Tribunal de Justiça, bem como o problema de definir quem seria a legítima autoridade para dizer o que o direito significaria em última instância. Com efeito, ele inovou ao defender, ainda com certa timidez, a prerrogativa de os juízes interpretarem as leis e o direito no âmbito do caso concreto, desde que indispensável à solução da lide, aprofundando a distinção conceitual entre interpretação doutrinal e autêntica. A interpretação doutrinal ou "judiciária propriamente dita" seria a "faculdade que a lei deu ao juiz, e que por isso elle tem, de examinar o verdadeiro sentido, o preceito da lei, ou dos principios do direito, e de applica-lo á questão ante elle agitada tal qual o comprehende, e sob sua responsabilidade"[962].

Não se confundiria com a interpretação autêntica, "por via de auctoridade, por medida geral, abstracta ou authentica", que determinaria o verdadeiro sentido da lei e afastaria qualquer dúvida em sua aplicação. Essa interpretação seria da exclusiva competência do Poder Legislativo, não só porque a Constituição assim o dispunha (art. 15, VIII), mas sobretudo por causa da "natureza de nosso governo, divisão e limites dos poderes politicos", pois somente "o poder que faz a lei é o unico competente para declarar por via de autoridade ou por disposição geral obrigatoria o pensamento, o preceito della". A interpretação autêntica, destarte, con-

---

[962] Cf. BUENO, José Antônio Pimenta. *Direito publico brazileiro...*, p. 78.

figuraria um ato de "estabelecer o direito", cuja competência pertenceria ao Poder Legislativo[963].

A impossibilidade de as leis tudo preverem e o dever institucional de decidir o caso concreto[964] obrigariam o aplicador a recorrer a analogias, princípios gerais do direito e equidade; impunha-se a necessidade prática de interpretar as leis, deduzindo-se de suas disposições abstratas os critérios para resolver o caso concreto e distribuir justiça.

Por mais que ele reconhecesse que o magistrado não deveria "obedecer senão á lei, e o direito" (e não apenas a lei, conforme usualmente estava expresso nos manuais) e reforçasse que os juízes poderiam suprir as lacunas legais com os "principios de direito e da equidade" e "estabelecer sua intelligencia doutrinal"[965], Pimenta Bueno não abriu mão de reafirmar a imperiosa vinculação legal a que estava sujeito o juiz: o primeiro e mais sagrado dos deveres do magistrado era observar rigorosamente as leis independentemente do juízo de valor sobre a lei: "A lei está feita, seja boa ou má, os direitos e obrigações contão com ella qual é, applique-a pois o magistrado, e responda pelo uso que fez da autoridade que a constituição conferio-lhe, autoridade propria, directamente delegada pela nação"[966].

Entretanto, Pimenta Bueno hesitava. E a razão, como vimos no capítulo anterior, residiria na preeminência imperial que marcava sua teoria constitucional. Destarte, mesmo na hipótese de lacuna da lei, ele compreendeu que a interpretação doutrinal se aproximaria da atividade de criar leis e, a rigor, deveria pertencer ao Poder Legislativo. Porém, o risco de permanecerem os processos eternamente inconclusos e de o legislador tornar-se uma autoridade tirânica, com o acúmulo de funções judiciais, recomendaria atribuir-se aos magistrados a prerrogativa de interpretar a lei, nos estritos limites do processo.

Os juízes, em contrapartida, não poderiam generalizar os efeitos de suas decisões ou tomá-las por disposição geral e obrigatória em subs-

---

[963] *Idem*, p. 69-70.

[964] Pimenta Bueno repudiou a falta de decisão judicial, motivada por suposta falta de leis ou por sua obscuridade, já que tal situação teria o mesmo efeito de autorizar-se o juiz a denegar justiça. *Idem*, p. 77-78.

[965] *Idem*, p. 333.

[966] Cf. BUENO, José Antônio Pimenta. *Direito publico brazileiro...*, p. 78-83.

tituição à lei. Essa tensão infiltrara-se no âmago da cuidadosa reflexão de Pimenta Bueno. Sem interpretação, não poderiam os juízes decidir os casos litigiosos. Mas a interpretação poderia conduzir-lhes a determinado patamar institucional, que permitiria ao Judiciário concorrer com a Assembleia Geral e, pior ainda, com o imperador, no exercício da ampla função do poder legislativo. Pimenta Bueno ressaltou que os juízes, por meio da interpretação doutrinal, não poderiam entrar em conflito com a autoridade imperial e legislativa de criar e de interpretar as leis. Se isso ocorresse, o Poder Judiciário usurparia a atribuição do Legislativo e a vontade do povo, ainda que se tratasse da interpretação doutrinal a qual de alguma forma associaria os juízes aos legisladores[967].

Era inegável a implicação política de que se revestia o problema da interpretação jurídica, já que estava em jogo a definição da autoridade de dizer o direito por último.

Essa tensão, inerente à interpretação judicial, que está na base do pensamento constitucional de Pimenta Bueno, desaguou em sua concepção do Supremo Tribunal de Justiça. Ele pensaria, através de mecanismos institucionais, em formas de conter eventual expansionismo do Poder Judiciário e, sobretudo, de seu órgão máximo, o Supremo Tribunal de Justiça. Essa "bella instituição", dotada de caráter misto político e jurídico, seria "o centro unico da administração da justiça civil, comercial e criminal, como nexo de sua unidade, de sua uniformidade", não obstante a crítica de Silvestre Pinheiro acima mencionada.

Para Pimenta Bueno[968], a função política do Supremo prevaleceria sobre a judiciária, tornando-o "um censor das sentenças da religiosa observancia do direito, da uniformidade da applicação da lei, sem o que esta não seria igual para todos". A condição de "centro único da administração da justiça das leis civis, criminais e comerciais" não lhe autorizaria, todavia, revestir-se de expressão institucional tal, a ponto de editar decisões que vinculassem os demais tribunais ou, num segundo momento, que configurassem o controle da constitucionalidade das leis. Antes, sua aptidão institucional se destinaria a "defender a lei, firmar a vontade do legislador, estabelecer a verdadeira interpretação doutrinal".

---

[967] *Idem*, p. 70-77.
[968] *Idem*, p. 81.

Nesse ponto, podemos perceber as limitações institucionais na moldura jurídica e constitucional com que Pimenta Bueno apresentou o Supremo Tribunal de Justiça. Primeiro, ele foi categórico quanto às restrições impostas ao tribunal pelo parâmetro da legalidade: "cumprir impreterivelmente a obrigação sagrada de não desviar-se jámais da lei"[969]. Segundo, o Supremo Tribunal, ou "Corte de Cassação", foi instituído com a finalidade de impor aos tribunais inferiores e juízes o sagrado respeito à lei e a uniformidade de sua aplicação religiosa, de modo que exerceria "uma elevada vigilancia, uma poderosa inspecção e autoridade, que defendesse a lei em these", sem, contudo, envolver-se com a questão concreta ou com o interesse das partes[970]. Terceiro, não julgando o mérito da causa, sua atuação se limitaria à simples concessão ou denegação da revista.

Notemos que Pimenta Bueno procurou a uniformidade da aplicação do direito, mas rejeitou a hipótese de o Supremo Tribunal de Justiça julgar diretamente o mérito recursal. Foi veementemente contrário a que as decisões do Supremo se revestissem de eficácia obrigatória, insinuando que a interpretação doutrinal vinculante seria uma prática típica do governo monárquico absoluto, em que se autorizara a Casa de Suplicação a editar assentos[971]. No entanto, ao tentar conciliar esse paradoxo, ele defendeu que as decisões do Supremo se revestiriam de "autoridade moral" e muito deveriam concorrer para a uniformidade da aplicação da lei, ainda que não fossem regras imperativas[972].

É que a decisão no caso singular, caso fosse obrigatória para os demais, tomaria o conteúdo e a função da lei, criando direitos e obrigações, prerrogativa esta exclusiva do legislador. Em conclusão, admitir ao Supremo Tribunal de Justiça editar julgados com efeitos abrangentes, para Pimenta Bueno, configuraria uma "delegação legislativa e ilimitada", fazendo com que coexistissem no sistema constitucional dois Poderes Legislativos. E o Supremo Tribunal de Justiça se transformaria em "um poder temivel

---

[969] *Idem*, p. 345.
[970] *Idem*, p. 346.
[971] *Idem*, p. 81.
[972] *Idem*, p. 375 e ss.

capaz de pôr-se em luta com os outros poderes, suas decisões serião leis que abaterião todas as barreiras"[973].

Em franca sintonia com Pimenta Bueno, esteve Francisco de Paula Baptista, catedrático de processo civil da Faculdade do Recife, que se destacou com a publicação do *"Compendio de Theoria e Pratica do Processo Civil para uso das faculdades de direito do Imperio"*, em 1855, e do *"Compendio de Hermenêutica Jurídica"*, de 1860[974].

A hermenêutica jurídica seria o "systema de regras para interpretação das leis", para que tenham "applicação fiel ao pensamento do legislador". Interpretar significaria expor o "verdadeiro sentido de uma lei obscura por defeitos de sua redacção, ou duvidosa com relação aos factos occorentes ou silenciosa"[975]. A interpretação se classificaria, quanto à origem, em autêntica, se emanasse do legislador, e doutrinal, se emanasse dos juízes ou administradores "como ato inherente á applicação e execução positiva das leis" ou dos jurisconsultos "como simplesmente consultiva ou instructiva"[976].

A interpretação autêntica diferiria da doutrinal, porque aquela seria sempre realizada por meio de disposição geral podendo inclusive modificar o conteúdo da lei, ao passo que a doutrinal seria restrita ao caso concreto conservando-se fidedigna ao pensamento da lei. Em consequência, a autêntica se revestiria de força de lei, sendo obrigatória e vinculante, enquanto que a interpretação doutrinal teria sua força nos motivos e nas razões de decidir, isto é, somente valeria para o caso concreto sem repercussão jurídica para os demais[977].

O aparato conceitual utilizado por Paula Baptista, em nosso sentir, revelava seu receio de que o magistrado, ao aplicar a lei, não extrapolasse os limites da legalidade. Ao explicar a função do recurso de revista, ele enfatizava os limites estritos a que deveriam ser confinados os juízes:

---

[973] *Idem*, p. 379.

[974] O próximo livro de hermenêutica jurídica somente seria escrito em décadas, por Carlos Maximiliano. A versão consultada foi: BAPTISTA, Francisco de Paula. *Compendio de theoria e pratica do processo civil comparado com o comercial e de hermeneutica juridica para uso das faculdades de direito do Brazil*. 6. ed. Rio de Janeiro: H. Garnier, 1901, p. 363-453.

[975] Cf. BAPTISTA, Francisco de Paula. *Compendio...*, p. 367 e ss.

[976] *Idem*, p. 371.

[977] *Idem*, p. 372-373.

"é rigorosamente necessario por barreiras á autoridade judiciaria, para que o direito de interpretar se conserve nos justos limites de verdadeira interpretação doutrinal, e se não converta em violação crua das leis que regulão os direitos e as obrigações dos individuos e da sociedade"[978].

Eis a fórmula que ele encontrou para lidar com a tensão entre a interpretação e a aplicação das leis e a não invasão, pela magistratura, das competências legislativas. Se interpretar as leis era inerente à sua aplicação, portanto caberia opor limites institucionais à própria atuação dos juízes e, em particular, do Supremo Tribunal de Justiça.

O órgão de cúpula do Poder Judiciário teve, em Paula Baptista, um dos mais conservadores defensores de suas tímidas competências. Ele acreditava que o Supremo cumpriria fielmente a sua missão institucional, revestindo-se de plena aptidão para garantir "a fiel observância das leis contra o arbitrio e desordem das autoridades judiciarias". Contestando Pimenta Bueno, entendia que o alto tribunal não fora obra de um transplante mal feito de tribunais estrangeiros, mas fruto de profunda reflexão dos nossos legisladores, uma vez que, caso fosse investido com o poder de julgar definitiva e soberanamente os recursos, o tribunal marcharia "naturalmente para se constituir juiz soberano de todas as decisões, invadindo a competencia da segunda e ultima instancia"[979]. Pior que isso, por meio do recurso de revista, o tribunal, que não poderia senão interpretar doutrinariamente, terminaria por interpretar as leis autenticamente, ou seja, suas decisões teriam efeitos gerais e abrangentes, não se restringido ao caso concreto.

Atentemos ao fato de que, não obstante houvesse a crescente percepção de que os juízes deveriam, necessariamente e em algum momento, interpretar as leis, autores havia a sustentar que a atividade judicial fosse exercida sob os estritos limites da literalidade da lei. Uma tal versão extremada foi curiosamente assumida por José Antonio de Magalhães Castro[980], juiz de direito, que defendia a extrema necessidade de limi-

---

[978] *Idem*, p. 360.

[979] *Idem*, p. 359-362.

[980] Condenando a ampla margem de liberdade do juiz no ato de aplicação da lei, ele comentou: "Irritam-se muitos contra a liberdade da imprensa, cujos desvios, aliás, condemno; eu lamento porém a liberdade muito mais nociva dos juizes e dos tribunaes". Ironicamente, Magalhães Castro complementou sua opinião contrária à discricionariedade

tar-se a atividade da magistratura, extirpando ao máximo a liberdade de interpretação das leis: "Interpreta-se a lei como cada um quer; não ha limite para a liberdade de julgar, e desta liberdade, tão ampla póde abusar, sem receio algum, desde o juiz de paz até o ministro da justiça, e este, talvez, com mais algum receio".

É importante termos consciência desses contrapontos, aparentemente minoritários e pouco significativos, porque, em outros fóruns, em particular entre políticos, eles ressonaram fortemente para, como veremos à frente, impedir provisória ou definitivamente alterações na organização judiciária e nas competências institucionais do Poder Judiciário.

Seguindo a orientação de Pimenta Bueno e Paula Baptista, Joaquim Rodrigues de Sousa sustentou que a função de interpretar as leis constituiria típica função legislativa: "É pois intima e inseparavelmente ligado ao poder de fazer leis o de interpretal-as, suspendel-as e revogal-as. Qualquer intelligencia alcança esta obvia verdade"[981]. Os magistrados cuidariam da aplicação da lei em face do caso concreto, de acordo com sua consciência e razão. O desembargador da relação do Maranhão[982], contudo, tinha consciência de que o juiz era compelido a interpretar as leis; tratava-se da interpretação doutrinal, que se distinguia da autêntica.

A interpretação doutrinária seria fruto da liberdade intelectual e da responsabilidade judicial, devendo o magistrado decidir todo e qualquer caso de sua competência, não podendo recusar-se a julgar os casos omissos, para os quais se valeria do recurso aos princípios do direito, equidade, usos e costumes. Seria inadmissível, em sua visão, que o juiz deixasse de julgar o caso concreto, seja por suposta dúvida do sentido da lei, seja por não estar expressamente compreendido no teor da disposição legal: interpretar seria um direito e um dever do juiz, ao mesmo tempo.

---

judicial: "Poderá haver quem diga que na licença está a liberdade da imprensa; mas ainda não vi e nem ouvi dizer que para a boa administração da justiça devem os juizes julgar, como bem lhes parecer, torcendo as leis, infringindo-as com interpretações arbitrarias e mesmo procedendo contra lei expressa, impunemente!!". Cf. CASTRO, José Antonio de Magalhães. *Decadencia da magistratura...*, p. 3-5.

[981] Cf. SOUSA, Joaquim Rodrigues de. *Analyse e commentario da Constituição Politica do Imperio do Brazil*. Vol. I. S. Luiz: Typ. B. de Mattos, 1867, p. 83.

[982] *Idem*, p. 104 e ss.

HISTÓRIA DO CONTROLE DA CONSTITUCIONALIDADE DAS LEIS NO BRASIL

O juiz, na qualidade de *"lex loquens"*, que julgasse; se erro houvesse, o tribunal reformaria.

O problema se manifestaria se sua decisão, fruto do ato de interpretação, se convertesse em regra geral e obrigatória, pois, em tal situação, usurparia a função constitucional da Assembleia Geral de interpretar as leis com eficácia geral (interpretação autêntica), nos termos do art. 15, VIII, da Constituição do Império. Assim, em casos duvidosos que tivessem oportunizado interpretações divergentes nas relações do Império, o Supremo Tribunal de Justiça teria de solicitar, por intermédio do governo, providências legislativas, conforme previsão do art. 8º do Decreto, de 20 de dezembro de 1830[983].

Para Joaquim Rodrigues[984], conforme visto, o Supremo Tribunal de Justiça comporia o vértice da pirâmide judicial e teria a função de uniformizar a aplicação das leis. Esses atributos, bem como o largo conhecimento que tinha do profícuo papel institucional exercido pelo Supremo Corte dos Estados Unidos, não o motivaram a defender que a alta corte imperial, em sede de revista, decidisse em definitivo as questões apreciadas. A liberdade e a independência com que as relações decidiriam as causas próprias da função judicial não deveriam sujeitar-se às razões da decisão do Supremo, que se revestiria de autoridade jurídica de grande peso, mas não de "autoridade ou preceito judicial", isto é, as decisões do órgão da cúpula judicial teriam autoridade mas não força obrigatória[985].

O conflito de atribuições entre o Poder Judiciário e o Poder Legislativo era o cerne da questão. A Assembleia Geral tinha a competência para criar leis e seria o mais autorizado e fiel intérprete e representante da nação, enquanto que o Poder Judiciário não seria representante da nação, embora dela recebesse delegação para o exercício de parcela do poder político. Atribuir-se, pois, eventual força obrigatória aos julgados do Supremo Tribunal de Justiça, forçosamente, conforme já prevenira

---

[983] Eis o teor do art. 8º: "Os dous casos de manifesta nullidade, ou injustiça notoria, só se julgarão verificados nos precisos termos da Carta de Lei de 3 de Novembro de 1768, §§ 2º e 3º, e quando occorrerem casos taes, e tão graves e intrincados, que a decisão de serem, ou não, comprehendidos nas disposições desta Lei, se faça duvidosa no Tribunal, sollicitará elle as providencias legislativas, pelo intermedio do Governo.".

[984] Cf. SOUSA, Joaquim Rodrigues de. *Analyse e comentário...* Vol. II, p. 403-404.

[985] *Idem*, p. 414.

O CONTROLE DA CONSTITUCIONALIDADE DAS LEIS NO IMPÉRIO

Pimenta Bueno, conduziria à existência, na prática, de dois legisladores em concorrência e em atrito, em desconformidade com o sistema constitucional.

Godofredo Autran também expressou a tradicional concepção do Poder Judiciário, que remontava à teoria de Montesquieu; sua missão institucional seria punir crimes e regular interesses privados[986], não lhe cabendo interpretar leis (art. 15, VIII). Todavia, ele acompanhou seu pai, Pedro Autran, e Paula Baptista, juristas com os mesmos paradigmas teóricos e concepções sobre as atividades jurisdicionais, que ressalvavam a possibilidade de o juiz realizar a interpretação doutrinária[987].

De todo modo, o juiz não poderia afastar-se de sua obrigação principal de aplicar as leis, apontou Godofredo Autran citando o Aviso de 4 de fevereiro de 1835: "Ao juiz incumbe tornar effectivo o direito, não devendo julgar contra lei expressa sob pretexto de equidade"[988]. Com a edição do Decreto nº 2.648, de 23 de outubro de 1875, que "Dá força de lei no Imperio a assento da Casa de Supplicação de Lisboa e competencia ao Supremo Tribunal de Justiça para tomar outros" e do Decreto regulamentar nº 6.142, de 4 de Março de 1876, Godofredo Autran não condenou a nova competência estabelecida em favor do Supremo Tribunal de Justiça, consistente em tomar assentos para definir "a intelligencia das leis civis, commerciaes e criminaes, quando na execução dellas ocorrerem duvidas manifestadas por julgamentos divergentes"[989].

Observemos, no entanto, que a alteração da legislação, que resultou na autorização de o Supremo Tribunal de Justiça editar assentos com força de lei, não foi bem acolhida por todos os juristas. Augusto Teixeira de Freitas[990], na linha de Paula Baptista, posicionou-se contrariamente a essa competência, sob o argumento de que o Decreto nº 2.684, de 1875, introduzira grande retrocesso no direito brasileiro. Primeiro, porque tal

---

[986] *Idem*, p. 103.

[987] Cf. AUTRAN, Manoel Godofredo de Alencastro. *Op. cit.*, p. 22.

[988] *Idem*, p. 109.

[989] Cf. ALBUQUERQUE, Pedro Autran da Matta. *Direito publico positivo brasileiro (Melhorado pelo autor e annotado para uso das escolas e instrucção popular por Manoel Godofredo de Alencastro Autran)*. Rio de Janeiro: H. Laemmert & Cia, 1882, p. 110.

[990] Cf. FREITAS, Augusto Teixeira de. *Retrospecto: alçadas. O Direito: Revista Mensal de Legislação, Doutrina e Jurisprudência*: Anno IV, Vol. 10, 1876, p. 385-390.

prerrogativa se reconduziria às práticas da monarquia absoluta, em que a Casa de Suplicação de Lisboa podia editar assentos vinculantes com força de lei. Desde a discussão parlamentar havida durante a elaboração da Lei de 18 de setembro de 1828, que criou o Supremo no Império, manifestaram-se alguns juristas e deputados contra a prática dos assentos, por conta de suas raízes autoritárias.

Ademais, para Teixeira de Freitas, o referido diploma normativo, em verdade, teria conferido ao Poder Judiciário a competência exclusiva de realizar a interpretação (autêntica) das leis, atribuída à Assembleia Geral pela Constituição do Império (art. 15, VIII). Ele não foi unanimidade.

O conselheiro Ribas[991], na temática da interpretação, destacou-se dos autores aqui tratados, em parte, porque partia de uma nova concepção sobre o conceito de interpretação, inspirada em Savigny. A interpretação seria o processo de reconstrução por meio do qual o jurisconsulto tentaria chegar o mais próximo possível ao pensamento da lei. Desse modo, ela não só ocorreria em caso de obscuridade da lei, mas em face de todas as leis, por mais claras e isentas de controvérsia que fossem.

Essa concepção, ele advertiu, não significaria uma permissão para que "transponha a interpretação os seus limites proprios, e invada a esphera da formação do direito". O parâmetro continuaria sendo a lei, a cujo pensamento deveria ser fiel o intérprete. Sua observação é bastante interessante porque, mais uma vez, recoloca a questão da interpretação como ato de natureza legislativa e, como tal, o problema de definir a autoridade competente para dizer o direito.

Sua resposta foi clara: a interpretação pertenceria ao Poder Legislativo (art. 15, VIII)[992]. No entanto, o conselheiro Ribas referiu-se à interpretação autêntica, pois a doutrinal tanto cabia ao Poder Judiciário, quanto ao Executivo. O que não poderia ocorrer, ainda que com muita frequência se verificasse, inclusive com a contribuição da covardia e ignorância de certos juízes, seria o Poder Executivo editar atos normativos para que o Poder Judiciário os observasse obrigatoriamente na aplicação das leis cíveis, comerciais e penais, sob o fundamento de exercer seu poder regulamentar (art. 102, § 12). Segundo Ribas, essa prática inconstitucional

---

[991] Cf. RIBAS, Antonio Joaquim. *Curso de direito civil brasileiro*. Tomo I. 2. ed. Rio de Janeiro: B. L. Garnier, 1880, p. 283 e ss.

[992] *Idem*, p. 288 e ss.

configuraria uma interpretação doutrinal com efeito geral e com força de lei, o que seria contrário à independência dos poderes.

Na tradição luso-brasileira, a Casa de Suplicação foi a instituição legalmente habilitada para editar assentos com força de lei. Em relação ao Império do Brasil, ele sustentou que o Supremo Tribunal de Justiça seria, como de fato terminou sendo, a única instituição à qual se deveria atribuir a interpretação doutrinal mas obrigatória das leis. Após o advento dos decretos que autorizaram o Supremo Tribunal de Justiça a editar assentos com força de lei, Ribas advertiu fazendo uma importante distinção conceitual: "Esta interpretação, porém, é meramente doutrinal, posto que obrigatoria"[993]. O Supremo, portanto, poderia definir a inteligência das leis de sua alçada, mas a competência de dizer o direito ainda continuaria com o Poder Legislativo.

Em duas ocasiões mencionamos o Decreto nº 2.684, de 1875, que teria autorizado o Supremo Tribunal de Justiça a editar assentos com força de lei, o que, em outras palavras, significou reconhecer a esse tribunal a competência de interpretar doutrinalmente por via de autoridade ou de realizar interpretação doutrinal mas com força obrigatória. Vimos que contrariamente a essa atribuição se manifestou Teixeira de Freitas, enquanto que Antonio Joaquim Ribas e Perdigão Malheiro foram defensores da proposta que implicaria, em tese, a ampliação institucional do Supremo Tribunal de Justiça.

Precisamos, contudo, ter em mente que era bastante entrelaçada a situação entre a intepretação judicial e a mudança/ampliação das competências do Supremo Tribunal de Justiça. Vários foram os projetos encaminhados à Assembleia Geral ao longo dos anos: Maranguape, em 1841, autorizando o STJ a tomar assentos; Lopes Gama e Paula Albuquerque, em 1841, também apresentaram projeto com conteúdo similar; Nabuco de Araújo apresentou o seu em 1843; França Leite, em 1845 e Carvalho Moreira, em 1847[994]. Lafayette Rodrigues Pereira, em 1879, apresentou seu projeto de lei de reorganização da magistratura, que objetivava alterar o plexo de atribuições do Supremo Tribunal de Justiça.

---

[993] *Idem,* p. 291.
[994] Cf. Nabuco, Joaquim. *Um estadista...* Vol. 1, p. 256-269.

Nenhum deles teve o desenvolvimento esperado, e alguns foram indefinidamente adiados ou simplesmente esquecidos[995]. Outros se arrastaram por décadas, caso daquele que redundou no Decreto nº 2.684, de 1875, que autorizou o Supremo Tribunal de Justiça a editar assentos[996].

O projeto inicial fora proposto por Lopes Gama, em 1841, mas somente se tornou lei em 1875[997]. Todavia, em seu discurso de defesa ao projeto de lei proferido na sessão de 7 de outubro de 1869 da Câmara dos Deputados, Perdigão Malheiro afirmou que o projeto original datava de 1837, sofreu algumas alterações em 1841 e, somente em 1868, o debate teria tomado fôlego[998]. Independente da data inicial de propositura, o certo é que o projeto demorou mais de trinta anos para ser aprovado. E não foi o único.

O deputado Nabuco de Araújo, em 1843, apresentou projeto que alteraria a organização do Supremo Tribunal de Justiça, o qual foi posteriormente seguido pelos dos deputados França Leite, de 1845, e Carvalho Moreira, de 1847[999]. A proposta de Nabuco conferiria ao Supremo o direito de julgar definitivamente as causas em que fosse concedida a revista. Ele achava que o julgamento dos recursos de revista era péssimo, uma "garantia ilusória". Afora a lentidão e o improviso, não existiria jurisprudência qualquer a orientar juízes e tribunais: "Com esta forma não é possível que tenhamos uma jurisprudência, e nós não a temos. Não é possível, porque o tribunal, que é o primeiro na hierarquia, e cujas decisões deviam ter autoridade, decide de um modo, e as relações podem decidir de outro, e contrariá-lo"[1000].

Sua opinião foi defendida por outros parlamentares, especialmente por Carvalho Moreira, que exerceu mandato na Assembleia Geral, entre os anos de 1849 e 1852. De início, ele apontou que a genérica moldura

---

[995] Cf. Vianna, Antonio Ferreira. *A reforma judiciaria do conselheiro dr. Antonio Ferreira Vianna.* Rio de Janeiro: Imprensa Nacional, 1888, p. 31-32; Nabuco, Joaquim. *Um estadista...* Vol. 1, p. 197.

[996] Cf. Nabuco, Joaquim. *Um estadista...* Vol. 1, p. 266-267.

[997] *Idem*, p. 267.

[998] Cf. Malheiro, Perdigão. *Discurso (1869). Revista do Instituto da Ordem dos Advogados Brasileiros*: Anno IX, T. VIII, n. 1, 1871, p. 215-245.

[999] Cf. Nabuco, Joaquim. *Um estadista...*, p. 256 e ss.

[1000] *Idem*, p. 82.

normativa com que o Supremo Tribunal de Justiça foi concebido pela Constituição tanto autorizaria que ele se tornasse uma corte de cassação quanto um tribunal de revista (164, I)[1001]. Porque os autores da lei que o criou pensaram-no como "tribunal intermédio das Relações provinciaes", negando-lhe "o julgamento definitivo", o Supremo estaria sem "proveito real para a administração da justiça, não podendo obstar o mal que quer remediar, e incapaz de fazer o bem que reconhece e deseja"[1002].

Contra o julgamento definitivo pelo Supremo, recordou Carvalho Moreira, insistia-se na proibição do famigerado art. 158 da Constituição, que determinaria serem as relações a segunda e a última instância do Poder Judiciário, de tal modo que, caso autorizado a julgar definitivamente, o Supremo Tribunal se tornaria uma terceira instância, o que violaria a Constituição. Embora esses argumentos tenham sido discutidos na Assembleia Geral, pelo advento da Lei de 18 de setembro de 1828, o deputado Carvalho Moreira defendeu que, além de a Constituição admitir outra inteligência, a noção de "instância" envolveria "a faculdade de novos meios de defeza marcados na lei", o que não ocorreria em sede de revista.

Haveria, em sua visão, uma distinção necessária entre não haver mais instâncias e não poder haver novo julgamento. O novo julgamento pelo Supremo atestaria que o da relação foi conforme a lei, mas não facultaria às partes veicular novas alegações fáticas ou jurídicas. Ele ainda argumentou que o art. 164, I, da Constituição teria delegado ao legislador ordinário ampla margem de liberdade, permitindo-lhe instituir a prerrogativa de o Supremo julgar os recursos de revista em definitivo.

A necessidade de reformar o Supremo, nesse ponto, fora reclamada por muitos estadistas e juristas, que entendiam ser uma limitação imprópria restringir sua autoridade à mera concessão ou denegação da revista[1003]. Por outro lado, o julgamento definitivo é que traria à adminis-

---

[1001] O art. 164, I, da Constituição do Império dispunha: "A este Tribunal Compete: I. Conceder, ou denegar Revistas nas Causas, e pela maneira, que a Lei determinar".

[1002] Cf. MOREIRA, Francisco Ignacio de Carvalho. *Do Supremo Tribunal de Justiça: sua composição, organisação e competencia.* Rio de Janeiro: Typographia Nacional, 1848, p. 11.

[1003] Carvalho Moreira entendia que tolerar as relações julgarem livremente uma causa, sem a obrigação de cingir-se à decisão do Supremo Tribunal de Justiça, "he defeituoso, incapaz de produzir os beneficios resultados que os corpos judiciarios deste genero devem

tração da justiça uma incontestável vantagem, ao propiciar a uniformidade das decisões, a regularidade da jurisprudência e a própria certeza do direito.

Carvalho Moreira foi fundo em sua análise e não ignorou a elementar distinção entre interpretação doutrinal e autêntica, deixando revelar a tensão entre o Poder Judiciário institucionalmente fortalecido, a partir do reconhecimento de que o Supremo poderia decidir com efeitos gerais e obrigatórios, e a preservação das competências constitucionais, em especial das legislativas, outorgadas aos Poderes Executivo e Legislativo. Essa distinção teórica lhe serviu de amparo para negar que estivesse eventualmente na defesa da prerrogativa de o Supremo Tribunal interpretar autenticamente as leis: "Não me atrevo a sustentar que os arestos do Tribunal Supremo tenhão força de obrigar", porquanto "dous corpos oppostos de legislação em breve haveria no paiz", o Judiciário e o Legislativo[1004]. No entanto, ainda que sua decisão não se tornasse obrigatória, como de fato Carvalho Moreira não pretendia, o Supremo seria um tribunal acima do qual nenhum outro poderia decidir: "o sanctuario das tradicções do direito em acção, e sem coagir capta para suas decisões a reverencia compativel com a livre faculdade de julgar os tribunaes inferiores". Desse modo, o Supremo estaria confinado à interpretação doutrinal.

Anos depois, nos idos de 1868 e 1869, diante da mesma temática e tensão sobre os limites institucionais do Supremo Tribunal de Justiça, Agostinho Marques Perdigão Malheiro, então deputado geral, defendia o projeto de lei que autorizaria ao Supremo Tribunal de Justiça editar assentos. Ele concordou com Nabuco de Araújo quanto à inexistência de jurisprudência no Brasil, o que acarretaria a "incerteza dos direitos", a maior desgraça a pesar sobre os cidadãos[1005].

---

prometter ao paiz, e anomalo e contradictorio com essa supremacia, que a mesma Constituição lhe outorgara". Ele contestou ainda os opositores da tese do julgamento definitivo, argumentando que a premissa deles seria uma ficção, pois a apreciação do recurso de revista compelia o Tribunal a enfrentar o mérito da causa. *Idem*, p. 11-14.

[1004] A distinção residia na premissa do argumento: "A uniformidade da jurisprudencia conserva por hum tribunal, cujas decisões, embora não obriguem como intepetração authentica da lei, são todavia interpretação doutrinal, he de hum beneficio inapreciavel na ordem social". *Idem*, p. 15.

[1005] Cf. MALHEIRO, Perdigão. *Discurso (1869). Revista do Instituto da Ordem dos Advogados Brasileiros*: Anno IX, T. VIII, n. 1, 1871, p. 215-245, p. 220.

O mais importante para Perdigão Malheiro seria identificar as causas dessa "anarchia perfeita" do foro e da jurisprudência e tentar remediá--la. O problema residia no "estado da legislação": existiam volumosas coleções de leis, de decretos, de resoluções, de decisões de governo e de outros atos normativos, que tornavam o quadro geral "verdadeira calamidade" ou de concreta insegurança jurídica. Quando se refletia o caótico parâmetro legislativo ao Judiciário, a situação piorava pois, à míngua de orientação geral e uniformizadora para os juízes, que inúmeras vezes solicitavam ao governo imperial ou ao Poder Legislativo solução às dúvidas jurídicas, terminavam por elaborar sentenças e decisões as mais contraditórias possíveis.

Perdigão Malheiro[1006] destacou que, nos vários relatórios do ministro de justiça, constaram solicitações do Supremo Tribunal de Justiça[1007] e do governo, para que o Poder Legislativo resolvesse as dúvidas de direito suscitadas. No entanto, o que ocorria? O deputado, retomando a argumentação de Nabuco de Araújo acerca do Aviso de 7 de fevereiro de 1856, concluiu que a Assembleia Geral não conseguia responder às demandas dos demais poderes; e que, por falta de iniciativa e de tradição e possivelmente por ignorância, por subserviência e/ou por receio, o Judiciário não assumiu o vazio institucional de que se necessitava para uniformizar a jurisprudência, de modo que o governo se via forçado a invadir competência do Poder Legislativo com base numa suposta "lei da necessidade", realizando a interpretação autêntica em competência que não lhe era própria[1008].

Foi editado o Aviso de 7 de fevereiro de 1856 que, como visto, determinava às autoridades judiciárias pararem com o abuso de deixar de julgar as causas, submetendo-as ao governo imperial a pretexto de restar configurada a dúvida legislativa quanto à matéria[1009]. Esse Aviso teria,

---

[1006] *Idem*, p. 222.

[1007] O art. 19 da Lei de 18 de setembro de 1828 determinava ao presidente do Supremo encaminhar anualmente a relação das causas ao governo, que, por sua vez, encaminharia à Assembleia Geral para análise e resolução, em que se constatassem vícios, insuficiências, lacunas e incoerências da legislação.

[1008] Cf. MALHEIRO, Perdigão. *Discurso...*, p. 223.

[1009] O art. 2º do Aviso de 7 de fevereiro de 1856, sem dúvida, foi um significativo impulso institucional à atuação do Judiciário por meio da interpretação doutrinal: "Que, compara Perdigão Malheiro, toda a relevância em seu raciocínio para remediar o "estado lastimoso" da legislação e da jurisprudência imperial. Em primeiro lugar, ele representaria o ato de reconhecimento pelo governo sobre a necessidade de os juízes interpretarem as leis; evidentemente, tratava-se de intepretação doutrinal. Em segundo lugar, com o Aviso, de modo mais sutil, o governo estaria a reconhecer, embora nem sempre respeitasse tal determinação, sua própria incompetência para interpretar por via de autoridade as leis, especialmente aquelas da alçada do Judiciário. Como remediar, então, a "anarchia legislativa" e o "estado ainda mais deplorável em que se vê a nossa jurisprudencia"? Aprovando-se o projeto sobre a edição de assentos pelo Supremo Tribunal de Justiça.

Percebamos que Perdigão Malheiro se valeu de um raciocínio lógico, enraizado na experiência política e jurídica do Império, para defender seu ponto de vista, inclusive indo além das fronteiras constitucionais. Segundo Perdigão Malheiro[1010], não poderíamos ser rigorosos quanto à exclusividade da interpretação das leis, nesse quadro de múltipla falência institucional. O remédio, conforme dito, seria atribuir ao Supremo Tribunal de Justiça – por paridade de razão em relação ao Poder Executivo, que tinha a prerrogativa de interpretar por autoridade as leis administrativas – a mesma prerrogativa, autorizando-o a interpretar as leis civis, criminais e comerciais. Por força dessa "lei da necessidade", disse, "somos forçados a romper a symetria e perfeição do systema para acudir a esses males, a que é preciso dar prompto remedio, evitando mal maior".

A "lei da necessidade", sustentava ele, adviria do fato constatado de que o Poder Legislativo não tinha nem tempo nem disponibilidade para resolver as demandas relacionadas à interpretação e à aplicação das leis, que lhe foram seguidamente apresentadas por iniciativa do Supremo Tri-

---

petindo ao Poder Judiciario a applicação aos casos occorrentes das Leis penaes, civis, commerciaes e dos processos respectivos, cesse o abuso que commettem muitas Autoridades judiciarias deixando de decidir os casos occorrentes, e sujeitando-os como duvidas á decisão do Governo Imperial; pela qual esperão, ainda que tardía seja, sobre'estando e demorando a administração da Justiça, que cabe em sua autoridade, e privando assim aos Tribunaes Superiores de decidirem em gráo de recurso e competentemente as duvidas que occorrerem na apreciação dos factos, e applicação das Leis".

[1010] Cf. MALHEIRO, Perdigão. *Discurso...*, p. 234.

O CONTROLE DA CONSTITUCIONALIDADE DAS LEIS NO IMPÉRIO

bunal e do governo imperial. Isso seria até compreensível[1011], porém a falta de eficiência deveria ser solucionada. O Poder Executivo, por sua vez, que seria absolutamente incompetente, além de haver consabidamente abusado da prerrogativa de editar atos normativos com fundamento no art. 102, XII, da Constituição, reconhecera sua inaptidão para proceder genericamente à interpretação por via de autoridade, de acordo com o Aviso de 7 de fevereiro de 1856[1012].

Essa mesma opinião foi manifestada por Carvalho Moreira[1013] em 1848, quando afirmou ser inadmissível que uma causa parasse por falta, insuficiência, obscuridade ou contradição da lei. Os juízes teriam a faculdade de interpretação judiciária, "procurando para os casos desta ordem huma solução na combinação dos principios de direito e das leis conexas com a materia".

E mais uma vez a questão conceitual do ato de "interpretar" voltaria a estar presente. Lastreado em Savigny, para quem interpretar seria descobrir a lei em sua verdade, por meio da reconstrução do pensamento do legislador, Perdigão Malheiro afirmou que a interpretação autêntica seria a única de competência do legislador (art. 15, VIII), e que, a rigor, sequer intepretação seria, estando tal prerrogativa contemplada em "fazer" as leis[1014]. Segundo o parlamentar, nunca se pusera em dúvida a faculdade de o juiz interpretar ampliativa ou restritivamente as leis, inclusive com

---

[1011] No relatório do ministério de justiça, de 1856, Nabuco de Araújo sustentou a mesma opinião, quando justificava as razões do Aviso de 7 de fevereiro de 1856: "Referir ao Poder Legislativo todas as dúvidas que ocorrem é querer o impossível, é desconhecer a natureza dos corpos deliberantes preocupados com as questões políticas ou complexas. (...) O corpo legislativo não pode decidir essas dúvidas inumeráveis porque não tem tempo; porque sua existência não é permanente, senão periódica; porque as suas decisões são por meio de leis, cuja formação, em razão da natureza da deliberação, está sujeita a formulas lentas; porque sua interpretação só é necessária quando a sua vontade não pode ser sabida, mediante a hermenêutica, ou quando encontra manifestamente com a utilidade pública, que ela aliás deve exprimir". *Apud* NABUCO, Joaquim. *Um estadista...*, p. 259.

[1012] Inevitável reconhecermos a similaridade da estrutura lógica entre seu argumento e o de Hamilton, no *Federalist nº 78*, na defesa do controle judicial da constitucionalidade das leis. Cf. HAMILTON, Alexander; MADISON, James & JAY, John. *The federalist papers*. (Ed. Clinton Rossiter). New York: Mentor Book, 1999, p. 432-440.

[1013] Cf. MOREIRA, Francisco Ignacio de Carvalho. *Do Supremo Tribunal...*, p. 19.

[1014] Cf. MALHEIRO, Perdigão. *Discurso (1869)...*, p. 233-237.

caráter obrigatório e até com inovação na ordem jurídica, criando-se direito novo. Isso seria ponto pacífico.

No entanto, a tensão entre um Poder Judiciário fortalecido e as competências constitucionais dos demais poderes deixava-se revelar em sua indagação repleta de perplexidade: se a interpretação doutrinal era possível, ou melhor, inerente à aplicação da lei, e se aproximadamente duzentos juízes, em todo o Império, interpretavam as leis, por que pensavam ser inconstitucional que o Supremo Tribunal de Justiça, órgão máximo do Poder Judiciário, tomasse assentos, criando jurisprudência para manter a unidade e a uniformidade das decisões, garantir os direitos individuais e a certeza jurídica[1015]?

O Aviso de 7 de fevereiro de 1856, por fim, trazia um terceiro aspecto que, não obstante justificado por Nabuco de Araújo, em seu relatório do ministério da justiça, de 1856, não foi mencionado por Perdigão Malheiro. Mais do que se destinar à admoestação dos juízes[1016] para que decidissem as causas e cessassem com o abuso de não decidirem, ao pretexto da existência de dúvida jurídica, disse Joaquim Nabuco[1017], a razão primordial do referido Aviso seria estabelecer "um sistema provisório para o exercício, pelo governo, do direito de intepretação". Em verdade, seriam "parâmetros de prudência" para que o governo exercesse a interpretação por via de autoridade, enquanto a Assembleia não autorizasse o Supremo Tribunal de Justiça a fazê-lo, pois "não é possível em uma sociedade bem organizada a ausência desse direito exercido por alguma autoridade suprema e permanente, que ocorra com declaração pronta à controvérsia, que pode tornar-se funesta"[1018]. Explicitando ainda mais seu

---

[1015] *Idem*, p. 241.

[1016] Era o teor do art. 2º do Aviso: "Que competindo ao Poder Judiciário a aplicação aos casos ocorrentes das leis penais, civis e comerciais e dos processos respectivos, cesse o abuso que cometem muitas autoridades judiciárias deixando de decidir os casos ocorrentes, e sujeitando-os como dúvidas à decisão do governo imperial, pela qual esperam, ainda que tardia seja, sobrestando e demorando a administração da Justiça, que cabe em sua autoridade, e privando assim aos Tribunais Superiores de decidirem em grau de recurso e competentemente as dúvidas que ocorrerem na apreciação dos fatos e aplicação das leis". Cf. Nabuco, Joaquim. *Um estadista...*, p. 260-261.

[1017] Cf. Nabuco, Joaquim. *Um estadista...*, p. 256 e ss.

[1018] *Idem*, p. 259.

O CONTROLE DA CONSTITUCIONALIDADE DAS LEIS NO IMPÉRIO

raciocínio, Nabuco de Araújo assentava ser imprescindível definir uma autoridade própria para dizer o significado do direito:

> Seja como for, o governo tem exercido esse direito de interpretação por meio de decretos, instruções, regulamentos, até por avisos. O que venho de dizer porém não significa que entendo que seja mantido esse direito. Na reforma judiciária eu o atribuía ao Supremo Tribunal de Justiça, como centro da jurisprudência e maior categoria na hierarquia judiciária, porque reconheço os inconvenientes e o perigo de que esse direito, que ao Poder Executivo compete, se estenda às leis judiciárias, as quais dizem respeito à propriedade, liberdade, honra e vida do cidadão, sendo que, desde que se trata de qualquer desses objetos sagrados, começa a competência do Poder Judiciário. Enquanto, porém, não encarregais esse direito ao Supremo Tribunal de Justiça, o governo não pode deixar de exercê-lo, porque, como já vos disse, alguma autoridade deve exercer, porque não é possível sacrificar a lei à controvérsia, ao sofisma e à anarquia.

Nabuco de Araújo tinha plena consciência do tempo da política. A espera pelo direito de intepretação do Supremo Tribunal de Justiça, autorizando-o a editar assentos, durou quase vintes anos. Ele parecia pressentir que a tensão, latente à discussão, entre a interpretação judicial e as atribuições do Supremo Tribunal de Justiça, era tão intrínseca às relações entre política e direito, entre centralização do poder político e ampliação institucional do Poder Judiciário, que dificilmente se chegaria a um consenso em torno do tema, em curto ou médio prazo[1019].

O governo não poderia esperar indefinidamente pela edição de uma lei, para que fossem iniciadas as providências tentando estabelecer uma jurisprudência nacional, por meio da interpretação com força geral do Supremo Tribunal de Justiça. É bem verdade que, mesmo com o Decreto

---

[1019] Nesse período, Nabuco de Araújo era integrante do Partido Conservador, promotor das tendências de centralização política. A proposta do Aviso de 7 de fevereiro de 1856 vinha ao encontro de sugestão similar, idealizada pelo visconde do Uruguay, em *Estudos Praticos*, de 1865, quando defendeu que o governo fosse investido da faculdade de suspender provisoriamente as leis provinciais sancionadas, consideradas inconstitucionais, até que a Assembleia Geral decidisse definitivamente sobre sua validade. Cf. URUGUAY, Visconde do. *Estudos praticos...* Tomo II, p. 427-428.

n.º 2.684, de 1875, esse problema crônico do Judiciário brasileiro não se resolveu. O Supremo Tribunal de Justiça até a queda do Império não editou um único assento[1020], possivelmente por causa do excesso de formalismo do procedimento[1021].

Ressaltemos, contudo, a preocupação pragmática de Nabuco de Araújo. Havia necessidade de decisão, isto é, de definir-se qual seria a autoridade legitimada para dizer o direito. O interessante é percebermos que, em seu relatório de 1856, mesmo sendo "um espírito unitário, francês, que confia mais na interpretação do direito pelo governo" do que na interpretação dos juízes, Nabuco de Araújo já defendia explicitamente que a autoridade mais apropriada e conveniente para definir o sentido do direito, ou atribuir-lhe a última palavra, seria o Supremo Tribunal de Justiça[1022]. A característica inerente do sistema brasileiro, em que reinava a "onipotência do Executivo" e no qual o governo se convertia em "última

---

[1020] O ministro da justiça Rosa e Silva, no relatório de 1889, atestou: "Pelos motivos que expoz o meu illustrado antecessor no seu relatorio, ainda não teve execução no supremo tribunal de justiça a lei n. 2684 de 23 de outubro de 1875, regulada pelo decreto n. 6142 de 10 de março de 1876 que lhe conferiu a competencia de tomar assentos para intelligencia das leis civis, commerciaes e criminaes, quando na execução dellas occorram duvidas manifestadas por julgamentos divergentes havidos no mesmo tribunal, relações e juizos de 1ª instancia nas causas de sua alçada. Tendo o legislador reconhecido que, no estado actual do nosso direito e mediante os processos estabelecidos, a revista não era sufficiente para firmar a jurisprudencia e manter a unidade da lei, fim principal da instituição do supremo tribunal de justiça, é lamentavel que tão providente medida complementar, cujos bons effeitos ainda hoje attestam os assentos da casa de supplicação, não tenha sido utilisada". Cf. SILVA, Francisco de Assis Rosa e. *Relatório apresentado á Assembleia Geral Legislativa na quarta sessão da vigesima legislatura*. Rio de Janeiro: Imprensa Nacional, 1889, p. 53.

[1021] O ministro de justiça Antonio Ferreira Vianna, no relatório de 1888, já havia constatado que até então o Supremo não tinha exercido sua competência de tomar assentos e explicou os dois motivos da inércia: primeiro, "a demora resultante da prévia audiencia de todas as relações, exigida pelo § 1º do art. 2º da lei"; segundo, "as formalidades de que, nos termos do art. 5º do regulamento, devem ser acompanhados os requerimentos, propostas e indicações". Para contorná-las, ele sugeriu dois possíveis remédios: ou determinar que a relação revisora seguisse a interpretação dada pelo Supremo Tribunal de Justiça; ou tornar obrigatória a tomada de assento, caso a relação revisora não se conformasse com a interpretação do Supremo. Cf. VIANNA, Antonio Ferreira. *Relatório apresentado á Assembleia Geral Legislativa na terceira sessão da vigesima legislatura*. Rio de Janeiro: Imprensa Nacional, 1888, p. 77-79.

[1022] Cf. NABUCO, Joaquim. *Um estadista...*, p. 267-269.

instância dos poderes políticos", justificaria atribuir-se ao Poder Judiciário o direito de dizer a última palavra, nas matérias de sua competência, evitando os costumeiros abusos governamentais.

A escolha do Judiciário, mais especificamente do Supremo Tribunal de Justiça, como *locus* próprio de definição da autoridade de dizer o direito revelaria uma substancial modificação da concepção institucional do Poder Judiciário, de sua imagem e percepção social, bem como da própria compreensão semântica do princípio da separação dos poderes, o que nos leva ao último item deste capítulo.

6.3.3. Semântica da separação dos poderes à luz do contexto jurídico-político

A compreensão semântica do princípio da separação dos poderes tem íntima conexão com o contexto político vivido pela sociedade. O discurso constitucional de afirmação do Poder Judiciário ganhou força, tendo em vista o momento político desencadeado após o final da década de 1860, fase em que a historiografia brasileira aponta o início do declínio e da queda do Império do Brasil[1023]. Antes, contudo, façamos uma brevíssima recapitulação de alguns pontos.

A opção pelo modelo francês, de acordo com nossa análise (Capítulos 3 e 4), explica-se pela tentativa de o governo imperial controlar a política e seus rumos. A Constituição foi pensada como instrumento de legitimação do governo imperial e de estabilização da ordem política. Antes de limitar o poder imperial e supostamente atender ao clamor popular, a Constituição serviria à função de organizar o poder político de acordo com os interesses do governo e da elite imperial. A perda do controle imperial no processo de sua elaboração conduziu o imperador à dissolução da Constituinte e à outorga da Carta de 1824.

A reação liberal ao golpe imperial contra a Constituinte e à própria Constituição ocorreu, mas foi energicamente contida pelas forças do governo, do que nos deu testemunho a Confederação do Equador. Silenciados por certo tempo, os liberais conseguiram exitosamente se reorganizar e, em 1831, fizeram o imperador renunciar ao trono, iniciando-se longo período de transição no governo brasileiro até a posse do impe-

---

[1023] Cf. Fausto, Boris. *História do Brasil*. 14. ed. São Paulo: Edusp, 2012, p. 185 e ss.

rador dom Pedro II. A Regência (1831-1840), contudo, foi marcada pela grande instabilidade social, em que o Império viveu de perto o risco da fragmentação política e de sua desintegração territorial.

Nessa época, os liberais aprovaram importantes leis cujo fim era minorar os rigores da centralização política, o gargalo não solucionado desde o encerramento abrupto e arbitrário da Constituinte. São exemplos o Código de Processo Criminal, de 1832[1024], e, sobretudo, o Ato Adicional, de 1834. Única alteração formal à Constituição de 1824, o Ato coroou a "revolução liberal" e legitimou a Carta de 1824, trazendo importantes modificações, dentre as quais destacamos a criação das assembleias legislativas provinciais. Conforme reconheceu Tavares Bastos[1025], o norte em prol dos princípios do federalismo e da democracia foi apontado pelos revolucionários da geração de 1831, mas abandonado pela posterior geração.

Chegando ao poder, os conservadores iniciaram a ofensiva contra o "excesso de liberdade" obtido durante a fase de predomínio dos liberais, o qual teria sido o grande responsável pela instabilidade política no Império[1026], razão por que buscaram restabelecer a ordem pública e criar condições permanentes de estabilidade para o sistema político. O visconde do Uruguay, um dos personagens centrais da reação conservadora, comentou que, mal completara um ano, o Ato Adicional já começara a sofrer críticas contra os excessos da federalização[1027].

[1024] O Código de Processo tratou de duas das principais bandeiras dos liberais, o juiz de paz e o júri, a fim de democratizar, descentralizar a justiça e desmistificar o Poder Judiciário. As propostas voltavam-se à efetivação da independência judicial, já que a forma de organização, composição e nomeação protegeria o juiz de paz e o júri das influências nefastas do governo. Por outro lado, a inovação causou uma instabilidade perturbadora no sistema judicial, decorrente da falta de controle e previsibilidade, rompendo o elo político simbolizado no juiz e, por ele articulado, entre a autoridade local (grandes proprietários, coronéis) e a autoridade central. Cf. FLORY, Thomas. *Judicial politics...*, p. 667.

[1025] Cf. BASTOS, Aureliano Cândido de Tavares. *A província: estudo sobre a descentralização no Brasil*. Rio de Janeiro: L. Garnier, 1870, p. 79 e ss.

[1026] Cf. FLORY, Thomas. *Judicial politics...*, p. 667.

[1027] O ministro de justiça Alves Branco, no relatório apresentado à Assembleia Geral, em 1835, anotou: "Senhores, sempre foi de minha opinião, que o Imperio precisava ampliar em sua Constituição o elemento federativo, que nella havião admittido seus illustres Redactores; mas nunca foi de minha intenção que o Governo Geral ficasse destituido da

A Lei de Interpretação do Ato Adicional (Lei nº 105, de 12 de maio de 1840)[1028] e a Lei nº 261, de 3 de dezembro de 1841, denominada "Reforma Judiciária", foram instrumentos estratégicos por meio dos quais os conservadores impuseram seu domínio no poder e, sobretudo, reverteram a descentralização política empreendida pelos liberais, moldando um sistema de governo altamente centralizado e concentrado na pessoa do imperador e de seus delegados[1029]. Em seu discurso feito na Câmara em defesa do projeto de lei que daria origem à Lei nº 261, de 3 de dezembro de 1841, Paulino José Soares de Sousa sustentou que a organização judiciária e a necessidade de sua centralização junto ao governo central seriam de suma importância para a manutenção da estabilidade e da união do Império[1030].

Desse modo, parece razoável presumirmos que o Poder Judiciário assumiu uma função estratégica na construção do Estado brasileiro, razão por que a reforma judiciária foi uma pauta que acompanhou toda a trajetória do Império do Brasil, embora não tenha sido satisfatoriamente consumada. A Lei de 3 de dezembro de 1841 foi duramente criticada pela oposição liberal, porque permitia ao governo formar alianças políticas e construir uma sólida base de sustentação dentre os grandes proprietários[1031]. Os instrumentos pelos quais o governo implementaria sua política, através do sistema judicial, seriam o juiz municipal e o chefe de polícia, que restringiram substancialmente as funções civis e criminais

---

influencia e força necessaria para manter a Uniao". Cf. URUGUAY, Visconde do. *Estudos praticos...* Tomo I, p. 426-431.

[1028] A Lei de Interpretação, na prática, serviu de restrição à autonomia legislativa e administrativa das províncias, que, na visão dos conservadores, teriam abusado ao extremo das prerrogativas constitucionais e competências legislativas, pondo em xeque a unidade política do Império. A obra *Estudos Praticos*, do visconde do Uruguay, sob certo ponto de vista, expressou o sentimento dos conservadores com os excessos causados pelo Ato Adicional, enquanto que *A Província*, de Tavares Bastos, destinou-se a rebater a crítica conservadora.

[1029] Cf. RODRIGUES, José Honório. *O parlamento e a consolidação do império*. Brasília: Câmara dos Deputados, 1982, p. 50.

[1030] De acordo com José Honório Rodrigues: "Para Paulino, a fraqueza que caracterizara aqueles governos provinha da legislação judiciária", em particular da figura do juiz de paz, criado pelo Código de Processo. Cf. RODRIGUES, José Honório. *O parlamento e a consolidação...*, p. 37-38.

[1031] Cf. FLORY, Thomas. *Judicial politics...*, p. 675-676.

dos juízes de paz e dos juízes de direito bem como promoveram uma eficiente centralização do poder político[1032].

Nesse contexto, um elemento de crucial importância para nossa análise reside na própria imagem do imperador, que também foi posta em xeque[1033]. Isso é fundamental porque, sem essa dimensão contextual, pensamos, seria praticamente impossível o realinhamento das forças políticas e de sua expressão institucional nos poderes constitucionais, de modo que o Poder Judiciário fosse efetivamente alçado a um novo patamar institucional, com a mesma dignidade política em relação aos demais poderes. Já o dissemos, mas reiteramos a importância da conjuntura na formação do pensamento constitucional científico, que se desenvolveu com muito vigor a partir da década de 1850, quando a centralização polí-

---

[1032] Quanto à Lei nº 261, de 1841, cuja análise minuciosa transcende nosso objetivo, devemos mencionar que seu aspecto central, em termos de centralização do poder, consistiu na relevância conferida ao juiz municipal e às funções da polícia. O juiz municipal seria nomeado livremente pelo imperador para servir por quatro anos (art. 13), era destituído de qualquer garantia de independência, inamovibilidade ou vitaliciedade e absorveu as principais competências cíveis do juiz de direito. À polícia foram atribuídas diversas funções judiciais, permitindo-se aos delegados e subdelegados determinarem busca e apreensão, prenderem e decidirem sobre a concessão de fiança, procederem à formação da culpa e julgarem crimes policiais e de outras naturezas, conforme previsto em legislação. O chefe de polícia era nomeado pelo imperador e teria jurisdição criminal em toda a província. Além disso, a lei referida unificou muitas das atribuições judiciais e policiais na figura do chefe de polícia e seus delegados, o que representou mais um elemento de intervenção do poder central nas autonomias provinciais locais. A resposta ocorreu, em parte, somente trinta anos depois, com a edição da Lei nº 2.033, de 20 de setembro de 1871, que representou a segunda e última *reforma judiciária* do Império. Uma das principais mudanças cingiu-se à separação das funções policiais e judiciais, retirando-se da polícia as atribuições judiciais. Ela também avançou em algumas conquistas liberais, a exemplo da fixação de teto para o valor das fianças e da instituição do *habeas corpus* preventivo, além da redução de atribuições dos juízes municipais. Por diversas outras razões, contudo, essa lei mereceu a crítica dos liberais, em especial por não cuidar da efetivação da independência judicial, da extinção dos juízes municipais, do critério de nomeação dos juízes e da previsão de vantagens para a carreira. Cf. KOERNER, Andrei. *Judiciário e cidadania...*, p. 35-39 e p. 92-111.

[1033] Sobre a paulatina degradação da imagem do imperador, com seu simbolismo inerente à monarquia e à manutenção do poder político, vide: SCHWARCZ, Lilia Moritz. *As barbas do imperador: D. Pedro II, um monarca nos trópicos*. 2. ed. São Paulo: Companhia das Letras, 2012, p. 409 e ss.

tica e administrativa havia atingido seu ponto alto. O *Direito Publico* de Pimenta Bueno, conforme analisamos, dá-nos um significativo testemunho de como o discurso constitucional se comportaria.

Mais importante ainda, conforme discutimos ao longo do Capítulo 5, é que o pensamento constitucional brasileiro foi predominantemente fundado numa *metafísica constitucional*, com base na qual a *preeminência imperial* permaneceria inatacável, inquestionável, infensa a qualquer espécie de crítica. Claro, existiriam críticas pontuais ao funcionamento da máquina e a problemas mais concretos, mas não visavam a questionar as estrutura constitucionais ou a própria figura do imperador. O pensamento constitucional era voltado à defesa do modelo constitucional adotado; o enaltecimento constitucional com a reafirmação do poder imperial ao centro do governo foi sua tônica.

Só que os pressupostos do pensamento constitucional começaram a desmoronar justamente com o início do declínio do Império, ao final da década de 1860. Se o poder imperial, em especial o Poder Moderador, por muito tempo foi visto como instrumento de harmonização e manutenção da ordem política[1034], a partir da década de 1870, modificando-se o contexto político e econômico, seria ressignificada a compreensão do Poder Moderador, cujo exercício seria compreendido como fonte de autoritarismo e de imperialismo. Vimos que justamente nesse período ressurgiu a crítica à ilegitimidade da Constituição do Império, porque fora outorgada por dom Pedro I, bem como a difusão de novo conceito – *imperialismo* – na linguagem política.

O indício fundamental dessa mudança estrutural, de acordo com José Murilo de Carvalho, adveio com a edição da Lei nº 2.040, de 28 de setembro de 1871 ("Lei do Ventre Livre"), que considerava livre todo filho de mulher escrava nascido a partir de sua edição. A repercussão prática e jurídica da Lei do Ventre Livre não foi tão sensível, quanto a da Lei Eusébio de Queiroz, mas o significado político de que se revestiu foi estrondoso, especialmente contra os grandes proprietários: a lei teria sido fruto da "loucura dinástica". Tratando-se de projeto, cuja "ordem veio do alto" e independente de pressão externa, o governo se indispôs com diversos

---

[1034] Cf. Costa, Emília Viotti da. *Da monarquia à república: momentos decisivos*. 8. ed. São Paulo: Unesp, 2007, p. 462-465.

segmentos sociais e se deslocou de sua base de sustentação socioeconômica, comprometendo sensivelmente as boas relações entre monarquia e barões[1035]. O ato de iniciativa própria da coroa foi entendido como afronta os direitos individuais, em especial ao de propriedade, o que teria fomentado e induzido o discurso contra o exercício autoritário e ilegítimo do poder do monarca[1036].

Em paralelo à questão da escravidão, desde a década de 1850, o Império dava um salutar salto econômico, cujas causas podem ser encontradas no processo de urbanização das cidades, na diversificação da produção econômica, na proibição do tráfico de escravos, na promulgação da Lei de Terras e do Código Comercial, no incremento da produção industrial e da atividade dos bancos, na expansão do sistema e dos serviços de transporte e de comunicação[1037]. Novas demandas sociais e novos conflitos surgiram e, com eles, maior necessidade por instâncias judiciais céleres e efetivas para composição dos interesses.

No âmbito político-partidário, a partir da década de 1860, houve a formação de novos partidos (Partido Liberal Radical, Partido Progressista, Centro Liberal, Partido Republicano, Partido Republicano Paulista)[1038], contudo, nos respectivos programas, havia um ponto de identidade, que recaía sobre a necessidade da reforma judiciária. A efetivação da indepen-

---

[1035] A Lei Eusébio de Queiroz, Lei de 4 de setembro de 1850, que extinguia o tráfico de escravos, decorreu da intransigente e ameaçadora postura da Inglaterra contra o Brasil. O governo, quase à unanimidade composto por conservadores, viu-se sem qualquer alternativa política para lidar com a pressão inglesa, sendo obrigado a proibir o tráfico de negros. A Lei Eusébio de Queiroz teve profundo impacto social e econômico, porém não gerou tanta animosidade e rejeição dos grandes proprietários, quanto gerou a Lei do Ventre Livre, uma vez que esta lei, diferentemente da primeira, foi fruto da unilateral e inesperada iniciativa da coroa. Em suma, "o projeto era de inspiração imperial e não nacional" e, por causa dele, "o governo se descolou das bases socioeconômicas do Estado". Cf. CARVALHO, José Murilo de. *A construção da ordem...*, p. 293 e ss.

[1036] José Murilo de Carvalho comentou pesquisa de Stanley Stein sobre o município de Vassouras, um dos mais importantes redutos dos grandes proprietários de terras e escravos, na região produtora de café do Vale da Paraíba, no Rio de Janeiro, onde a adesão ao partido republicano foi maciça, em decorrência do ressentimento dos fazendeiros com a política abolicionista do imperador. *Idem*, p. 322-323.

[1037] Cf. FAUSTO, Boris. *História do Brasil...*, p. 169 e ss.

[1038] Cf. BRASILIENSE, Américo. *Os programas dos partidos e o 2º Imperio*. São Paulo: Typographia de Jorge Seckler, 1878, p. 15 e ss.

dência dos magistrados, a separação entre judicatura e polícia e outros itens relativos à organização judiciária foram absorvidos pelas lideranças dos partidos, a partir do discurso constitucional de afirmação judicial.

Enfim, a centralização política do poder, que se consolidara desde a década de 1840, se sujeitaria, a partir do final da década de 1860, à forte crítica, que, como tal, traria em seu bojo a crise. A crise, por sua vez, ofereceria à matemática política uma lógica dual própria: manutenção ou radicalização[1039]. Diante desse dilema, inevitavelmente, aqueles pressupostos sobre os quais se fundava o pensamento constitucional (a metafísica constitucional e a preeminência imperial) ruiriam. E, nesse contexto, estaria configurada uma condição imprescindível para que se pudesse dar início ao processo de ressignificação semântica do princípio da separação de poderes, de modo que o Poder Judiciário fosse compreendido como instrumento de garantia dos direitos individuais e da própria ordem constitucional.

Mais uma vez, ressaltamos que esse não foi um processo linear ou tranquilo. Tanto não foi que, mesmo com definhamento do Império e da própria figura do imperador, que estava ao centro do poder e do governo, o Império terminaria seu longo período sem ver mudanças substanciais que, desde há muito tempo, eram reclamadas por vários setores políticos. No entanto, o discurso de afirmação judicial, que seria fundamental para mudança da imagem da magistratura, bem como para seu fortalecimento institucional, com a assunção de novas atribuições, foi produzido intensamente e seria aproveitado após a proclamação da República[1040].

[1039] Cf. KOSELLECK, Reinhart. *Crítica e crise: uma contribuição à patogênese do mundo burguês.* Trad. Luciana Villas-Boas Castelo Branco. Rio de Janeiro: EDUERJ: Contraponto, 1999, p. 148 e ss.

[1040] Convém afirmarmos, na mesma linha, que a adoção do sistema republicano não implicou, de imediato, a incorporação dos reclamos ou da pauta que historicamente se vinha construindo para a reforma judiciária. Basta lembrarmos, por exemplo, a forma de nomeação dos juízes federais, que, *mutatis mutandis,* foi a mesma do Império, merecendo dura crítica de Magalhães Castro. Cf. CASTRO, José Antonio de Magalhães. *Constituição Politica do Imperio de 1824 com a Constituição decretada pelo Governo Provisorio da Republica de 1890.* Rio de Janeiro: Typographia Perseverança, 1890, p. 6 e p. 38.

A imagem social dos juízes, na época da Constituinte de 1823 e da elaboração da lei do Supremo Tribunal de Justiça[1041], motivara à tímida e claudicante concepção da magistratura que, por décadas, condenou o Poder Judiciário à dependência institucional e a abusivas intervenções especialmente provenientes do Executivo. A partir da nova conjuntura que se apresentava associada ao discurso judicial, essa imagem sofreu modificações e experimentou um processo de redefinição, de modo que esses mesmos juízes passaram a ser percebidos diferentemente; se antes a inferioridade do Judiciário fora consequência da imagem negativa, agora a fragilidade institucional de que padecia o Judiciário foi compreendida como causa da impossibilidade para cumprir sua missão institucional de garantir os direitos individuais e a ordem política e de alavancar o progresso e a modernidade da civilização. E, ao mesmo tempo, o quadro institucional precário do Judiciário passara a ser a própria justificativa de sua reforma.

Na Constituinte de 1823 e no processo de elaboração da lei orgânica do Supremo Tribunal de Justiça, nós já o dissemos, a imagem negativa dos juízes foi uma das razões que conduziu à contida estruturação do Poder Judiciário. Essa mesma concepção permaneceu até, pelo menos, a edição do Ato Adicional, em 1834, quando o próprio visconde do Uruguay, que não foi exatamente um cultor do Judiciário, tentou explicar sua posição de inferioridade: ao tempo da edição do Ato Adicional, a magistratura era mal vista, o que teria justificado a ampliação das hipóteses de suspensão, remoção e demissão dos juízes[1042].

Ao longo dos anos, a precária organização do Poder Judiciário, que se verificou sobre a inexistência de efetiva independência judicial e a inexpressividade das competências institucionais, foi tema constante e preo-

---

[1041] A razão da formação da imagem desfavorável aos juízes, na análise de Thomas Flory, adviria dos tempos de colônia. Recebimento de propina pelos juízes seria o flagelo que mais assolaria as províncias do Império. Afora isso, o esnobismo, a mística educacional coimbrã e outros tipos de males e de corrupção, que atingiam o Judiciário, teriam feito com que a reação contra o sistema colonial português fosse, em parte, canalizada contra os próprios juízes. Cf. FLORY, Thomas. *Judicial politics...*, p. 666.

[1042] Em suas palavras: "Na época em que foi feito o adicional era mal vista a Magistratura. Com raras excepções erão seus membros considerados como regressistas, e como outros tantos obstáculos ao progresso. Era preciso que as Assembléas pudessem decepar as cabeças da hydra". Cf. URUGUAY, Visconde do. *Estudos praticos...* Tomo II, p. 207.

cupação prioritária por parte dos juristas e políticos do Império. O discurso de afirmação do Judiciário promoveu a reconstrução de sua função institucional e de sua independência, esforçando-se por reposicioná-lo em pé de igualdade com os demais poderes.

Nesse longo processo de transição na concepção do juiz, muitas vozes se pronunciaram, procurando enaltecer a imagem do magistrado e reivindicando um novo ou mais contundente papel institucional na organização política dos poderes, que não mais se conformaria à tradicional concepção de Montesquieu do juiz como simples aplicador das leis[1043].

Em sua *Decadencia da Magistratura*, de 1862, José Antonio de Magalhães Castro, que era juiz de direito e em 1881 se tornaria ministro do Supremo Tribunal de Justiça, foi um combatente contra a decadência em que se encontrava a magistratura. Sua reflexão, contudo, dá-nos uma medida de como o imaginário social dos juízes ainda atravessaria um longo caminho, dado o diagnóstico ainda desanimador da magistratura: "Juizes dependentes, juizes venaes, sem liberdade, sem integridade moral, são estes os brados, que partem de todos os pontos do imperio". Resignando-se com tais acusações, e sem contestá-las, acresceu: "facto inconcusso é, sem duvida, a decadencia da magistratura, no Brasil, e em quanto, de facto, forem os magistrados do Brasil, dependentes e temporareos, tambem a justiça fugirá de nós"[1044].

A denúncia tinha um alvo certo e, nesse sentido, o futuro ministro não destoava tanto dos críticos da dependência judicial: "responsabiliso os governos pelo abatimento da magistratura, e pessima administração de justiça"[1045]. A situação precária do Poder Judiciário, que tanto alimentaria a falta de respeito e de estima pública dos juízes, permaneceria até que o ministro de justiça pautasse seus atos e suas condutas em conformidade com a Constituição e com as leis. Para assegurar a independência

---

[1043] Naturalmente, vozes que contribuíram para a manutenção da imagem negativa dos juízes se fizeram presentes. Nesse contexto, é que compreendemos, por exemplo, a defesa elaborada por Godofredo Autran da prerrogativa governamental de suspender juízes, em sua *Constituição Politica*, de 1881. Para ele, a medida seria conveniente para reforçar a autoridade da justiça pública, ameaçada por juízes caprichosos, corruptos e vingativos. Cf. AUTRAN, Manoel Godofredo de Alencastro. *Constituição Politica...*, p. 110-111.

[1044] Cf. CASTRO, José Antonio de Magalhães. *Decadencia da magistratura...*, p. 9-10.

[1045] *Idem*, p. 15.

judicial, não seriam necessárias reformas nem novas leis; a integridade, a independência moral e a independência institucional dos juízes dependeriam muito mais das virtudes do ministro de justiça e da moralidade dos governos, já que a "firme vontade da autoridade" poderia muito mais do que a lei em si.

Magalhães Castro foi certeiro em sua crítica ao Poder Executivo, aqui entendido como poder governamental exercido pelos ministros[1046]: a Constituição instituiu a independência, a inamovibilidade e a perpetuidade dos juízes; porém, os juízes continuavam, de fato, amovíveis, temporários e sempre dependentes de tudo e de todos, porque "assim tem querido a falsa politica dos mais fracos gabinetes"[1047]. Enquanto não houver a mudança na forma da condução política da magistratura pelo governo, ela não sairia de seu estado de decadência.

Ele atacou ainda um (tão velho quanto falso) axioma em que se assentava a política governamental, segundo o qual a "magistratura independente, e desassombrada do arbitrio do poder executivo, seria perigósa, e formaria um Estado no Estado"[1048]. Para ele, o único e verdadeiro risco que a magistratura, numa monarquia constitucional representativa, poderia acarretar seria a sua dependência do Poder Executivo, pois, nessa hipótese, estariam ameaçados os direitos individuais dos cidadãos, a justiça e a glória da monarquia.

Atentemos ao fato de que, mesmo com as alterações legislativas promovidas na organização judiciária, a efetivação da independência judicial pouco avançou. No entanto, não podemos negar, em cada um desses atos de denúncia, corporificados em textos, havia uma clara reivindicação institucional em prol da consolidação do Poder Judiciário, que pressupunha novo imaginário social dos juízes.

[1046] Em seu livro, não podemos deixar de dizer, Magalhães Castro se dirige ao imperador e às instituições imperiais com excessiva admiração e acolhimento. Particularmente, o autor esteve a reafirmar a metafísica constitucional, característica marcante do pensamento constitucional brasileiro. Citemos, a título ilustrativo, algumas linhas de sua dedicatória a dom Pedro II: "A' vossa Magestade Imperial, que não póde ser indifferente á gloria da monarchia brazileira, á vossa magestade, de cuja solicitude infallivel pendem os destinos do imperio, tenho a honra de apresentar (...). E Vossa Magestade Imperial, á cuja superioridade, ou distancia inaccessivel não pódem, nem de leve, tocar minhas offensas (...)".

[1047] *Idem*, p. 22-23.

[1048] *Idem*, p. 31.

O CONTROLE DA CONSTITUCIONALIDADE DAS LEIS NO IMPÉRIO

Durante os debates parlamentares sobre a reforma judiciária, em 1870 e 1871, o senador Cândido Mendes, ao defender as prerrogativas e novas competências para o Poder Judiciário, inovou no discurso constitucional e político, para defender a reformulação do Poder Judiciário. Ele tinha a convicção de que o Judiciário foi muito limitadamente regulamentado pela Constituição, por consequência seria um "poder inútil" e completamente dependente dos demais; o mesmo grau de inferiorização teria acometido o Supremo Tribunal de Justiça, que amargurou o mesmo diagnóstico: "É supremo, sem ser supremo"[1049].

Inspirado no sistema judicial norte-americano, o senador Cândido Mendes concebia o Poder Judiciário como "o mais sincero sustentáculo das liberdades", pois a genuína função do Poder Judiciário seria salvaguardar os direitos individuais e a Constituição. A fim de que pudesse cumprir sua destinação institucional e constitucional, o senador defendeu que o Poder Judiciário teria o "direito de interpretar doutrinariamente a Constituição", embora tal atribuição não fosse claramente prevista na Constituição. E, quase em tom de advertência, destacou que esse poder de interpretação não configuraria intromissão ou participação judicial no processo legislativo, no entanto concorreria ao aperfeiçoamento das instituições da nação[1050]. É que, não sendo um poder político, porque não dependente da "opinião móvel do dia", o Judiciário seria o poder que mais eficazmente poderia vigiar a defesa da Constituição; dizendo aos povos: "Não tendes obrigação de obedecer à esta lei, ou a lei que se está fazendo ou vai promulgar-se não está de conformidade com a Constituição"[1051].

Importa percebermos a mudança de concepção, inclusive contraditando os pressupostos do pensamento constitucional, isto é, questionando diretamente a preeminência imperial, ao sustentar a primazia do Poder Judiciário em face do Poder Moderador, bem como defender o controle judicial da constitucionalidade[1052]. Sem dúvida, para a formação de outra imagem dos juízes colaboraria o senador Cândido Mendes.

[1049] Cf. ALMEIDA, Cândido Mendes de. *Pronunciamentos parlamentares...*, p. 102 e ss.
[1050] *Idem*, p. 251.
[1051] *Idem*, p. 205.
[1052] *Idem*, p. 100.

O desembargador Alencar Araripe[1053] sustentou uma missão institucional mais larga para o Poder Judiciário, que consistiria em opor barreiras ao Poder Executivo e proteger a liberdade, assegurando o equilíbrio e a natureza do regime constitucional. No que nos sugere uma tentativa de reconstrução da imagem do Judiciário, após perguntar-se por que razão se nutria tanto temor e receio contra a classe dos magistrados, ele próprio, nos idos de 1874, ofereceu o seguinte dado estatístico: "No fim de 45 annos depois de sua instituição teve o Supremo Tribuna de Justiça de julgar a um magistrado como réo de delito commum"[1054].

Não havia motivos para fundamentar a incapacidade dos juízes, já que a magistratura nunca se teria revelado incapaz de seu destino. Entretanto, sua organização não se consumou, em parte por causa da depreciação do caráter da magistratura, que tanto contribuíra para o sentimento de desconfiança voltado contra os juízes[1055].

Em sua crítica à reforma do Judiciário promovida pela Lei nº 2.033, de de 1871, Leonidas Lessa associou a organização do Poder Judiciário ao grau de desenvolvimento e de civilização dos países. A estrutura da justiça dos Estados Unidos revelaria o gênio e a sabedoria dos legisladores e da nação, fazendo desse poder ainda superior ao da Inglaterra: "É que, na patria de todos os progressos, não se podia menospresar tão eminente orgam da civilisação moral dos povos".

Tamanha era a vinculação entre progresso e o Poder Judiciário, que Leonidas Lessa pretendeu caracterizar um esforço em escala mundial para o aperfeiçoamento da instituição: "A Belgica, a Hollanda, Portugal, emfim todas as nações cultas, esforçam-se para tornar cada vez mais respeitavel a ordem judiciaria"[1056]. Essa imagem positiva da magistratura, sem dúvida, persistiria e anos após traria resultados significativos na organização judiciária brasileira.

José Antonio de Magalhães Castro voltaria a sustentar sua posição em defesa do Poder Judiciário. Citando Araripe Alencar, em 1877, ele afirmou que "hoje, a independencia da Magistratura é dogma politico do

---

[1053] Cf. ARARIPE, Tristão de Alencar. *Relações do Imperio...*, p. 390-391.

[1054] *Idem*, p. 56.

[1055] *Idem*, p. 365 e ss.

[1056] Cf. LESSA, Leonidas Marcondes de Toledo. *A reforma judiciaria. O Direito: Revista Mensal de Legislação, Doutrina e Jurisprudência*: Anno III, Vol. 6, 1875, p. 374-387, p. 376.

O CONTROLE DA CONSTITUCIONALIDADE DAS LEIS NO IMPÉRIO

mundo civilizado" e que "presentia-se nos homens politicos do Paiz uma certa desconfiança contra a Magistratura para restringil-a"[1057].

É-nos significativo o contraste de imagens: sinônimo de corrupção, morosidade e ineficiência, a magistratura passou a ser vista como o motor do progresso social. Era dogma político das nações civilizadas, disseram Alencar Araripe e Magalhães Castro[1058], que pretendia ver o Poder Judiciário como baluarte contra as arbitrariedades do Executivo, em detrimento dos demais poderes. Há uma mudança de concepção em andamento segundo a qual a ordem constitucional não mais poderia ser bem protegida pelas mãos do imperador. A lógica inverteu-se: o próprio Poder Executivo e, por que não, o imperador poderiam agora ser a fonte de opressão dos direitos individuais. E a solução institucional acenava para o Judiciário.

Raymundo Furtado Cavalcanti[1059] propugnava por uma magistratura soberana e independente, que nada esperasse ou temesse do poder. A Inglaterra alcançara esse estágio, ao cultivar a independência, a imparcialidade e a resistência calma pelos juízes opostas a todos os atos arbitrários do poder. Lá, tal qual deveria ocorrer no Brasil, o magistrado era venerado e deveria exercitar seu sacerdócio com absoluta independência.

Aristides Milton[1060], alinhado a essa mesma tendência, associou o exercício da judicatura à civilização e ao progresso, contribuindo substancialmente para a transformação do imaginário dos juízes: "Missionarios convencidos da civilisação, victimas augustas do dever, apostolos dedicados do progresso, sacerdotes respeitaveis, amigos extremecidos da

---

[1057] CASTRO, José Antonio Magalhães de. *Projectos de lei para organisação judiciaria e reforma do art. 13, § 2º, da Lei de 20 de setembro de 1871*. Rio de Janeiro: Typographia Perseverança, 1877, p. 10.

[1058] E lamenta profundamente a irrelevância institucional do Judiciário: "De facto, em vez de baluartes contra as invasões do Poder Executivo, os Juizes no Brazil como que maniatados involuntariamente convergem para avultar o mal, que todos lamentam". Cf. CASTRO, José Antonio de Magalhães. *Projectos de lei para organisação judiciaria e reforma do art. 13, § 2º, da Lei de 20 de setembro de 1871*. Rio de Janeiro: Typographia Perseverança, 1877, p. 7.

[1059] Cf. CAVALCANTI, Raymundo Furtado de Albuquerque. *Administração da justiça. Reforma judiciaria. Condições necessarias à independencia dos juizes. O Direito: Revista Mensal de Legislação, Doutrina e Jurisprudência*: Vol. 16, 1878, p. 215-235.

[1060] Cf. MILTON, Aristides A. *Os magistrados brazileiros e seus inimigos. O Direito: Revista Mensal de Legislação, Doutrina e Jurisprudência*: Anno X, Vol. 29, 1882, p. 12-21, p. 13.

paz; – quem maiores serviços ha prestado ao engrandecimento e á prosperidade d'este paiz?". Numa visão bastante romantizada dos juízes, Aristides Milton, rememorando dizeres do imperador Napoleão, bradou que a morte mais bela seria a do magistrado na defesa do Estado e da lei; os juízes eram "verdadeiros heroes".

Inconformado com o tratamento vil dispensado, não entendia por que nossos estadistas se inspiravam na Inglaterra para traçar diversas normas de governo, mas desprezavam insistentemente os exemplos da magistratura que de lá vinham. Aristides Milton não mais cria na retórica parlamentar, que expunha sua preocupação com a reforma judiciária, mas era destituída de ânimo firme para empreendê-la; isso lhe parecia mais um "modo engenhoso de illudir o publico". Era, pois, tempo da "solemne consagração da justiça", e não "tempo das promessas illusorias"[1061].

Affonso Octaviano[1062], na esteira do Judiciário da Inglaterra, sustentou que "a justiça deve ser mais alguma cousa que a fria applicação da lei, sem discussão sobre os seus méritos". A tradicional compreensão do Poder Judiciário já não mais lhe pareceria adequada aos novos tempos. Lá, onde não havia Constituição, toda lei elaborada pelo parlamento seria necessariamente constitucional: "não ha autoridade que possa dizer as Camaras 'com tal lei violaes a Constituição'".

Não obstante, deparando-se o juiz inglês com uma tal lei em conflito com os princípios de justiça e humanidade, certamente a declararia contrária ao *common law* e inaplicável ao caso. Tal decisão se respaldaria no sistema inglês, porque seu Poder Judiciário seria um "poder verdadeiramente político". Esse seria seu parâmetro.

Para o desembargador Olegário Herculano de Aquino e Castro, que integrou a comissão de reforma do judiciário formada pelo governo imperial em 1881, cujo andamento foi acompanhado de perto por todos os ministros de justiça, o bom funcionamento do sistema de administra-

---

[1061] *Idem*, p. 20-21.

[1062] Cf. GUIMARÃES, Affonso Octaviano Pinto. *É conforme com a existencia do Poder Moderador a disposição do § 3º do art. 102 da Constituição? O Direito: Revista Mensal de Legislação, Doutrina e Jurisprudência*: Anno XI, Vol. 32, 1883, p. 185-189.

ção da justiça seria condição essencial para o progresso e para o desenvolvimento da sociedade[1063].

Referindo-se ao modelo inglês, Aquino e Castro pensou crítica e seletivamente aquilo que poderia ser aproveitado na realidade brasileira. Era verdade que na Inglaterra, por exemplo, a livre nomeação dos magistrados funcionava satisfatoriamente, mas, ao contrário, aqui no Brasil, os resultados eram desanimadores, de modo que seria indispensável alterar o critério de nomeação dos juízes, a fim de acabar com o patronato nas indicações e elevar o nível intelectual da magistratura, dignificando-a[1064]. O juiz, disse o desembargador, teria de ocupar seu lugar de órgão da lei e de sacerdote da justiça.

Na luta pela efetivação do Poder Judiciário, o projeto de reforma da comissão, relatado por Aquino e Castro, também se ateve ao Supremo Tribunal de Justiça[1065]. Seria urgente reformá-lo "a fim de que pudessem as decisões por elle proferidas ser acceitas como a ultima expressao da justiça, e com a autoridade correspondente á importancia do mais eminente tribunal judiciario do Imperio". A Lei nº 2.033, de 20 de setembro de 1871, que implementou a segunda reforma judiciária, teria perdido a excepcional oportunidade de corrigir a anomalia decorrente de as relações decidirem matéria de direito contrariamente ao Supremo Tribunal, que, por sua vez, deveria ainda conhecer definitivamente da questão.

Os membros da comissão entendiam que o Poder Judiciário – que era o "palladio das liberdades" – precisaria ser reconstituído no máximo interesse da sociedade, que nele ainda não encontrou, mas deveria encontrar a mais forte garantia da liberdade.

Leonidas Lessa[1066], em 1884, voltou a criticar a administração da justiça. Seu alvo específico, dessa vez, foi a variedade da jurisprudência brasileira, que ainda não existiria devido à insuficiência de códigos e leis, de independência judicial e de preparação técnica dos juízes. A necessidade de construir um sistema jurídico, capaz de produzir jurisprudência

---

[1063] Cf. CASTRO, Olegário Herculano de Aquino e. *Reforma judiciaria. O Direito: Revista Mensal de Legislação, Doutrina e Jurisprudência*: Vol. 31, 1883, p. 161-216.

[1064] *Idem*, 187.

[1065] *Idem*, p. 207 e ss.

[1066] Cf. LESSA, Leonidas Marcondes de Toledo. *Variedade da jurisprudencia brasileira. O Direito: Revista Mensal de Legislação, Doutrina e Jurisprudência*: Anno XII, Vol. 33, 1884, p. 20-27.

e decisões mais ou menos estáveis e coerentes, impunha compreender a função do juiz por um novo ângulo, que não seria somente o da aplicação da lei; o magistrado deveria, de igual modo, interpretá-la.

Leonidas Lessa encampava o lento processo de reconstrução da imagem do juiz. Ele se esforçou por encontrar raízes no direito romano, em que as decisões judiciais tinham muito valor para a apreciação do direito, de modo que todas as nações que adotaram a sistemática do direito romano, valorizando seus juízes e julgados, teriam atingido grande desenvolvimento da ciência do direito e de jurisprudência.

Ainda sugestivo foi o pequeno texto publicado por R. A. Baena[1067], em *O Direito*, logo após a Proclamação da República, em que, fazendo estudo genealógico do recurso de revista, no qual se anunciava inicialmente uma apologia ao instituto, o autor rompeu com a estrutura narrativa do artigo, ao concluir secamente: "De resto observaremos que o supremo tribunal de justiça como se acha constituido, não póde fixar e manter a intelligencia pratica das leis, uniformisar a jurisprudencia".

Em termos de pensamento constitucional, percebemos que o discurso jurídico aqui recuperado, ainda que não tenha conseguido verter as resistências políticas para implantar no Império o Poder Judiciário ideal e imaginado, não se perdera nem fora em vão. Antes, o debate constitucional e político em torno da interpretação judicial foi essencial ao reconhecimento, inclusive pelos agentes do governo, de que a interpretação doutrinal é ato inerente à atividade de todo e qualquer juiz no exercício de seu ofício. A interpretação judicial pressupunha a independência judicial; o discurso da independência, conforme vimos no item anterior, fortalecia-se e, aos poucos, mostrava seus resultados. Paralelamente o conceito de interpretação cindia-se em duas acepções divergentes, de modo que a interpretação autêntica era exclusiva da Assembleia Geral (art. 15, VIII) ao passo que a interpretação doutrinal se naturalizou como inerente à prática do magistrado[1068].

[1067] Cf. BAENA, R. A. *Quaes são os effeitos da revista? O Direito: Revista Mensal de Legislação, Doutrina e Jurisprudência*: Anno XVIII, Vol. 52, 1890, p. 161-165.

[1068] O ministro de justiça Samuel Mac-Dowell, no relatório apresentado à Assembleia Geral, em 1887, afirmou que "cada jurisdição está necessariamente investida da faculdade da interpretação doutrinal nos actos do processo e julgamento de sua competência". Cf. MAC-DOWELL, Samuel Wallace. *Relatorio apresentado á Assembléa Geral Legislativa na segunda*

O CONTROLE DA CONSTITUCIONALIDADE DAS LEIS NO IMPÉRIO

Essa imagem dos juízes infiltrou-se nas posições oficialmente externadas dos ministros de justiça, ao menos naquelas dos últimos anos da monarquia. Associando a boa organização da magistratura ao grau de civilização e ao progresso das sociedades, o ministro Rosa e Silva[1069], registrou em seu relatório de 1889: "É a administração da justiça o mais alto criterio do gráo de civilisação de um Estado: della essencialmente depende a paz publica, a manutenção da ordem e da liberdade, a confiança que, dentro e fóra do paiz, inspiram as suas leis".

Da mesma forma, essa imagem caracterizaria os posicionamentos do governo republicano, recém-instaurado. Em sua *Exposição* apresentada pelo então ministro de justiça ao governo republicano, Campos Salles[1070] observou: "Não ha Estado sem uma organização judicial propria e independente, porque, como bem definiu um dos seus mais illustres philosophos do seculo, o Estado é a justiça constituida". Com o respaldo do constitucionalista americano Story, Campos Salles destacou que seria essencial um Poder Judiciário capaz de manter os direitos da União, sem invadir a esfera da justiça dos Estados, guardar a Constituição e as leis federais, bem como interpretar uniformemente as leis e a Constituição.

Podemos observar, destarte, que o reconhecimento do Poder Judiciário como instrumento essencial para atingimento dos interesses coletivos e sociais era quase consensual, ainda que não fosse uma unanimidade no discurso constitucional[1071]. O Poder Judiciário já não mais seria visto como elemento de embaraço ao desempenho do interesse público, mas

---

sessão da vigesima legislatura pelo ministro e secretario de estado dos negocios da justiça. Rio de Janeiro: Imprensa Nacional, 1887, p. 81.

[1069] Cf. SILVA, Francisco de Assis Rosa e. *Relatório apresentado á Assembleia Geral...*, p. 50.

[1070] Cf. SALLES, Manoel Ferraz de Campos. *Exposição apresentada ao chefe do governo provisorio da Republica dos Estados Unidos do Brasil pelo ministro e secretario de estado dos negocios da justiça.* Rio de Janeiro: Imprensa Nacional, 1891, p. 15.

[1071] Joaquim Rodrigues de Sousa sustentou opinião refratária ao Poder Judiciário que certamente não era isolada e ajudava a manter certa desconfiança que minava a credibilidade da magistratura, ao explicar a cláusula da guarda da Constituição (art. 15, IX). Ele afirmou que seria uma necessidade eterna de todos os povos livres instituírem defensores oficiais da Constituição e das leis. No entanto, quando tais defensores da Constituição advinham de instituições estranhas à política, mesmo prestando bons serviços à nação, a história mostraria que tais defensores não deixaram de causar embaraços ao governo. Cf. SOUSA, Joaquim Rodrigues de. *Analyse e commentario...* Vol. I, p. 111.

associado à própria noção de progresso da sociedade, de modernidade da civilização e de proteção dos direitos e das liberdades individuais.

Em conclusão, o discurso constitucional de afirmação do Poder Judiciário contribuiu fundamentalmente para a preparação do ambiente institucional favorável à recepção do controle judicial da constitucionalidade, conforme acabamos de examinar. Não só pela defesa do reforço institucional do Judiciário, principalmente através da efetivação de sua independência, mas também pelo reconhecimento progressivo da inevitabilidade da interpretação das leis como condição imprescindível para sua aplicação. A construção desses pilares foi a causa e o efeito, a um só tempo, da modificação da imagem da magistratura, que, a partir de então, apontaria para um novo horizonte, no qual o juiz seria visto como instrumento do progresso, das garantias dos direitos individuais e da própria civilização moderna.

Associada a esses aspectos, que se configuraram no âmbito do pensamento e do discurso constitucional, a crítica ao imperador e ao sistema de governo monárquico permitiu a desconstrução da imagem do imperador como centro de preeminência da representação nacional e institucional entre os poderes, especialmente ao se conceber o exercício do Poder Moderador como uma medida autoritária e ilegítima. A metafísica constitucional, que amparava o pensamento constitucional, seria o objeto a ser tematizado, sem idealizações e sem transcendência.

Conclusão

O Pensamento Constitucional do Império no Constitucionalismo Brasileiro

Não gostaríamos de encerrar esta reflexão sobre a formação histórica do controle da constitucionalidade das leis no Brasil apenas com a retomada das ideias e dos argumentos anteriormente expostos. Antes, dada a inerente função de que a história do direito se reveste, a qual, segundo acreditamos, constitui ferramenta imprescindível à compreensão dos percursos e dos pensamentos que guiaram nossos passos no longo processo de construção das instituições jurídicas e políticas conforme se revelam configuradas no presente, dividimos a "Conclusão" em dois tópicos.

No primeiro deles, avaliamos algumas das influências que a experiência política e jurídica do Império exerceu na formação do pensamento constitucional republicano, bem como algumas rupturas e continuidades que marcaram a transição do Império para a República no plano constitucional. No constitucionalismo imperial, apresentaram-se elementos importantíssimos à compreensão do que significou a introdução do controle judicial da constitucionalidade das leis na Constituição de 1891, que se perderiam caso não houvéssemos expandido nosso olhar para uma perspectiva de longa duração[1072].

[1072] Cf. BRAUDEL, Fernand. *Escritos sobre a história*. Trad. J. Guinburg e Tereza Cristina Silveira de Mota. São Paulo: Perspectiva, 2009, p. 41 e ss.

No segundo tópico, a partir de dois casos pontuais, ponderamos como a ausência da perspectiva histórico-constitucional, inclusive da história imperial, tem dificultado o enfrentamento adequado de problemas perenes relacionados à separação e ao funcionamento dos poderes. Seguramente, não esperamos dessa história mais estendida as respostas aos problemas atuais, mas nela visualizamos uma rara oportunidade de interlocução e de diálogo que colaborará e muito no processo de tomada de decisões no presente.

Rupturas e continuidades: pensamento constitucional imperial e a Constituição da República de 1891

Embora seja sempre delicado, para não dizermos inapropriado, falar de certezas nos domínios da história, reconhecemos que a história do controle da constitucionalidade das leis não se iniciou na "Constituição Provisória" de 1890, instituída pelo Decreto nº 510, de 22 de junho de 1890, nem no Decreto nº 848, de 11 de outubro de 1890, que organizou a justiça federal, tampouco na Constituição da República de 1891. Essa história é muito mais longínqua.

Ao longo desta obra, nosso argumento extraiu-se da crítica à narrativa simplificadora do discurso constitucional brasileiro, que há anos contenta-se com o esquema geral de explicação do surgimento do controle da constitucionalidade no Brasil a partir do eixo "Rui Barbosa-Constituição de 1891".

A experiência constitucional e política produzida no tempo do Império tem sido desperdiçada pela historiografia constitucional, na medida em que se deixa de agregar ao nosso substrato histórico e cultural não só o riquíssimo aprendizado do constitucionalismo imperial como também se estabelece uma sensível periodização de acordo com a qual o período anterior à proclamação da República se tornaria irrelevante em termos de controle da constitucionalidade. Além de precipitada, essa conclusão conteria grave equívoco, pois nenhum processo de construção da ordem jurídica se faz no vácuo ou do zero, independente de experiência anterior.

Os princípios cardeais do novo governo republicano, eles próprios pressupõem a existência de anterior vivência cultural, social, política e jurídica que os precede e, com base nela, realizaram-se rupturas e se possibilitaram continuidades. As decisões sobre institutos e regras, que

O PENSAMENTO CONSTITUCIONAL DO IMPÉRIO NO CONSTITUCIONALISMO BRASILEIRO

perdurariam e os que seriam suprimidos na configuração da organização do Poder Judiciário, foram tomadas em um ambiente político-social concreto cuja semântica era composta pelas práticas jurídicas imperiais[1073]. Nesse contexto historicamente enriquecido e acelerado por força dos acontecimentos políticos, a questão relativa à autoridade de dizer o direito por último estava explícita ou implicitamente posta: o Império, portanto, era o espaço de experiência da República[1074].

Não seremos capazes de entender a história constitucional nem as razões que propiciaram a introdução do controle judicial em nossa ordem constitucional, caso continuemos ignorando esse passado. O controle judicial foi produto de uma complexa conjuntura de fatores e de uma construção jurídico-política; e jamais um instituto pronto e acabado, copiado do modelo norte-americano para a Constituição de 1891, graças à genialidade de um homem só. Isso é um mito cuja desconstrução é imperiosa.

Vimos, no Capítulo 6, que, após a edição do Ato Adicional de 1834, um complexo mecanismo institucional de controle da constitucionalidade das leis foi formalmente introduzido na ordem constitucional brasileira. Por conseguinte, já não podemos falar em inovação da Constituição de 1891 em matéria de controle, pois tanto a Assembleia Geral quanto os presidentes provinciais estavam respectivamente habilitados a cassar ou vetarem leis e/ou projetos de lei em face da incompatibilidade com a Constituição de 1824.

Rui Barbosa, portanto, não foi o responsável pela introdução do controle judicial na ordem constitucional brasileira. Evidentemente, na

---

[1073] Em sua exposição ao Governo provisório, o então ministro de justiça, Campos Salles, informou: "A justiça do imperio ressentia-se tanto dos defeitos da legislação como dos vicios da organização judicial. Está isto confessado e repetido em todos os relatorios do ministerio nos ultimos vinte annos, e os retoques effectuados durante esse periodo pouco melhoram o estado do direito e as condições da magistratura, na opinião geral". Cf. SALLES, Manoel Ferraz de Campos. *Exposição apresentada ao chefe do governo provisorio da Republica dos Estados Unidos do Brasil pelo ministro e secretario de estado dos negocios da justiça.* Rio de Janeiro: Imprensa Nacional, 1891, p. 13.

[1074] Cf. KOSELLECK, Reinhart. *"Space of experience" and "horizon of expectation": two historical categories.* In: *Future Past (on the semantics of historical times).* Transl. Keith Tribe. New York: Columbia University, 2004, p. 255-275.

qualidade de membro do governo provisório[1075], Rui colaborou para o aperfeiçoamento e a melhor sistematização do Projeto de Constituição, especialmente considerada a ruptura advinda por força do federalismo. Daí, contudo, dizer-se que ele foi o agente introdutor do controle da constitucionalidade vai uma distância.

Diferentemente do discurso constitucional tradicional, reconhecemos que é historicamente impreciso afirmar que o controle da constitucionalidade foi introduzido por Rui Barbosa ou praticamente passou despercebido nos debates da Constituinte de 1890-1891. Não foi Rui, o "Marshall Brasileiro" de Homem Pires[1076].

Se inovação houve com a ordem constitucional republicana, estejamos conscientes de que ela se restringiu à prática do controle judicial, porquanto o controle não judicial era preexistente. Nosso esforço, portanto, consistiu em compreender as razões que conduziram à recepção do controle judicial no sistema constitucional brasileiro.

A história imperial mostra-nos que o pensamento constitucional brasileiro, com seus avanços e recuos impostos pela experiência produzida

---

[1075] O papel exercido por Rui Barbosa, na qualidade de advogado, com forte militância no Supremo Tribunal Federal, e não mais de estadista ou ministro do governo provisório, revestiu-se de outra dimensão e relevância. Sua atuação advocatícia foi de incalculável significado para sedimentar a cultura jurídico-constitucional do controle judicial, considerada a época de transição de paradigmas tão dissonantes e conflitantes entre si. A literatura a respeito é farta, porém explorar essa nova fase do constitucionalismo brasileiro extrapola nosso objetivo.

[1076] Existe uma significativa disputa historiográfico-constitucional quanto ao papel exercido por Rui Barbosa, no momento posterior à entrega ao governo provisório do Projeto de Constituição, elaborado pela "Comissão dos Cinco", e a extensão de sua revisão pelos ministros do governo, particularmente por Rui Barbosa. Cf. BONAVIDES, Paulo & ANDRADE, Paes de. *História constitucional do Brasil*. 8. ed. Brasília: OAB, 2006, p. 224--225. Para alguns autores, a exemplo de Américo Jacobina Lacombe, foi justamente nessa intervenção que Rui Barbosa teria introduzido a indelével marca do controle judicial da constitucionalidade na Constituição de 1891. Cf. LACOMBE, Américo Jacobina. *Rui Barbosa e a primeira Constituição da República*. Rio de Janeiro: Casa de Rui Barbosa, 1949, p. 17. Dentre os defensores de Rui, podemos apontar ainda João Barbalho Uchoa Cavalcanti, Aurelino Leal e Homero Pires, que o reputou o "mais autorizado interprete do texto constitucional", quem "lhe redigiu quasi todos os artigos" e "[o]utorgou ao Poder Judiciario a autoridade de decidir sobre a constitucionalidade das leis". Cf. PIRES, Homero. *Prefacio*. In: BARBOSA, Rui. *Commentarios á Constituição Federal brasileira*. Vol. I. São Paulo: Saraiva, 1932, p. I-XL.

ao longo do século XIX, foi aos poucos se transformando até que a brusca ruptura ocasionada pela proclamação da República definiu um novo modelo constitucional de referência, cujos parâmetros influenciariam a crítica e a produção do direito brasileiro. No modelo constitucional norte-americano, a prática do controle judicial, que punha o Poder Judiciário no topo da pirâmide jurídico-institucional, constituía um dos seus postulados mais fundamentais, o que, de certa forma, vinha ao encontro do pensamento constitucional brasileiro.

A famosa *Exposição de Motivos* do ministro de justiça, Campos Salles, ao Decreto nº 848, de 11 de outubro de 1890, que organizou a justiça federal e gerou tantas polêmicas e incertezas na classe dos magistrados[1077], expressamente atribuiu ao Poder Judiciário novas competências no que tange à defesa da Constituição e à prerrogativa de declaração da inconstitucionalidade das leis, como também se apropriou do discurso judicial imperial que buscava reconstruir a imagem do Poder Judiciário, ligando-a ao progresso, à modernidade da civilização e à garantia dos direitos constitucionais. Isso fica bem resumido e evidenciado no seguinte trecho da citada *Exposição*[1078]:

> Mas, o que principalmente deve caracterisar a necessidade da immediata organização da Justiça Federal é o papel de alta preponderancia que ella se destina a representar, como orgão de um poder, no corpo social.
>
> A magistratura que agora se installla no paiz, graças ao regimen republicano, não e um instrumento cego ou mero interprete na execução dos actos do poder legislativo. Antes de applicar a lei cabe-lhe o direito de exame, podendo dar-lhe ou recusar-lhe sanção, si ella lhe parecer conforme ou contraria á lei organica.
>
> O poder de interpretar as leis, disse o honesto e sabio juiz americano, envolve necessariamente o direito de verificar se ellas são conformes ou não á Constituição, e neste ultimo caso declarar que ellas são nullas e sem effeito.

[1077] Cf. PINTO, João José de Andrade. *A Constituição da Republica do Brazil (idéas geraes)*. Rio de Janeiro: H. Lombaerts & C., 1890, p. V-VII; CASTRO, José Antonio Magalhães de. *Projectos de lei para organisação judiciaria e reforma do art. 13, § 2º, da Lei de 20 de setembro de 1871*. Rio de Janeiro: Typographia Perseverança, 1877, p. 5-15.

[1078] BRASIL. *Decretos do Governo Provisório da República dos Estados Unidos do Brazil (Décimo Fascículo, de 1 a 31 de outubro de 1890)*. Rio de Janeiro: Imprensa Nacional, 1890, p. 2737-2738.

Houve significativa alteração no imaginário do Poder Judiciário. Modificação que, por sinal, foi determinada e imposta pelo governo provisório para adequar-se à nova forma de Estado federal, no qual a magistratura desempenharia uma função político-constitucional inédita. Contudo, diante da inovação que o novo modelo constitucional de referência impunha, foi o próprio governo provisório que pretendeu estabelecer as diretrizes e as balizas para a sedimentação de um novo pensamento constitucional que, agora, por oposição à sua tradicional formação, precisaria reinventar-se a partir de novos parâmetros. O art. 386 do Decreto nº 848, de 1890, encarregou-se de implementar a mudança no pensamento constitucional, na prática judicial e institucional brasileira:

> Art. 386. Constituirão legislação subsidiaria em casos omissos as antigas leis do processo criminal, civil e commercial, não sendo contrarias ás disposições e espirito do presente decreto.
>
> Os estatutos dos povos cultos e especialmente os que regem as relações juridicas na Republica dos Estados Unidos da America do Norte, os casos de common law e equity, serão tambem subsidiarios da jurisprudencia e processo federal.

A concepção do Poder Judiciário investido de maior protagonismo institucional, em afirmação pelo discurso constitucional imperial desde longa data, foi assimilada pelo governo provisório, pela Comissão que elaboraria o Projeto de Constituição e pela Constituinte, porque seria imprescindível para manter a nova forma de Estado. Isso, consequentemente, conforme extraímos do exame do Decreto nº 848 e da Constituição de 1891, acarretou a sutil redefinição quanto à autoridade legitimada para dizer o significado do direito por último, distinta daquela dos tempos imperiais.

Por meio do Decreto nº 23, de 3 de dezembro de 1889, o governo provisório instituiu a denominada "Comissão dos Cinco", incumbindo-a de elaborar o Projeto de Constituição a ser encaminhado ao Congresso Constituinte. A Comissão foi composta por Antonio Luiz dos Santos Werneck, Francisco Rangel Pestana, José Antonio Pedreira de Magalhães Castro, Americo Braziliense de Almeida Mello e Joaquim Saldanha Marinho, sendo os dois últimos vice e presidente, respectivamente.

O PENSAMENTO CONSTITUCIONAL DO IMPÉRIO NO CONSTITUCIONALISMO BRASILEIRO

A Comissão deliberou que cada componente separadamente elaboraria um anteprojeto de Constituição e, depois, seria feita a discussão e uma síntese de todos. Dessa determinação, resultaram três anteprojetos. Em todos eles, a competência constitucional do Supremo Tribunal foi prevista[1079].

Jose Antonio Pedreira de Magalhães Castro concluiu, em 7 de fevereiro de 1890, seu Anteprojeto de Constituição[1080]. Mesmo considerando a presença de elementos do sistema constitucional monárquico, seu projeto inovou ao prever um complexo mecanismo de controle judicial da constitucionalidade. Ao Supremo Tribunal de Justiça, o autor atribuía a competência para exercer o controle, inclusive de modo preventivo no curso do processo legislativo, antes da sanção presidencial[1081].

[1079] Segundo José Coelho Gomes Ribeiro, todos os três projetos apresentados continham a previsão relativa à competência do Poder Judiciário em matéria atinente à violação da Constituição, a qual foi mantida no projeto conjunto enviado ao governo provisório. Recebido esse projeto da Comissão dos Cinco, o Governo procedeu à revisão e "promulgou" a Constituição, através do Decreto nº 510, de 22 de junho de 1890. A Constituição provisória, por sua vez, manteve "competencia do poder judiciario para questões attinentes á Constituição ou interessando a esta". Cf. RIBEIRO, João Coelho Gomes. *A genese historica da Constituição Federal: subsidio para sua interpretação e reforma*. Rio de Janeiro: Officinas Graph. da Liga Maritima Brazileira, 1917, p. 17.

[1080] Seu anteprojeto foi editado na forma de livro. Na publicação, lemos a observação de que "Em trabalhos dessa ordem eu prefiro imitar á criar", o que evidencia o modelo constitucional de referência para o qual políticos e juristas estariam voltando as suas atenções. Cf. CASTRO, José Antonio Pedreira de Magalhães. *Esboço de Projecto de Constituição Federal da Republica dos Estados Unidos do Brazil*. Rio de Janeiro: Typ. de G. Leuzinger & Filhos, 1890.

[1081] Do Projeto de Constituição Magalhães Castro, destacamos os dispositivos a seguir transcritos, relativos ao controle da constitucionalidade:
"Art. 5º. Todos os conflictos entre os Estados ou entre elles ou um delles e o Districto federal serão resolvidos pelo Supremo Tribunal de Justiça, e em todos os casos obrigam-se as autoridades federaes e as dos Estados e Districto federal a obedecer e a fazer que sejam obedecidas as decisões proferidas. (...).
Art. 68. Se o Chefe do Poder executivo entender que o projecto de lei é inconstitucional suspenderá a sua promulgação remettendo-o, com as suas razões, ao Supremo Tribunal, que tomará conhecimento e resolverá em igual prazo de 10 dias. Entendendo o Supremo Tribunal que não é inconstitucional o projecto de lei, devolvel-o-ha com as razões de sua decisão, ao Chefe do Poder Executivo, que deverá promulgal-o, logo após, como lei.
Art. 69. Reconhecida a inconstitucionalidade do projecto pelo Supremo Tribunal, que motivará a sua decisão, será devolvido por intermedio do Poder Executivo á Camara onde

O segundo Anteprojeto de Constituição, elaborado por Luis dos Santos Werneck e Francisco Rangel Pestana, não foi tão longe quanto o anterior em matéria de controle judicial da constitucionalidade, mas, também, o reconheceu[1082]. Cabe-nos registrar que, à semelhança da pró-

teve a sua iniciação para que o Congresso reconsidere. Se o Congresso achar procedente as observações e decisão do Supremo Tribunal e não quizer emendal-o, para ser promulgado então como lei, será archivado o projecto, só podendo ser renovado dous annos depois; caso, porém, julgue diversamente por dous terços da votação em cada uma das Camaras, ou por maioria dos votos na hypothese da renovação, será o projecto enviado ao Chefe do Poder Executivo que o promulgará desde logo fazendo-o imprimir e publicar. (...) Art. 103. Compete ao Supremo Tribunal velar pela guarda e fiel observancia da Constituição, pela defesa das instituições e dos direitos do cidadão, que ella garante; por isso: § 1º Dentro de 3 dias depois da promulgação de uma lei, se julgar que ella é inconstitucional representará ao Governo federal para que suspenda o seu exercício e dentro de 8 dias motivará a sua deliberação, que será levada ao Congresso, por intermedio do Governo para que considere e resolva sobre a hypothese, seguindo-se o mais como se acha disposto; (...) Art. 104. Além disto e do que lhe conferem os arts. 68 e 79 são attribuições do Supremo Tribunal:
§ 1º Julgar as questões entre o Poder federal e os dos Estados, e entre dois ou mais Estados, inclusive o Districto federal;
§ 2º Resolver os conflictos entre as differentes Relações dos Estados ou entre os poderes nos differentes Estados e Districto federal;
§ 3º Decidir as questões entre os cidadãos e os Estados ou Districto federal relativamente á applicação ou interpretação das leis federaes ou decretos e resoluções do Governo federal".
[1082] No Projeto de Werneck e Pestana, pareceram-nos importantes os seguintes dispositivos: "Art. 60. As garantias e direitos taxados nesta constituição e outros já consagrados em leis anteriores e conquistados pela consciencia e costumes nacionaes, obrigão a todas as autoridades judiciarias, federaes ou não, que os respeitarão e applicarão. Quanto ás garantias ou direitos não especificados, compete aos estados legislar sobre elles.
Art. 61. Poder algum, social ou politico, federal ou não, constituinte ou constituído, poderá offender essas garantias e direitos, que são a base da sociedade brazileira e estão acima de qualquer manifestação popular ou individual. (...)
Art. 111. Compete ao poder legislativo: (...);
XXVII – Em geral, velar na guarda da constituição e das leis; (...)
Art. 135. Ao supremo tribunal, por appellação e aos outros juizes ou tribunaes federaes inferiores originariamente, compete conhecer e decidir todas as causas de direito e de equidade que versarem sobre pontos da Constituição e das leis federais; (...) das causas em que a nação fôr parte, das que se suscitarem entre dous ou mais provincias e vice-versa, entre um estado e os habitantes de outro estado, provincia ou territorio; (...)". Cf. RIBEIRO, João Coelho Gomes. *A genese historica da Constituição...*, p. 77-99.

pria Constituição de 1891, o Projeto de Werneck e Pestana mantinha a previsão constitucional atribuída ao Poder Legislativo de velar na guarda da Constituição e das leis.

O último dos três Anteprojetos foi assinado por Americo Brasiliense de Almeida e Mello. De todos, no que tange ao controle da constitucionalidade, foi o que assumiu a redação mais concisa e mais próxima da futura Constituição[1083].

A Comissão examinou os três anteprojetos e, com base neles, ofereceu ao governo provisório seu Projeto de Constituição. O mecanismo de controle judicial da constitucionalidade das leis estava nele previsto[1084]. Em linhas gerais[1085], o controle judicial foi mantido na revisão dos minis-

---

[1083] O projeto de Américo Brasiliense somente se referiu ao controle judicial da constitucionalidade em um único artigo: "Art. 48. À Côrte Suprema de Justiça compete: (...) III. Decidir: (...) a) as questões suscitadas entre ou mais Estados ou qualquer cidadão e o governo federal, entre dous ou mais Estados ou entre estes e algum ou alguns cidadãos de outro Estado; (...) c) as questões que se levantem sobre a execução desta Constituição e das leis federaes;". *Idem*, p. 59-76.

[1084] Os arts. 68 e 69 do Projeto de Constituição da Comissão dos Cinco previam:
"Art. 68. Ao Supremo Tribunal de Justiça compete:
I. Processar e julgar: (...);
d) as questões entre o poder federal e o dos Estados, entre dois ou mais Estados e as que se suscitarem entre as nações estrangeiras e o poder federal ou do Estado; (...);
II. Tomar conhecimento e julgar em gráo de recurso as questões que forem resolvidas pelos juízes e tribunaes federaes e as de que trata o art. 70. (...).
Art. 69. Compete aos juizes ou tribunaes federaes decidir:
a) as questões entre os cidadãos e o governo federal, ou as dos Estados, oriundas de violação de preceito constitucional ou de leis federaes". Cf. RIBEIRO, João Coelho Gomes. *A genese historica da Constituição...*, p. 183-202.

[1085] Um detalhe interessante do Projeto da Comissão dos Cinco refere-se a duas competências que se atribuiriam ao Poder Legislativo. A primeira referia-se à cláusula de "velar na guarda da Constituição e das leis", a qual estava prevista em seu art. 33, § 17, do Projeto da Comissão, foi suprimida na revisão do governo provisório, mas, na Constituinte, decidiu-se por resgatá-la como competência não privativa do Poder Legislativo, nos termos do art. 35, 1º), da Constituição de 1891: "Incumbe, outrossim, ao Congresso, mas não privativamente: 1º) Velar na guarda da Constituição e das leis". A segunda dizia respeito à manutenção da "interpretação autêntica" pelo Legislativo, que constava do art. 108: "A interpretação por via de autoridade, ou como medida geral, pertence ao Poder Legislativo". Tal dispositivo foi eliminado na revisão do governo provisório e não foi reintroduzido pela Constituinte.

tros do governo provisório, liderada por Rui Barbosa, que lhe conferiu melhor sistematização e estruturação[1086].

Na sessão histórica de abertura da Constituinte realizada em 15 de novembro de 1890, foi lida a mensagem do generalíssimo Manoel Deodoro da Fonseca, chefe do governo provisório da República dos Estados Unidos do Brasil. Retomando os princípios da revolução republicana, Deodoro da Fonseca vangloriou a unificação "da América em um só pensamento", sua "integralisação democrática" e as "evoluções republicanas nos ultimos annos do imperio". Quanto ao Poder Judiciário, ressaltou ser necessário dar forma peculiar à justiça federal ajustada ao caráter liberal e nacional, de modo que a justiça exercesse enfim "seu elevado papel"[1087].

A Constituinte republicana enfrentou o tema do controle da constitucionalidade a ser realizado pelo Poder Judiciário, alcançando razoável nível de discussão na esteira da experiência constitucional norte-americana. Nela, formaram-se duas correntes contrárias que, até certo ponto,

---

[1086] Os arts. 59 e 60 do Projeto de Constituição do governo provisório, que, por força do Decreto nº 510, vigorou como "Constituição Provisória", previa:

"Art. 59. Ao Supremo Tribunal Federal compete:

I. Processar e julgar originaria e privativamente: (...)

c) os pleitos entre a União e os Estados, ou entre estes, uns com os outros; (...)

II. Julgar, em gráo de recurso, as questões resolvidas pelos juizes e tribunaes federaes, assim como as de que trata o presente artigo § 1º e o art. 60. (...)

§ 1º. das sentenças da justiça dos Estados em ultima instancia, haverá recurso para o Supremo Tribunal Federal;

a) quando se questionar a validade ou applicabilidade de tratados e leis federaes, e a decisão do tribunal do Estado fôr contra ella;

b) quando se contestar a validade de leis ou actos de governos dos Estados, em face da Constituição, ou das leis federaes, e a decisão do tribunal do Estado considerar validos os actos ou leis impugnados; (...)

Art. 60. Compete aos juizes ou tribunaes federaes decidir:

a) as causas em que alguma das partes estribar a acção, ou a defeza, em disposição da Constituição Federal". Cf. RIBEIRO, João Coelho Gomes. *A genese historica da Constituição...*, p. 203-227. Para uma análise comparativa com as respectivas alterações realizadas entre os projetos da Comissão dos Cinco e do governo provisório, bem como entre estes e a Constituição de 1891, vide: BARBOSA, Rui. *A Constituição de 1891*. In: *Obras Completas de Rui Barbosa*. Vol. XVII. Tomo I. Rio de Janeiro:

Ministério da Educação e Saúde, 1946, p. 1 e ss.

[1087] Cf. BRASIL. *Annaes do Congresso Constituinte da Republica (1890-1891)*. Vol. I. 2. ed. Rio de Janeiro: Imprensa Nacional, 1924, p. 158-167.

refletiam a divergência entre o unitarismo e o dualismo judiciário. Dentre outras várias manifestações favoráveis, chamou-nos muito a atenção o discurso do deputado baiano José Augusto de Freitas, quem defendeu peremptoriamente a organização judiciária do Projeto de Constituição que ratificava o Decreto nº 848, de 1890. O papel institucional por ele desejado para a "magistratura brasileira" seria que ela se transformasse "em um centro para onde hão de convergir todas as forças da Nação", ideia esta que foi seguida pelo "(*Muito bem.*)", sinalizando a definição política para modificar-se a autoridade legitimada para dizer o direito em última instância. Tratava-se de estabelecer uma ruptura fundamental com o sistema político do Império, cujo centro residia na própria coroa.

O deputado Amphilophio Botelho Freire de Carvalho[1088], magistrado há anos, contestou a configuração política do Supremo Tribunal Federal. Ele advertiu os constituintes em relação aos poderes de que seria investido o Supremo Tribunal Federal. Nesse órgão, composto arbitrariamente pelo presidente mediante a livre nomeação de quinze ministros, seria incorporada a maior soma de poderes políticos da nova forma de governo, o que transformaria o Brasil em uma "Singular Federação!". O Supremo seria o reflexo de uma centralização política indefensável.

Dentre outros, Amphilophio foi seguindo por José Hygino[1089], que se tornaria ministro do Supremo Tribunal Federal. O senador pernambucano, embora comentasse a necessidade de um tribunal central a que os demais fossem subordinados a fim de assegurar-se a unidade do direito, contestou a soma de poderes que se atribuiriam ao Supremo Tribunal: "será a salvaguarda ou a perda da República". O tribunal se tornaria "a chave da abobada do novo edifício politico" e estaria nas mãos do Presidente, que "poderá compor aquelle Tribunal com creaturas suas e lançar a sua espada de Brenno na balança dos poderes públicos". Finalizando seu longo discurso, José Hygino conclamou os congressistas sobre a necessidade de "alliar o espirito de innovação ao espirito de conservantismo, adaptando velhas instituições a uma nova ordem de cousas".

O ministro de justiça Campos Salles também discursou na Constituinte, tentando rebater os oradores com suas críticas contrárias à confi-

---

[1088] Cf. BRASIL. *Annaes do Congresso Constituinte...* Vol. II, p. 80-87.
[1089] *Idem*, p. 148 e ss.

guração do Supremo Tribunal Federal como órgão de elevada conotação política e institucional. Ele justificou que, nos Estados Unidos, a justiça federal foi imprescindível para que não ocorresse o desmembramento da federação; ela atuou muito positivamente na defesa da Constituição e das duas soberanias, a dos Estados e a da União.

Do discurso de Campos Salles, inferimos que o controle judicial da constitucionalidade das leis se tornaria instrumento de proteção contra os abusos e os excessos legislativos cometidos pelas assembleias legislativas. Em defesa de seu ponto de vista sobre o dualismo judiciário, Campos Salles mostrava como a experiência constitucional e institucional do Império era importante para a construção do regime republicano, cuja pedra angular era o federalismo[1090]:

> Note-se agora a differença entre os dous systemas. No antigo regimen, o Poder Executivo geral, quando havia um Ministro energico, interferia nos actos das assembléas provinciaes, para suspendel-os e annulal-os. No emtanto que, agora, a soberania, esta mesma soberania que os nobres representantes não querem comprehender nem aceitar, mas que pertencerá, realmente, aos estados, será protegida e não poderá ser desrespeitada pela acção de qualquer Ministro. Quando esta soberania transpuzer as fronteiras do Poder federal, será obrigada a recuar, não pelo direito da força, mas pela força da sentença de um tribunal de justiça. (*Muito bem.*)

A introdução do controle judicial da constitucionalidade no Brasil esteve, destarte, muito mais associada à necessidade de manutenção das prerrogativas e competências constitucionais da União por causa do novo modelo constitucional federal do que propriamente com a proteção e com a efetivação dos direitos individuais. Campos Salles tinha conhecimento de que a Suprema Corte norte-americana era verdadeiramente uma instituição política que, em momentos de tensão e de confronto político, conseguiu conservar e preservar o pacto federativo, defendendo a autoridade da Constituição. Turbulências similares, os Estados Unidos do Brasil enfrentariam haja vista a experiência constitucional do Império após a edição do Ato Adicional de 1834, que se caracterizou pelos

---

[1090] *Idem*, p. 246.

O PENSAMENTO CONSTITUCIONAL DO IMPÉRIO NO CONSTITUCIONALISMO BRASILEIRO

conflitos de competência entre a Assembleia Geral e as assembleias provinciais. Devidamente ativadas essas práticas institucionais, constituintes saíram em defesa da necessidade de se instituir um tribunal forte que, à semelhança do que indevidamente fazia o Conselho de Estado, assumisse a função de guarda da Constituição e de controle da constitucionalidade das leis.

Por outro lado, o Brasil adquirira alguma experiência jurídica que comportaria a adoção do sistema do controle judicial da constitucionalidade. Conforme vimos, sobretudo, nos Capítulos 5 e 6, a prática do controle judicial da legalidade dos atos infralegais e do controle (não judicial) da constitucionalidade das leis bem como o pensamento jurídico que lhe deu esteio contribuíram para formar uma tradição constitucional em que se reconheceria maior protagonismo ao Poder Judiciário e, por conseguinte, para sedimentar a configuração de uma nova cultura constitucional, que realinharia institucionalmente a magistratura a partir de distinta concepção semântica do princípio da separação dos poderes.

Desse modo, um ambiente institucional propício à recepção do modelo constitucional norte-americano de referência foi, de certa forma, preparado pelo discurso de afirmação judicial, que admitia o Poder Judiciário como instrumento ou poder de garantias dos direitos, de promoção do progresso e da modernidade da civilização. Concomitantemente a formação desse ambiente foi favorecida pela fragmentação da metafísica constitucional que, por muito tempo, determinou a produção do pensamento constitucional brasileiro; com a crítica, adveio a crise e ruiu a preeminência imperial, que fez implodir a supremacia do imperador em face da Constituição. A autoridade de dizer o direito por último fora fatalmente atingida, e nova definição se haveria de tomar.

Tenhamos em mente que o processo de deslocamento da autoridade de dizer o direito por meio do controle judicial da constitucionalidade não foi necessário, linear, evolutivo nem progressivo. Vimos, no Capítulo 6, que o discurso constitucional de afirmação judicial existia desde a década de 1840 e, depois, intensificou-se. Porém, sua repercussão na política não era imediata. O tempo do pensamento constitucional era diverso do tempo político, que, a sua vez, distinguia-se do tempo do direito. O que foi imprescindível, nesse processo de deslocamento, foi a aceleração temporal sem precedentes da política em decorrência dos eventos associados à proclamação da República, que instituiu o federalismo no

Estado brasileiro e uma nova estruturação e organização dos poderes idônea a garantir a estabilidade do novo modelo constitucional.

Naturalmente, houve retrocessos em termos de não se manterem alguns dos "avanços" institucionais que foram conquistados no Império, a exemplo da prerrogativa do Supremo Tribunal de Justiça de tomar assentos com força de lei, não obstante o Poder Judiciário fosse autorizado a interpretar uma lei e, inclusive, declará-la incompatível com a Constituição[1091].

A garantia constitucional da independência judicial tal qual adotada na ordem republicana não agradou totalmente, pois não asseguraria a eliminação da influência do Poder Executivo no Judiciário. No que tange à remoção, à suspensão e à demissão, o Decreto nº 848, de 1890, e a Constituição de 1891 asseguraram-nas. No entanto, a forma de nomeação dos juízes federais pouco mudou: seriam nomeados pelo presidente da República, eis aí um elemento de continuidade que mereceu a crítica de Magalhães Castro[1092]. Em relação aos juízes estaduais, conferiu-se larga autonomia aos Estados para organizarem suas respectivas magistraturas, o que foi igualmente objeto de críticas.

Esses, pois, são elementos que, em nossa visão, oferecem ao discurso constitucional tradicional brasileiro uma perspectiva alternativa para ler e reler as bases do constitucionalismo brasileiro. A Constituição do Império de 1824 e a da República de 1891 são dotadas de historicidade e temporalidades distintas, de modo que precisamos esforçar-nos por compreendê-las conforme seus intérpretes o fizeram e à luz do contexto histórico-político, evitando anacronismos e apropriações indevidas do passado pelo presente. Justamente por ignorar esses textos e sua dimensão histórica é que temos enfrentado tantas dificuldades para contar uma história do controle da constitucionalidade brasileiro, despida de mitos, sombras e esquecimentos.

[1091] O próprio João Coelho Gomes Ribeiro elaborou um Projeto de Constituição, que estabelecia o princípio da "incompatibilidade absoluta do poder judiciario com casos, conflictos ou questões que se refiram á Constituição ou dependam da interpretação della". Cf. RIBEIRO, João Coelho Gomes. *A genese histórica...*, p. 18-19 e p. 141-167.

[1092] Cf. CASTRO, José Antonio de Magalhães. *Constituição Politica do Imperio de 1824 com a Constituição decretada pelo Governo Provisorio da Republica de 1890*. Rio de Janeiro: Typographia Perseverança, 1890, p. 6 e p. 38.

O PENSAMENTO CONSTITUCIONAL DO IMPÉRIO NO CONSTITUCIONALISMO BRASILEIRO

Portanto, é impróprio afirmarmos que o controle da constitucionalidade não existia na época do Império, porque a interpretação das leis cabia ao Poder Legislativo. Para além do anacronismo em relação à compreensão do conceito "interpretar" (art. 15, VIII), a atividade interpretativa dos juízes foi paradoxalmente tolerada desde que limitada ao caso concreto.

Insistir na ideia de que o controle da constitucionalidade não existiu, porque "velar na guarda da Constituição" (art. 15, IX) era atribuição do Poder Legislativo padece da mesma impropriedade de interpretação: anacronismo. A cláusula de velar na guarda da Constituição não tinha o mesmo sentido a que hoje preponderantemente lhe atribuímos, segundo o qual ela praticamente se esgotaria na ideia de jurisdição constitucional ou de controle judicial da constitucionalidade. Na vigência da Constituição de 1824, contudo, ela não foi alçada ao fundamento para que o Poder Legislativo declarasse leis inconstitucionais. Seu conteúdo, como vimos, autorizava práticas diversas que não se confundiam com o controle da constitucionalidade das leis.

A cláusula da guarda da Constituição impunha à Assembleia Geral o dever de interpretar, de observar e de cumprir a Constituição nos moldes expressamente por ela estabelecidos, além do dever de examinar e de fiscalizar o cumprimento da lei pelo governo. Basta lembrar, o que aliás está a evidenciar temporalidades distintas presentes em seu texto, que a Constituição de 1891 instituiu a competência não privativa do Congresso de velar na guarda da Constituição (art. 35, §1º) ao mesmo tempo em que estabeleceu o controle judicial da constitucionalidade das leis.

Dentro desse contexto, não podemos responsabilizar o Poder Moderador pela inexistência do controle judicial, pois, na realidade, sua previsão na Constituição de 1824 foi fruto de uma concepção política e constitucional tal, que, mesmo se não fosse introduzido na Constituição do Império (conforme ocorrera com o Projeto de Constituição da Constituinte de 1823), não haveria como desenvolver-se o controle judicial em face da concepção semântica do princípio da separação dos poderes e da imagem social negativa que atingia os magistrados em geral. Outro era o modelo constitucional de referência segundo o qual o princípio da separação dos poderes foi estática e rigidamente assimilado, determinando-se ao Poder Judiciário atribuições institucionais bastante limitadas, conforme analisamos nos Capítulos 3 e 4.

Insistir, portanto, que o controle da constitucionalidade foi introduzido pela genialidade de Rui Barbosa seria uma afirmação tão genérica quanto imprecisa, além de historicamente imprópria. De mais a mais, essa narrativa reducionista apenas contribui para mitificar nossa história constitucional, determinando seletivamente o esquecimento do constitucionalismo imperial.

O controle judicial, reiteremos, foi recepcionado pelo sistema constitucional brasileiro devido a mudanças estruturais do Estado, que assumiu a forma federal. Tais mudanças, a um só tempo, influenciaram e foram influenciadas pelo pensamento constitucional, que propunha e discutia a independência e a interpretação judiciais bem como redefinia a semântica da separação dos poderes à luz do contexto histórico-político, no qual a preeminência imperial e a metafísica constitucional desmoronavam.

Notas conclusivas sobre a relevância do pensamento constitucional imperial no debate contemporâneo

Maurizio Fioravanti[1093], em *Costituzione*, elaborou uma história da Constituição na cultura ocidental sob a perspectiva da longa duração. Elegantemente advertiu seu leitor e muito acertadamente lhe imputou a responsabilidade pelo uso dessa história da Constituição, bem como pelas respectivas conexões e rupturas que cada um houvesse por bem fazer.

Esse mesmo cuidado, gostaríamos de externar. Temos consciência de que as questões constitucionais discutidas no passado deixaram seus rastros em outras enfrentadas agora no presente, porém não pretendemos extrair dessa experiência histórica acumulada no tempo a matriz das respostas a serem adotadas aos desafios da atualidade, já que não somos autorizados a pensar em uma relação simétrica ou necessária entre o passado e o futuro[1094].

Isso não significa que a história constitucional perca sua função no modo de vida atual, que, de tão ávido por soluções rápidas e eficazes, tende a empolgar-se mais com o futuro e suas inovações do que com o passado e suas supostas velharias. Quando ignoramos nossa própria his-

---

[1093] Cf. Fioravanti, Maurizio. *Costituzione*. Bologna: il Mulino, 1999, p. 7-9.

[1094] Cf. Koselleck, Reinhart. *Historia magistra vitae: the dissolution of the topos into the perspective of a modernized historical process. Future Past (on the semantics of historical times)*. Transl. Keith Tribe. New York: Columbia University, 2004, p. 26-42.

tória, não estamos apenas descartando fatos passados que não mais nos interessariam porque afastados e desligados do mundo presente. Relegar a própria história política e constitucional ao esquecimento enseja o desperdício de uma experiência singular e única, a qual, com o passar do tempo, constitui a própria identidade constitucional de um povo.

Se a história constitucional brasileira tem uma razão de ser, ela se revela na sua possibilidade de fazer-nos compreender o passado e o presente, além de melhor habilitar-nos a dar respostas em direção ao futuro. Somente se assumirmos uma atitude intelectual historicamente orientada é que estaremos minimamente aptos a configurar nossa identidade, decorrente de um longo processo temporal de acumulação, que sedimenta substratos mínimos para constituição dos nossos parâmetros de justiça.

Desses parâmetros de justiça, cada comunidade formaliza suas relações sociais, institucionaliza seus direitos na forma que julgar mais apropriada e vê constituídas suas relações do poder.

Mas, o que falar do Brasil? Seria possível categorizarmos uma identidade própria do pensamento constitucional? Ao longo das décadas, o fascínio pelas doutrinas estrangeiras e seus modelos foi decisivo na definição e na configuração dos modelos constitucionais de referência. Sabemos que o direito comparado é relevantíssimo para o desenvolvimento do direito interno, porém nos escusamos do dever de conciliá-lo com nossas tradições culturais, políticas e constitucionais de pensamento. É notório o desequilíbrio entre a experiência e a expectativa, ou seja, entre a nossa história constitucional e a referência alienígena idealizada como solução para nossos próprios problemas.

Poderíamos exemplificar com várias situações recentes do cotidiano político e jurídico brasileiro. Mencionamos apenas duas situações que guardam maior pertinência com nossa pesquisa. A primeira, discutiremos no âmbito dos modelos constitucionais de referência. Vejamos.

A Constituição da República de 1988 se destacou em matéria do controle da constitucionalidade, porque, além do controle difuso de inspiração norte-americana, ampliou e reforçou substancialmente o controle concentrado e abstrato, cujas influências remontam ao sistema austríaco (ou europeu). É o denominado controle misto porque combina tradições dos sistemas americano e europeu.

Posteriormente, essa tendência foi confirmada mediante a promulgação da Emenda Constitucional nº 3, de 1993, e das Leis federais nº 9.868 e nº 9.882, ambas de 1999, que regulamentam o procedimento das ações direta de inconstitucionalidade (e por omissão), declaratória de constitucionalidade e arguição de descumprimento de preceito fundamental. Nessas alterações, em que se visava à concentração do controle (modelo europeu), houve um reforço da legitimação da autoridade do Supremo Tribunal Federal para dizer o significado do direito em última instância.

Com o advento da Emenda Constitucional nº 45, de 2004, que, dentre outras medidas, instituiu a súmula vinculante no âmbito do Supremo Tribunal Federal, houve a tentativa de reaproximação com o modelo constitucional de referência norte-americano pautado pelo princípio da *stare decisis*, segundo o qual as decisões proferidas pelos tribunais superiores vinculam os inferiores no âmbito de sua jurisdição. Mas, será que essa Emenda representou mesmo a (re)aproximação com o sistema norte-americano? Será que ela não se aproximaria mais do Decreto nº 2.648, de 23 de outubro de 1875, que autorizava o Supremo Tribunal de Justiça do Império a tomar assentos com força de lei? Por que será que, passados cerca de dez anos, apenas 32 súmulas vinculantes foram editadas? Será que a súmula vinculante veio para reforçar a autoridade do Supremo Tribunal Federal de dizer o direito em última instância ou, ao revés, para contestá-la?

Pensamos que o menos importante, neste momento, seria responder essas questões. O que, de fato, valeria a pena seria perceber que, passadas décadas, de certo modo, confrontamos problemas, tensões e paradoxos similares aos dos nossos antepassados. Em consequência, abrir um diálogo estendido no tempo com eles sobre os seus problemas, certamente, ajudará a pensar os nossos, pois a difícil questão em torno da autoridade de dizer o direito em última instâcia ainda está em pauta nos dias de hoje.

Tanto que, no Congresso Nacional, tramita a Proposta de Emenda Constitucional (PEC) nº 33, de 25 de maio de 2011, cujo objetivo é condicionar o efeito vinculante das súmulas aprovadas pelo Supremo à aprovação pelo Poder Legislativo e submeter ao Congresso Nacional a decisão de inconstitucionalidade contra as emendas constitucionais. Para além da constitucionalidade ou não dessa PEC, o que verdadeiramente não está aqui em causa, seu autor fundamentou sua proposta em virtude

O PENSAMENTO CONSTITUCIONAL DO IMPÉRIO NO CONSTITUCIONALISMO BRASILEIRO

do excessivo aumento do ativismo judicial no Brasil, supostamente ocasionado pela Emenda Constitucional nº 45.

Pretende-se, então, dar nova guinada no sistema de controle da constitucionalidade brasileiro, tendo-se em mira o modelo constitucional de referência europeu. Volta-se a acenar para ele, diante do suposto déficit democrático do Supremo Tribunal Federal, o que, em nome da democracia, legitimaria submeter certas decisões do Supremo ao controle do Congresso Nacional. Vejamos, mais uma vez, a tentativa de redefinir a autoridade legitimada para dizer o direito em última instância. Não mais o Supremo, mas o Congresso Nacional.

Na esteira da PEC nº 33, também tramita a PEC nº 3, de 10 de fevereiro de 2011, cujo objetivo é autorizar o Congresso Nacional a sustar os atos normativos dos Poderes Executivo e Judiciário que exorbitem do poder regulamentar ou dos limites de delegação legislativa. Como a anterior, o intento aqui é sujeitar atos normativos do Supremo ao controle do Congresso, deslocando a autoridade de dizer o direito por último.

Lembramos, ainda, a PEC nº 275, de 2013, de 6 de junho de 2013, cujo objeto é transformar o Supremo Tribunal Federal em Tribunal Constitucional, que visa a alterar o número e a forma de nomeação de ministros e a excluir de sua competência aquelas atribuições sem natureza constitucional. Voltou-se a acenar ao modelo europeu e, possivelmente, em sentido contrário à EC nº 45, de 2004. Quanto à questão da autoridade de dizer o direito em última instância, em princípio, essa PEC não traz qualquer determinação, embora se oponha à PEC nº 33, de 2011.

A quantidade excessiva de emendas constitucionais e de propostas de emendas que incorporam ou se inspiram em distintos modelos constitucionais afigura-se-nos um forte indício de que a cultura jurídica brasileira ainda padece de estudos sistemáticos mais consistentes que levem em consideração nossa própria tradição, em vez de simplesmente ignorá-la. Em nenhuma delas, é realizada uma discussão mais séria voltada à estrutura de Estado que temos, à tradição constitucional que, bem ou mal, temos compartilhado ou ao estudo do modelo e da tradição jurídico-política do sistema que se toma por referência. A falta da perspectiva histórica faz sugerir o completo casuísmo das emendas propostas, impulsionadas ao sabor de eventos políticos sem qualquer compromisso com os fundamentos do Estado de Direito e da Constituição.

Outro aspecto evidente da falta de espessura histórica da cultura jurídica brasileira, constatamos no seio do Poder Judiciário. Em muitos julgados, os magistrados ignoram ou seletivamente excluem elementos essenciais de nossa história institucional[1095]. Nessas situações, o processo a-histórico de interpretação e de aplicação traz em si maior margem de conformação ao julgador, que se vê desonerado do dever de justificar o porquê de haver mudado de interpretação. Em compensação, ele se vale de um número excessivo de referências doutrinárias, especialmente estrangeiras, para sustentar a cientificidade, a tecnicidade e a veracidade de sua opinião, legitimando-a[1096].

O que essa prática judicial nos acarreta? Ainda que indiretamente, ela promove a desconsideração da consciência histórica no direito constitucional e a perda da tradição jurídica impedindo a formação de identidades constitucionais[1097]. A todo momento, descartamos oportunidades de enraizarmos nossas instituições e nossa cultura jurídica, de aprofundar-

---

[1095] Em estudo sobre o mandado de injunção, mostramos como o Supremo Tribunal Federal, no MI nº 157, seletivamente se apropriou de fatos históricos da Constituinte de 1987-1988 relativos à ação direta de inconstitucionalidade por omissão, a fim de equiparar os efeitos das decisões do mandado de injunção aos da ação por omissão. Cf. CONTINENTINO, Marcelo Casseb. *Uma reflexão histórica sobre o mandado de injunção e a eficácia subjetiva das decisões*. In: *Mandado de Injunção: Estudos sobre sua Regulamentação (Coord. Gilmar Ferreira Mendes et ali)*. São Paulo: Saraiva, 2013, p. 57-94.

[1096] Tratamos em artigo específico sobre o tema do excesso das citações doutrinárias na jurisprudência do Supremo Tribunal Federal. Resumidamente argumentamos, a partir de um caso concreto, que ministros do Supremo tangenciaram suas próprias decisões e precedentes importantes da Corte, substituindo-os por numerosas referências doutrinárias, com o objetivo de poderem mais livremente proferir suas decisões. Cf. CONTINENTINO, Marcelo Casseb. *O problema das excessivas citações doutrinárias no STF. Revista Consultor Jurídico*: em 15 de setembro de 2012. Disponível em: http://www.conjur.com.br/2012-set-15/observatorio-constitucional-problema-citacoes-doutrinarias-stf [9 de março de 2014].

[1097] Segundo Michel Rosenfeld, a identidade constitucional seria fruto de um complexo processo de tensão dialética entre as diversas identidades parciais (étnicas, culturais, sociais, nacionais etc.) com sucessivas etapas de recepção e descarte dos diversos elementos integrantes de cada uma das respectivas identidades, gerando, em consequência, rupturas e continuidades com a identidade anteriormente constituída. Cf. ROSENFELD, Michel. *A identidade do sujeito constitucional*. Trad. Menelick de Carvalho Netto. Belo Horizonte: Mandamentos, 2003, p. 21 e ss.

mos nossas experiências políticas e constitucionais e de consolidarmos o Estado Democrático de Direito.

Deodoro da Fonseca[1098], em sua mensagem já referida, afirmou algo que nos soa como uma interessante metodologia a ser adotada nos estudos do direito constitucional: "Cada povo tem nos seus monumentos legislativos uma tradição, um principio, um compendio de idéas fundamentaes, que atravessam as edades, resguardando da versatilidade dos partidos e da inconstancia das situações, garantias e direitos que formam a essencia, a substancia, base da sociedade civil e politica". O que esses dois casos suscintamente analisados no âmbito do Legislativo e do Judiciário estão a demonstrar é que nós temos sempre nos esquecido da experiência e da historicidade do direito nos momentos de elaboração legislativa e jurisprudencial. Fascinamo-nos com os compêndios, mas ignoramos as tradições, a história.

A historicidade do direito, entretanto, é uma dimensão inerente da fenomenologia jurídica. A tradição se configura no complexo de pensamentos que fluem no transcurso do tempo. Quando a ignoramos, temos por conseguinte o dever de buscar uma essência, uma ontologia do direito, como se ele estivesse presente na "natureza das coisas", intangível, imodificável, revelável apenas pela razão ou por instrumentos técnicos e dogmáticos, independentemente do contexto em que se insira.

Esse é o efeito mais perverso de ausência de história constitucional nos debates de hoje. Nós assumimos, de um lado, uma essência, um postulado abstrato e irrenunciável e, do outro lado, paradoxalmente, porque nunca conseguimos realizá-lo na prática, vivemos na eterna iminência de alterá-lo diante de modelos comparados e de doutrinas estrangeiras superficialmente estudadas, que nos são apresentados como a quintessência do direito. Deixamos, pois, de aprofundar e de refletir com seriedade nossa própria experiência constitucional, enquanto que nos dispomos prontamente a substituir ao avesso nossas instituições diante do primeiro atributo ou dificuldade experimentada. Em outras palavras, parece que estamos fadados a suportar a triste vitória do casuísmo das emendas constitucionais, das instituições jurídicas copiadas e não expli-

---

[1098] Cf. BRASIL. *Annaes do Congresso Constituinte...* Vol. I, p. 162.

cadas e das sentenças contraditórias sobre a estabilidade do direito e de seus parâmetros de justiça.

A inexistência ou a má-compreensão da história do pensamento constitucional brasileiro faz com que, aqui, nossa identidade constitucional se forme e se caracterize pela negação da sua própria identidade, já que estamos nos iludindo com os compêndios e os modelos de referência alheios, tentando incessantemente implementá-los. É como se estivéssemos sempre no (re)começo, cumprindo a mesma pena de Prometeu, perdidos num tempo estanque sem tradições, sem identidade, sem recuos e sem avanços.

Portanto, a história constitucional imperial reveste-se de toda relevância e importância para o constitucionalismo brasileiro, para que possamos efetivamente começar a compreender a história do pensamento constitucional e para que sejamos capazes de construir um parâmetro de justiça historicamente determinado e de formar uma identidade constitucional própria. Que nossa história constitucional se presta a esse papel, não temos a menor dúvida. Fica-nos, pois, lançado o desafio de reconstruir nosso sistema jurídico à luz da nossa própria experiência histórica.

REFERÊNCIAS

ALBUQUERQUE, Pedro Autran da Matta. *Elementos de direito publico*. Recife: Typ. Imparcial, 1849.

—. *Elementos de direito publico universal*. 2. ed. Recife: Ed. Guimarães & Oliveira, 1860.

—. *Direito publico positivo brasileiro (Melhorado pelo autor e annotado para uso das escolas e instrucção popular por Manoel Godofredo de Alencastro Autran)*. Rio de Janeiro: H. Laemmert & Cia, 1882.

ALECRIM, Otacílio. *Idéias e instituições no império: influências francesas*. Brasília: Senado Federal, 2011.

ALENCAR, José de. *A constituinte perante a historia (1863)*. In: *A Constituinte de 1823 (Org. Octaciano Nogueira)*. Brasília: Senado Federal, 1973, p. 109-125 e p. 149-152.

ALMEIDA, Cândido Mendes de. *Pronunciamentos parlamentares (1871-1873)*. Vol. I. Brasília: Senado Federal, 1982.

ALMEIDA, Hermenegildo Militão de. *Estudo de algumas questões constitucionaes*. Rio de Janeiro: Typographia do Cruzeiro, 1880.

ALVES, José Carlos Moreira. *A evolução do controle da constitucionalidade no Brasil*. In: *I Conferência da Justiça Constitucional da Ibero-América, Portugal e Espanha*. Lisboa: Tribunal Constitucional, 1997, p. 139-154.

APARICIO, Miguel A. *El status del poder judicial en el constitucionalismo español (1808-1936)*. Barcelona: Universitat de Barcelona, 1995.

ARARIPE, Tristão de Alencar. *Relações do Imperio: compilação juridica*. Rio de Janeiro: Typographia Theatral e Commercial, 1874.

ARAUJO, José Paulo Figueirôa Nabuco de. *Dialogo constitucional brasiliense*. 2. ed. Rio de Janeiro: s/ed, 1829.

HISTÓRIA DO CONTROLE DA CONSTITUCIONALIDADE DAS LEIS NO BRASIL

ARMITAGE, John. *Historia do Brazil*. 2. ed. São Paulo: Typographia Brazil de Rothschild & Cia, 1914.

ARQUIVO HISTÓRICO DO MUSEU IMPERIAL DO BRASIL. *Projeto de Constituição Monárquica*. 1823. I – POB 1823 Bra. Pj.

ASENSIO, Rafael Jiménez. *El constitucionalismo histórico español*. In: *El Constitucionalismo*. 3. ed. Madrid: Marcial Pons, 2005.

AUTRAN, Manoel Godofredo de Alencastro. *Constituição Politica do Imperio do Brazil*. Rio de Janeiro: H. Laemmert & C., 1881.

AZEVEDO, Manoel Duarte Moreira de. *A Constituição do Brasil: noticia historica. Revista Trimensal do Instituto Historico, Geographico e Ethnographico do Brasil*: Tomo XXXII, Parte Segunda, 1869, p. 71-112.

BAENA, R. A. *Quaes são os effeitos da revista? O Direito: Revista Mensal de Legislação, Doutrina e Jurisprudência*: Anno XVIII, Vol. 52, 1890, p. 161-165.

BALEEIRO, Aliomar. *O Supremo Tribunal Federal, êsse outro desconhecido*. Rio de Janeiro: Forense, 1968.

BAPTISTA, Francisco de Paula. *Compendio de theoria e pratica do processo civil comparado com o comercial e de hermeneutica juridica para uso das faculdades de direito do Brazil*. 6. ed. Rio de Janeiro: H. Garnier, 1901.

BARATA, Alexandre Mansur. *Constitucionalismo e sociabilidade na cidade do Rio de Janeiro (1822-1823): a Nobre Ordem dos Cavaleiros da Santa Cruz e o projeto de Constituição para o Império do Brasil*. In: *Nação e Cidadania no Império: Novos Horizontes (Org. José Murilo de Carvalho)*. Rio de Janeiro: Civilização Brasileira, 2007, p. 353-375.

BARBERIS, Mauro. *La storia delle dottrine politiche: un discorso sul metodo*. In: *Sette Studi sul Liberalismo Rivoluzionario*. Torino: Giappichelli, 1989, p. 13-42.

BARBI, Celso Agrícola. *Evolução do controle da constitucionalidade das leis no Brasil*. In: *O Poder Judiciário e a Constituição*. Porto Alegre: Ajuris, 1977.

BARBOSA, Rui. *A Constituição de 1891*. In: *Obras Completas de Rui Barbosa*. Vol. XVII. Tomo I. Rio de Janeiro: Ministério da Educação e Saúde, 1946.

—. *Atos inconstitucionais (1893)*. 2. ed. Campinas: Russel, 2004.

BARRETO, Tobias. *Prelecções de direito constitucional (1882)*. In: *Estudos de Direito (Vol. II)*. Aracaju: Ed. Estado de Sergipe, 1926.

—. *Estudos de Direito (Vol. I)*. Rio de Janeiro: Solomon; Sergipe: Diário Oficial, 2012.

—. *Dias e Noites*. Rio de Janeiro: Solomon; Sergipe: Diário Oficial, 2012.

BARROS JR, Carlos S. de. *Antonio Joaquim Ribas (o conselheiro Ribas). Revista da Faculdade de Direito*: v. 69, n. 2, 1974, p. 239-253.

REFERÊNCIAS

BARROSO, Luís Roberto. *O controle de constitucionalidade no direito brasileiro*. São Paulo: Saraiva, 2004.

BASTID, Paul. *Sieyès et sa pensée*. Paris: Librairie Hachette, 1939.

BASTOS, Aureliano Cândido de Tavares. *A província: estudo sobre a descentralização no Brasil*. Rio de Janeiro: L. Garnier, 1870.

BENEVIDES, José Maria Corrêa de Sá e. *Analyse da Constituição Politica do Imperio do Brazil*. São Paulo: Typographia King, 1890.

BENTHAM, Jeremy. *Extracto da tactica das assembleias legislativas*. Rio de Janeiro: Typographia Nacional, 1823.

BERGASSE, Nicolas. *Report on the organization of judicial power*. Disponível em: http://www.justice.gc.ca/eng/pi/icg-gci/rev2/rev2.pdf [13 de fevereiro de 2013].

BERNAL, Andrés Botero. *Matizando o discurso eurocêntrico sobre a interpretação constitucional na América Latina*. Revista Seqüência, n. 59, dez., 2009, p. 271-298.

BEVILÁQUIA, Clóvis. *História da Faculdade de Direito do Recife*. 3. ed. Recife: UFPE, 2012.

BITTENCOURT, C. A. Lúcio. *O controle jurisdicional da constitucionalidade das leis*. Rio de Janeiro: Revista Forense, 1949.

BLACKSTONE, William. *Commentaries on the laws of the England*. New York: W. E. Dean Printer, 1832.

BLAKE, Sacramento. *Diccionario bibliographico brazileiro*. Vols. 1 a 7. Rio de Janeiro: Conselho Federal de Cultura, 1970.

BLOCH, Marc. *Apologia da história ou o ofício do historiador*. Trad. André Telles. Rio de Janeiro: Zahar, 2001.

BILDER, Mary Sarah. *Idea or practice: a brief historiography of judicial review*. The Journal of Policy History: Vol. 20, n. 1, 2008, p. 6-25.

BITAR, Orlando. *A lei e a constituição (alguns aspectos do contrôle jurisdicional de constitucionalidade)*. Belém: s/ed., 1956.

BOBBIO, Noberto. *O positivismo jurídico: lições de filosofia do direito*. São Paulo: Ícone, 1995.

BONAVIDES, Paulo. *Teoria constitucional da democracia participativa*. 2. ed. São Paulo: Malheiros, 2003.

—. *Curso de direito constitucional*. 28. ed. São Paulo: Malheiros, 2013.

BONAVIDES, Paulo & AMARAL, Roberto. *Textos políticos da história do Brasil*. Vol. VIII. 3. ed. Brasília: Senado Federal, 2002.

BONAVIDES, Paulo & ANDRADE, Paes de. *História constitucional do Brasil*. 8. ed. Brasília: OAB, 2006.

BRASIL. *Colleção dos decretos, cartas e alvarás de (1821-1823)*. Parte II. Rio de Janeiro: Imprensa Nacional, 1889. [Disponível em: http://www2.camara.leg.br].

—. *Colleção das Decisões do Governo do Imperio do Brazil de 1822*. Rio de Janeiro: Imprensa Nacional, 1887.

—. *Collecção das leis do império do Brazil de 1823 (decretos, cartas e alvarás)*. Parte II. Rio de Janeiro: Imprensa Nacional, s/d. [Disponível em: http://www2.camara.leg.br].

—. *Collecção das leis do império do Brazil de 1823 (Proclamações e manifesto)*. Parte II. Rio de Janeiro: Imprensa Nacional, s/d. [Disponível em: http://www2.camara.leg.br

—. *Colleção das leis do Império do Brazil de 1827*. Rio de Janeiro: Typographia Nacional, 1878. [Disponível em: http://www2.camara.leg.br

—. *Annaes do Parlamento Brazileiro (Câmara dos Srs. Deputados, Sessão de 1830)*. Tomo I. Rio de Janeiro: Typographia de H. J. Pinto, 1878. [Disponível em: http://www2.camara.leg.br

—. *Annaes do Paramento Brazileiro. Câmara dos Deputados (1841)*. Tomo I. Rio de Janeiro: Typographia da Viuva & Filho, 1883.

—. *Collecção das decisões do governo do Imperio do Brasil de 1865*. Rio de Janeiro: Typographia Nacional, 1865. [Disponível em: http://www2.camara.leg.br

—. *Decretos do Governo Provisório da República dos Estados Unidos do Brazil (Décimo Fascículo, de 1 a 31 de outubro de 1890)*. Rio de Janeiro: Imprensa Nacional, 1890.

—. *Annaes do Congresso Constituinte da Republica (1890-1891)*. Vols. I a III. 2. ed. Rio de Janeiro: Imprensa Nacional, 1924.

—. *O legislativo e a organização do Supremo Tribunal no Brasil*. Rio de Janeiro: Fundação Casa Rui Barbosa, 1978.

—. *Diário da Assembléia Geral, Constituinte e Legislativa do Império do Brasil (1823)*. Tomos I, II e III. Brasília: Senado Federal, 2003.

BRASILIENSE, Américo. *Os programas dos partidos e o 2º Imperio*. São Paulo: Typographia de Jorge Seckler, 1878.

BRAUDEL, Fernand. *Escritos sobre a história*. Trad. J. Guinburg e Tereza Cristina Silveira de Mota. São Paulo: Perspectiva, 2009.

BROTERO, José Maria de Avellar. *Filosofia de direito constitucional (1842)*. São Paulo: Malheiros, 2007.

BUENO, José Antônio Pimenta. *Direito publico brazileiro e analyse da Constituição do Imperio*. Rio de Janeiro: Typographia Imp. e Const. de J. Villeneuve e C., 1857.

BULOS, Uadi Lammêgo. *Curso de direito constitucional*. 3. ed. São Paulo: Saraiva, 2009.

BUZAID, Alfredo. *Da ação direta de declaração de inconstitucionalidade no direito brasileiro*. São Paulo: Saraiva, 1959.

CALAMANDREI, Piero. *Il giudice e lo storico*. Milano: Giuffrè, 1939.

CALMON, Pedro. *Curso de direito constitucional brasileiro*. 4. ed. Rio de Janeiro: Freitas Bastos, 1956.

CANECA, Frei. *Typhis Pernambucano (1824)*. In: *Frei Joaquim do Amor Divino Caneca (Org. Evaldo Cabral de Mello)*. São Paulo: Editora 34, 2001.

CANECA, Frei. *Ensaios Políticos*. Rio de Janeiro: Documentário, 1976.

CANOTILHO, J. J. GOMES. *Direito constitucional e teoria da constituição*. 3. ed. Coimbra: Almedina, 1999.

CAPPELLETTI, Mauro. *Repudiating Montesquieu? The expansion and legitimacy of "constitutional justice"*. Catholic University Law Review: Vol. 35, 1985, p. 1-32.

—. *O controle judicial de constitucionalidade das leis no direito comparado*. Trad. Aroldo Plínio Gonçalves. 2. ed. Porto Alegre: Fabris, 1999.

CAROATÁ, José Prospero Jehovah da Silva. *Imperiaes resoluções tomadas sobre consultas da Seção de Justiça do Conselho de Estado*. Rio de Janeiro: B. L. Garnier, Livreiro Editor, 1884

CARVALHO, José Murilo de. *A construção da ordem: a elite imperial. Teatro das sombras: a política imperial*. 5. ed. Rio de Janeiro: Civilização Brasileira, 2010.

CARVALHO, M. E. Gomes de. *Os deputados brasileiros nas cortes gerais de 1821*. Brasília: Senado Federal, 2003.

CARVALHO NETTO, Menelick de. *Controle de constitucionalidade e democracia*. In: *Constituição e Democracia* (Org. Antonio G. Moreira Maués). São Paulo: Max Limonad, 2001, p. 215-232.

CASTRO, José Antonio de Magalhães. *Decadencia da magistratura brasileira: suas causas, e meios de restabelecel-a*. Rio de Janeiro: Typographia de N. L. Vianna e Filhos, 1862.

—. *Projectos de lei para organisação judiciaria e reforma do art. 13, § 2º, da Lei de 20 de setembro de 1871*. Rio de Janeiro: Typographia Perseverança, 1877.

—. *Constituição Politica do Imperio de 1824 com a Constituição decretada pelo Governo Provisorio da Republica de 1890*. Rio de Janeiro: Typographia Perseverança, 1890.

CASTRO, José Antonio Pedreira de Magalhães. *Esboço de Projecto de Constituição Federal da Republica dos Estados Unidos do Brazil*. Rio de Janeiro: Typ. de G. Leuzinger & Filhos, 1890.

CASTRO, O. H. de Aquino e. *Reforma judiciaria. O Direito: Revista Mensal de Legislação, Doutrina e Jurisprudência*: Anno X, Vol. 28, 1882, p. 481-501.

—. *Reforma judiciaria. O Direito: Revista Mensal de Legislação, Doutrina e Jurisprudência*: Vol. 31, 1883, p. 161-216.

CAVALCANTI, Raymundo Furtado de Albuquerque. *Administração da justiça. Reforma judiciaria. Condições necessarias à independencia dos juizes. O Direito: Revista Mensal de Legislação, Doutrina e Jurisprudência*: Vol. 16, 1878, p. 215-235.

CAVALCANTI, Themistocles Brandão. *Do contrôle da constitucionalidade.* Rio de Janeiro: Forense, 1966, p. 48-63.

CHARTIER, Roger. *Intellectual History or sociocultural history? French trajectories.* In: *Modern European Intellectual History* (Dominick LaCapra & Steven Karplan ed.). Ithaca: Cornell University Press, 1985, p. 13-46.

CLÈVE, Clèmerson Merlin. *A fiscalização abstrata da constitucionalidade no direito brasileiro.* 2. ed. São Paulo: RT, 2000.

COELHO, Luiz Fernando. *Direito constitucional e filosofia da constituição.* Curitiba: Juruá, 2007.

CONSTANT, Benjamin. *Sobre la libertad en los antiguos y en los modernos.* Trad. Marcial Antonio López. 2. ed. Madrid: Tecnos, 2002.

—. *Escritos de política (Org. Célia Quirino).* Trad. Eduardo Brandão. São Paulo: Martins Fontes, 2005.

—. *Curso de política constitucional.* Trad. Marcial Antonio López. Granada: Editorial Comares, 2006.

CONTINENTINO, Marcelo Casseb. *Revisitando os fundamentos do controle de constitucionalidade: uma crítica à prática judicial brasileira.* Porto Alegre: Sérgio Fabris, 2008.

—. *O problema das excessivas citações doutrinárias no STF. Revista Consultor Jurídico*: em 15 de setembro de 2012. Disponível em: http://www.conjur.com.br/2012- -set-15/observatorio-constitucional-problema-citacoes-doutrinarias-stf [9 de março de 2014].

—. *Uma reflexão histórica sobre o mandado de injunção e a eficácia subjetiva das decisões.* In: *Mandado de Injunção: Estudos sobre sua Regulamentação (Coord. Gilmar Ferreira Mendes et ali).* São Paulo: Saraiva, 2013, p. 57-94.

—. *200 anos de constitucionalismo: resquícios para uma história constitucional do Brasil. Interesse Público – IP.* Belo Horizonte: ano 16, n. 83, jan./fev 2014, p. 61-85

CORRÊA, Oscar Dias. *O Supremo Tribunal Federal, corte constitucional do Brasil.* Rio de Janeiro: Forense, 1987.

COSTA, Hipólito José da. *Correio Braziliense (nº 172).* Londres: Lewis Paternoster- -Row, Setembro de 1822, Vol. XXIX.

REFERÊNCIAS

—. *Correio Braziliense (nº 175)*. Londres: Lewis Paternoster-Row, Dezembro de 1822, Vol. XXIX.

COSTA, Emília Viotti da. *Da monarquia à república: momentos decisivos*. 8. ed. São Paulo: Unesp, 2007.

COSTA, João Cruz. *Novas idéias*. In: *História Geral da Civilização Brasileira* (Coord. Sérgio Buarque de Holanda). Tomo II. Vol. 3. 13. ed. Rio de Janeiro: Bertrand Brasil, 2011, p. 203-216.

COSTA, João Severiano Maciel da. *Apologia que dirije á nação portugueza*. Coimbra: Imprensa da Universidade de Coimbra, 1821.

COSTA, Pietro. *In search of legal texts: which texts for which historian?* In: *Reading Past Legal Texts (Dag Michalsen ed.)*. Oslo: Unipax, 2006, p. 158-181.

CRUZ, Álvaro Ricardo de Souza. *Jurisdição constitucional democrática*. Belo Horizonte: Del Rey, 2004.

CUNHA, Paulo Ferreira da. *Para uma história constitucional do direito português*. Coimbra: Almedina, 1995.

CUNHA, Pedro Octávio Carneiro. *A fundação de um império liberal*. In: *História Geral da Civilização Brasileira* (Coord. Sérgio Buarque de Holanda). Tomo II. Vol. 3. 13. ed. São Paulo: Bertrand Brasil, 2011, p. 270-297.

CUNHA JÚNIOR, Dirley da. *Controle de constitucionalidade (teoria e prática)*. 6. ed. Salvador: Juspodium, 2012.

DELOLME, Jean Louis. *The constitution of England (Ed. David Lieberman) (1784)*. Indianapolis: Liberty Fund, 2007.

DIJN, Annelien de. *French political thought from Montesquieu to Tocqueville*. Cambridge: Cambridge University Press, 2011.

DRUMMOND, A. M. Vasconcelos de. *Anotações de Vasconcelos Drummond à sua biografia (1836)*. Brasília: Senado Federal, 2012.

DUGUIT, Leon. *La separación de poderes y la asamblea nacional de 1789*. Trad. Pablo Pérez Tramps. Madrid: Centro de Estudios Constitucionales, 1996.

DUTRA, Pedro. *Literatura jurídica no Império*. 2. ed. Rio de Janeiro: Padma, 2004.

ESPANHA. *Constituição Política da Monarquia Hespanhola*. Disponível em: www.fd.unl.pt [24 de novembro de 2013].

FAORO, Raymundo. *Existe um pensamento político brasileiro? Estudos Avançados*: Vol. 1, n. 1, out./dez., 1987, p. 9-58.

FAUSTO, Boris. *História do Brasil*. 14. ed. São Paulo: Edusp, 2012.

FERNANDES, Bernardo Gonçalves. *Curso de direito constitucional*. 5. ed. Salvador: Juspodium, 2013.

FERRARI, Regina Maria Macedo Nery. *Controle de constitucionalidade das leis municipais.* 3. ed. São Paulo: RT, 2003.

FERRAZ JR, Tércio Sampaio. *A ciência do direito.* 2. ed. São Paulo: Atlas, 1980.

FERREIRA, Pinto. *Curso de direito constitucional.* Rio de Janeiro: Freitas Bastos, 1964.

FERREIRA, Silvestre Pinheiro. *Projectos de Ordenações para o Reino de Portugal.* Tomo I. Paris: Officina Typographica de Cam, 1831, p. 176-177.

—. *Observações sobre a Constituição do Imperio do Brazil e sobre a Carta Constitucional do Reino de Portugal.* 2. ed. Paris: Rey e Gravier & J. P. Aillaud, 1835.

—. *Breves observações sobre a constituição politica da monarchia portugueza.* Paris: Rey E. Gravier, 1837.

—. *Questões de direito publico e administrativo, philosophia e litteratura.* Parte I. Lisboa: Typographia Lusitana, 1844.

—. *Compendio de derecho publico interno y externo.* Trad. Bartolomé Herrera. Lima: Tipografia Aurelio Alfaro, s/d.

FERREIRA FILHO, Manoel Gonçalves. *Curso de direito constitucional.* 32. ed. São Paulo: Saraiva, 2006.

FIGUEIREDO, Carlos Honório. *Memoria sobre a fundação das faculdades de direito no Brasil. Revista Trimestral do Instituto Histórico Geographico e Ethnographico do Brasil.* Rio de Janeiro: 1859, Tomo XXII, 4º Trimestre, p. 507-526.

FIORAVANTI, Maurizio. *Stato e costituzione: materialli per una storia delle dottrine costituzionali.* Torino: Giappichelli, 1993.

—. *Appunti di storia dele costituzioni moderne (la libertà fondamentali).* 2. ed. Torino: Giappichelli, 1995.

—. *Costituzione.* Bologna: il Mulino, 1999.

—. *Costituzionalismo. Percorsi della storia e tendenze attuali.* Roma-Bari: Laterza, 2009.

—. *A produção do direito entre lei e juiz: a relação entre democracia e jurisdição.* Trad. Marcelo Casseb Continentino. *Revista Interesse Público.* Belo Horizonte: Ano 14, n.76, nov./dez., 2012, p. 161-166.

FISHER III, Wilhelm. *Texts and contexts: the application to American legal history of the methodologies of intellectual history. Stanford Law Review:* Vol. 49, n. 5, 1997, p. 1065-1110.

FLORY, Thomas. *Judicial politics in nineteenth-century Brazil. The Hispanic American Historical Review:* Vol. 55, n. 4, November, 1975, p. 664-692.

FONSECA, Ricardo Marcelo. *Os juristas e a cultura jurídica brasileira na segunda metade do século XIX. Quaderni Fiorentini:* n. 35, Tomo I, 2006, p. 339-371.

REFERÊNCIAS

—. *Introdução teórica à história do direito*. Curitiba: Juruá, 2010.

FORMIGA, Armando Soares de Castro. *Periodismo jurídico no Brasil do século XIX*. Curitiba: Juruá, 2010.

FRANÇA. *Las Constituciones de Francia* (Org. José Manuel Vera Santos). Valencia: Tirant lo Blanch, 2004.

FREITAS, Augusto Teixeira de. *Retrospecto: alçadas. O Direito: Revista Mensal de Legislação, Doutrina e Jurisprudência*: Anno IV, Vol. 10, 1876, p. 385-390.

GINZBURG, Carlo. *Il giudice e lo storico*. Milano: Feltrinelli, 2006.

GALINDO, George Rodrigo Bandeira. *Constitutionalism forever. Finnish Yearbook of International Law*: Vol. 21, 2012, p. 137-170.

—. *Legal transplants between time and space*. In: *Entanglements in Legal History: Conceptual Approaches (Thomas Duve ed.)*. Global Perspectives on Legal History. Vol. 1. Frankfurt: Max Planck Institute for European Legal History, 2014, p. 129-148.

GOLDONI, Marco. *At the origins of constitutional review: Sieye`s' constitutional jury and the taming of constituent power. Oxford Journal of Legal Studies*: Vol. 32, Iss. 2, Summer, 2012, pp. 1–24.

GOLDWIN, Robert. *John Locke*. In: *History of Political Philosophy (Ed. Leo Strauss and Joseph Cropsey)*. 3. ed. Chicago: University of Chicago Press, 1987, p. 476-512.

GRELLET, Odilon Araujo. *Ensaio sobre a evolução do direito constitucional brasileiro*. São Paulo: Revista dos Tribunais, 1950.

GROSSI, Paolo. *Mitologie giuridiche della modernità*. Milano: Giuffrè, 2007.

GUIMARÃES, Affonso Octaviano Pinto. *É conforme com a existencia do Poder Moderador a disposição do § 3º do art. 102 da Constituição? O Direito: Revista Mensal de Legislação, Doutrina e Jurisprudência*: Anno XI, Vol. 32, 1883, p. 185-189.

HAMILTON, Alexander; MADISON, James & JAY, John. *The federalist papers (1788)*. (Ed. Clinton Rossiter). New York: Mentor Book, 1999.

HESPANHA, António Manuel. *Hércules confundido: sentidos improváveis e incertos do constitucionalismo oitocentista: o caso português*. Curitiba: Juruá, 2010.

—. *Um poder um pouco mais que simbólico: juristas e legisladores em luta pelo poder de dizer o direito*. In: *História do Direito em Perspectiva (Org. Ricardo Marcelo Fonseca e Airton Cerqueira Leite Seelaender)*. Curitiba: Juruá, 2010, p. 149-199.

—. *O constitucionalismo monárquico português. breve síntese. Historia Constitucional*: n. 13, 2012, p. 483-485.

HOMEM, António Pedro Barbas. *Judex perfectus (função jurisdicional e estatuto judicial em Portugal. 1640-1820)*. Coimbra: Almedina, 2003.

HISTÓRIA DO CONTROLE DA CONSTITUCIONALIDADE DAS LEIS NO BRASIL

—. *História do pensamento jurídico: considerações metodológicas*. In: *História do Direito e do Pensamento Jurídico em perspectiva (Coord. Cláudio Brandão et ali.)*. São Paulo: Atlas, 2012, p. 18-55.

KIRSCHNER, TEREZA CRISTINA. *Visconde de Cairu*. São Paulo: Alameda; Belo Horizonte: PUC-MG, 2009.

KOERNER, Andrei. *O judiciário e a cidadania na constituição da república brasileira (1841-1920)*. 2. ed. Curitiba: Juruá, 2010.

KOSELLECK, Reinhart. *Crítica e crise*. Trad. Luciana Villas-Boas Castelo Branco. Rio de Janeiro: EDUERJ: Contraponto, 1999.

—. *Future Past (on the semantics of historical times)*. Transl. Keith Tribe. New York: Columbia University, 2004.

—. *Historia, derecho y justicia*. In: *Modernidad, Culto a la Muerte y Memoria Nacional*. Trad. Miguel Salmerón Infante. Madrid: CEPC, 2011, p. 19-38.

KRAAY, Hendrik. *The Invention of Sete de Setembro, 1822-1831. Almanack Braziliense*. São Paulo: n. 11, Mai/2010, p. 62-71.

KUGELMAS, Eduardo. *Introdução*. In: BUENO, João Antônio Pimenta. *Direito público brasileiro e análise da Constituição do Império*. São Paulo: Editora 34, 2002, p. 19-49.

LABOULAYE, Édouard. *Do poder judiciário*. In: *O Poder Judiciário e a Constituição*. Trad. Lenine Nequete. Porto Alegre: AJURIS 4, 1977, p. 13-35.

LACOMBE, Américo Jacobina. *Rui Barbosa e a primeira Constituição da República*. Rio de Janeiro: Casa de Rui Barbosa, 1949.

—. *Apresentação*. In: RIBAS, Antônio Joaquim. *Direito administrativo brasileiro (1866)*. Brasília: Ministério da Justiça, 1968, p. 5-10.

LEAL, Aurelino. *História constitucional do Brazil*. Rio de Janeiro: Imprensa Nacional, 1915.

—. *História judiciária do Brasil*. In: *Dicionário Histórico Geográfico Etnográfico do Brasil*. Vol. 1. Rio de Janeiro: Imprensa Nacional, 1922, p. 1107-1187.

LEÃO, Polycarpo Lopes de. *Considerações sobre a constituição brasileira*. Rio de Janeiro: Typographia Perseverança, 1872.

LEITE, Nicolao Rodrigues dos Santos França e. *Considerações politicas sobre a Constituição do Imperio do Brazil*. Rio de Janeiro: Typographia de J. M. A. A. de Aguiar, 1872.

LENZA, Pedro. *Direito constitucional esquematizado*. 12. ed. São Paulo: Saraiva, 2008.

LESSA, Leonidas Marcondes de Toledo. *A reforma judiciaria. O Direito: Revista Mensal de Legislação, Doutrina e Jurisprudência*: Anno III, Vol. 6, 1875, p. 374-387.

REFERÊNCIAS

—. *Variedade da jurisprudencia brasileira. O Direito: Revista Mensal de Legislação, Doutrina e Jurisprudência*: Anno XII, Vol. 33, 1884, p. 20-27.

LESSA, Pedro. *Do poder judiciário*. Rio de Janeiro: Typ. da Livraria Francisco Alves, 1915.

LIEBERMAN, David. *The province of legislation determined*. Cambridge: University Press of Cambridge, 2002.

LISBOA, João Soares. *Correio do Rio de Janeiro (nº 43)*. Rio de Janeiro: Typographia de Torres, 22 de Setembro de 1823, p. 169.

—. *Correio do Rio de Janeiro (nº 42)*. Rio de Janeiro: Typographia de Torres, 20 de Setembro de 1823, p. 165.

LISBOA, José da Silva. *Roteiro Brazilico ou collecção de principios e documentos de direito politico*. Rio de Janeiro: Typographia Nacional, 1822.

—. *Supplemento à constituição moral*. Rio de Janeiro: Typographia Nacional, 1825.

—. *Constituição moral e deveres do cidadão (1824)*. João Pessoa: Editora Universitária, 1998.

LOCKE, John. *Second treatise of government (1690)*. Indianapolis: Hackett Publishing Company.

LOPES, José Reinaldo de Lima. *O Oráculo de Delfos: conselho de estado no Brasil-império*. São Paulo: Saraiva, 2010.

LOWENTHAL, David. *Montesquieu*. In: *History of Political Philosophy (Ed. Leo Strauss and Joseph Cropsey)*. 3.ed. Chicago: University of Chicago Press, 1987, p. 513-534.

LUSTOSA, Isabel. *Insultos impressos: a guerra dos jornalistas na independência (1821-1823)*. São Paulo: Companhia das Letras, 2000.

—. *D. Pedro I: um herói sem nenhum caráter*. São Paulo: Companhia das Letras, 2006.

LYNCH, Christian Edward Cyril. *O momento monarquiano*. Tese (Doutorado em Ciência Política). Instituto Universitário de Pesquisas do Rio de Janeiro: 2007.

—. *Liberal/liberalismo*. In: *Léxico da História dos Conceitos Políticos do Brasil (Org. João Feres Júnior)*. Belo Horizonte: UFMG, 2009, p. 141-160.

—. *O momento oligárquico: a construção institucional da república brasileira (1870-1891)*. *Historia Constitucional*: n. 12, 2011, p. 297-325. Disponível em: http://www.historiaconstitucional.com.

MAC-DOWELL, Samuel Wallace. *Relatorio apresentado á Assembléa Geral Legislativa na segunda sessão da vigesima legislatura pelo ministro e secretario de estado dos negocios da justiça*. Rio de Janeiro: Imprensa Nacional, 1887.

MAFRA, Manoel da Silva. *Jurisprudencia dos tribunaes*. Rio de Janeiro: B. L. Garnier Livreiro-Editor/A Durand e Pedone Lauriel, 1868.

MALBERG, Carré de. *Teoría general del estado*. 2. ed. Trad. José Lión Depetre. México: Fondo de Cultura Económica, 2001.

MALHEIRO, Agostinho Marques Perdigão. *Discurso*. Revista do Instituto da Ordem dos Advogados Brasileiros: n. 1-3, Jan/Out, 1865, p. 43-52.

—. *Discurso (1869)*. Revista do Instituto da Ordem dos Advogados Brasileiros: Anno IX, T. VIII, n. 1, 1871, p. 215-245.

MARQUES, Mário Reis. *História do direito português medieval e moderno*. 2. ed. Coimbra: Almedina, 2009.

MCDANIEL, Iain. *Jean-louis Delolme and the political science of the English empire*. The Historical Journal: Vol. 55, n. 1, April, 2012, p. 21-44.

MELLO, Evaldo Cabral de. *Frei Caneca ou a outra independência*. In: *Frei Joaquim do Amor Divino Caneca (Org. Evaldo Cabral de Mello)*. São Paulo: Editora 34, 2001, p. 11-47.

—. *A outra independência (o federalismo pernambucano de 1817 a 1824)*. São Paulo: Editora 34, 2004.

MELLO, F. I. Marcondes Homem de. *A constituinte perante a história*. Rio de Janeiro: Typographia da Actualidade, 1863.

MELO, Alexandre José Paiva da Silva. *Montesquieu: o diálogo necessário*. In: *Novo Manual de Ciência Política (Coord. Agassiz Almeida Filho e outro)*. São Paulo: Malheiros, 2008, p. 201-249.

MENDES, Gilmar Ferreira. *Controle de constitucionalidade (aspectos jurídicos e políticos)*. São Paulo: Saraiva, 1990.

MENDONÇA, Francisco Maria de Souza Furtado de. *Excerpto de direito administrativo patrio*. São Paulo: Typographia Allemã de Henrique Schroeder, 1865.

MILTON, Aristides A. *Os magistrados brazileiros e seus inimigos*. O Direito: Revista Mensal de Legislação, Doutrina e Jurisprudência: Anno X, Vol. 29, 1882, p. 12-21.

MONTEIRO, Tobias. *História do Império: primeiro reinado*. Vol. 1. Belo Horizonte: Itatiaia; São Paulo: EDUSP, 1982.

MONTESQUIEU. *Do espírito das leis (1748)*. Trad. Miguel Morgado. Lisboa: Edições 70, 2011.

MORAES, Alexandre de. *Curso de direito constitucional*. 5. ed. São Paulo: Atlas, 1999.

MORAES, Alexandre José de Mello. *História do Brasil-reino e do Brasil-império*. Tomos I e II. Belo Horizonte: Itatiaia, 1982.

—. *A independência e o império do Brasil*. Brasília: Senado Federal, 2004.

REFERÊNCIAS

MOREIRA, Francisco Ignacio de Carvalho. *Do Supremo Tribunal de Justiça: sua composição, organisação e competencia.* Rio de Janeiro: Typographia Nacional, 1848.

—. *Constituição Politica do Imperio do Brasil.* Rio de Janeiro: Eduardo & Henrique Laemmert, 1855.

MORGADO, Miguel. *Introdução.* In: MONTESQUIEU. *Do espírito das leis.* Trad. Miguel Morgado. Lisboa: Edições 70, 2011, p. 9-113.

MOTA, Carlos Guilherme. *Do império luso-brasileiro ao império brasileiro.* In: *Os Juristas na Formação do Estado-Nação Brasileiro – Século XVI a 1850 (Coord. Carlos Guilherme Mota).* São Paulo: Quartier Latin, 2006, p. 23-146.

NABUCO, Joaquim. *Um estadista do Império.* Vols. I e II. 5. ed. Rio de Janeiro: Topbooks, 1997.

NELSON, William E. *Marbury v. Madison: the origins and legacy of judicial review.* Lawrence: University Press of Kansas, 2000.

NEVES, Lúcia M. Bastos Pereira das. *A vida política.* In: *História do Brasil Nação: 1808-2010. Vol. 1: Crise Colonial e Independência (Coord. Alberto da Costa e Silva).* Rio de Janeiro: Fundación MAPFRE/Objetiva, 2011, p. 75-113.

NEVES, Lúcia M. Bastos Pereira das & NEVES, Guilherme Pereira das. *Constituição.* In: *Léxico da História dos Conceitos Políticos do Brasil (Org. João Feres Júnior).* Belo Horizonte: UFMG, 2009, p. 65-90.

NOBRE JÚNIOR, Edilson Pereira. *Controle judicial de constitucionalidade: o contributo da constituição de 1891. Historia Constitucional,* n. 11, 2010, p. 297-320. Disponível em: http://www.historiaconstitucional.com [12 de outubro de 2013].

OLIVEIRA, Cecília Helena de Salles. *Da natureza e limites do poder moderador e a memória do conselheiro Zacarias de Góis e Vasconcelos.* In: *Zacarias de Góis e Vasconcelos.* São Paulo: Editora 34, 2002, p. 9-54.

OLIVEIRA, José Rubino de. *Epitome de direito administrativo brasileiro.* São Paulo: Leroy King Bookwalter, 1884.

OTTONI, Teófilo Benedito. *Pelas prerrogativas das assembleias provinciais (1840).* In: *Discursos Parlamentares (Org. Paulo Pinheiro Chagas).* Brasília: Câmara dos Deputados, 1979, p. 138-157.

PAIXÃO, Cristiano. *Tempo presente e regimes de historicidade: perspectivas de investigação para a história do direito.* In: *As Formas do Direito: ordem, razão e decisão (Org. Ricardo Marcelo Fonseca).* Curitiba: Juruá, 2013, p. 77-87.

PAULSEN, Michael Stokes. *The irrepressible myth of Marbury. Michigan Law Review:* Vol. 101, Iss. 8, August, 2003, p. 2706-2743.

PASQUINI, Pasquale. *Nicolas Bergasse and Alexander Hamilton: the role of the judiciary in the separation of powers and two conceptions of constitutional order.* In: *Rethin-*

king the Atlantic World: Europe and America in the Age of Democratic Revolutions (Ed. Manuela Albertone and Antonino De Francesco). Basingstoke: Palgrave Macmillan, 2009, p. 80-99.

PEREIRA, Lafayette Rodrigues. *Reorganisação da magistratura. Gazeta Juridica: Revista Mensal de Doutrina, Jurisprudencia e Legislação*: Anno VII, Vol. XXII, n. 195,1879, p. 395-410.

PINTO, João José de Andrade. *A Constituição da Republica do Brazil (idéas geraes)*. Rio de Janeiro: H. Lombaerts & C., 1890.

PIRES, Homero. *Prefacio*. In: BARBOSA, Rui. *Commentarios á Constituição Federal brasileira*. Vol. I. São Paulo: Saraiva, 1932, p. I-XL.

POCOCK, John G. A. *What is intellectual history? History Today*: Vol. 35, Iss. 10, October, 1985, p. 52-53.

—. *O estado da arte*. Trad. Fábio Fernandez. In: *Linguagens do ideário político*. (Org. Sergio Miceli). São Paulo: EDUSP, 2003, p. 23-62.

—. *Political Thought and History (essays on history and method)*. Cambridge: Cambridge University Press, 2009.

POLETTI, Ronaldo. *Controle da constitucionalidade das leis*. 2. ed. Rio de Janeiro: Forense, 2000.

PORTELLA, Joaquim Pires Machado. *Constituição Politica do Imperio do Brazil confrontada com outras constituições e annotada*. Rio de Janeiro: Typographia Nacional, 1876.

PORTUGAL. *Constituição Política da Monarquia Portuguesa*. Disponível em: www. fd.unl.pt [24 de novembro de 2013].

PUCCINELLI JÚNIOR, André. *Curso de direito constitucional*. 2. ed. São Paulo: Saraiva, 2013.

QUIRINO, Célia N. Galvão. *Introdução*. In: CONSTANT, Benjamin. *Escritos de política (Org. Célia Quirino)*. Trad. Eduardo Brandão. São Paulo: Martins Fontes, 2005, p. VII-LI.

RAKOVE, Jack. *The origins of judicial review: a plea for new contexts. Stanford Law Review*: Vol. 49, Iss. 5, May, 1997, p. 1031-1064.

REALE, Miguel. *Avelar Brotero, ou a ideologia sob as Arcadas*. In: *Horizontes do Direito e da História*. São Paulo: Saraiva, 1956, p. 195-224.

REGO, Vicente Pereira do. *Elementos de direito administrativo brasileiro*. 2. ed. Recife: Typographia Commercial de Geraldo Henrique de Mira & C, 1860.

RIBAS, Antonio Joaquim. *Direito administrativo brasileiro (1866)*. Brasília: Ministério da Justiça, 1968.

REFERÊNCIAS

—. *Direito internacional. O Direito: Revista Mensal de Legislação, Doutrina e Jurisprudência*: Anno III, Vol. 6, 1875, p. 17-20.

—. *Curso de direito civil brasileiro*. Tomo I. 2. ed. Rio de Janeiro: B. L. Garnier, 1880.

RIBEIRO, João Coelho Gomes. *A genese historica da Constituição Federal: subsidio para sua interpretação e reforma*. Rio de Janeiro: Officinas Graph. da Liga Maritima Brazileira, 1917.

RIBEIRO, Lourenço José. *Análise da Constituição Política do Império do Brasil (1829). Arquivo do Ministério da Justiça*. Rio de Janeiro: Ano 34, n. 142, Abr./Jun., 1977, p. 1-155.

ROCHA, Antonio Penalves. *Introdução*. In: *Visconde de Cairu (Org. Antonio Penalve Rocha)*. São Paulo: Editora 34, 2001, p. 9-50.

ROCHA, Justiniano José da. *Considerações sobre a administração da justiça criminal no Brazil*. Rio de Janeiro: Typ. Imp. e Const. de Seignot-plancher e C., 1835.

RODRIGUES, José Carlos. *Constituição Politica do Imperio do Brasil*. Rio de Janeiro: Eduardo & Henrique Laemmert, 1863.

RODRIGUES, José Honório. *A Assembléia Constituinte de 1823*. Petrópolis: Vozes, 1974.

—. *O conselho de estado: o quinto poder?* Brasília: Senado Federal, 1978.

—. *O centenário da morte de Pimenta Bueno, 1803-1878. Revista de História de América*: n. 87, jan./jun., 1979, p. 183-199.

—. *O parlamento e a consolidação do império*. Brasília: Câmara dos Deputados, 1982.

ROMERO, Silvio. *Explicações indispensáveis*. In: BARRETO, Tobias. *Varios escriptos (Obras Completas X)*. Aracaju: Estado de Sergipe, 1926, p. XI-LVIII.

ROSENFELD, Michel. *A identidade do sujeito constitucional*. Trad. Menelick de Carvalho Netto. Belo Horizonte: Mandamentos, 2003.

ROUSSEAU, Jean Jacques. *Do contrato social (1762)*. Trad. Vicente Sabino Jr. São Paulo: CD, 2003.

SALAS, Ramon. *Lecciones de derecho público constitucional, para las escuelas de Espanã*. Tomos I e II. Madrid: Imprenta de D. Fermin Villalpando, 1821.

—. *Lições de direito público constitucional para as escolas de Hespanha*. Trad. D. G. L. D'Andrade. Lisboa: Typographia Rollandiana, 1822.

SALDANHA, Nelson Nogueira. *Formação da teoria constitucional*. Rio de Janeiro: Forense, 2000.

—. *História das idéias políticas do Brasil*. Brasília: Senado Federal, 2001.

SALLES, Manoel Ferraz de Campos. *Exposição apresentada ao chefe do governo provisorio da Republica dos Estados Unidos do Brasil pelo ministro e secretario de estado dos negocios da justiça*. Rio de Janeiro: Imprensa Nacional, 1891.

SAMPAIO, José Adércio Leite. *A constituição reinventada pela jurisdição constitucional*. Belo Horizonte: Del Rey, 2002.

SARIÑENA, Marta Lorente. *Las infracciones a la constitucion de 1812*. Madrid: Centro de Estudios Constitucionales, 1988.

SARLET, Ingo Wolfgang *et ali. Curso de direito constitucional*. 2. ed. São Paulo: Revista dos Tribunais, 2013.

SCHMITT, Carl. *La defensa de la constitucion*. Trad. Pedro de Vega. Madrid: Tecnos, 1983.

SCHWARCZ, Lilia Moritz. *Entre "homens de sciencia"*. In: *O Espetáculo das Raças*. São Paulo: Companhia das Letras, 1993, p. 31-55.

—. *As barbas do imperador: D. Pedro II, um monarca nos trópicos*. 2. ed. São Paulo: Companhia das Letras, 2012.

SEGADO, Francisco Fernández. *La justicia constitucional: una visión de derecho comparado (La justicia constitucional en Francia). Tomo II*. Madrid: Dykinson, 2009.

SIEYÈS, Emmanuel. *Escritos y Discursos de la Revolución*. Trad. Ramón Máiz. Madrid: Centro de Estudios Políticos y Constitucionales, 2007.

SILVA, Francisco de Assis Rosa e. *Relatório apresentado á Assembleia Geral Legislativa na quarta sessão da vigesima legislatura*. Rio de Janeiro: Imprensa Nacional, 1889.

SILVA, José Afonso da. *Curso de direito constitucional positivo*. 11. ed. São Paulo: Malheiros, 1996.

—. *Notícia sobre Avellar Brotero e a "Filosofia de Direito Constitucional"*. In: BROTERO, José Maria de Avellar. *Filosofia de direito constitucional*. São Paulo: Malheiros, 2007, p. 11-21.

SILVA NETO, Manoel Jorge. *Curso de direito constitucional*. 2. ed. Rio de Janeiro: Lumen Juris, 2006.

SISSON, A. *Galeria dos brasileiros illustres*. Vols. I e II. Rio de Janeiro: Lithographia de S. Sisson, 1861.

SKINNER, Quentin. *Visions of Politics (Regarding Method). Vol. I*. Cambridge: Cambridge University Press, 2010.

SLAIBI FILHO, Nagib. *Breve História do Controle de Constitucionalidade*. Disponível em: http://www.tjrj.jus.br/institucional/dir_gerais/dgcon/pdf/artigos/direi_const/breve_historia_controle_constitu.pdf [29 de setembro de 2013].

SOBRINHO, Barbosa Lima. *A ação da imprensa em torno da constituinte: o tamoio e a sentinela*. In: *A Constituinte de 1823 (Org. Octaciano Nogueira)*. Brasília: Senado Federal, 1973, p. 9-77.

REFERÊNCIAS

Sousa, Joaquim Rodrigues de. *Analyse e commentario da Constituição Politica do Imperio do Brazil*. Vols. I e II. S. Luiz: Typ. B. de Mattos, 1867-1870.

Sousa, Octávio Tarquínio de. *José Bonifácio*. Belo Horizonte: Itatiaia/EDUSP, 1988.

—. *A vida de D. Pedro I*. Tomo II. Belo Horizonte: Itatiaia; São Paulo: EDUSP, 1988.

Souza, Braz Florentino Henriques de. *Do poder moderador*. Recife: Typographia Universal, 1864.

Stourzh, Gerald. *Constitution: changing meanings of the term from the early Seventeenth to the late Eighteenth century*. In: *Conceptual Change and the Constitution (Terence Ball and J. G. A. Pocock ed.)*. Kansas: University Press of Kansas, 1988, p. 35-54.

Streck, Lenio Luiz. *Jurisdição constitucional e hermenêutica*. Porto Alegre: Livraria do Advogado, 2002.

Suanzes-Carpegna, Joaquín Varela. *El primer constitucionalismo español y portugués (un estudio comparado)*. *Historia Constitucional*: n. 13, 2012, p. 102-104.

Stolleis, Michael. *"Condere leges et interpretari". Potere legislativo e formazione dello stato agli albori dell'età moderna*. In: *Stato e ragioni di stato nella prima età moderna*. Trad. Serenella Iovino e Christiane Schultz. Bologna: Il Mulino, 1998, p. 134-164.

—. *Judicial review, administrative review, and constitutional review in the Weimar Republic*. *Ratio Juris*: Vol. 16, n. 2, June, 2003, p. 266–80.

—. *Storia del diritto pubblico in Germania*. Tomo I. Trad. Cristina Ricca. Milano: Giuffrè, 2008.

—. *Judicial interpretation in transition from the ancien régime to constitutionalism*. In: *Interpretation of Law in the Age of Enlightenment* (Yasutomo Morigiwa, Michael Stolleis and Jean-Louis Halperin Ed.). Springer: 2011, p. 3-17.

Tavares, André Ramos. *Curso de direito constitucional*. 5.ed. São Paulo: Saraiva, 2007.

Thouret, Jacques Guillaume. *Address on the reorganization of the judicial power*. Disponível em: http://www.justice.gc.ca/eng/pi/icg-gci/rev4/rev4.pdf [13 de fevereiro de 2013].

Toews, John E. *Intellectual history after linguistic turn*. *The American Historical Review*: Vol. 92, n. 4, October, 1984, p. 879-907.

Tollenare, Louis François de. *Notas dominicais: tomadas durante uma viagem em Portugal e no Brasil em 1816, 1817 e 1818*. 2. ed. Trad. Alfredo de Carvalho. Recife: EDUPE, 2011.

Tomaz, Fernando. *Brasileiros nas cortes constituintes de 1821-1822*. In: *1822: Dimensões (Org. Carlos Guilherme Mota)*. São Paulo: Perspectiva, 1972, p. 74-101.

Tully, James. *The pen is a mighty sword*. In: *Meaning and Context (Ed. James Tully)*. Princeton: Princeton University Press, 1988, p. 7-25

Uruguay, Visconde do. *Ensaio sobre o direito administrativo*. Tomos I e II. Rio de Janeiro: Typographia Nacional, 1862.

—. Uruguay, Visconde do. *Estudos praticos sobre a administração das provincias no Brasil*. Tomos I e II. Rio de Janeiro: B. L. Garnier, 1865.

Vampré, Spencer. *Memórias para a história da academia de São Paulo*. Vol. I. 2 ed. Brasília: INL/Conselho Federal de Cultura, 1977.

Varnhagen, Francisco Adolfo. *História da independência do Brasil*. Brasília: Senado Federal, 2010.

Valladão, Haroldo. *Pimenta Bueno, grande publicista e constitucionalista do Império*. *Revista do Instituto Histórico e Geográfico Brasileiro*: Vol. 199, Abr./Jun., 1948, p. 176-190.

Valadão, Alfredo. *Lourenço Ribeiro: primeiro diretor e professor do curso jurídico de Olinda e primeiro comentador da Constituição do Império. Arquivos do Ministério da Justiça*: a. 34, n. 142, Abr./Jun., 1977, p. 156-186.

Vasconcelos, Zacarias de Góis e. *Da natureza e limites do poder moderador (1862)*. In: *Zacarias de Góis e Vasconcelos*. São Paulo: Editora 34, 2002.

Vattel, Emmerich de. *The law of nations or principles of the law of nature applied to the conduct and affairs of nations and sovereigns*. Philadelphia: T. & J.W. Johnson & CO., 1883, § 34. Disponível em: http://famguardian.org/Publications/LawOfNations/vattel.htm [3 de setembro de 2012].

Veiga, Gláucio. *História das ideias da Faculdade de Direito do Recife*. Vol. I. Recife: Universitária, 1980.

—. *História das ideias da Faculdade de Direito do Recife*. Vol. IV. Recife: Universitária, 1984.

—. *História das idéias da Faculdade de Direito do Recife*. Vol. VII. Recife: Artegrafi Ltda., 1993.

Verney, Luís António. *Verdadeiro metodo de estudar*. Tomo II. Valensa: Oficina de Antonio Balle, 1746, Carta XIII.

Vianna, Antonio Ferreira. *Relatório apresentado á Assembleia Geral Legislativa na terceira sessão da vigesima legislatura*. Rio de Janeiro: Imprensa Nacional, 1888.

Vianna, Antonio Ferreira e Lima, Francisco Xavier Pinto. *Exposição de motivos*. In: *A Reforma Judiciaria do Conselheiro Dr. Antonio Ferreira Vianna*. Rio de Janeiro: Imprensa Nacional, 1888, p. 32-33.

REFERÊNCIAS

Vieira, Oscar Vilhena. *Supremo Tribunal Federal*. 2. ed. São Paulo: Malheiros, 2002.

Wehling, Arno. *José da Silva Lisboa*. In: *Dicionário do Pensamento Brasileiro: obras políticas do Brasil Imperial* (Org. Maria Emilia Prado). Rio de Janeiro: Revan, 2012, p. 159-163.

Wood, Gordon S. *The origins of judicial review revisited, or how the Marshall court made more out of less. Washington and Lee Law Review*: Vol. 56, n. 3, Summer, 1999, p. 787-809;

Zagrebelsky, Gustavo. *La legge e la sua giustizia*. Bologna: il Mulino, 2008.

ÍNDICE

AGRDECIMENTOS 7

PREFÁCIO 11

SUMÁRIO 17

INTRODUÇÃO... 21

CAPÍTULO 1. O DISCURSO CONSTITUCIONAL BRASILEIRO SOBRE
AS ORIGENS DO CONTROLE DA CONSTITUCIONALIDADE 27

CAPÍTULO 2. HISTÓRIA, DIREITO E PENSAMENTO
CONSTITUCIONAL BRASILEIRO:
APONTAMENTOS METODOLÓGICOS 55

CAPÍTULO 3. PENSAMENTO CONSTITUCIONAL
NA CONSTITUINTE DE 1823.. 69

CAPÍTULO 4. PENSAMENTO CONSTITUCIONAL
NA CONSTITUIÇÃO DE 1824 137

CAPÍTULO 5. PENSAMENTO CONSTITUCIONAL À LUZ
DA CONSTITUIÇÃO DE 1824 187

CAPÍTULO 6. O CONTROLE DA CONSTITUCIONALIDADE
DAS LEIS NO IMPÉRIO... 289

CONCLUSÃO: O PENSAMENTO CONSTITUCIONAL
DO IMPÉRIO NO CONSTITUCIONALISMO BRASILEIRO 399

REFERÊNCIAS... 421